Robert Slater

„Wer führt, muß nicht managen“

Robert Slater

„Wer führt, muß nicht managen“

Die unschlagbaren Erfolgsstrategien von Jack Welch

Aus dem Amerikanischen übersetzt

von Helga Höhlein

verlag moderne industrie

Die Deutsche Bibliothek – CIP-Einheitsaufnahme

Slater, Robert:
„Wer führt, muß nicht managen“ : die unschlagbaren Erfolgsstrategien von Jack Welch / Robert Slater. Aus dem Amerikan. übers. von Helga Höhlein. – Landsberg/Lech : mi, Verl. Moderne Industrie, 1999
Einheitssacht.: Jack Welch and the GE way <dt>
ISBN 3-478-36390-X

Titel der amerikanischen Originalausgabe: „Jack Welch and the GE Way“

Umschlaggestaltung: Daniela Lang, Stoffen
Satz: mi, Ortrud Müller
Druck: Himmer, Augsburg
Bindearbeiten: Thomas, Augsburg
Printed in Germany 360 390/049903
ISBN 3-478-36390-X

Inhaltsverzeichnis

IV. Wettbewerbsvorteile durch effektiven Einsatz der Mitarbeiter

V. Service und Globalisierung mit dem Ziel zweistelliger Wachstumsraten

VI. Qualitätsoffensive unternehmensweit!

Jack Welch startet seine Revolution

„Business is simple."

AUGUST 1997.

Welch ein Tag – wie geschaffen zum Golfspielen.

Kein Wölkchen ist an diesem herrlichen Sommertag auf Martha's Vineyard am Himmel zu sehen, und wie die beiden Männer so auf dem frisch getrimmten Golfgelände herumkutschieren, Sonne tanken und über Gott und die Welt reden, können sie nicht umhin festzustellen, wie glücklich sie doch sind, ihren Büros und der üblichen zermürbenden Hektik entronnen zu sein. Doch nicht nur die frische Luft und der Sonnenschein lassen die Alltagssorgen vergessen – auch der soeben errungene Sieg über die gegnerische Golfpartei erfüllt mit Genugtuung: Diese beiden Männer hassen nichts mehr als eine Niederlage – wo auch immer.

Dem Betrachter bietet sich ein völlig normales Bild: Zwei Herren mittleren Alters haben sich einen Tag zum Golfspielen genommen – der eine groß und leicht ergraut, mit Bauchansatz, der andere kleiner und um mindestens zehn Jahre älter. Es könnten Freunde oder Kollegen sein, vielleicht auch zwei Vertreter, die einen Tag „blaumachen".

Nur dem scharfsichtigen Auge verrät die Szene weitaus mehr. Bullige Gestalten mit kurzem Haarschnitt und lässigem Straßenanzug halten sich unauffällig im Hintergrund, sprechen hin und wieder leise in ihre Funksprechgeräte. Im sanft geschwungenen Grün des Golfgeländes wirken sie ungemein fehl am Platz – wie zwei Schauspieler, die in die falsche Filmszene geraten sind. Doch ihre Erscheinung macht mehr als deutlich, daß es sich nicht um ein gewöhnliches Golf-Duo handelt. Hier spielen zwei der mächtigsten Männer der Welt: Der ältere ist John Francis Welch Jr., Chairman und Chief Executive Officer der *General Electric Company,* der größere William Jefferson Clinton, 42. Präsident der Vereinigten Staaten.

Golf ist die Form der Entspannung, die Welch ganz besonders schätzt. Im Mai 1995 mußte er sich einem Eingriff am offenen Herzen unterziehen, von dem er sich schnell erholt hat. Inzwischen ist er wieder draußen auf dem Golfplatz, sobald sich die Gelegenheit dazu bietet; häufig spielt er bis zu 36 Löcher am Tag. (Im Sommer 1996 erreichte er erstmalig die 70; und seine 69 verhalfen ihm im Sankaty Head Health Club in Nantucket zum Clubmeister-Titel.)

Welch und Clinton haben an diesem Tag schon 18 Löcher geschafft, vereinbaren aber eine weitere Spielrunde. Beide genießen diese allzu selten erfahrene Entspannung und Freiheit – sie wollen einfach noch nicht aufhören. Eigentlich will keiner Schluß machen: Die beiden anderen Partner sind Ben Heineman Jr., General Counsel bei *GE,* und der Jurist Vernon Jordan, der zu Clintons engsten Freunden zählt. Heineman stellt mit Befriedigung fest, wie gut sich Welch und der Präsident verstehen – war es doch sein Vorschlag gewesen, die beiden Männer, die zufällig zur selben Zeit auf Martha's Vineyard Ferien machten, zu einer Golfrunde zusammenzubringen!

Die vier Golfer spielen weitere neun Löcher. Diesmal sind Clinton und Welch die Verlierer, aber nicht einmal das vermag die Stimmung des Tages zu dämpfen. Am liebsten würden alle weiterspielen, doch Heineman muß noch die Fähre erreichen, so daß die Gruppe schließlich auseinandergeht. Zwei Tage später erscheint in der *New York Times* ein Foto: Welch und Clinton, locker und entspannt in ihrem Golfwagen.

Welch hat allen Grund zur Zufriedenheit.

Er steht an der Spitze des Konzerns mit dem weltweit höchsten Unternehmenswert und gilt als meistbewunderter und mächtigster

Wirtschaftsboß der Vereinigten Staaten. Sicher, die Medien zollen all den Bill Gates (*Microsoft*) und Andy Groves (*Intel*) weitaus mehr Aufmerksamkeit, doch Jack Welch überläßt es gern anderen Leuten, ins Rampenlicht der Öffentlichkeit zu treten. Als unbestritten erfolgreichster Topmanager der amerikanischen Szene ist er in keiner Weise darauf angewiesen, seine Leistungen in einem Zeitungs- oder Zeitschriftenartikel gewürdigt zu sehen. Gates, Grove & Co. mögen stärker im Blickpunkt stehen; Welch zeichnet sich dadurch aus, daß er an der Spitze eines Unternehmens steht, an dessen Größe und Komplexität nur wenige Rivalen heranreichen – wenn überhaupt. Welch mag es nicht zugeben, aber er ist mächtig stolz, daß die Konkurrenz weltweit mit Neid auf *GE* blickt!

Welch hätte allen Grund, seine Wirtschaftserfolge in die Welt hinauszuposaunen, aber gerade das liegt ihm nicht. Wer unter seinesgleichen, der soviel wie er erreicht hat, ließe wohl in einem Interview (12. Dezember 1997) einen Kommentar wie den folgenden verlauten: „Ich finde unsere derzeitige Situation in keiner Weise beruhigend." Bedeutet es Welch so wenig, daß er *GE* zu neuem Leben erweckt und zum dynamischsten Unternehmen der Vereinigten Staaten gemacht hat? Ist es lediglich falsche Bescheidenheit? Mitnichten. In Wirklichkeit will er sagen: *Ich kann es mir nicht leisten, mich auf meinen Lorbeeren auszuruhen. Wenn ich das tue, bin ich tot!*

Zu Sommeranfang stand Welchs *General Electric* mit 198,09 Milliarden Dollar an erster Stelle auf der in der *Business Week* veröffentlichten Liste der 100 Top-Unternehmen mit dem höchsten Marktwert – im zweiten Jahr in Folge. Und auf dieser Liste waren nicht etwa nur amerikanische Unternehmen aufgeführt, es waren alle Unternehmen weltweit berücksichtigt! An zweiter Stelle stand *Coca-Cola* (169 Milliarden Dollar), gefolgt von *Royal Dutch/Shell* in den Niederlanden und Großbritannien (168 Milliarden Dollar), *NTT* in Japan (151 Milliarden Dollar) und Bill Gates' *Microsoft* (148 Milliarden Dollar).

GE, seit 1993 die Nummer 1 in bezug auf den Marktwert in den Vereinigten Staaten, hatte mit Stand vom 31. Dezember 1997 einen Kapitalwert von 240 Milliarden Dollar erreicht – 50 Milliarden Dollar mehr als *Royal Dutch/Shell* mit dem nächsthöchsten Marktwert.

März 1998 hatte sich der *GE*-Marktwert bereits auf 250 Milliarden Dollar erhöht.

Und das war nicht alles: *General Electric* stand auch weit oben auf der Liste der US-amerikanischen Unternehmen mit den höchsten Gewinnen. Die Gewinne im ersten Quartal 1996 beliefen sich auf 1,67 Milliarden Dollar – mehr als das gesamte *GE*-Jahresergebnis im Jahr 1981 (1,65 Milliarden Dollar), als Welch Vorsitz und Geschäftsführung des Unternehmens übernahm. Mit seinen Gewinnen im dritten Quartal in Höhe von 2,01 Milliarden Dollar führte *GE* die amerikanischen Unternehmen an, gefolgt von *Exxon* (1,82 Milliarden Dollar) und *Intel* (1,574 Milliarden Dollar). (1996 ist für *GE* das beste Jahr aller Zeiten gewesen: Der Gesamtumsatz war mit 13 Prozent Steigerung gegenüber dem Vorjahr auf die Rekordsumme von 79,2 Milliarden Dollar gestiegen, und der Reingewinn hatte sich um 11 Prozent erhöht und damit einen Rekord von 7,28 Milliarden Dollar erreicht.)

Nach der Sommerpause ist Welch ab September wieder im Büro. Derzeit beobachtet er sorgfältig die Fortschritte im Rahmen seiner jüngsten Initiative, eines unternehmensweiten Programms, mit dem die Qualität der Prozesse und Produkte von *GE* verbessert und Dollarbeträge in Milliardenhöhe eingespart werden sollen. Er ist stolz auf diese Initiative – stolz darauf, daß seine 270000 Mitarbeiter das Programm mit solcher Begeisterung aufgenommen haben, stolz darauf, daß die ersten Anzeichen für den Wert des Programms seine Erwartungen um ein Vielfaches übertreffen. Welch hat dieses Qualitätskonzept nicht erfunden, aber wenn man ihn reden hört, könnte man meinen, so wäre dem. Das ist typisch für Jack Welch: Wenn er eine Idee für gut befindet, verfolgt er sie mit der Inbrunst eines Wanderpredigers bei seinem Lieblingsthema. Wenn Welch eine Idee gut findet, wird sie *seine* Idee.

Ende Oktober ist Welch als Gast beim Staatsbankett für Chinas Präsidenten Jiang Zemin ins Weiße Haus eingeladen. Bill Clinton entdeckt Welch in der Empfangsreihe und stellt ihn Jiang als „seinen besten Golflehrer“ vor. Clinton und Welch lachen in herzlicher Verbundenheit – und erinnern sich kurz an ihre entspannte Golfpartie an jenem wunderbaren Augusttag auf Martha's Vineyard. Doch der Präsident verfolgt mit der Abendeinladung des *GE*-Vorsitzenden ins

Weiße Haus nicht nur einen gesellschaftlichen Zweck. Vielmehr zollt Clinton dem wachsenden wirtschaftlichen Einfluß von *General Electric* in China Anerkennung und würdigt Jack Welch als eine der erfolgreichsten – und mächtigsten – Persönlichkeiten im ganzen Land. (Bei einer Umfrage des *Time Magazine* nahm Welch unter den einflußreichsten Persönlichkeiten den sechsten Platz ein. Clinton stand an erster Stelle.)

Am 19. November 1998 ist Welch 63 geworden; er läßt keinen Zweifel daran, daß er in zwei Jahren als *GE*-Chairman und -CEO zurücktreten will.

Wieso das? Wie kommt Welch darauf, im Jahr 2000 seinen Platz zu räumen – der Mann, der mit Präsidenten golft, der das mächtigste Wirtschaftsunternehmen der Welt leitet, der für sein Alter einen so rüstigen Eindruck macht? Ausschlaggebend ist wohl die Gepflogenheit bei *GE,* daß der oberste Geschäftsführer im Unternehmen mit 65 von seinem Amt zurücktritt. Doch jeder, der Jack Welch im übernächsten Herbst begegnet, wird unter dem Eindruck seines federnden Schritts und seiner munteren Stimme wohl meinen, der Chairman von *General Electric* hole gerade zu neuem Schwung aus und sei noch Jahre von seinem Abgang entfernt. Obgleich sich der *GE*-CEO vor zwei Jahren einer Operation am offenen Herzen hatte unterziehen müssen, ist er voller Energie und Tatendrang.

Sicher, im Gesicht sind ein paar Falten hinzugekommen, und der leicht schüttere Haaransatz verrät das wahre Alter. Doch mit seinem gedrungenen, muskulösen Körperbau und seinen 1,73 Metern Länge sieht er immer noch aus wie der drahtige Hockey-Spieler, der er einst war. Wollte man das Leben von Jack Welch verfilmen, könnte man sich gut den Hollywood-Schauspieler Robert Duvall in der Hauptrolle vorstellen. Welchs Gesicht kann sich im Ausdruck stark verändern: Da ist einerseits dieses warme, erwartungsvolle Lächeln, wenn ihm gefällt, was er hört, andererseits aber auch der strenge, stählerne Blick, wenn einer etwas Unsinniges oder Dummes sagt *(saying something silly* ist ein von Welch häufig benutzter Ausdruck). Als Kind hat Welch gestottert, was ihm heute kaum anzumerken ist – nur hin und wieder bei starker emotionaler Erregung. Trotz seiner Herzoperation vor zwei Jahren verbringt Welch nach wie vor viele lange Stunden im Büro, führt endlose Telefongespräche mit seinen Mitarbeitern, besucht *GE*-Betriebe in aller Welt, konferiert mit Finanzanalysten, Verwaltungsräten und Journalisten (wie auch mit dem Autor dieses Buches). Er ist gewissermaßen der sprichwörtlich letzte Mann, der in der *GE*-Zentrale in Fairfield, Connecticut, die Lichter ausmacht. (Natürlich handelt es sich um *GE*-gefertigte Lampen!)

Große Wirtschaftsbosse, so meint Welch, müssen ein hohes Maß an Energie aufbringen. Wichtiger noch: Große Wirtschaftsbosse müssen wissen, wie sie diese Energie nutzen können, um andere „aufzuladen“. Als „Mannschaftskapitän“ eilt er von Sitzung zu Sitzung, um diese Botschaft – und viele andere mehr – an den Mann zu bringen. Einige seiner Erfolgsgeheimnisse könnten geradezu als Markenzeichen gelten:

- *Business is simple!*
- Nichts verkomplizieren!
- Sich der Realität stellen!
- Keine Angst vor Wandel!
- Der Bürokratie den Kampf ansagen!
- Den Verstand der Mitarbeiter nutzen!
- Entdecken, wer die besten Ideen hat, und diese in die Praxis umsetzen!

Lernen, lernen, lernen

Vom letzten dieser Erfolgsgeheimnisse ist Jack Welch zur Zeit am meisten angetan: Entdecken, wo die besten Ideen stecken, um sie dann zu praktizieren.

Ständig weiterlernen. Nur nicht so arrogant sein zu meinen, man wisse alles, man habe die Wahrheit gepachtet!

Wenn es eines an der amerikanischen Wirtschaft gibt, was Jack Welch fuchsig macht, dann ist es die allgegenwärtige, allerorts anzutreffende Arroganz von Senior-Führungskräften mit ihrem Anspruch, sie seien allwissend – für sie gäbe es nichts mehr hinzuzulernen.

Welch denkt da anders.

Man sollte davon ausgehen, sagt er, daß man *immer* etwas von anderen lernen könne. Auch von anderen *GE*-Bereichen. Sogar von der Konkurrenz. Gerade von der Konkurrenz.

Zur Zeit setzt sich Welch dafür ein, so etwas wie eine „Lernkultur“ bei *GE* anzulegen und zu fördern. Der Ausdruck *Lernkultur* gefällt ihm – er bringt ihn unermüdlich ins Gespräch.

Die Schaffung einer Kultur des Lernens bei *GE* ist Welch zufolge die beste Möglichkeit, um eine besonders unattraktive Eigenart des alten *GE*-Unternehmens auszumerzen – das „Stammt nicht von uns“-Syndrom: Sofern es nicht ein *GE*-Mitarbeiter war, der auf eine bestimmte Idee gekommen war, lohnte es nicht, sie weiterzuverfolgen.

Der CEO von *General Electric* kennt keine Skrupel, wenn er seine „Truppen“ anhält, die Unternehmenslandschaft nach guten Ideen zu durchforsten, sie zu prüfen und dann gegebenenfalls in den *GE*-Geschäftsalltag zu übernehmen.

Jede gute Idee, sagt Welch, lohnt, daß man sie weiterverfolgt und sich zu eigen macht – egal woher sie stammt, ob von *GE* selbst oder von *Wal-Mart*, *Motorola*, *Mitsubishi* oder sonst woher. Welch hat einen hübsche Formulierung für die Übernahme fremder Ideen: Er spricht vom „legitimen Plagiat“.

Auf den ersten Blick mag es merkwürdig anmuten, daß Welch seine *GE*-Kollegen auffordert, anderswo nach den besten Methoden zur Unternehmensführung Ausschau zu halten. Schließlich ist *GE* das stärkste Unternehmen in den Vereinigten Staaten; an seinen originellen Ideen und Strategien haben sich andere Wirtschaftsführer jahrzehntelang orientiert. Viele *GE*-Zöglinge leiten mittlerweile andere *Fortune-500*-Unternehmen – *GE* gilt weithin als „Übungsgelände“ für Unternehmensleiter. Sollte nicht vielmehr *GE* anderen Unternehmen beibringen können, was gutes Management ist?

Mitnichten. Eben nicht, würde der *GE*-CEO sagen, das wäre das Dümmste, was man tun könnte. Warum sollte man denn meinen, ich, Jack Welch, wüßte alles, was es über Unternehmen zu wissen gibt? Ich weiß bestimmt nicht alles, ganz sicher nicht!

Dennoch – es muß einmal gesagt werden: Jack Welch hat in der Tat viele ausgesprochen gute Ideen für einen reibungslosen Unternehmensablauf und hält seine Mitarbeiter nachdrücklich dazu an, sie in die *GE*-Geschäftsaktivitäten einzubringen.

Der große Kommunikator

Aber letztlich ist es Welchs ausgeprägte Fähigkeit, andere für solche guten Ideen zu begeistern, die seine phänomenalen Erfolge erklärt.

Er ist ein Kommunikator par excellence. Von allen Erfolgsgeheimnissen ist wohl seine ungeheure Begabung zum Kommunizieren und Motivieren der Mitarbeiter seine größte Stärke. Er weiß: Es reicht nicht, den Mitarbeitern eine Idee lediglich vorzustellen. Er ist nicht so naiv anzunehmen, alle 270000 Mitarbeiter würden seine Ideen gleich beim ersten Mal akzeptieren. Er weiß, daß er eine Idee immer und immer wieder vortragen muß, bis auch der letzte Mitarbeiter im Unternehmen davon überzeugt ist.

Gewiß ist es für Welch mit der Zeit leichter geworden, die Leute im Unternehmen von seinen Ideen zu überzeugen: Die Erneuerung von *GE* hat Welch enorme Hochachtung eingebracht. Bereits die Tatsache, daß Jack Welch eine Idee unterstützt, verleiht ihr somit eine Bedeutung, die sie sonst nicht gehabt hätte. W. James McNerney Jr., Direktor des *GE*-Geschäftsbereichs Flugzeugtriebwerke (*GE Aircraft Engines*) sagte dazu in einem Interview vom 26. September 1997: „Die Begeisterung kommt bei ihm von innen heraus und ist ungemein ansteckend. Er ist ein gewaltiger Motivator. Er selbst ist begeistert, und diese Begeisterung überträgt er auf andere und treibt sie damit ständig an. So einfach ist das. Im Unterschied zu vielen anderen Unternehmen marschieren bei *GE* vergleichsweise mehr Leute in dieselbe Richtung – und mit derselben Begeisterung. Jack würde es sicher gefallen, wenn einst auf seinem Grabstein stünde: ‚Ich war nicht klüger als andere, aber ich habe 270000 Leute dazu gebracht, mich klüger aussehen zu lassen als die meisten anderen.'"

Auch andere Leute bei *GE* leisten gute Arbeit und verstehen es, Mitarbeiter zu motivieren und Sachverhalte zu erläutern, aber keiner vermag andere so mitzureißen wie Welch. Er ist und bleibt der *GE*-Kommunikator Nummer 1. Kein Wunder, daß er sich als „Werbemanager unseres Unternehmens" bezeichnet!

Mit seinem Elan und seinem Optimismus gleicht er dem Trainer einer siegreichen Fußballmannschaft – und verfügt auch über dessen Vokabular:

- „Aufregend.“
- „Beachtlich.“
- „Umwerfend.“
- „Unglaublich.“

Mit Wörtern wie diesen beschreibt Welch eines der mächtigsten Unternehmen der Welt. Die Mitarbeiter von *General Electric* sind nicht nur in sämtlichen Bundesstaaten, sondern in der ganzen Welt vertreten. Um seine Botschaften „herüberzubringen“, stellt sich Welch Jahr für Jahr vor die *GE*-Mitarbeiter in Paris, Tokio, Croton-on-Hudson, Cleveland und Dutzenden von anderen Orten. Es ist ihm ein dringendes Anliegen, anderen sein Wissen mitzuteilen, zu kommunizieren, seine Mitarbeiter in Schwung zu bringen und das Beste aus ihnen herauszuholen. Doch wenn er bei solchen Begegnungen den Vorsitz führt, dann meistenteils, um selbst zu lernen.

- Um zu fragen.
- Um nachzuforschen.
- Um etwas „mitzunehmen“. (*„Take-away“* ist auch so ein „Welchismus“.)

Die Revolution, die von oben kam

Ende 1997 stand *General Electric* gänzlich anders da als das *GE* vor 10 oder 20 Jahren. Und das ist weitgehend Jack Welch zu verdanken. Der Gesamtumsatz im Jahr 1997 erreichte die Rekordhöhe von 90,84 Milliarden Dollar, so daß *GE* bezüglich der Umsatzentwicklung auf den fünften Platz vorrückte (nach *General Motors, Ford Motor, Exxon* und *Wal-Mart Stores*). Der Reingewinn erhöhte sich auf über 8,2 Milliarden Dollar – ebenfalls eine Rekordsumme, die *GE* als das amerikanische Unternehmen mit zweitbester Gewinnentwicklung ausweist (nach *Exxon*). Die Bilanz von *GE* im ersten Quartal 1998 zeigte Umsätze in Höhe von 22,62 Milliarden Dollar und Reingewinne in Höhe von 1,89 Milliarden Dollar und fiel damit deutlich positiver aus als die Vergleichsbilanz 1997. All diese Zahlen sind ein lebendiger Beweis für den Erfolg der Anfang der 80er Jahre gestarteten Welch-Revolution.

Vom Tag seiner Amtsübernahme an stand fest, daß Welch eine Revolution bei *GE* plante. Und er zögerte nicht, seinen Plan in die Tat umzusetzen. Keiner verfuhr mit einem im wesentlichen gesunden Großunternehmen so resolut wie Jack Welch. Keiner in der amerikanischen Wirtschaft kam auf die Idee, etwas sanieren zu müssen, was nicht sanierungsbedürftig war. Und keiner nahm die Sanierungsarbeiten derart erfolgreich vor wie der damals noch neue CEO von *GE*.

Es war schon eine merkwürdige Revolution, die er da angezettelt hatte – aber es war eine Revolution. Revolutionen gehen häufig von der Basis aus. Die Welch-Revolution begann an der Spitze: Welch machte *General Electric* schlanker, straffer, wettbewerbsfähiger – mit weniger Mitarbeitern, weniger Geschäftsbereichen und weniger Führungskräften. Für viele war *GE* eine Ikone gewesen, eine geheiligte Institution, mit der man so doch nicht umspringen durfte! Aber Welch kannte diesbezüglich keine Skrupel. Als Faustregel für die Tauglichkeit von Geschäftsbereichen und Mitarbeitern verfolgte er eine Art Darwinschen Ansatz: Nur die Tüchtigsten überleben – diejenigen, die gebraucht werden. Alle anderen mußten gehen. Insgesamt stieß er Betriebe im Wert von 10 Milliarden Dollar ab und kaufte neue Geschäftsfelder im Wert von 19 Milliarden Dollar hinzu. Und er reduzierte die *GE*-Belegschaft mit 412000 Mitarbeitern im Jahr 1981 auf 229000 Leute.

17 Jahre lang nahm er in aller Stille, aber mit äußerster Umsicht eine Reihe von Revolutionen bei *GE* vor: Zielsetzung war die Umgestaltung eines höchst bürokratischen, personalintensiven Riesenapparats in eine produktive Hochleistungsmaschine, die mit der Schnelligkeit und Einfachheit eines kleinen, dynamischen Unternehmens funktionieren sollte. In Anbetracht der Größe und der Komplexität des Unternehmens war dies eine Herkulesarbeit. Dennoch gelang Welch im Lauf der 80er Jahre ein ungeheuer großer Wandel bei *GE*. Man warf ihm vor, er wolle Aufruhr stiften. Doch das konnte Welch nicht beeindrucken. Er wußte, daß ein Wandel unerläßlich war, wenn eine Kehrtwende erzielt und *GE* zum wettbewerbsfähigsten Unternehmen der Welt umstrukturiert werden sollte.

Wie nicht anders zu erwarten war, reagierten die Mitarbeiter bei *GE* auf Jack Welch und seine umwerfenden Pläne mit vorsichtiger Zurückhaltung, wenn nicht gar mit Argwohn. Schließlich war Wandel ihrem Verständnis nach gleichbedeutend mit einer Wende zum Schlechteren: Wandel war nichts anderes als die zuckersüße Umschreibung für Werksschließungen oder Entlassungen.

Als Welch Ende der 80er Jahre mit Zufriedenheit feststellte, daß *General Electric* hinreichend umstrukturiert war und gute Aussichten hatte, ein Weltklasse-Konkurrent zu werden, verlagerte er seinen Schwerpunkt: Fortan konzentrierte er sich auf die *GE*-Mitarbeiter. Nur zu gut wußte er, wie unbequem und beunruhigend die Anfänge der 80er Jahre für sie, die Überlebenden, gewesen waren. Sie selbst hatten ihre Arbeitsplätze zwar nicht verloren, aber viele ihrer Freunde hatten gehen müssen, und das letzte Jahrzehnt war voller Sorge um die eigene Zukunft gewesen.

Welch befand, den Mitarbeitern könnte ein Gefühl der Stabilität am besten dadurch vermittelt werden, daß man sie in die Entscheidungsfindung des Unternehmens einbezog. Zudem sollte der neue Plan die Produktivität der Mitarbeiter steigern – ganz nebenbei.

Also beschloß Welch 1989 die Ermächtigung der *GE*-Mitarbeiter und bediente sich dabei eines unternehmensweiten Instruments mit der Bezeichnung *„Work-Out“*. Es handelte sich um ein Programm, das jedem Arbeitnehmer bis hin zum Werksarbeiter die Möglichkeit geben sollte, Vorschläge zur Verbesserung der alltäglichen Betriebsabwicklung bei *GE* einzubringen. Natürlich dauerte es geraume Zeit, bis die Vorstellungen des Vorsitzenden „angekommen“ waren.

Ende der 90er Jahre hätte Jack Welch anhalten können. Er hätte sich sagen können: „Wir haben es geschafft. Wir haben *GE* zum wettbewerbsfähigsten Unternehmen der Welt gemacht; wir sollten es jetzt langsamer gehen lassen, uns zurücklehnen und das Leben genießen.“ Doch Welch hält nichts vom Wassertreten. Dazu liebt er das Unternehmensspiel zu sehr – er will mittendrin sein. Dazu engagiert er sich zu leidenschaftlich für seine Arbeit – er will der Beste sein in allem, was er tut, und vor allem will er *GE* zum besten Unternehmen machen.

Zu diesem kompromißlosen unternehmerischen Engagement kommt noch die Überzeugung, daß Stagnation dem Unternehmen nur zum Nachteil gereichen würde. Welch glaubt an den Wandel. Er glaubt an die Kraft der Umstrukturierung. Für ihn gilt nur eines: eingehend prüfen, was er und das Unternehmen in den letzten Jahren geleistet haben, und kurz entschlossen kühne Veränderungen vornehmen.

Auch ist er heute weitaus selbstbewußter als zur Zeit seiner Amtsübernahme bei *GE* – bei dem Unternehmen, das Thomas Edison ein Jahrhundert zuvor gegründet hatte. Damals, im Jahr 1981, hatte Welch Ideen, viele Ideen, mehr aber auch nicht. Er konnte in keiner Weise wissen, ob seine Ideen nach ihrer Realisierung auch wirklich die finanziellen Ergebnisse bringen würden, die er sich erhoffte. Heute, 17 Jahre später, weiß Welch, daß seine Unternehmensstrategien aufgegangen sind, daß seine Entscheidungen richtig waren. Und er genießt es, daß seine Mannschaften ihm und seinen Strategien mittlerweile hohe Anerkennung zollen. Dazu folgendes Beispiel: Als Welch 1995 eine neue Initiative zur Verbesserung der Qualität von *GE*-Produkten und *GE*-Prozessen anregte, wurde das Programm im gesamten Unternehmen mit geradezu religiösem Eifer aufgegriffen.

Wer (wie der Autor dieses Buches) im Lauf des Jahres 1997 *GE*-Betriebe aufsuchte, bekam eine fast wie Erweckungseifer anmutende Atmosphäre in den Büros und Korridoren zu spüren. In seinem „Brief an unsere Aktionäre" im *GE*-Unternehmensbericht 1996 hat Welch diese Atmosphäre zu Recht als „Monomanie" beschrieben. An den Wänden hingen Spruchbänder mit *GE*-Slogans. Die *GE*-Betriebe veranstalteten „Turniere", um das Projektteam mit den besten Ergebnissen im Rahmen der Qualitätsverbesserung zu ermitteln. Bei nahezu jeder Unterhaltung mit einem *GE*-Mitarbeiter, ob in leitender Stellung oder nicht, fand die Qualitätsinitiative lobende Erwähnung – ein himmelweiter Unterschied zu den abfälligen Äußerungen, die bei Einführung des *Work-Out*-Programms zu hören gewesen waren.

Früher mal? Nie davon gehört!

Jack Welch spricht selten von der Vergangenheit. Er redet ständig von der Gegenwart – und über die Zukunft. Ihm ist leidenschaftlich an der heutigen Position von *GE* gelegen, aber vor allem möchte er herausfinden, wie er es schafft, daß das Unternehmen im nächsten Jahr, in den nächsten zwei Jahren, in den nächsten fünf Jahren noch besser wird; wie er es schafft, daß sich die *GE*-Mitarbeiter die Werte von *General Electric* – den *„GE Way"* – zu eigen machen.

Die Vergangenheit interessiert ihn einfach nicht. Er sieht keinen Anlaß, alte Erfahrungen aufleben zu lassen. Was geschehen ist, läßt sich nicht ändern; wozu also, meint er, soll man sich mit Vergangenem aufhalten? Er ist genau das Gegenteil von einem Kriegsveteranen, der es kaum erwarten kann, jedem, der es hören will, von vergangenen glorreichen Tagen zu berichten.

Für Welch gibt es im Jahresrückblick keine glorreichen Tage. Zumindest keine, die der Erwähnung wert wären. Die Vergangenheit als Reiseroute – dafür hat Jack Welch nichts übrig. Sein Weg führt in die Zukunft, gepflastert mit harten Entscheidungen und umstrittenen Veränderungen: Nur so konnte *GE* zu dem werden, was es heute ist. Auf der Strecke bleiben all die Leute, die er entlassen hat, all die Betriebe, die er geschlossen oder verkauft hat. Die Wegweiser hinterlassen einen schalen Nachgeschmack:

- „Downsizing".
- „Umstrukturierung".
- „Rationalisierung".

Das also war der *„Hard stuff"*, wie Welch es nennt – all die unliebsamen Maßnahmen, die er zur Erneuerung von *GE* für nötig hielt.

Nun denn, er hat es durchgesetzt – er hat Downsizing, Umstrukturierung und Rationalisierung vorgenommen. Und verspürt nun wenig Lust, darüber zu reden, wie er das erreicht hat. Welch, darauf ausgerichtet, was morgen sein wird, redet viel lieber über die Zukunft.

Sein nüchternes Verhältnis zu den alten Tagen könnte leicht ironisch anmuten. Denn ausgerechnet in der Vergangenheit – genauer gesagt, in den vergangenen 17 Jahren – hat Jack Welch seine Orden verdient und sich einen Namen als eindrucksvollster Unternehmensführer in ganz Amerika gemacht.

Aber Welch ist nicht der Mann, der seinen Triumph auskosten würde.

Gefragt, wie es um *GE* im Vergleich zu anderen Unternehmen bestellt ist, zeigt er sich wortkarg.

„Fragen Sie mich nicht so etwas, kein Kommentar", heißt es dann – so, als ob man ihm eine heiße Kartoffel zugeschoben hätte, die er nicht anfassen mag. Er will einfach nicht einer von denen sein, die ihre Konkurrenz öffentlich bekritteln und kritisieren.

Sicher, er spricht auch schon mal über ein anderes Unternehmen. Aber niemals legt er einem Konkurrenten zur Last, er arbeite nachlässig oder unvernünftig, verfolge eben nicht den *„GE Way"*. Offensichtlich ist ihm bewußt, wie heuchlerisch es wäre, anderen Unternehmen Übles nachzureden, während man zur selben Zeit deren *„Best Practices"* übernimmt und ihnen das, was sie nun wieder besonders gut machen, „abguckt". Es ist auch nicht seine Art, vom Olymp herab zu tönen. Er beteuert, dafür sei er viel zu beschäftigt.

Doch bemerkenswerterweise ist *General Electric* in mancher Hinsicht immer noch das Unternehmen, das Welch 1981 übernahm. Es ist das Unternehmen, das seit Jahren Produkte wie die folgenden herstellt:

- Stromerzeugungsanlagen
- Lampen
- Lokomotiven
- Geschirrspüler
- Kühlschränke
- Flugzeugtriebwerke.

Aber es gibt auch ein neues *GE*. Das neue *GE* der späten 90er Jahre ist ein zunehmend dienstleistungsorientiertes Unternehmen. Über 60 Prozent des Gesamtumsatzes werden heute mit den beiden traditionellen *GE*-Dienstleistungsbereichen (*GE Capital* und *NBC*, zwei der Unternehmensbereiche mit dem höchsten Marktwert) und den Servicekomponenten aus dem Anlagenbau (zum Beispiel Flugzeugtriebwerke, Stromerzeugung und Lokomotiven) erzielt.

Einst diente eine Glühbirne als *GE*-Symbol. Jüngst ist es Jerry Seinfeld oder Tom Brokaw oder *die First Colony Insurance Company*.

Sogar das Schild vor der Unternehmenszentrale lautet auf *GE* und nicht auf *General Electric*.

Zwar verlagert Jack Welch den Unternehmensschwerpunkt zunehmend von der Fertigung auf den Dienstleistungssektor, doch zugleich warnt er Außenstehende vor dem voreiligen Schluß, *General Electric* würde seine Fertigungsbereiche eines Tages ganz aufgeben. Das Gegenteil sei der Fall.

Denn wenn *GE* Ende der 90er Jahre weiterhin Wachstum erzielen will, braucht das Unternehmen eine starke Fertigungsbasis – und sei es auch nur, um die Öffentlichkeit davon zu überzeugen, daß im Unternehmen alle Kompetenzen und Ressourcen vorhanden sind, um den Service-Ansprüchen gerecht zu werden.

Mit seinem Engagement für die Schaffung einer Lernkultur im Unternehmen, für mehr Qualität und für die Umgestaltung von *GE* zu einem verstärkt dienstleistungsorientierten Unternehmen will der Vorsitzende unter Beweis stellen, daß auch ein in vielen Geschäftsbereichen tätiges Unternehmen überleben und florieren kann. Diesen Kampf führt er seit Jahren – auch heute noch. Im Gegensatz zu den CEOs anderer Konzerne mit zahlreichen unterschiedlichen Geschäftsaktivitäten beabsichtigt Welch nicht die Ausgliederung von Unternehmensteilen. Er gibt zu, daß einige der größeren *GE*-Unternehmensbereiche, insbesondere der Finanzdienstleistungsbereich *(GE Capital)*, sehr wohl auf eigenen Füßen stehen könnten. Aber er sieht in der Ausgliederung des einen oder anderen der 12 großen *GE*-Unternehmensbereiche keinerlei Vorteil für *General Electric*. Er weiß durchaus um die Begleiterscheinungen eines zu groß gewordenen Konzerns – aufgeblähte Bürokratie, Schwierigkeiten bei der Lenkung einer so massiven Organisation, zahlreiche Führungsebenen. Aber er meint, er habe all dies im Griff. Er schreckt auch nicht vor weiteren Personaleinstellungen zurück: Die Zahl der Mitarbeiter bei *GE* hat sich von 229000 in den 80er Jahren auf 270000 Ende der 90er Jahre erhöht – einerseits, weil sich der Trend zum Downsizing überlebt hat, andererseits aber auch, weil neue Akquisitionen erfolgt sind.

Welch zögert nicht, Projekte, an denen ihm besonders liegt, mit neuem Personal aufzustocken, beispielsweise Qualität und Service.

Kritikern, die immer noch der Vorstellung anhängen, *GE* sei nichts anderes als ein Gemischtwarenladen (Welch haßt das Wort *conglomerate*), hält er entgegen, im Gegensatz zu anderen Konglomeraten sei bei *General Electric* das Ganze größer als die Summe seiner Teile. Die Vorteile, die aus der Vielfalt aller Geschäftsbereiche des Unternehmens erwüchsen, würden die damit verbundenen Nachteile bei weitem aufwiegen. In der Tat lernen die 12 großen *GE*-Unternehmensbereiche voneinander und helfen sich im Bedarfsfall gegenseitig aus.

Bei *GE* ist die Kultur des Lernens inzwischen tief verankert, und dies – nur dies – macht *General Electric* zu einem einzigartigen Unternehmen. Nicht die Tatsache, daß viele *GE*-Geschäftsbereiche marktführend sind. Nicht die Tatsache, daß diese Geschäftsbereiche so unterschiedlicher Art sind. Allein die Tatsache, daß *GE* das einzige amerikanische Großunternehmen mit einer derartigen Vielfalt an riesigen Geschäftsbereichen ist, das von einer Lernkultur geprägt wird. Welch sagte dazu in seiner Rede auf der *GE*-Jahreshauptversammlung in Charlotte, North Carolina (23. April 1997):

> Was [GE] von anderen unterscheidet, ist eine Kultur, die diese große Vielfalt als grenzenlose Quelle für Lerngelegenheiten nutzt, als Speicher für gute Ideen, deren Breite und Reichtum weltweit ohnegleichen sind. Im Zentrum dieser Kultur steht die Einsicht, daß die Fähigkeit einer Organisation zum Lernen und zum raschen Umsetzen des Gelernten in die Praxis den ultimativen Wettbewerbsvorteil darstellt.

Wohl jede Führungskraft in den Vereinigten Staaten, wenn nicht auf der ganzen Welt, blickt neiderfüllt auf die Erfolgsstory des Jack Welch. Was könnten wir also Besseres tun, als die Strategien und die Managementeinsichten dieses rätselhaften Unternehmensführers sorgfältig zu studieren? Dabei sollte eines bedacht werden: Die Techniken und Ideen, die Welch zur Aktivierung von *GE* eingesetzt hat, treffen auf Unternehmungen jedweder Größe zu – ob klein, mittelgroß oder groß.

Es lohnt sich also, der Unternehmensphilosophie eines Jack Welch Aufmerksamkeit zu widmen. Seine Erfolgsstory ist der beste Beweis dafür, daß er mit seinen Ideen recht hat. Zweifellos ist eine Menge von ihm zu lernen. Im folgenden sind daher Lektionen in Sachen Unternehmensführung zusammengetragen, an die sich Jack Welch, Amerikas erfolgreichster CEO, gehalten hat, um ein zutiefst bürokratisches und traditionsbewußtes 25-Milliarden-Dollar-Unternehmen in einen 90 Milliarden Dollar schweren Moloch umzuwandeln.

Thomas Edison würde sein Gründungswerk kaum wiedererkennen.

I. Führen – nicht managen

„Gute Ideen auftreiben,
übertreiben und
unternehmensweit vertreiben
– mit Lichtgeschwindigkeit."

Keine Angst vor Wandel!

„Der Wandel erfolgte weitaus schneller als die Reaktion der Unternehmen."

Zu viele Manager haben Angst vor Wandel.

Zu viele Manager meinen, die Bewahrung des Status quo sei die beste – weil sicherste – Geschäftsstrategie.

Jack Welch meint: Angst vor Wandel ist Unsinn.

Welch, der zukunftsorientierte Unternehmensführer, ist aufgeschlossen für Wandel.

Für ihn ist Wandel eine anregende, kühne, kreative Gestaltungskraft. Nachdenken über Wandel, sagt er, hält die Sinne wach und aufmerksam.

Für ihn macht Wandel einen großen Teil der Unternehmensrealität aus. Schon das Unternehmensumfeld erfährt ständigen Wandel: neue Konkurrenten, neue Produkte. Ein Unternehmen, das diese Realität nicht zur Kenntnis nimmt, ist zum Scheitern verurteilt.

Jack Welch hat keine Angst vor Wandel: Wandel ist eine maßgebliche konstante Größe im *General Electric* des Jack Welch.

Das Unternehmen erfährt ständige Erneuerung.

Seit der ersten Umstrukturierungsinitiative Anfang der 80er Jahre bis hin zur unternehmensweiten Qualitätsinitiative Mitte bis Ende der 90er Jahre hat Welch nie aufgehört, die *GE*-Tagesordnung zu verändern. Sein Ziel – Wachstum ohne Ende – mag gleich geblieben sein, aber die Instrumente und Methoden erfahren eine ständige Weiterentwicklung.

Welch fordert seine Kollegen auf, das Nachdenken über die Notwendigkeit von Wandel niemals aufzugeben.

Beginnen Sie jeden Tag so, als ob das Ihr erster Arbeitstag wäre, rät er seinen Managern: Nehmen Sie alle Änderungen vor, die zur Herbeiführung von Verbesserungen erforderlich sind. Überprüfen Sie unablässig Ihre Tagesordnung. Stellen Sie notfalls eine neue auf. So verfallen Sie weniger leicht in alte Gewohnheiten.

Treffen Sie selbst Entscheidungen, ermutigt er die Mitarbeiter in den Betrieben: Wenn Sie meinen, mit Ihrer Meinung recht zu haben, halten Sie nicht hinter dem Berg damit, Sie können Veränderungen bewirken und Ihren Boß zum Wandel drängen.

Keine Angst vor Wandel – lassen Sie nicht zu, daß sich Ihr Boß vor Veränderungen drückt!

W. James McNerney Jr. gehört zur *GE*-Führungsmannschaft und hat Welch jahrelang in Aktion erlebt. Von Mitte 1995 bis Mitte 1997 war McNerney President und CEO des *GE*-Unternehmensbereichs Lampen *(GE Lighting)*. Seither leitet er den *GE*-Unternehmensbereich Flugzeugtriebwerke *(GE Aircraft Engines)*.

Welch beschwört McNerney wie auch jeden anderen Kollegen bei *GE*, die eigene Tagesordnung immer wieder zu überprüfen. Sich jeden morgen der Realität zu stellen. Das kann eine Konkurrenzrealität sein oder auch eine Marketingrealität – jeder neue Tag ist anders. Was gestern wichtig war, könnte heute schon nicht mehr wichtig sein. „Deshalb ist man zur Anpassung gezwungen", hat McNerney in einem Interview am 26. September 1997 gesagt. „Unter Umständen müssen wir eine völlig andere Entscheidung in bezug auf eine gestern vereinbarte Transaktion oder ein bereits begonnenes Programm treffen, um den in den letzten 24 Stunden erfolgten Veränderungen im Umfeld Rechnung zu tragen. Jack ist einer der wenigen Männer, die davor nicht zurückschrecken. In vielen Organisationen ist die Versuchung groß, das eigene Badewasser zu trinken. In vielen Organisationen hat der Mann an der Spitze Angst, etwas zurückzunehmen und seinen Trupps eine andere Marschrichtung vorzugeben, als er sie noch gestern angeordnet hatte."

Im Gegenteil – den Beobachtungen von McNerney zufolge betrachtet Welch Aufgeschlossenheit gegenüber Wandel als Stärke, auch wenn dies bedeutet, daß ganze Unternehmensteile für geraume Zeit in totale Verwirrung gestürzt werden. Sämtliche Wertvorstellungen von Jack Welch laufen letztlich auf folgenden Rat hinaus: „Stellen Sie sich dem, was heute Realität ist." Ein solcher Führungsstil zwingt zu Veränderungen. Die Entscheidung zugunsten eines Wandels erfolgt derart schnell, daß die meisten Leute kaum die Zeit haben, lange bei ihren Aktionen zu verweilen. Sie wissen nur eines: Es ist aufregend und spannend, Wandel ständig vor Augen zu haben!

„Jack merkt schnell, wenn irgendwelche Ideen oder Aktivitäten nicht mehr zielgerichtet, unangemessen oder weniger brauchbar sind als bisher", hat Robert Wright, President und CEO des *GE*-Fernsehsenders *NBC (National Broadcasting Company)* in einem Interview vom 24. Juli 1997 verlauten lassen. „Sein Gespür dafür, wann eine Idee in einer Organisation nicht mehr zündet, ist recht gut ausgeprägt. Er hat immer die Kraft, Ideen, die allem Anschein nach ausgedient haben, sogleich durch eine neue Idee zu ersetzen."

Jack Welchs erster Wandel bei *General Electric* war geradezu revolutionär.

1980, ein Jahr vor Jack Welchs Amtsübernahme, hatte *GE* recht gute Erfolge erzielt – zumindest waren die meisten Leute davon überzeugt. *General Electric* hatte einen Gesamtumsatz in Höhe von 25 Milliarden Dollar mit einem Reingewinn von 1,5 Milliarden Dollar verbuchen können und wurde in vielen gängigen Managementbüchern, die an den betriebswirtschaftlichen Fakultäten im ganzen Land als Lehrmaterialien genutzt wurden, als Vorzeige-Organisation gepriesen.

Dennoch machte sich der *GE*-Vorsitzende Sorgen. Vielleicht glaubte er den Lehrbüchern nicht so ganz.

Er befürchtete, *GE* könnte ins Schlittern geraten, wenn nicht deutliche Veränderungen in Struktur, Produktpalette und Größe des Unternehmens vorgenommen würden.

Ihm war klar, daß die Unternehmenslandschaft zunehmend vom Wettbewerb geprägt sein würde. Diese Entwicklung betrachtete er als erhebliches Gefahrenpotential für *GE*; seiner Überzeugung nach konnte ein Unternehmen den Ansprüchen eines sich ständig wandelnden Umfelds nur dann gerecht werden, wenn es sich den veränderten Bedingungen flexibel anpaßte.

Seine Aufgabe würde nicht leicht sein, denn wie er zu sagen pflegt, kennt Wandel keine Lobby. Er würde Schwierigkeiten haben, die Mitarbeiter in Scharen von seinen Plänen zu überzeugen. Nur wenigen Leuten im Unternehmen ist Wandel willkommen.

Allein die Idee, ein so traditionsgebundenes Unternehmen wie *General Electric* umzumodeln, erschien manchen geradezu absurd.

Nicht aber Jack Welch.

Im Gegensatz zu fast allen anderen erkannte Welch die Gefahren, die großen Konzernen wie *GE* in den 70er und 80er Jahren drohten.

Andere Unternehmen zogen es vor, solche Gefahren als „unbedeutende Flecke auf dem Radarschirm" abzutun. Warum auch nicht? Wenn sie die Warnsignale einfach ignorierten, konnten sie weiterhin den Kopf in den Sand stecken und brauchten ihren gewohnten Trott nicht zu ändern.

Dessenungeachtet schossen High-Tech-Industrien und globale Konkurrenten wie Pilze aus dem Boden – eine Bedrohung für *GE* in bezug auf Umsätze und Marktanteile. Die neuen Unternehmen fertigten Produkte mit zunehmend besserer Qualität bei höheren Produktivitätsstandards.

Und all diese Veränderungen vollzogen sich immer schneller.

Jack Welch erkannte nicht nur, daß ein Wandel unvermeidbar war, sondern begrüßte die Veränderungen mit der ihm eigenen Intensität: Sie gaben ihm die Möglichkeit, ein neues *General Electric* zu schaffen – ein Unternehmen zu schmieden, das für die sich abzeichnenden Entwicklungen besser gerüstet sein würde.

Bei eingehender Prüfung des Unternehmens wurde eines überdeutlich: Der Wandel, den *GE* vollziehen mußte, war im Erste-Hilfe-Schnellverfahren nicht zu bewerkstelligen. Nein – um *General Electric* wirklich wettbewerbsfähig zu machen, mußte Welch drastischere und weitreichendere Veränderungen herbeiführen, als sie je in einem größeren amerikanischen Unternehmen vollzogen worden waren.

Und nichts vermochte ihn das Fürchten zu lehren – nicht einmal das lautstarke Gezeter der *GE*-Führungskräfte auf den unteren Ebenen, das Unternehmen sei doch in hervorragendem Zustand. Welch war sich sicher, daß er recht hatte – und das reichte.

Wenn Welch die Situation erläuterte, in der er *GE* 1981 übernommen hatte, konzentrierte er sich auf zwei deutlich ausgeprägte Tendenzen: zum einen die hohe Inflation Ende der 70er Jahre und zum anderen die Gefahr, die von Asien ausging und buchstäblich alle *GE*-Unternehmensbereiche bedrohte.

> So wurden wir ständig daran erinnert, daß wir um vieles besser, schneller werden mußten. Also lautete meine Botschaft in unserem Unternehmen in etwa: „Das Spiel wird sich ändern, und zwar dramatisch." Und wir mußten einen Plan, ein Programm, aufstellen, wie wir uns in einem gänzlich anders gearteten Jahrzehnt zu behaupten gedachten. Die Japaner hatten seit Ende der 60er, Anfang der 70er Jahre einen Übergang von schlechter Qualität und niedrigen Preisen zu niedrigen Preisen und hoher Qualität vollzogen. Mit ihren Anlagen, ihrer Qualität und ihrer Disziplin waren sie uns in einigen Geschäftsbereichen eindeutig überlegen.[1]

Ein Prozeß, der keinen Namen hatte

Noch nie hatte jemand versucht, derart einschneidende Veränderungen vorzunehmen. Das hatte noch niemand gewagt. Die Veränderungen, die Jack Welch Anfang der 80er Jahre einleitete, waren so neu, daß der Prozeß keinen Namen hatte.
Heute sprechen wir von „Umstrukturierung".
Welch erkannte die Krise früher als jeder andere.

Allenfalls eine Handvoll der 350 *GE*-Geschäftsbereiche waren marktführend:

- Lampen
- Turbinen- und Kraftwerksbau
- Motoren.

Nur drei *GE*-Produkte hatten sich einen verhältnismäßig guten Anteil am Exportmarkt sichern können:

- Kunststoffe
- Gasturbinen
- Flugzeugtriebwerke.

Von diesen drei Produkten erfreuten sich im Ausland nur die Gasturbinen einer marktführenden Position. Dennoch – und das war das Irreführende – schienen die *GE*-Bilanzen in den 70er Jahren vor Solidität zu strotzen.

Welch witterte eine andere Wahrheit – eine andere Realität.

Nur zu gut wußte er, daß die Produktion in den Vereinigten Staaten immer unrentabler wurde. Dabei wurden noch im Jahr 1970 bis zu 80 Prozent der Erträge bei *General Electric* von den traditionellen elektrischen und elektronischen Fertigungsbereichen erwirtschaftet.

Sicher – das Unternehmen hatte auch finanzielle Erfolge aufzuweisen, insbesondere in den Bereichen Kunststoffe, Medizinische Systeme und Finanzierungsdienstleistungen. Aber diese Unternehmensbereiche steuerten nur ein Drittel der 1981 insgesamt erzielten *GE*-Erträge bei. Hinzu kam, daß eine Reihe von *GE*-Unternehmensbereichen (insbesondere der Bereich Flugzeugtriebwerke) häufig mehr Geld verschlangen, als sie einbrachten.

Jahrzehntelang hatten die Vereinigten Staaten die wichtigsten großen Weltmärkte beherrscht:

- Stahlindustrie
- Textilindustrie
- Schiffsbau
- Television
- Rechner
- Automobilbranche.

Daher wurden nur wenige amerikanische Unternehmensführer aufmerksam, als andere Konkurrenten, vornehmlich die Japaner, Kunden mit qualitativ höherwertigen Produkten zu niedrigeren Preisen abwarben.

Mit der amerikanischen Stahlindustrie ging es bergab. Besonders deutlich trat dies in Erscheinung, als die Branche 1982 Verluste in Höhe von 3,2 Milliarden Dollar hinnehmen mußte. Mittlerweile hatten die Japaner 20 Prozent des amerikanischen Stahlmarkts erobert. Und was sich in der Stahlindustrie abspielte, blieb auch der Automobilbranche nicht erspart.

Anfang der 80er Jahre war es um die amerikanische Wirtschaft immer schlechter bestellt. So war die Inflation, die noch 1971 nur 3,4 Prozent betragen hatte, im März 1980 auf 18 Prozent hochgeschnellt. Zwar wiesen die Vereinigten Staaten weltweit immer noch die höchste Produktivität auf, doch hatte sich der Vorsprung seit den 60er Jahren ständig verringert.

Im Sommer 1981 schließlich stand das Land am Abgrund einer Rezession.

Um sich gegen die Konkurrenz in aller Welt behaupten zu können, mußten die Vereinigten Staaten produktiver und aggressiver werden – und das schnell. Doch nur wenige amerikanische Unternehmen exportierten ihre Produkte. Nur 1 Prozent aller US-Unternehmen war für 80 Prozent der Exporte im Land zuständig!

Warum nicht den Dingen ihren Lauf lassen?

Jack Welch hätte es dabei belassen können.

Er hätte darauf pochen können, daß *GE*, das 115 Jahre alte Renommierunternehmen, seine Produkte auch weiterhin verkaufen würde, so sehr sich die Bedingungen des Marktes auch ändern mochten.

Er hätte argumentieren können, *GE* sei so stark, daß ihm die konjunkturellen Umschwünge nichts anhaben würden.

Aber Welch wußte es besser, und es war nicht seine Art, die Wahrheit zu ignorieren.

Die Führungskräfte bei *GE* hatten für Welch nur Spott übrig: Sie hielten hartnäckig an ihrer Meinung fest, ein Wandel sei nicht erforderlich. Die *GE*-Mitarbeiter begegneten Welch mit Verachtung, mit Ungläubigkeit und oft genug mit unverhohlener Angst. Warum an etwas Gesundem herumdoktern? Warum mit dem Feuer spielen? Warum wollte er unbedingt etwas reparieren, was gar nicht kaputt war? *General Electric* war schließlich ein erfolgreiches Unternehmen mit enorm hohen Umsätzen und Gewinnen! Doch Welch folgte seinem Bauchgefühl:

> Ich konnte bei vielen Geschäftsbereichen [von *GE*] ... eine zunehmende Lethargie beobachten. Die amerikanischen Unternehmen waren zutiefst bürokratisch ausgerichtet, was seinerzeit auch richtig gewesen war, aber die Zeiten haben sich geändert. Der Wandel erfolgte weitaus schneller als die Reaktion der Unternehmen.[2]

Ein wichtiger Baustein in Welchs neuer Strategie war die Abmusterung bestimmter Geschäftsbereiche: Nur solche Bereiche sollten bleiben, die ihre Märkte beherrschen konnten. Von nun an sollte ein *GE*-Geschäftsbereich die Nummer 1 oder 2 auf seinem Markt sein. Wenn das Unternehmen Bereiche, die nur vor sich hin dümpelten, nicht wieder flottkriegen konnte, gab es nur eins: schließen oder verkaufen.

Diese neue Politik verhalf *GE* zur Ausgangsbasis für solides Wachstum in den 80er und frühen 90er Jahren. Viele weitere Veränderungen wurden durchgeführt – sie waren nur der Anfang dessen, was Welch noch alles unternehmen würde, um *GE* besser zu machen.

In den 17 Jahren, die Jack Welch nun im Amt ist, hat er Wandel stets als fruchtbare – und notwendige – Unternehmensstrategie begriffen.

Akquisitionen sind gerechtfertigt!

GE hatte sich traditionsgemäß an die Maxime gehalten, die Unterstützung und Förderung der eigenen Unternehmensbereiche sei besser als die Akquisition fremder Unternehmen. Mitte der 80er Jahre unternahm Welch etwas Unerhörtes: Er brach mit dieser ehrwürdigen Tradition.

Am 12. Dezember 1985 akquirierte *General Electric* für 6,28 Milliarden Dollar den Kommunikationsriesen *RCA* – mitsamt dessen Kronjuwel *NBC Television Network*. Zu der Zeit war *General Electric* das neuntgrößte Industrieunternehmen in den USA. Unter den Dienstleistungsunternehmen des Landes stand *RCA* an zweiter Stelle.

Solchermaßen vereint, stellten *GE* und *RCA* eine Unternehmensmacht mit Umsätzen in Höhe von 40 Milliarden Dollar dar, was dem neuen Konzern zu Platz 7 auf der *Fortune-500*-Liste verhalf.

James Baughman, damals Leiter des *GE*-Trainingszentrums Crotonville, bezeichnete die Fusion als den größten konterkulturellen Schritt, den *General Electric* unter Leitung von Jack Welch je unternommen hat. Welch faßte diesen Kommentar als Kompliment auf: Er wollte die Geschäftsbereiche von *General Electric* ausbauen, die das höchste Wachstum aufzuweisen hatten, und zu diesem Zweck waren ihm alle Mittel recht.

Wenn die Akquisition externer Geschäftsbereiche dem Unternehmen dienlich war, würde er sich zu einem solchen Schritt entschließen. Nach der *GE/RCA*-Fusion erwartete *General Electric*, daß 80 Prozent der Umsätze in den Dienstleistungs- und Technologiebereichen erwirtschaftet würden – was zur Realisierung eines der ersten Welch-Ziele seit Beginn der 80er Jahre beitragen sollte.

1987, zwei Jahre später, unternahm Welch, die Triebkraft des Wandels, einen weiteren konterkulturellen Schritt: Er stieß einen der sorgfältig gehätschelten Geschäftsbereiche ab und akquirierte ein Unternehmen, das auf dem Gebiet der medizinischen Diagnostik tätig war.

Der *GE*-Bereich Unterhaltungselektronik – mit 3 Milliarden Dollar Umsatz im Jahr führender Hersteller von Fernsehgeräten und Videorecordern in den Vereinigten Staaten – hatte sich schon länger in Schwierigkeiten befunden. Welch erkannte, daß es ein „Ding der Unmmöglichkeit" sein würde, den damals auf dem Weltmarkt an vierter Stelle operierenden Unternehmensbereich zur Nummer 1 oder 2 aufzupäppeln. *GE* mußte sich von der Unterhaltungselektronik lösen und statt dessen die Unternehmensressourcen in solche Bereiche investieren, die das Potential zur Marktführerschaft besaßen.

Also veräußerte *GE* im Juni 1987 den Unterhaltungselektronik-Bereich an *Thomson S.A.*, das größte der in Frage kommenden Elektronikunternehmen. Im Gegenzug akquirierte *GE* von *Thomson* die *CGR*-Sparte, die im Rahmen der Herstellung bildgebender medizinischer Systeme mit dem Verkauf von Röntgenapparaten und anderen diagnostischen Geräten alljährlich 750 Millionen Dollar Umsatz in Europa erzielt hatte. Auf diese Weise erhielt *GE* Zugang zum europäischen Markt für medizinische Diagnoseeinrichtungen.

In den Medien wurde Welch scharf angegriffen wegen des Verkaufs eines Unternehmensbereichs, der wie *Apple Pie* und *Baseball* geradezu ein Inbegriff amerikanischer Wirtschaft zu sein schien – zumal damit auch Produktionsarbeitsplätze exportiert wurden. Welch hielt solche Kritik für unsinnig. *GE* bedurfte eines Wandels: Das Unternehmen mußte die eigenen Geschäftsbereiche zu Marktführern aufbauen, wenn es die Konkurrenz schlagen wollte.

Wiederum zwei Jahre später – im Jahr 1989 – nahm Welch erneut einen Wandel vor: Er befaßte sich auf völlig neue Art und Weise mit der Frage, wie *GE* mit seinen Mitarbeitern umging. Die nämlich hatten massive Entlassungen in den 80er Jahren erlebt und fürchteten immer noch um ihre Arbeitsplätze und ihre Zukunft – die Mitarbeiter bedurften dringend vertrauensbildender Maßnahmen. Welch sorgte dafür, daß ihnen das Erforderliche zuteil wurde.

Bis 1989 hatten Welch und seine Kollegen noch daran gezweifelt, daß sie viel von ihren Mitarbeitern lernen könnten; vielmehr hatten sie gemeint, die Arbeiter seien – Drohnen vergleichbar – nur dazu da, die Entscheidungen des Managements auszuführen. Initiative wurde nicht von ihnen erwartet – sie waren eben Arbeiter und keine Manager.

Doch mit der Zeit erkannte der Vorsitzende, daß die *GE*-Mitarbeiter eine lebenswichtige und unerschöpfliche Quelle für neue und kreative Ideen darstellten. Wenn man ihnen die Möglichkeit zugestand, einen eigenen Input in den Arbeitsalltag des Unternehmens einzubringen, konnte die Abwicklung der Geschäftsaktivitäten verbessert und damit die Produktivität deutlich erhöht werden. Dieser Ansatz hatte einen weiteren Riesenvorteil zu bieten: Er vermittelte den Arbeitern als den Überlebenden des „Rundumschlags" im Rahmen des *Great Corporate Downsizing* größere Zufriedenheit am Arbeitsplatz.

Die Nutzung des intellektuellen Potentials der *GE*-Belegschaft bedeutete für Jack Welch und für *General Electric* schlechthin eine deutliche Wende.

Welch führte sein *Work-Out*-Programm ein: Es sollte die Mitarbeiter aktivieren, sich auf allen Fluren des Unternehmens gezielt um konstruktive Gespräche zu bemühen. Damit war *GE* das erste Unternehmen, das ein Programm dieser Art in so großem Umfang praktizierte.

Probieren geht über Studieren

Der Wandel erwies sich als Erfolg – der Aufbau der *GE*-Geschäftsbereiche zu Marktführern ebenso wie die Übernahme rentabler, produktiver Geschäftsbereiche als Neuzugänge oder das Anzapfen kreativer Potentiale bei den Mitarbeitern.

Welch konnte sich seines Erfolgs sicher sein, denn die „*GE*-Zahlen" verbesserten sich zusehends.

Er konnte sich seines Erfolgs sicher sein, denn bis Mitte der 90er Jahre war *GE* zum stärksten Unternehmen der Nation und – gemessen an der Marktkapitalisierung – zum höchstbewerteten Unternehmen der Welt aufgestiegen. Doch selbst dieser Leistungsrekord hielt Welch nicht davon ab, den nächsten größeren Wandel seiner Organisation ins Auge zu fassen.

1995 startete er eine weitere kühne Aktion: Er leitete eine unternehmensweite Initiative zur qualitativen Verbesserung der Produkte und Prozesse bei *General Electric* ein.

Kühn war diese Aktion insofern, als damit das stille Eingeständnis verbunden war, daß *GE*-Produkte und *GE*-Prozesse noch verbesserungsbedürftig waren.

Wieder einmal stellte sich Welch der Realität – und packte den Wandel an.

Er hätte sich diesem erneuten Wandel verweigern können. War es denn nicht so, wie er gern behauptete: „Das heutige *GE* ist ein Qualitätsunternehmen. *GE* ist immer ein Qualitätsunternehmen gewesen." Warum sollte man es nicht dabei belassen? Und die Antwort von Welch?

> Wir wollen mehr sein als das. Wir wollen die Wettbewerbsszene verändern, indem wir nicht nur besser sind als unsere Konkurrenten, sondern Qualität auf ein gänzlich neues Niveau anheben. Wir wollen erreichen, daß unsere Qualität etwas so Besonderes, für unsere Kunden so Wertvolles und für ihren Erfolg so Wichtiges wird, daß sie sich eigentlich nur noch für unsere Produkte entscheiden können.[3]

Wandel: auf den ersten Blick ein Kinderspiel. Es bedarf lediglich einer Entscheidung vom Unternehmensboß, und schon sehen sich die Mitarbeiter veranlaßt, ihre Verhaltensmuster zu ändern. Doch das ist leichter gesagt als getan:

Es ist keineswegs einfach, alte Vorgehensweisen und Gewohnheiten aufzugeben und sich neue anzueignen. Vielmehr könnte dies eine der schwersten Aufgaben sein, die ein Mitarbeiter zu bewältigen hat. Jack Welch weiß, wie schwer Wandel sein kann. Aber das tut seiner Überzeugung keinen Abbruch, denn für ihn ist Wandel die einzig reale Möglichkeit, *GE* zu dem wettbewerbsstarken Unternehmen zu machen, das er vor Augen hat.

Nur durch Wandel – durch massiven Wandel – kann *GE* gewinnen, und Jack Welch glaubt fest ans Gewinnen. Er bewundert das mutige Verhalten von Gewinnern – von Helden nach Art eines John Wayne, die keine Angst davor haben, es mit Feinden aufzunehmen, vor denen andere das große Schlottern kriegen. Er weiß: Gewinner gewinnen, weil sie niemals einen Schritt zurückweichen.

Leid tun ihm die Verlierer – diejenigen, die stets den Kopf in den Sand stecken.

Er aber will zu den Gewinnern zählen. Und Gewinner haben keine Angst vor Wandel!

1. Zitat aus einem Artikel im *Fortune*-Magazin vom 11. Dezember 1995: „Roberto Goizueta and Jack Welch: The Wealth Builders".
2. Aussage von Jack Welch im Rahmen eines Interviews vom 8. Juli 1991.
3. Auszug aus einer Rede anläßlich der *GE*-Jahreshauptversammlung in Charlottesville, Virginia, am 24. April 1996.

Vom Managen zum Führen

„Schwache Manager sind für das Unternehmen eine tödliche Gefahr; sie sind die Job-Killer.“

Lange Zeit galt in der amerikanischen Wirtschaft die überkommene Weisheit, Manager sollten in erster Linie darauf achten, was ihre Untergebenen tun:

- Überprüfen.
- Aufpassen.
- Kontrollieren.

In dieser Bürokratie sprachen nur die Junior- und Senior-Manager miteinander. Tauschten unzählige Notizen und Berichte aus. Hielten „da oben“ Sitzungen mit ihresgleichen ab. Vergewisserten sich, daß „da unten“ – auf Werksebene und andernorts – alles wie vorgesehen funktionierte.

Mehr sollten Manager nicht tun.

Keine kreativen Anstöße geben. Nicht etwa nachgeordneten Managern die Chance einräumen, selbständig vorzugehen. Keinen direkten Kontakt zu den Männern und Frauen aufnehmen, die doch die Unternehmensprodukte produzierten.

Sprach irgend etwas dagegen? Die amerikanischen Unternehmen waren doch erfolgreich – zumindest sah es so aus. Aber Jack

Welch hat nur Verachtung übrig für solche Bürokraten. Für ihn sind sie Relikte der Vergangenheit. Und die Vergangenheit zählt nicht.

Wie aber soll ein Riesenunternehmen gemanagt werden? Wie sollen – insbesondere im Fall des Multikonzerns *General Electric* – die zahlreichen Geschäftseinheiten mit ihren Hunderttausenden von Mitarbeitern gemanagt werden? Wie lassen sich diese Mitarbeiter so effektiv managen, daß sie möglichst produktiv arbeiten? Ist es besser, als Manager „mitzumischen“, oder soll man sich eher zurückhalten? Jack Welch hat sich mit diesen Fragen eingehend befaßt. Und ist zu einer scheinbar paradoxen Einsicht gelangt: Je weniger man managt, desto mehr ist dem Unternehmen gedient.

Gegen den Begriff *Management* hegt er eine gewisse Abneigung. Die meisten Manager tun seiner Meinung nach zuviel des Guten. Und gerade diese *übereifrigen* Manager tragen zum Entstehen einer schwerfälligen, trägen Bürokratie bei, die für große Unternehmen eine geradezu tödliche Gefahr bedeutet.

Vom Zeitpunkt seiner Amtsübernahme an betrachtete Welch das von ihm geleitete *General Electric* als einen bürokratischen Dinosaurier: Das *GE*-Management nahm es allzu genau mit der ständigen Kontrolle und Aufpasserei. Er entschied, die Führungskräfte müßten ihren Managementstil ändern.

Wenn er erreichen wollte, daß *GE* in einem zunehmend komplexen und wettbewerbsgeprägten Marktumfeld mit Erfolg konkurrieren konnte, mußte er die Art und Weise, in der die Manager ihre Pflicht taten, deutlich verändern. Mit Sicherheit würde das keine leichte Aufgabe sein. Schließlich war das Konzept, mehr Management bedeute letztlich weniger Management, zu der Zeit ein Tabuthema für all die Leute in ihren Eckbüros, die doch nichts anderes gewohnt waren, als sich durch die traditionelle Funktionärshierarchie hindurchzuarbeiten.

Am liebsten würde Welch den Ausdruck Manager ganz abschaffen, weil er mittlerweile Menschen kennzeichnet, die „eher kontrollieren als erleichtern, eher verkomplizieren als vereinfachen, eher kommandieren als beschleunigen“[1].

Einige Manager, sagt Welch, verwässern Unternehmensentscheidungen mit komplexen Details und Belanglosigkeiten:

Sie setzen [Managen] mit intellektueller Differenziertheit gleich und wollen klüger erscheinen als andere. Sie begeistern niemanden. Ich habe eine Abneigung gegen die Eigenschaften, die man hinlänglich mit „managen" verbindet – kontrollieren, Leute gängeln, sie im dunkeln lassen, ihre Zeit mit trivialen Aufgaben und Berichten verschwenden. Auf sie herabblicken. Man kann den Leuten kein Selbstvertrauen „vermanagen".[2]

Wenn es nach ihm ginge, würde keiner mehr als Manager bezeichnet. Er zieht den Ausdruck *Leader* vor und meint damit Persönlichkeiten, die nicht managen, sondern führen.

Führungspersönlichkeiten sind Menschen, die anderen „klare Visionen im Hinblick auf Verbesserungsmöglichkeiten vermitteln"[2].

Manager mischen sich ein – Führungspersönlichkeiten inspirieren

Manager verzögern die Unternehmensabläufe. Führungspersönlichkeiten beschleunigen einen reibungslosen Unternehmensalltag.

Manager reden mit ihresgleichen und tauschen Memos aus. Führungspersönlichkeiten wenden sich an ihre Mitarbeiter, reden mit ihren Mitarbeitern, erfüllen sie mit Visionen, führen sie zu Höchstleistungen, die sie selbst nicht für möglich gehalten hätten. Und aus dem Weiteren halten sie sich heraus (ein entscheidendes Kriterium für Welch).

Vor allem will Welch erreichen, daß seine Führungsmannschaft auf Einfachheit bedacht ist.

Managen müsse gar nicht so kompliziert sein, sagt er immer wieder, denn ein Unternehmen sei eigentlich etwas ganz Unkompliziertes.

Wir haben uns einen der simpelsten Berufe der Welt ausgesucht. Die meisten globalen Unternehmen haben drei bis vier wichtige Konkurrenten, und die sind hinlänglich bekannt. Und so viel kann man mit einem Unternehmen auch gar nicht an-

> stellen. Es ist nicht so, als ob man zwischen 2000 Optionen zu entscheiden hätte.[3]

Für Welch besteht das Geheimnis erfolgreicher Unternehmensführung darin, dafür zu sorgen, daß alle wichtigen Entscheidungsträger im Unternehmen Zugang zu ein und demselben Faktenmaterial haben. Wenn das gewährleistet ist, werden sie in den meisten Fällen zu annähernd gleichen Schlußfolgerungen gelangen.

Das Problem, sagt Welch, sei nur, daß die Leute nicht über dieselben Informationen verfügen; sie erhalten immer nur Ausschnitte aus der Informationstorte und sind von anderen wichtigen Informationen so gut wie abgeschnitten.

Aber sind nicht auch bei ein und derselben Informationsbasis unterschiedliche Schlußfolgerungen denkbar? „Sehr selten in bezug auf quantitative Aspekte", sagt Welch. „Sehr selten in bezug auf Unternehmenssituationen. Ich rede ja nicht von der Farbe einer Hauswand oder von der Ästhetik eines Stuhls. Ich rede von *Unternehmensentscheidungen.*"[4]

Nur – läßt sich denn im Unternehmen wirklich alles quantifizieren?

> Man kann ein Unternehmen hinreichend quantifizieren, um daraus eine strategische Ausrichtung ableiten zu können. Ich meine, die Parameter für eine Strategiediskussion lassen sich doch klar genug definieren. Und wenn dann eine Schlußfolgerung erzielt wird, hat das Team meist auch darum gerungen.[4]

David L. Calhoun, Leiter des *GE*-Unternehmensbereichs Lampen (*GE Lighting*), hat sich von Welchs Unterscheidung zwischen Führen und Managen überzeugen lassen. „Managen", erklärte Calhoun in einem Interview am 25. September 1997, „heißt, daß man ein bißchen mehr weiß als die Leute, die für einen arbeiten, und daß man dieses Wissen wohlweislich für sich behält. Und das bedeutet Ausgrenzung in der eigenen Organisation. Wir alle verfügen nur über ein gewisses Maß an Kapazität zur Bewältigung unserer Arbeit und zur Herbeiführung von Wandel. Wenn ich die Hälfte meiner Kapazität damit vergeude, mich nur an Zusammenhänge und Details erinnern zu müssen, kann ich mich kaum noch um solche Angelegenheiten kümmern, die es zu verändern und zu beschleunigen gilt. Und das betrifft jeden in der Organisation."

Für Calhoun ist der alte Managementstil immer noch zu stark in den Unternehmen ausgeprägt, auch bei *General Electric*. „Wir müssen den Mitarbeitern, die mehr als alle anderen wissen sollten, die Unsicherheit nehmen. Ist das erst einmal erreicht, kann man die Leute auffordern, aus ihrer Welt herauszutreten; dann sind sie nicht mehr eingesperrt in ihren eng umgrenzten Bereich. Dann öffnet sich die Welt. Die Leute müssen aus dieser Enge herausgeführt werden in mehr Weiträumigkeit – wo es mehr Spielzeug gibt und alles mehr Spaß macht. Um mehr geht es doch gar nicht."

Die richtigen Fragen stellen

Jack Welch zufolge weiß ein Unternehmensführer, der sich auf Einfachheit in der Unternehmensgestaltung versteht, welche Fragen er seinen Untergebenen stellen muß:

1. Wie sieht die globale Wettbewerbssituation für Sie aus?
2. Welche Schritte haben Ihre Konkurrenten in den letzten drei Jahren unternommen?
3. Welche Gegenmaßnahmen haben Sie im Vergleichszeitraum ergriffen?
4. In welcher Form könnte Ihnen die Konkurrenz in Zukunft gefährlich werden?
5. Welche Pläne verfolgen Sie, um Ihre Konkurrenz zu übertreffen?

Um mehr gehe es beim Management nicht, meint der Vorsitzende und CEO von *General Electric*: Man müsse nur die richtigen Fragen stellen und die richtigen Antworten bekommen.

Unternehmensführer durch und durch

Als Mann an der Spitze des mächtigen *General Electric* mit seinen zwölf großen Unternehmensbereichen erweckt Jack Welch nicht eben den Anschein eines Managers im normalen Sprachverständnis. Er ist Unternehmensführer durch und durch.

Und worin besteht nun die Hauptaufgabe eines Unternehmensführers, der ein solches Arsenal an Unternehmensbereichen zu führen hat? Jack Welch hat sich in einem Interview vom 22. Oktober 1991 eindeutig zu dieser Frage geäußert: „Meine Aufgabe ist, die besten Leute in den besten Projekten einzusetzen und die Dollars bestmöglich am richtigen Ort zu investieren. Das ist so ziemlich alles. Ideen vermitteln, Ressourcen zuteilen und sich aus allem Weiteren heraushalten."

Er mischt sich nicht ein, wenn eine Entscheidung etwa über die Gestaltung eines Kühlschranks ansteht. Das überläßt er den Experten. Gegenüber Journalisten vom *Spiegel* (14. Juli 1997) hat er gesagt, er habe keine Vorstellung, wie man ein gutes Fernsehprogramm zustande bekomme, und genausowenig verstehe er etwas vom Motorenbau. Aber er wisse, wer der Boß bei *NBC* ist. Und darauf komme es an. Seine Aufgabe bestehe darin, die besten Leute auszusuchen und sie mit Dollars auszustatten. So seien nun mal die Spielregeln.

Für Jack Welch hängt Unternehmenserfolg entscheidend davon ab, daß ein Unternehmen die richtigen Manager hat. Ein erfolgreicher Unternehmensführer kann einer Organisation einen Schock versetzen und ihre Genesung einleiten. Ein erfolgloser Unternehmensführer versetzt einer Organisationen einen Schock und lähmt sie. Schwache Manager sind für das Unternehmen eine tödliche Gefahr:

> Sie sind die Job-Killer.[5] ... Deshalb müssen Organisationen ständig erneuert werden. ... Eine Organisation braucht den ständigen Zustrom an Ideen, Anregungen und Energien.

> Und eine Organisation muß sich ständig verbessern. Die Meßlatte muß immer höher gehängt werden. ... Meine Aufgabe ist, gute Ideen aufzutreiben, zu übertreiben und unternehmensweit

> zu vertreiben – mit Lichtgeschwindigkeit. ... Und Ressourcen zu ihrer Unterstützung einzusetzen. Immer wieder neue Ideen auftreiben. Das ist die Aufgabe so gut wie aller CEOs.[6]

Wie Welch nachdrücklich betont, ist ein guter Manager kein Unternehmensverwalter. Verwalten sei nicht der richtige Ausdruck. „Ich verwalte *GE* nicht. Ich führe *GE*."

Es ist schlechterdings unmöglich, solche Multimilliarden-Dollar-Unternehmen wie *GE Capital* und *NBC* zu „mikromanagen":

> Das ist doch lächerlich. Das kann ich gar nicht. Aber ich verstehe mich auf meinen Job, und mein Job besteht darin, daß ich die strategischen Aspekte im Zusammenhang mit den [obengenannten] fünf Fragen in den einzelnen Unternehmensbereichen kenne. Ich weiß, welche Fähigkeiten erforderlich sind, damit sie auf ihren Märkten die Gewinner sind, und ich weiß, wieviel Kapital sie dafür brauchen. Ich wette darauf. Aber ich weiß auch, daß ich für eine solche Wette genügend Rückendeckung habe.[6]

Und welche Ziele gibt er seinen Führungskräften vor?

> Ich gebe gar keine Ziele vor. Zu früheren Zeiten hätten die ein Ziel genannt und ich hätte eines genannt, und dann hätten wir darüber verhandelt. Heutzutage vergüten wir die Leute nicht danach, ob sie ihre Ziele erreichen oder nicht. Sie alle sollen danach bezahlt werden, inwieweit sie eine Verbesserung erzielt haben, und das wissen sie. In bürokratischen Unternehmen wird viel Zeit mit der Erstellung von Budgets vergeudet. Damit vergeudet man Energie. Die Welt verändert sich so schnell. Wir können es uns nicht leisten, Zeit mit bürokratischen Dingen zu vertun. *GE* ist ein informelles Unternehmen. Wir haben Vertrauen zueinander.
>
> Bei unseren vierteljährlich stattfindenden zweitägigen Sitzungen trägt keiner eine Krawatte. Hin und wieder legen wir Kaffeepausen bis zu einer Stunde ein, damit die Leute ihre Ideen austauschen können. Und bei jeder Sitzung laden wir uns einen externen Redner ein – etwa die Vorsitzenden von *Wal-Mart*,

> *Pepsi-Cola* und *Compaq*. Wir essen gemeinsam zu Abend und setzen uns nachher noch zum Gespräch zusammen. Unser Unternehmen wird geleitet wie eine Kolonialwarenhandlung im Familienbetrieb.[7]

Die Aufgaben eines Unternehmensführers Ende der 90er Jahre seien im Vergleich zu früheren Zeiten weitaus anspruchsvoller, meinte Welch in einem Interview am 12. Dezember 1997:

> Ich habe die Feststellung gemacht, daß Intensitätsgrad, globales Verständnis sowie realistische Reaktionen und Sichtweisen im Dezember des Jahres 1997 sehr viel ausgeprägter sind als vor 10 oder gar 15 Jahren, als es noch sehr auf die Form ankam. Heutzutage spielt Form keine Rolle mehr. Globale Schlachten lassen Form nicht mehr zu. Es geht nur noch um Inhalte. Form bedeutet, daß einer nicht intensiv am Unternehmen interessiert ist. Einer, der in soundsovielen Aufsichtsgremien sitzt. Einer, der sich immerzu auf Vortragsreisen befindet. Einer, der mit den Augen nicht am Ball bleibt. Einer, der die Position des Vorsitzenden als Höhepunkt seiner Karriere und nicht als Beginn einer solchen auffaßt. Sehen Sie, meine Karriere fängt im nächsten Januar wieder neu an. Was ich bisher gemacht habe, zählt nicht mehr. Ist bedeutungslos. Auf den Neubeginn kommt es an.

Jack Welch hat den amerikanischen Unternehmensführern eine völlig neue Perspektive vermittelt, wie man managen soll. Oder, besser gesagt, wie man nicht managen soll. Mit seinem beharrlich vertretenen Konzept, weniger Management bedeute besseres Management, hat Welch einen gänzlich neuen Führungsstil in Großunternehmen vorgegeben. Natürlich ist das ein paradoxes Konzept – weniger Management bedeute besseres Management. Und keiner ist sich dessen deutlicher bewußt als der *GE*-Vorsitzende. Doch Jack Welch würde auch nie behaupten, Manager sollten *gar nicht* managen. Er will den Managern lediglich zurufen: Verzettelt euch nicht mit übereifrigem Managen-Wollen. Erfüllt eure Managementaufgabe, indem ihr eine Vision schafft – und dann dafür sorgt, daß sich eure Mitarbeiter diese Vision zu eigen machen. Mehr ist nicht nötig. Unternehmensführung an sich ist nicht kompliziert. Man muß führen, nicht managen – und sich dann aus allem Weiteren heraushalten.

---

1. Auszug aus einer Rede, die Jack Welch am 15. Juli 1991 gehalten hat, nachdem er von der *National Management Association* als „Manager des Jahres“ ausgezeichnet worden war.
2. Interview mit Jack Welch in *Monogram*, Herbst 1989, 2-5.
3. Zitat aus: Noel Tichy und Ram Charan (1989) „Speed, Simplicity, Self-Confidence“, *Harvard Business Review*, September-Oktober 1989, 112-120.
4. „Face to Face: Jack Welch“, *FOCUS International*, Januar 1997, 3-12.
5. Jack-Welch-Zitat aus *Washington Post*, 27. Februar 1994.
6. Jack-Welch-Zitat aus *Industry Week*, 2. Mai 1994.
7. Jack-Welch-Zitat aus *Nikkei Business*, 21. Februar 1994.

Manager mit Visionen heranziehen

„Wir brauchen Führungspersönlichkeiten, die andere mit Energie aufladen, anregen und kontrollieren, anstatt sie zu entnerven, zu deprimieren und zu kontrollieren."

Wenn nun Jack Welch wenig Verwendung für autokratische Manager hat, die übereifrig managen, übermäßig aufpassen und übergenau kontrollieren – welche Art von Managern möchte er denn um sich scharen?

Erstens sollen seine Manager von Kraft und Energie strotzen. Zweitens sollen sie in der Lage sein, Visionen zu entwickeln und umzusetzen – anstatt unermüdlich von solchen Visionen zu reden. Aber am wichtigsten ist wohl der dritte Anspruch: Sie sollen sich darauf verstehen, das gesamte Unternehmen buschfeuerartig mit ihrer Begeisterung anzustecken.

Mitarbeiter für ihre eigene Arbeit begeistern können – das ist es, was einen großen Unternehmensführer ausmacht. Und am besten entfacht man Enthusiasmus, sagt Welch, indem man den Mitarbeitern viel mehr Freiheit und viel mehr Verantwortung zugesteht.

1987 bat Welch den Leiter eines bestimmten *GE*-Unternehmensbereichs zum Gespräch. Der Bereich hatte Gewinne erwirtschaftet, aber nicht gerade Rekorde erzielt; Welch hatte das deutliche

Gefühl, es könnten bessere Leistungen erzielt werden. Er hoffte, das Gespräch würde dazu beitragen.

Doch Welchs Botschaft kam nicht an. Der Bereichsleiter verstand überhaupt nicht, was Welch wollte. „Bitte, so helfen Sie mir doch", sagte er, „schauen Sie meine Gewinne an. Die Rentabilität meiner Investitionen. All die Aktivitäten, die ich betreue, all die Leute, die ich beschäftige. Was erwarten Sie denn noch mehr von mir?"

„Das weiß ich auch nicht", entgegnete Welch in aller Aufrichtigkeit, „ich weiß nur, daß Ihr Bereich Besseres leisten könnte." Welch wollte, daß der Mann irgendwelche Visionen entwickelte, um selbst Begeisterung für die eigene Arbeit zu erfahren und seine Mitarbeiter mit neuen Energien zu aktivieren. Und dann hatte Welch einen Vorschlag für den verdutzten Manager.

„Am liebsten wäre mir, Sie würden einen Monat freinehmen und einfach irgendwo hinfahren. Wenn Sie dann wiederkommen, verhalten Sie sich so, als ob Sie Ihren Bereich gerade erst übernommen und nicht schon seit vier Jahren geleitet hätten. Tun Sie so, als ob Sie absoluter Neuling wären, nehmen Sie die üblichen Bestandsaufnahmen vor, und dann gehen Sie daran, alles etwas umzugestalten."

Der Mann hatte immer noch nicht begriffen. Er verstand nicht, was Welch von ihm wollte: Er sollte seine Agenda neu gestalten, seinen Unternehmensplan kritisch überprüfen und alles aus einer neuen Perspektive heraus betrachten. Der CEO von *General Electric* fand, das sei nicht zuviel verlangt. Doch der Bereichsleiter war begriffsstutzig. Er kam nicht darauf, daß Welch von ihm mehr Schwung und Begeisterung für die eigene Arbeit erwartete und daß er sich Gedanken darüber machen sollte, wie die eigenen Mitarbeiter zu motivieren waren.

Sechs Monate später war die betreffende Führungskraft nicht mehr bei *GE*.

Teamspieler

Jack Welch erwartet von Managern der mittleren Führungsebene, daß sie als Teammitglied und Coach fungieren. Diese Manager müssen die Unternehmensabläufe eher fördern und unterstützen als kontrollieren. Sie sollten den Mitarbeitern Anregungen geben können, auch mal ein Lob aussprechen und wissen, wann förmliche Anerkennungen angebracht sind. Manager sollten Energie ausstrahlen, anstatt ihre Umgebung zu nerven. Welch nennt ein hypothetisches Beispiel: Angenommen, wir haben es mit einem multifunktionalen Unternehmen mit den Komponenten *Engineering, Vertrieb* und *Produktion* zu tun. Das Unternehmen hat den besten Produktionsleiter, den es je hatte – einen Manager, der hervorragende Zahlen schreibt und qualitativ hochwertige Ware termingerecht produziert:

> Nur will der Mann nicht mit den Leuten aus dem Engineering-Bereich und dem Vertrieb reden. Er ist nicht bereit, seine Ideen mit ihnen zu teilen und grenzüberschreitend zu kooperieren. Bisher haben wir solche Manager mit einer Prämie belohnt – wegen der guten Zahlen. Aber jetzt setzen wir einen anderen Mann an seine Stelle, der vielleicht nicht ganz so perfekt ist, sich dafür aber als Teamspieler bewährt hat und die Leistung des Teams zu heben versteht.
>
> Vielleicht hat sich der Vorgänger zu 100 Prozent oder 120 Prozent eingesetzt, aber er hat nicht mit den Teamkollegen geredet und keine Ideen vermittelt. Infolgedessen konnte das Team nur zu 65 Prozent arbeiten. Demgegenüber erreicht der neue Manager unter dem Strich 90 bis 100 Prozent. Wenn das keine Erkenntnis ist![1]

1993 begann Welch, offen darüber zu sprechen, man werde künftig gegen Manager vorgehen, die es nicht fertigbrächten, sich als Teamspieler einzusetzen. Sicher würde es nicht leicht sein, die Denkgewohnheiten und Verhaltensweisen der *GE*-Manager zu verändern. Der Drang zum Kontrollieren und Anordnen sei stark ausgeprägt, schrieb er im Jahresbericht des Unternehmens; erschwerend käme die jahrhundertealte *GE*-Tradition hinzu, den Wert der eigenen Person danach zu bemessen, wie viele Mitarbeiter man beschäftigt und ob man Manager ist oder nicht.

Wir brauchen bei *GE* heute Führungspersönlichkeiten, die andere mit Energie aufladen, anregen und kontrollieren, anstatt sie zu entnerven, zu deprimieren und zu kontrollieren. ... In diesem Unternehmen brauchen wir Leute, die nicht bereit sind, ihre Zeit in bürokratischen „Leerlauf" zu investieren oder unter der Knute irgendeines Autokraten zu ächzen, bevor sie die Chance erhalten, selbst Entscheidungen zu treffen, Neues auszuprobieren und dafür ihren gerechten Lohn für Seele und Geldbeutel zu empfangen.

In einigen schwierigen Fällen bedeutet dies, daß sich das Unternehmen auch von verdienstvollen Leuten trennen muß – von den *Heisman-Trophy*-Kandidaten, wie man beim *American Football* sagen würde – von Leuten also, die nicht bereit sind, andere zu decken oder sich ins Team einzuordnen. Ihr teamschwächender Einfluß kann die Vorteile ihrer individuellen Fähigkeiten aufwiegen. ... In aller Deutlichkeit: Die beiden schnellsten Methoden, sich von *GE* zu verabschieden, sind erstens, eine Integritätsverletzung zu begehen, und zweitens, als kontrollierender, auf den eigenen Hoheitsrechten pochender, tyrannischer Manager aufzutreten, der sich nicht ändern will und den Leuten das Blut abzapft und sie ausquetscht, anstatt ihre Energie und ihre Kreativität anzuregen und dieses Potential zu nutzen.[2]

Der „gute Manager von GE"

Wenn Jack Welch die vier Typen von *GE*-Managern beschreibt und abschätzt, wer Erfolg haben wird (und wer nicht), will er letztlich damit sagen, daß es nur eine einzige Möglichkeit gibt, sich auf Dauer bei *General Electric* zu halten: Man muß sich als Teamspieler einfügen und bereit sein, sich den Unternehmenswerten und der Unternehmenskultur anzupassen.

Der erste Managertyp kommt seinen finanziellen und sonstigen Verpflichtungen nach und vertritt die *GE*-Werte. Welch mag solche Führungspersönlichkeiten und hat sie gern in seiner Nähe. Die Entscheidung über ihre Zukunft ist eindeutig: „nach vorn und nach oben".

Der zweite Managertyp kommt seinen Verpflichtungen nicht nach (d. h. „bringt keine gesunde Bilanz zustande“) und vertritt auch nicht die *GE*-Werte. Diese Leute entsprechen in keiner Weise dem Führungstyp, den Jack Welch haben will. Sie sind bei *GE* schnell wieder draußen: „Kein so angenehmer Fall, aber ebenfalls eindeutig.“

Der dritte Managertyp kommt zwar seinen Verpflichtungen nicht nach, vertritt aber die Unternehmenswerte. Für viele Unternehmensleiter wäre eine solche Führungskraft völlig inakzeptabel, doch Welch lehnt diesen Typ nicht von vornherein ab. Ihm ist mehr daran gelegen, daß ein Manager die Unternehmenswerte unterstützt, als daß er gute Bilanzen vorzeigen kann – vielmehr will er dem oder der Betroffenen zum Erfolg verhelfen: „Gewöhnlich erhalten solche Leute eine zweite Chance, vorzugsweise an einem anderen Arbeitsplatz.“

Der vierte Managertyp kommt seinen Verpflichtungen nach, vertritt aber nicht die *GE*-Werte. Solche Leute bereiten dem Vorsitzenden die größten Kopfschmerzen: „Ihnen gerecht zu werden ist besonders schwierig.“

Ende der 90er Jahre sprach Welch kaum noch von diesen vier Managertypen; vielmehr war die Rede davon, welche Manager bei *GE* erfolgreich oder nicht erfolgreich sein würden. Zwar gab es keine eindeutige Definition, aber das Schicksal eines jeden Typs stand fest: Typ A galt es zu halten und zu fördern; Typ B sollte in Erwartung besserer Leistungen aufgebaut werden; Typ C mußte gehen.

Auf dem Bereichsleiter-Treffen im Januar 1997, an dem alle 500 Spitzenführungskräfte des Unternehmens teilnahmen, richtete Welch einen aus tiefster Überzeugung kommenden Appell an seine Kollegen: Sie sollten die A-Typen halten, die Teamspieler, die sich den Unternehmenswerten verschrieben hätten. Nicht weniger eindringlich forderte er dazu auf, sich von Managern des Typs C zu trennen – solche Leute hätten bei *GE* nichts zu suchen, weil sie sich nicht dem Wertesystem des Unternehmens verpflichtet fühlten. Und unter Bezugnahme auf Manager vom Typ B wollte er sichergestellt wissen, daß sie weiterhin produktiv wären und weiteres Wachstum erzielten:

> Zu viele von Ihnen geben sich zu große Mühe, die „C's“ zu „B's“ zu machen. Das können Sie sich sparen. Stecken Sie die

> „C's" in Unternehmen vom Typ B oder C, da leisten solche Leute gute Arbeit. ... Wir sind ein A-Plus-Unternehmen. Wir können nur A-Spieler brauchen. Wir können jeden bekommen, den wir haben wollen. Wer unter Ihnen nicht die Besten um sich schart, sollte sich was schämen. Achten Sie auf Ihre besten Leute! Belohnen Sie sie! Fördern Sie sie! Zahlen Sie ihnen ein gutes Gehalt! Geben Sie ihnen eine Menge [Aktien-]Optionen, und verplempern Sie Ihre Zeit nicht mit der Aufstellung von Arbeitsplänen, um C-Leute zu B-Leuten zu machen. Trennen Sie sich rechtzeitig von ihnen. Damit leisten Sie auch einen Beitrag.[3]

Später im Jahr, im September 1997, machte Welch bei einer Rede in Crotonville ausführliche Angaben zu den Eigenschaften von A-, B- und C-Managern. Er forderte die *GE*-Nachwuchsführungskräfte unter den Zuhörern auf, spontan zu definieren, was sie sich unter Typ A vorstellten.

Vertrauen, meinte einer begeistert. Einfluß auf Entscheidungen, rief ein anderer. Führungspersönlichkeiten, die um bestmögliche Entwicklung der ihnen unterstellten Führungskräfte bemüht sind, sagte ein dritter Zuhörer.

Welch begann, die genannten Kriterien an der Tafel mitzuschreiben – ein Zeichen, daß ihm gefiel, was er da hörte.

Und was sollte nun für C-Typen kennzeichnend sein? Aus den Zuhörerreihen tönte es: Die wissen nicht, daß sie „C's" sind. Die haben Angst vor den „A's". Die sind so lala, indifferent.

Dann sagte Welch, er erwarte von ihnen nichts anderes, als daß sie höhere Ansprüche an die As stellten, sie aufbauten und förderten. Und was die „C's" beträfe, so sei es das Beste, sie loszuwerden. Das sei kein angenehmer, aber notwendiger Schritt.

Als eine der Anwesenden meinte, sich für die kürzlich erfolgte zwangsweise Entlassung einiger Leute rechtfertigen zu müssen, forderte Welch sie eindringlich auf, nur keine Schuldgefühle oder Mitleid aufkommen zu lassen.

Ich würde so gern dabei sein, wenn mein Kind in der „kleinen Liga“ spielt!

Patrick Dupuis, Mitglied des *GE*-Verwaltungsrats und Leiter der *GE*-Audit-Stabseinheit, weist darauf hin, der weniger diktatorische Managementansatz von Welch komme gut an bei der Generation der heute Zwanzig- und Dreißigjährigen, die naturgemäß freier über ihr Leben verfügen möchten. „Die jüngeren Leute streben in der Tat eine ausgeglichenere Lebensführung an. Und das gilt für Europäer ebenso wie für Asiaten. Sie mögen ehrgeiziger sein, aber sie wollen ein ausgeglicheneres Leben führen. Und das bedeutet, daß sie in ihrem Familienleben genauso erfolgreich sein wollen wie in ihrem Beruf. Sie wollen ein sozial aktives Leben führen; sie wollen zur Erziehung ihrer Kinder beitragen. Dieses Spannungsfeld fügt sich gut in die *GE*-Unternehmenskultur ein. Wir haben immer noch viele Stunden intensiver Arbeit und eine Menge Streß zu bewältigen, aber wir haben im Vergleich zu unseren Vorgängern auch viel Eigenkontrolle. Früher kam der Druck von oben, und da hatte man nicht viel Eigenkontrolle.“[4]

Soweit die Sichtweise von Patrick Dupuis. Jack Welch ist da anderer Auffassung. Bei ihm steht die Leistung von *GE* an erster Stelle. Er äußert sich nicht zu der Frage, wie seine Mitarbeiter ihr Privat- und Familienleben mit der Arbeit bei *GE* vereinbaren sollen. Von ihm kommt lediglich die Feststellung, die Mitarbeiter würden, sofern sie bei *General Electric* nicht hart arbeiteten, nicht den hohen Lebensstandard genießen können, an den sich die Amerikaner gewöhnt haben.

> Wir in den USA haben mehr, als die meisten Länder haben, und die meisten Länder wollen das haben, was wir haben. Wir wollen Ergebnisse erzielen. Wir haben eine hohe Arbeitsmoral. Wir haben mehr, als die meisten Unternehmen haben, und die meisten Unternehmen wollen das haben, was wir haben. Und deshalb müssen die Leute eine Kultur entwickeln, in der Ergebnisorientierung und harte Arbeit zählen, denn es kann nicht sein, daß wir zwei Autos in unseren Garagen haben und vielleicht noch ein Boot im Hafen, während die Leute in den Entwick-

lungsländern auf der Straße essen. Wir können das nicht ohne Produktivität, ohne Innovation, ohne all dies haben.

Es ist nicht Gottes Wille, daß 250 Millionen Menschen in diesem Land ein exklusives und privilegiertes Leben genießen. So nicht. Wir haben eine gute Ausgangsbasis. Wir haben ein großes Land, Bodenschätze, eine offene Gesellschaft mit Menschen unterschiedlicher Art, unterschiedlichen Rassen und Glaubensbekenntnissen. ... In unserer Kultur lassen sich deshalb wunderbare Leistungen erzielen. Wir als Unternehmer müssen dafür sorgen, daß unser Land optimal in der Lage ist, den Menschen gute Arbeitsplätze, gute Lebensbedingungen und gute Ausbildungsmöglichkeiten zu bieten. Aber letztlich können wir unseren Leuten nichts vorschreiben (wann und wie lange man Ferien zu machen hat oder ob man sich ein paar Stunden freinehmen kann usw.). Solche Entscheidungen müssen im Einzelfall geregelt werden – auf individueller und persönlicher Basis.[5]

Wenn nun jemand um drei Uhr nachmittags seinen Arbeitsplatz verläßt, um zuschauen zu können, wie sein Kind in der „kleinen Liga" spielt – würde ein solcher Mitarbeiter dann von Typ A auf Typ B „heruntergestuft" werden? Nein, entgegnet Welch und fügt noch hinzu:

Das ist eine ganz persönliche Frage, die zwischen dem Betreffenden und seinem Vorgesetzten zu klären ist. ... Wenn die Resultate nicht stimmen, werden wir fragen: „Warum stimmen die Resultate nicht?" Wir werden aber nicht fragen: „Wie viele Stunden haben Sie gearbeitet, und auf welcher Schicht waren Sie? Haben Sie sich an Richtlinie 17.11 gehalten?"[5]

Und was rät Welch Nachwuchsführungskräften, die selbst einmal herausragende Führungspersönlichkeiten werden wollen?

Der beste Rat, den ich den Leuten geben kann, ist dieser: Solche Aufgaben können Sie nicht im Alleingang bewältigen. Sie müssen mit den klügsten Köpfen in Ihrem Team in gutem Einvernehmen leben und arbeiten. Wenn Ihnen das gelingt, können Sie die Welt gewissermaßen am Schwanze führen. ... Leider können wir die Leute im Unternehmen nicht so leicht „orten" wie die Spieler beim Basketball oder Eishockey. Wenn einer nicht Schlittschuh laufen kann, setzt man ihn bestimmt nicht im linken Flügel ein. Und wenn einer nicht den Puck schießen kann, setzt man ihn nicht als Stürmer ein. Oder nimmt ihn erst gar nicht in die Mannschaft. Mit dem Team, das Sie im Unternehmen aufbauen müssen, verhält es sich nicht anders. ... Sie müssen immer die besten Leute um sich scharen. Wenn Sie einen dabei haben, der nicht gut ist, sind Sie der Gelackmeierte.[5]

Aber ist es nicht schwer, junge Leute, die sich einen Namen machen wollen, davon zu überzeugen, daß sie vor allem gute Teamspieler werden müssen?

Sehr schwer sogar, gibt Welch zu. „Und viele lassen sich auch nicht überzeugen. Deshalb rede ich immer von Selbstvertrauen, denn man muß schon genügend Selbstvertrauen haben, um brillante Leute einzustellen, die manchmal um ein Vielfaches klüger sind als man selbst. Und auch damit muß man gelassen umgehen können."[5]

In solchem Zusammenhang stellt sich eine interessante Frage: Wenn *GE* derart strikte Einstellungsbedingungen hat, wie konnte es dann geschehen, daß Leute bei *General Electric* beschäftigt wurden, die letztlich nur C-Manager waren? Dazu Welch:

Das liegt an der Unternehmensbürokratie. Und dann kommen einige sehr gescheite Leute hierher. Die sagen sich: Mir gefällt, daß es hier so viele Ressourcen gibt; mir gefällt der Versorgungsplan. Mir gefällt die Atmosphäre. Und ehe man sich versieht, sind sie da. Und auf einmal sind sie schon 20 Jahre da. Sie haben gute Resultate vorzuzeigen, ihre Karriere ist O.K. – sie sind nur nicht gut genug, um sich in einer Welt durchzusetzen, die nun einmal so ist, wie sie ist.

Die haben irgendwann mal mit den richtigen Zeugnissen und mit dem richtigen Potential angefangen. Nur ist dieses Potential vielleicht nicht so recht entwickelt worden – aus ganz unterschiedlichen und zum Teil auch triftigen Gründen. „Ich will der beste Vater oder die beste Mutter der Welt sein; ich will genug Geld verdienen, um meinem Kind eine gute Ausbildung geben zu können, dafür will ich mein Bestes tun. Ich will der beste Künstler im Zeichenkursus sein, den ich an zwei Abenden in der Woche besuche." Man kann alle möglichen Interessen verfolgen, allesamt anerkennenswerte Interessen – aber die sind eben nicht immer dazu angetan, die Leute zu A-Typen in diesem Unternehmen zu machen.[5]

Den ganzen Tag in Aktion

Soweit zu den Nachwuchsführungskräften. Und was meint Jack Welch, wie man ein großer Unternehmensführer wird?

Die derzeitige Unternehmenslandschaft, so der CEO von *General Electric*, verlange nach einem energiegeladenen und Energie ausstrahlenden CEO. Das Amt des Unternehmensführers sei nichts für zarte Gemüter.

Vor 20 Jahren galt die Ernennung zum Vorsitzenden und CEO als Höhepunkt einer Karriere; heute bedeutet sie für einen CEO, der sich in dieser Spitzenposition halten will, lediglich einen Neubeginn:

> Der CEO von heute ... weiß, daß dies der Anfang einer Karriere ist, daß die Schlacht gerade erst begonnen hat. Keiner kann nur so zum Dienst kommen und sich niederlassen, keiner kann einfach weggehen und allenfalls noch über irgendwelche unternehmenspolitischen Richtlinien nachdenken, das kann sich keiner leisten. Man muß schon den ganzen Tag lang voll in Aktion sein. Und man muß in der Lage sein, andere mit der eigenen Energie zu aktivieren. Als gedankenverlorener Guru im Eckbüro erreicht man gar nichts! Und der bescheidene, ausgeglichene, besonnene, vorsichtig taktierende unternehmenspolitische Sprecher ist auch nicht gefragt. Man muß am Rande des Wahnsinns arbeiten.[6]

Welch zufolge ist das Heranziehen und Fördern von Managementtalenten seines Typs eine der wichtigsten Erfolgsvoraussetzungen für *GE*. Und wie er in einem Interview am 24. September 1997 geäußert hat, ist das gegen Ende der 90er Jahre – insbesondere auf den oberen Führungsebenen – angesammelte Führungspotential von höherer

Qualität als in früheren Jahren. „Ich habe jetzt nur ‚A's' im *Corporate Executive Council* [ein Forum mit rund 30 *GE*-Senior-Führungskräften, die sich viermal im Jahr für zwei Tage in Crotonville treffen]. So etwas hat es noch nie gegeben. Ich bin sehr froh darüber."

Das klingt wie ein Zugeständnis des Vorsitzenden – waren doch unter seinen ranghöchsten Beratern früherer Jahre Leute gewesen, die er nicht zu den Allerbesten zählte!

Besondere Aufmerksamkeit widmet er dem Einsatz dieses Managementpotentials, vor allem auf den höheren Führungsebenen. Welchs Engagement bei Einstellungen zeugt von der Bedeutung, die er Personalentscheidungen beimißt. Er möchte jeden der 500 Spitzenmanager bei *GE* persönlich kennenlernen und setzt seine eigene Unterschrift unter die entsprechenden Beförderungsurkunden. Und er nimmt sich die Zeit für ein persönliches Gespräch mit jedem Kandidaten, der als Externer für eine dieser 500 Spitzenpositionen eingestellt werden soll.

Der Managertyp, den Jack Welch schätzt, hat nur wenig Ähnlichkeit mit Managern, wie sie in amerikanischen Unternehmen so oft anzutreffen sind. Manager nämlich, die der Meinung sind, sie trügen den Titel Manager, um nichts weiter zu tun als zu managen. Manager, die sich für etwas Besseres halten und nicht bereit sind, sich ins „Team" zu integrieren. Welch ist zu einer revolutionären Definition eines neuen Managertyps für das 21. Jahrhundert gelangt: Er braucht Manager, die ihr Ego hintanstellen und ihre Identität im Team aufgeben können und damit dem Wohl des Unternehmens dienen.

Hat Welch da etwas zu bieten? Einem *Business-Week*-Artikel vom 11. August 1997 zufolge scheint es so zu sein. *Business Week* hat eine Umfrage unter den 25 führenden Personalanwerbern für Top-Manager durchgeführt: Welche Führungskräfte haben Aussicht, innerhalb der nächsten fünf Jahre CEO bei großen Konzernen zu werden? Unter den 133 namentlich genannten Kandidaten ermittelte *Business Week* eine Top-Liste mit den 20 aussichtsreichsten Star-Managern. Fünf der Top twenty waren *GE*-Führungskräfte: David L. Calhoun, W. James McNerney Jr., Robert L. Nardelli, Gary L. Rogers und Robert C. Wright. Den Spitzenplatz von allen 133 Kandidaten belegte McNerney.

1. Jack-Welch-Zitat aus *Nikkei Business*, 21. Februar 1994.
2. Auszug aus dem Aktionärsbrief im *GE*-Jahresbericht 1993.
3. Auszug aus einer Rede, die Jack Welch auf dem Bereichsleiter-Treffen 1997 (Boca Raton Resort and Club, Boca Raton, Florida, 5.-7. Januar) gehalten hat.
4. Interview mit Patrick Dupuis vom 25. September 1997.
5. Verschiedene Äußerungen aus einem Interview mit Jack Welch vom 12. Dezember 1997.
6. Jack-Welch-Zitat in der *Washington Post*, 23. März 1997.

Sich der Realität stellen und entschieden handeln

„Möchten Sie im 21. Jahrhundert lieber mit Toastern oder mit CAT-Scannern zu tun haben?"

Stellen Sie sich der Realität.

Sehen Sie den Tatsachen ins Auge – weichen Sie nicht aus.

Was könnte selbstverständlicher sein als das? Dennoch hält Jack Welch dies für eines seiner wichtigsten Erfolgsprinzipien: sich der Realität stellen.

Gleich, ob im beruflichen oder im privaten Leben: Wer fähig ist, die Wahrheit anzuerkennen, hat gewöhnlich Erfolg. Für Welch ist das ganz einfach.

Trotzdem gibt es alle möglichen Gründe, warum es so schwerfällt, sich der Realität zu stellen.

Leicht ist man versucht, der Wahrheit auszuweichen: Wahrheit verletzt; Wahrheit schmerzt; Wahrheit kann peinlich sein; Wahrheit kann ernüchtern.

Genau das aber macht Unternehmensführung für Jack Welch so einfach – sich der Wahrheit stellen: *Business is simple*.

Wer sich der Unternehmenswahrheit stellt, hat das Spiel schon fast gewonnen: Halten Sie sich an diese Spielregel, und Sie haben gute Chancen, daß Ihr Unternehmen Erfolg hat!

Die Kunst des Führens (Welch spricht lieber vom „Führen“ als vom „Managen“) läßt sich auf eine einzige einfache Aussage reduzieren: die Realität (in bezug auf Situationen, Produkte und Menschen) ermitteln und sich ihr stellen – und dann schnell und entschieden nach Maßgabe dieser Realität handeln. Die meisten Fehler, die Unternehmensführer machen können, sind Welch zufolge auf den Mangel an Bereitschaft zurückzuführen, sich der Realität zu stellen und entsprechend zu handeln.

Die Unternehmensphilosophie von Jack Welch gründet auf der schlichten Voraussetzung, daß es besser ist, der Realität standzuhalten, als den Kopf in den Sand zu stecken:

- Stellen Sie sich der Realität: Die Welt wird zunehmend wettbewerbsorientiert sein.
- Stellen Sie sich der Realität: Eine Arbeitsplatzgarantie für das ganze Leben gibt es nicht.
- Stellen Sie sich der Realität: Die Leitung eines Unternehmens auf das Basis riesiger Bürokratien ist ineffektiv.
- Stellen Sie sich der Realität: Unternehmensführung ist im Grunde genommen simpel.

Im Oktober 1981 – sechs Monate, nachdem er Vorsitzender und CEO geworden war – stellte Welch 120 hochrangigen Funktionsträgern im Unternehmen unverzüglich seine revolutionären Pläne für ein neues *GE* vor. Er verkündete, fortan werde es keinen bürokratischen „Leerlauf“ und keine irreführenden Budgets und Pläne mehr geben. Und keiner werde um harte Entscheidungen herumkommen.

Mit anderen Worten: Von nun an würde den Mitarbeitern bei *General Electric* nichts anderes übrigbleiben, als der Realität mutig entgegenzutreten – und sie zu akzeptieren. Für den Fall, daß „Hilfestellung“ bei der Realitätsakzeptanz benötigt werden sollte, würde Jack Welch zur Stelle sein, um die Richtung vorzugeben.

Toaster oder CAT-Scanner?

Die erste Realität war Welch zufolge eine zunehmende Bedrohung durch die ausländische Konkurrenz. Er – und nur er – erkannte die Gefahr.

Um dem zunehmenden Wettbewerbsdruck aus dem Ausland standhalten zu können, war seiner Überzeugung nach eine revolutionäre Umstrukturierung des Unternehmens unerläßlich.

Vor allem kam es darauf an, die Mitarbeiterzahl bei *GE* zu verringern und solche Bereiche abzustoßen, die schon seit geraumer Zeit eine Last für das Unternehmen gewesen waren.

Die Ausmusterung des *GE*-Geschäftsbereichs Haushaltswaren im Jahr 1983 war ein erstes Beispiel dafür, was es bedeutete, wenn sich Jack Welch der Realität stellte. Für die Mitarbeiter von *General Electric* war dies ein mit höchsten Ängsten verbundener Eingriff. Das Aufgeben von Toastern, Bügeleisen und Ventilatoren kam einer Veräußerung des Unternehmenserbes gleich – der Haushaltswaren-Bereich hatte seit Generationen zu *General Electric* gehört. Welchs Entscheidung stieß auf erhebliche Kritik: Wie können Sie die Haushaltswaren rausschmeißen? Das ist doch *GE*-Tradition! Ausgerechnet die Produkte dieses Kernbereichs im *GE*-Portfolio hatten dem Unternehmen landesweit einen Namen gemacht: Wo immer eine Hausfrau einen Toaster, eine Kaffeemaschine oder ein Dampfbügeleisen von *GE* ins Haus brachte, war der Name *General Electric* zugegen – was der Publizität und dem Markenimage des Unternehmens nur dienlich sein konnte!

Welch konterte kurz und bündig: „Möchten Sie im 21. Jahrhundert lieber mit Toastern oder mit CAT-Scannern zu tun haben?“[1]

Sicher hatte der *GE*-Unternehmensbereich Haushaltswaren dem Unternehmen in der Vergangenheit gute Dienste geleistet, aber Welch vertrat die Ansicht, diesem Bereich würde im *GE* der Zukunft kaum noch Bedeutung zukommen. Die Stärken von *GE* waren im Bereich Haushaltswaren nicht unmittelbar und effektiv zu realisieren.

„Unsere Stärken wurden in Bereichen wie dem Haushaltswaren-Bereich vergeudet“, erläuterte Joyce Hergenhan, Leiterin der *GE*-Öffentlichkeitsarbeit. „Sie können einen hervorragenden neuen Haarfön auf den Markt bringen, und binnen zwei Monaten wird überall im Mittleren Osten eine preisgünstigere Imitation verschleudert. Die Stärken von *GE* sind seine Technologie, seine technologischen Ressourcen, seine finanziellen Ressourcen. ... Wir sind in der Lage, viele 100 Millionen Dollar und all die Jahre aufzubringen, derer es bedarf, um eine neue Generation von Flugzeugtriebwerken, eine neue Generation von Gasturbinen, eine neue Generation von Kunststoffen oder eine neue Generation bildgebender medizinischer Diagnosegeräte auf den Markt zu bringen. Diese Bereiche haben dreierlei gemeinsam: hochtechnologische Inhalte, hohe Entwicklungskosten, Stehvermögen."[2]

All die Jahre hindurch blieb Welch seinem Grundprinzip treu: Er stellte sich der Realität.

1986 leitete er eine der revolutionärsten Transaktionen des Unternehmens ein – die Fusion mit *RCA*.

Der *GE/RCA*-Zusammenschluß entsprach der Auffassung von Welch, *GE* könne Ende der 80er und 90er Jahre nur dann erfolgreich konkurrieren, wenn es eine ernstzunehmende dienstleistungsorientierte Dimension entwickelte.

RCA, Eigentümer des *NBC Television Network*, fügte sich hervorragend in seine Pläne ein.

Ende der 80er Jahre erkannte Welch immer deutlicher, daß er sich einer neuen Realität stellen mußte – diesmal im Zusammenhang mit seinen Bemühungen um Steigerung der *GE*-Produktivität, einem wichtigen Unternehmensziel. Welch erkannte, daß nicht alle Wahrheit oder Weisheit in bezug auf Unternehmensführung beim *GE*-Top-Management lag. Vielmehr hatten die Fabrikarbeiter und die Nachwuchsführungskräfte – die Männer und Frauen, die den *GE*-Produkten und den Kunden am nächsten standen – ein mindestens genauso gutes Gespür für die Unternehmensabläufe bei *GE* wie das Top-Management. Durch Einbeziehung des Potentials dieser *GE*-Mitarbeiter konnten die Senior-Führungskräfte einen deutlichen Produktivitätsbeitrag auf den nachgeordneten Ebenen erreichen. Wieder einmal stellte sich Welch der Realität und leitete sein unternehmensweites *Work-Out*-Programm ein.

Mitte der 90er Jahre wurde Welch auf eine neue Realität aufmerksam. Diesmal ging es um die Qualität der Produkte und Prozesse von *GE*.

Seit Jahren war Welch von den verschiedenen Programmen zur Qualitätsverbesserung der *GE*-Produkte nicht sonderlich überzeugt gewesen. Da den *GE*-Produkten jedoch durchweg eine der Konkurrenz überlegene Qualität bescheinigt wurde, hatte Welch keine Notwendigkeit gesehen, auf diesem Gebiet aktiv zu werden.

Nun aber wurden die *GE*-Mitarbeiter bei Welch zunehmend vorstellig – es gäbe noch vieles, was man an den Produkten und Prozessen des Unternehmens verbessern könnte.

Die Mitarbeiter bedrängten den Vorsitzenden geradezu, sich der Realität zu stellen. Welch reagierte: 1995 begann *GE* mit seiner unternehmensweiten Qualitätsinitiative.

Ende der 90er Jahre sah Welch wiederum eine neue Realität auf sich zukommen – in bezug auf das Unternehmen als Ganzes. Welchs Zielsetzung für *GE* blieb unverändert und wird es immer bleiben: Wachstum mit steigenden Zuwachsraten. Er war sich darüber im klaren, daß die Fertigungsbereiche die zweistelligen Zuwachsraten, die er immer verlangt hatte, nicht erreichen würden. Entsprechend startete er eine neue Kampagne, um die Rolle von *GE* als Dienstleistungsanbieter zu festigen.

In aller Offenheit

Sich der Realität stellen – das bedeutet für Welch unter anderem Offenheit und Aufrichtigkeit. So gibt er gelegentlich auch Fehler zu. Beispielsweise bedauert er, in früheren Jahren kein Unternehmen aus der Nahrungsmittelbranche gekauft zu haben. Das hätte sich seiner jetzigen Auffassung nach gelohnt. Aber damals hatte er nicht entschieden genug gehandelt.

Anfang der 90er Jahre räumte Welch ein, er habe zwar gewisse Fortschritte im Hinblick auf sein Ziel erreicht, die Bürokratie im Unternehmen abzubauen, aber es bliebe noch viel mehr zu tun.

> Leider finden sich in *GE*-Geschäftsbereichen immer noch Dokumente, die ganz nach Beständen aus den Nationalarchiven aussehen – mit fünf, zehn oder noch mehr erforderlichen Unterschriften, bevor eine Maßnahme eingeleitet werden kann. In einigen Geschäftsbereichen gibt es immer noch zahlreiche Führungsebenen für ein kleines Arbeitsgebiet – der Kesseloperateur untersteht dem für Kessel zuständigen Meister, dieser wiederum dem Leiter der Produktionsanlage, der seinerseits dem Leiter der Werksdienste untersteht, dieser wiederum dem Werksleiter und so weiter.[3]

Seinen größten Fehler sieht Welch darin, die großen Veränderungen bei *GE* nicht schneller umgesetzt zu haben. Auf die Frage hin, ob er im Rückblick auf seine Karriere etwas bedauere, antwortete Welch:

> Ich wollte, ich hätte manches viel schneller getan. Ich bin jetzt 17 Jahre hier. Stellen Sie sich vor, ich hätte vier oder drei Jahre oder auch nur ein Jahr länger für meine Entscheidungen gebraucht. Das hätte ein böses Erwachen für mich gegeben. Ich hätte es zum Beispiel begrüßt, wenn ich meine Sparten schon vor zehn Jahren zur Zusammenarbeit hätte bewegen können.[4]

Es ist erfrischend zu hören, daß ein Unternehmensführer eingesteht, nicht unfehlbar zu sein. Dennis Dammerman, Finanzdirektor bei *GE*, kennt Welch besonders gut. Er hat kürzlich kommentiert: „Zu den wirklich bemerkenswerten Eigenschaften von Jack Welch zählt, daß er sechs Sekunden später wie auch sechs Monate oder sechs Jahre später in der Lage ist zu sagen: ‚Ich weiß, daß ich diese Entscheidung getroffen habe, aber das war die dümmste Idee, die man haben konnte.' Oder auch seine Fähigkeit, in Anbetracht veränderter Umstände oder Fakten keinerlei Hemmungen zu haben und einzugestehen: ‚Das war eine dumme Idee, wir sollten es besser so machen.'"[5]

Bei Jack Welch kosten solche Zugeständnisse wohl deshalb keine Überwindung, *weil* er so erfolgreich gewesen ist. Seine Erfolgsbilanz spricht für sich.

Andere Unternehmensführer, die davon erfahren, wie freimütig Welch Fehler aus der Vergangenheit eingesteht, werden vermutlich sagen: „Na ja, der kann es sich auch leisten, Irrtümer zuzugeben. Den schmeißt auch keiner raus, wenn er ein solches Zugeständnis macht. Wenn unsereins solche Fehler zugeben würde – bei dem mittelmäßigen Erfolg, den unser Unternehmen hat – dann stünde er ganz schön schlecht da!"

Trotzdem (und das ist die Botschaft, die Welch vermitteln will): Mit ein bißchen Offenheit, ein bißchen Ehrlichkeit, ein bißchen Realitätssinn würden Unternehmensführer weniger feindlich, weniger distanziert, weniger arrogant erscheinen.

Und je mehr sich Führungskräfte und Unternehmensführer der Realität stellen, desto wahrscheinlicher ist es, daß sie aus ihren Fehlern lernen – und letztlich ihren Unternehmen zum Erfolg verhelfen.

1. Interview mit Jim Baughman vom 20. Juni 1991.
2. Interview mit Joyce Hergenhan vom 17. Juni 1991.
3. Auszug aus dem Aktionärsbrief von Jack Welch im *GE*-Jahresbericht 1991.
4. Interview mit Jack Welch in *L'Expansion*, „The Secrets of the Finest Company in the World", 10. – 24. Juli 1997, 26-39.
5. Interview mit Dennis Dammerman vom 28. Juli 1997.

Einfach sein, konsequent bleiben und die Botschaft an den Mann bringen

„Die Einstellung der Leute läßt sich nur durch konsequente Beharrlichkeit ändern."

Erbarmungslose Beharrlichkeit.

Das ist auch eine von Jack Welchs Unternehmensmaximen. Welch wird geradezu zum Fanatiker, wenn es um konsequente Beharrlichkeit geht. Er verlangt erbarmungslose Konsequenz bei allem: bei der Überprüfung von Fabrikplänen, bei der Beurteilung, ob Ausbildungsprogramme gut laufen oder nicht, bei der Erfüllung der Unternehmenswerte mit Leben und Aktivität auf allen Organisationsebenen.

Mit anderen Worten: Man muß hinter allem her sein – nachfassen. Nachfassen ist für Welch ein wichtiges Erfolgskriterium im Unternehmen.

Der *GE*-Vorsitzende hat wenig Verwendung für Manager, die eine Sitzung einberufen, Zielsetzungen vorgeben und sich dann nicht weiter darum kümmern, ob die Ziele auch wirklich erreicht werden:

> Da hält einer die Januar-Sitzung ab, die Leute gehen auseinander in dem Gefühl, alles sei „prima gelaufen", und bedanken sich beim Sitzungsleiter: „Das war eine hervorragende Sitzung." Und dann kommt die März-Sitzung. Die leitet irgendwer anders.

> Und der bringt noch wen anders mit. Und die beiden veranstalten dann eine Sitzung, bei der es um Langfristplanung geht – ohne jeden Bezug zur Sitzung vom Januar.[1]

Bei den *GE*-Topmanagement-Sitzungen, sagt er, hielten sie sich an erbarmungslose Konsequenz, beharrliches Nachfassen und Eintrichtern, noch und noch. Sie änderten ihre Einstellung nicht. Sie kämen nicht vom Thema ab. Sie beschlössen nicht allmonatlich etwas Neues.

Themen und Sentenzen

Nachfassen bedeutet für Welch auch, daß man auf Schwerpunktthemen beharrt und diese immer wieder anspricht. Der Widerhall solcher Themen ist bei *General Electric* unüberhörbar. Insgesamt zeugt dies von nichts anderem als vom konzertierten Bemühen, beharrlich zu sein und nachzufassen.

Zu Anfang der Welch-Ära ertönten die folgenden Sentenzen:

- Nummer 1, Nummer 2 sein.
- Sanieren, schließen oder verkaufen.
- Schnelligkeit, Einfachheit und Selbstvertrauen.

Ende der 90er Jahre sind andere Leitmotive aktuell. Aber Welch und *GE* verfolgen sie genauso beharrlich wie die bisherigen:

- Grenzenlosigkeit.
- *Work-Out.*
- *Stretching.*
- Qualität.
- Service.
- Lernkultur.

Meine kleine Wertfibel

Die aktuellen Themen und Sentenzen sind überall gegenwärtig: in Jack Welchs alljährlichem Aktionärsbrief, in seinen Reden vor dem *GE*-Verwaltungsrat, bei Gesprächen mit Finanzanalysten. Doch nirgends wiegen sie bedeutungsschwerer als in ihrer Auflistung auf einer kleinformatigen, brieftaschengroßen Karte, die man als *GE*-Mitarbeiter nunmehr bei sich trägt: Die *GE*-Werte sind für den Vorsitzenden derart wichtig, daß er sie hat drucken und an sämtliche *GE*-Mitarbeiter auf allen Unternehmensebenen verteilen lassen.

Bevor die Karten den Mitarbeitern ausgehändigt werden konnten, mußte bei *GE* ein Konsens darüber erzielt werden, welche Kernwerte bei den Mitarbeitern denn zu fördern waren. Man verbrachte unzählige Stunden in Crotonville und andernorts, um genau festzulegen, um welche Werte es ging. Schließlich galt es als Ehre, die Karte nicht nur bei sich zu haben, sondern auch die Werte hochzuhalten. Welch hat sich in einem Interview dazu geäußert:

> Es gibt keinen einzigen Menschen bei *GE*, der diese Wertfibel nicht bei sich hätte. In der Brieftasche, in der Handtasche. Sie bedeutet alles, und wir erfüllen sie mit Leben. Und wir trennen uns von Leuten, die sich diese Werte nicht zu eigen machen, selbst wenn sie mit großartigen Ergebnissen aufwarten können.[2]

Und welche *GE*-Werte sind auf dieser brieftaschengroßen Karte abgedruckt?

GE-Führungspersönlichkeiten ... zeigen Engagement mit stets gleichbleibender Integrität:

- Höchstleistungen anstreben und Bürokratie hassen.
- Offen sein für Ideen jedweder Herkunft ... und sich für *Work-Out* einsetzen.
- Qualität leben ... und Wettbewerbsvorteile durch Kosten und Schnelligkeit erzielen.
- Selbstvertrauen entwickeln, alle Mitarbeiter einbeziehen und im Verhalten Grenzenlosigkeit zeigen.

- Klare, einfache, realitätsbezogene Visionen schaffen ... und allen Betroffenen mitteilen.
- Ungeheures Energiepotential entwickeln und andere mit der eigenen Energie aktivieren.
- *Stretching* ... Aggressive Ziele setzen ... Fortschritt belohnen ... Verantwortung übernehmen und Einsatz zeigen.
- Wandel als Chance und nicht als Bedrohung verstehen.
- Global denken ... und vielseitige, globale Teams aufbauen.

Führungspersönlichkeiten sind Welch zufolge verpflichtet, nicht nur Visionen zu schaffen, sondern auch sicherzustellen, daß die Mitarbeiter diese Visionen auf allen Organisationsebenen mit Leben erfüllen. Jeffrey R. Immelt, Leiter des *GE*-Unternehmensbereichs Medizinische Systeme (*GE Medical Systems*), bringt es auf den Punkt: „Wenn ein Unternehmensführer den Wandel vorantreiben will, muß er aktiv werden. Wenn Jack beispielsweise sagt, wir sollen bis zum Jahr 2000 ein *Six-Sigma*-Qualitätsunternehmen werden, schiebt er einem das nicht einfach so über den Tisch nach dem Motto: ‚Nun mach mal.' Nein – das steht dann bei jeder Sitzung auf der Tagesordnung. Das nimmt die halbe C-Sitzung [im Rahmen der alljährlichen Personalbeurteilung] in Anspruch. Jack ist eine Art Führungsikone in dieser Hinsicht, und wir alle erleben das aus nächster Nähe. Wer Wandel vorantreiben will, kann nicht passiv bleiben."[3] (*Six Sigma* ist das statistische Maß, das Auskunft darüber gibt, wie dicht ein Produkt an ein hohes Qualitätsniveau heranreicht.)

Konsequente Beharrlichkeit

Für Welch heißt konsequentes Nachfassen unter anderem, daß er jedwedem Adressatenkreis ein und dieselbe eindringliche Botschaft verkündet. Der CEO von *General Electric* ist stolz darauf, daß seine Botschaft niemals an Deutlichkeit verliert – gleich, ob er zum *GE*-Verwaltungsrat, zu Finanzanalysten, zu Gewerkschaftsvertretern oder zu den *GE*-Mitarbeitern spricht: „Ich vertrete nach außen hin keine andere Meinung als im eigenen Unternehmen."[4]

Welch hält seine *GE*-Nachfaßstrategie für eine Erfolgsvoraussetzung:

> Es ist nicht so, daß ich mich verändert hätte. Wir haben lediglich die Reichweite unserer Kommunikation vergrößert. Wir haben sie verfeinert und verbessert, und daraus ist dann so etwas wie ein Schneeballsystem entstanden. Wenn man eine einfache Botschaft konsequent und beharrlich wiederholt, geschieht das letztlich von selbst. Einfachheit, Konsequenz und ständiges Wiederholen – damit setzen Sie sich durch. Ein stetiges Kontinuum erreicht irgendwann eine kritische Masse.[5]

Welch fühlt sich beleidigt, wenn gemutmaßt wird, er habe im Lauf der Jahre einen Richtungswechsel vollzogen:

> Ich habe überhaupt nichts anders gemacht! ... Die Ideen sind immer dieselben gewesen. Wir haben von Anfang an über Realität, Beweglichkeit, Eigenverantwortung und Offenheit gesprochen. Wir haben die Botschaft im Lauf der Zeit nur vereinfacht und sorgfältiger artikuliert. ...
>
> Man erreicht gar nichts, wenn man seine Ideen dauernd verändert. Die Einstellung der Leute läßt sich nur durch konsequente Beharrlichkeit ändern. Sobald Sie Ideen haben, müssen Sie daran ständig arbeiten und sie verbessern; je einfacher Ihre Ideen definiert sind, desto besser. Und dann müssen Sie kommunizieren und immer und immer wieder kommunizieren. Konsequente Beharrlichkeit, Einfachheit und ständiges Wiederholen, das ist alles ...[5]

David Calhoun, Leiter des *GE*-Unternehmensbereichs Lampen (*GE Lighting*), spricht von Welchs unerschütterlichem Bemühen um zielgerichtete Konsequenz. „Bemerkenswert an Jack Welch finde ich vor allem, wie wenig Veränderungen im Lauf der Jahre bei ihm erkennbar sind. Von Anfang an ist er für mich ein äußerst angespannter, hochgradig belasteter Mann gewesen, der uns ständig auffordert, nach neuen und besseren und anspruchsvolleren Ansätzen zu suchen. Heute verfolgt er solche Dinge mit einer womöglich noch größeren

Intensität. Ständig überlegt er, was morgen sein könnte. Und er nimmt sich heute mehr Zeit, auch mal einen Blick auf andere Unternehmen zu werfen. Dann kommt gelegentlich die Frage: ‚Warum können wir das nicht wie die und die machen?' Da kennt er nichts. Diese konsequente Beharrlichkeit hat uns dazu verholfen, immer nach vorn zu schauen und einen ständigen Wandel zu vollziehen."

In der Tat hat Welchs konsequente Beharrlichkeit dazu beigetragen, *GE* zu erneuern und zu einem der wettbewerbsstärksten Unternehmen der Welt aufzubauen. Und sicher war es auch nicht von Nachteil, daß so vieles, was Welch der Unternehmenswelt vorausgesagt hat, tatsächlich eingetreten ist: Je legendärer er mit jedem Volltreffer wurde, desto größeres Ansehen gewann er unter den *GE*-Mitarbeitern. Dennoch war die Reise, so erinnert sich Welch, oft anstrengend und zuweilen auch mit Schmerzen verbunden. Welch denkt daran, wie schwer es den *GE*-Mitarbeitern fiel, seine Verbesserungsideen (*„change ideas"*) zu verdauen. Aber er ist mächtig stolz darauf, daß sich viele seiner Aufrufe als zutreffend erwiesen haben – die Welt ist tatsächlich globaler, dienstleistungorientierter und wettbewerbsintensiver geworden. Und seinem Bemühen, die eigenen Botschaften über all die Jahre hinweg an den Mann zu bringen, ist es letztlich zu verdanken, daß er die *GE*-Mitarbeiter für sich gewinnen und einstige Kritiker überzeugen konnte. Auf diese Weise ist es ihm gelungen, ein gegenüber dem Wandel weitaus aufgeschlosseneres Umfeld zu schaffen – was ihm die Aufgabe der Umstrukturierung von *GE* deutlich erleichtert hat.

1. Jack-Welch-Zitat in der *Washington Post* vom 27. März 1997.
2. Passage aus einem Zeitschriftenartikel: „Face to Face: Jack Welch", *FOCUS International*, Januar 1997, 3-12.
3. Interview mit Jeffrey R. Immelt vom 26. September 1997.
4. Auszug aus einer Rede, die Jack Welch am 24. September 1997 in Crotonville, Croton-on-Hudson, New York, gehalten hat.
5. Zitiert in: Noel M. Tichy und Stratford Sherman (1993) *„Control Your Destiny or Someone Else Will"* (New York: Doubleday), 64-65.
6. Interview mit David Calhoun vom 25. September 1997.

II. Aufbau des marktführenden Unternehmens

„Was kann ich tun, um für ein Unternehmen Marktdominanz zu erzielen?"

Nummer 1 oder 2 sein – ohne den eigenen Markt einzuengen

„Wenn Sie die Nummer 4 oder 5 auf einem Markt sind, bekommen Sie Lungenentzündung, sobald Nummer 1 hustet."

In der Welt der Unternehmen, versichert Jack Welch, überleben nur die Starken – die Schwachen nicht. Die Großen und Schnellen sind die Spieler; die Kleinen und Langsamen bleiben auf der Strecke.

Wenn ein Unternehmen Erfolg hat, dann deshalb, weil es größere Wettbewerbsstärke entwickelt. Und Wettbewerbsfähigkeit ist um so leichter zu gewährleisten, wenn ein Unternehmen Marktführer ist.

Um *GE* wettbewerbsfähiger zu machen, entwickelte Jack Welch eine Strategie, derzufolge sämtliche *GE*-Unternehmensbereiche entweder den ersten oder zweiten Platz auf ihren Märkten erobern sollten. Er sah, welchen Wettbewerbsvorteil es brachte, wenn ein Unternehmen bester – oder zumindest zweitbester – Spieler auf seinem Markt war, und diesen Vorteil wollte er für sich nutzen.

Doch nicht nur das: Welch hielt es einfach für die beste Strategie, höchste Standards zu fordern und dafür zu sorgen, daß jeder Mitarbeiter im Unternehmen diesen Standards gerecht wurde. Seiner Überzeugung nach würden mittelmäßige Spieler letztlich ins Aus geraten:

Ich hatte das Vergnügen, als Insider Unternehmensbereiche mit hohem Wachstumspotential, zum Beispiel Kunststoffe, zu leiten oder in so faszinierenden Bereichen wie dem Finanzdienst vielversprechende Chancen zu erkennen, aber ich war auch für große, bürokratische, 100 Jahre alte Betriebe verantwortlich. Ich habe Unternehmen kennengelernt, die Nummer 5 auf ihrem Markt waren, nicht mal Nummer 3, und an denen hielten wir als Reliquien aus unserer Vergangenheit fest. *GE* hat mich mit guten und mit schlechten Unternehmensbereichen geschult.

Mir haben die Leute in den schlechten Unternehmen immer leid getan, weil sie nie ein gutes kennengelernt haben. Die haben nichts anderes erfahren, als auf dem Weinberg zu schuften, dem sie zugewiesen worden waren. Sie sahen sich immer nur im Vergleich zu ihrem unmittelbaren Konkurrenten. Wenn sie mit ihren Erlösen eine Neun erreichten, ihr Konkurrent aber nur eine Sieben, hielten sie das für eine sehr gute Leistung. Die Tatsache, daß sie eine Fünfzehn hätten erreichen sollen, konnten sie nur schwer begreifen.[1]

Welch entwarf einen Spielplan, eine Unternehmensstrategie, die er als „Nummer 1, Nummer 2“ bezeichnete.

Seiner Überzeugung nach würde sich die Inflation zum größten Feind der amerikanischen Wirtschaft in den 80er Jahren entwickeln und das Wirtschaftswachstum weltweit verlangsamen. Dies aber bedeutete, daß es für den mittelmäßigen Anbieter von Produkten und Dienstleistungen – das Unternehmen im Mittelfeld – keinen Platz mehr geben würde. Er argumentierte: Gewinner werden diejenigen sein, die sich als Nummer 1 oder Nummer 2 behaupten – als schlankester, kostengünstigster, weltweit aktiver Anbieter von Qualitätsgütern und Qualitätsdiensten oder als Produzent mit eindeutigem technologischem Vorsprung oder einem eindeutigen Vorteil in irgendeiner Marktnische.“[2]

Warum gerade wir? Was haben wir denn falsch gemacht?

Welch erinnert sich an seine Erfahrungen in *GE*-Unternehmensbereichen, die auf Platz 1 oder 2 standen – aber auch an solche auf Platz 4 oder 5. Ihm war deutlich bewußt, wieviel einfacher und besser es war, in „Nummer 1"-Unternehmen zu arbeiten – den schwächeren Unternehmen fehlte es an Ressourcen, Muskelkraft, Macht und Einfluß, um global konkurrieren zu können.

Wenn *General Electric* in einem Bereich tätig war, wo das Unternehmen nicht die Nummer 1 oder 2 sein konnte und auch keinen technologischen Vorsprung aufzuweisen hatte, wurde hartnäckig nachgeforscht – unter anderem wurde die ursprünglich vom Managementtheoretiker Peter Drucker formulierte Frage gestellt: „Wenn Sie nicht schon in diesem Bereich tätig wären – würden Sie sich heute dazu entschließen?"

Fiel die Antwort negativ aus, mußte schnell gehandelt werden. Welch verkündete, Geschäftsbereiche der 80er Jahre, die aus Tradition, Gefühlsduselei oder Schwäche des eigenen Managements an Verlierern festhielten, würde es schon 1990 nicht mehr geben.

Von den *GE*-Bereichsleitern wurde erwartet, daß sie ihre Geschäftsaktivitäten kritisch hinterfragten: „Was kann ich tun, um für ein Unternehmen Marktdominanz zu erzielen?" Und dann wurden ihnen harte Entscheidungen abverlangt – immer unter dem Aspekt, welche Unternehmen förderungswürdig waren und welche nicht. Vor allem mußte es dem *GE*-Bereichsleiter gelingen, eine Vision zu entwickeln und alle Beteiligten von dieser Vision zu überzeugen.

Das war bei den *GE*-Führungskräften keineswegs selbstverständlich – ihnen mißfiel die Vision ihres Vorsitzenden, nur die Bereiche mit den besten Leistungen zu halten und alle übrigen abzustoßen.

Anfang der 80er Jahre gab es bei *GE* eine Reihe rentabler Unternehmensbereiche, die auf ihren Märkten den dritten oder vierten Platz einnahmen. Die Leiter dieser Bereiche konnten nicht verstehen, warum ihre Unternehmen demontiert werden sollten.

Sie hielten nichts von Welchs Entscheidung, Leistung zum wichtigsten Kriterium bei *GE* zu machen. Doch der neue Vorsitzende sah keine andere Möglichkeit, so schmerzlich die Entscheidungen auch sein mochten. Er war sich sicher: Das Unternehmen mußte umstrukturiert werden.

Auf die Frage hin, warum er denn einen Bereich veräußern wolle, der doch etwas einbringe, entgegnete Welch, es bliebe keine andere Wahl:

> Wenn Sie die Nummer 4 oder 5 auf einem Markt sind, bekommen Sie Lungenentzündung, sobald Nummer 1 hustet. Wenn Sie Nummer 1 sind, haben Sie Ihr Schicksal selbst in der Hand. „Nummer 4"-Unternehmen laufen ständig Gefahr, übernommen zu werden; auf die kommen schwierige Zeiten zu. Etwas anderes ist es, wenn Sie als Nummer 4 in nur einem Geschäftsbereich tätig sind. Dann müssen Sie strategische Mittel und Wege finden, um stärker zu werden. Aber *GE* hat eine ganze Menge „Nummer 1"-Bereiche.[3]

Kein unsortierter Mischkonzern

Nicht nur Welch hatte den Eindruck, *GE* fehle eine zentrale Ausrichtung.

Er führte den Vorsitz über eine großes, diversifiziertes Portfolio mit insgesamt 350 Geschäftsbereichen, die in 43 strategischen Unternehmensbereichen zusammengefaßt waren.

Nur wenige amerikanische Konzerne konnten mit einem Portfolio dieser Größenordnung aufwarten. Hinzu kam, daß *GE* nicht nur groß, sondern auch stark diversifiziert war.

Anfang der 80er Jahre produzierte *General Electric* Kernreaktoren und Mikrowellenherde, Roboter und Silizium-Chips; *GE* war im Timesharing-Service-Bereich ebenso präsent wie in australischen Kokereien.

Zwar hatte diese Vielfalt an Geschäftsaktivitäten die Ertragslage von *General Electric* auch in Zeiten wirtschaftlicher Flauten gesichert, aber die Investoren konnten nur schwer überblicken, was *GE* eigentlich machte – und was es in Zukunft würde leisten können.

Welch wollte *Wall Street* die Botschaft vermitteln, daß *General Electric* keineswegs irgendein unsortierter Mischkonzern mit einem Sammelsurium an weitgestreuten und beziehungslosen Geschäftsbereichen war.

Das Unternehmen hatte Zweck und Ziel.

General Electric sollte das wettbewerbsstärkste Unternehmen der Welt werden.

Und dieses Ziel würde es erreichen, wenn sichergestellt wurde, daß sämtliche Geschäftsbereiche in ihren jeweiligen Märkten an erster oder zweiter Stelle standen.

Welch ließ sich durch Kritik nicht beirren. Auf die Frage hin, wie er denn entscheiden würde, welche *GE*-Bereiche überleben sollten und welche nicht, nahm er Notizblock und Bleistift zur Hand und malte drei Kreise. Der erste Kreis umfaßte die Kernbereiche von *GE*; der zweite Kreis kennzeichnete die High-Tech-Bereiche; und der dritte Kreis stellte die Dienstleistungsbereiche von *GE* dar.

„Dies sind die Bereiche, die es zu fördern gilt", sagte er. „Dies sind die Bereiche, die uns ins 21. Jahrhundert führen. Sie liegen innerhalb der Kreise. Außerhalb der Kreise sehen Sie Bereiche, die wir nicht weiterführen möchten."[4]

Wie komme ich wieder in den Kreis?

Welchs Vision wurde immer konkreter, immer gezielter. Wer daran interessiert war, wie Welch vorgehen wollte, brauchte lediglich einen Blick auf die Kreise werfen: Allen Bereichen innerhalb der Kreise würden die Unternehmensressourcen zufließen – den Bereichen außerhalb der Kreise nicht.

1984 erwirtschafteten 15 Bereiche insgesamt 90 Prozent der Konzernerträge. Diese Bereiche waren innerhalb der Kreise plaziert.

Allerdings bedeutete eine Plazierung außerhalb der Kreise nicht automatisch permanentes Verweilen im „Fegefeuer". Nach dem Motto „Sanieren, schließen oder verkaufen" ließ Welch keinen Zweifel daran: Wenn ein zunächst außerhalb des Kreises stehender Bereich saniert werden konnte, würde ihn dies in „seinen“ Kreis zurückbringen.

Doch der Vorsitzende war auch realistisch genug zu erkennen, wann der Zeitpunkt gekommen war, daß ein ums Überleben kämpfender Bereich abgestoßen werden mußte. Wie er zu sagen pflegte, war es keine Tugend, Streit zu suchen. Wenn man als Unternehmen in einen Kampf – in einen Konkurrenzkampf um Marktdominanz – verwickelt war, mußte man unbedingt gewinnen. War ein Sieg nicht möglich, trat man am besten den Rückzug an und entledigte sich seiner schwachen Geschäftsbereiche, um überleben und eines Tages den Kampf wieder aufnehmen zu können.

Dieses Konzept mit den drei Kreisen – Welchs Kompaß Anfang der 80er Jahre – sollte der Organisation, die Außenstehende als unübersichtliches Konglomerat abtun wollten, zu einer klaren Ausrichtung verhelfen. Die drei Kreise waren wie folgt strukturiert:

1. *Kernkreis*: Lampen, Hilfsmittel und Geräte, Motoren, Transportsysteme, Turbinen und Ausrüstungen für die Bauindustrie;
2. *Technologiekreis*: Industrieelektronik, Medizinische Systeme, Materialien, Raum- und Luftfahrt und Flugzeugtriebwerke;
3. *Dienstleistungskreis*: *General Electric Credit Corporation*, Informationsdienstleistungen, Bautechnik und Nukleare Dienste.

Außerhalb der Kreise waren die folgenden *GE*-Bereiche und Einheiten angeordnet: Haushaltswaren, Zentrale Klimaanlagen, Bild & Ton, Kabel, Mobile Komunikationssysteme, Energieversorgung, Funkstationen, *Ladd Petroleum*, Halbleiter, Handelsverkehr, *Utah International* und *Calma*.

Ein Fünftel aller Bereiche von *General Electric* – insgesamt im Wert von 9 Milliarden Dollar – entsprachen nicht den Anforderungen. *GE* stieß 117 Bereiche und Produktsektoren ab, darunter Kohlengruben, Halbleiter, Toaster, Haartrockner und Uhren. Demgegenüber akquirierte *GE* Vermögenswerte in Höhe von insgesamt 16 Milliarden Dollar.

Für Welch zählte nur das Gewinnen – nicht die Tradition. Innerhalb eines Jahres trennte er sich sowohl vom Bereich Haushaltswaren als auch von *Utah International*, einem Bergbauunternehmen, das sein Amtsvorgänger Reg Jones erst acht Jahre zuvor gekauft hatte. Und binnen weiterer 12 Monate erwarb Welch *RCA* einschließlich des Fernsehsenders *NBC* und der Investmentbank *Kidder Peabody*.

Welch betrachtete die „Nummer 1, Nummer 2“-Strategie keineswegs als streng gehütetes Geheimnis. Er hätte das tun können – um eine Verunsicherung der Bereiche außerhalb der Kreise und die Verärgerung der verantwortlichen Bereichsleiter zu vermeiden. Um alle Beteiligten hinsichtlich seiner Absichten im Ungewissen zu lassen. Um abzuwarten, ob sich seine Beurteilung der *GE*-Bereiche als zutreffend erweisen würde.

Stattdessen machte er seine Intentionen im gesamten Unternehmen offenkundig. *GE* erschauderte.

Ich hasse diesen Namen!

Die frühen Umstrukturierungsmaßnahmen trugen dem neuen Vorsitzenden scharfe Kritik ein. In den Medien wurde er häufig als „Neutronen-Jack“ bezeichnet – eine Anspielung auf die Neutronenbombe, deren Zündung die Bevölkerung eliminiert, die Gebäude aber verschont. Er haßte diesen Namen, zumal dadurch der Anschein erweckt wurde, er habe sich gegenüber seinen Mitarbeitern nicht fair verhalten. Das sei nicht der Fall gewesen, beteuert er:

> Ich habe zu keinem Zeitpunkt einen Mitarbeiter einfach nur abgeschoben. Selbst im Fall der Veräußerung von Geschäftsbereichen habe ich das Doppelte als Abfindungssumme für die Mitarbeiter zurückgelegt und ihnen vor ihrem Ausscheiden aus dem Unternehmen ein möglichst gutes Sicherheitsnetz geboten. Heute, 15 Jahre später, handeln viele Manager in den Vereinigten Staaten genauso wie ich damals. Aber bei denen spricht keiner von „Neutronen“. Und die Geschäftsbereiche, die ich abgestoßen habe, waren nicht etwa erst in den letzten zwei oder drei Jahren in die roten Zahlen geraten; die hatten schon 30 bis 50 Jahre in der langen Unternehmensgeschichte von *GE* vor sich

hingedümpelt. Und ihre Mitarbeiter waren wissentlich ins Abseits geraten.[5]

Welch fühlte durchaus menschliche Anteilnahme, war aber überzeugt, keine andere Wahl zu haben. Wäre er anders vorgegangen, hätte sich *General Electric* zur Wohlfahrtsgesellschaft entwickelt, nicht aber zu dem schlanken, agilen Unternehmen, das er aufbauen wollte.

Ende der 80er Jahre strebte der Vorsitzende mit seiner „Nummer 1, Nummer 2"-Strategie ein weiteres Ziel an: *GE* sollte nicht lediglich den amerikanischen Markt, sondern den Weltmarkt dominieren.

Mit Stand vom Herbst 1997 ist festzustellen, daß sich Welchs Strategie voll und ganz bewährt hat. Die *GE*-Geschäftsbereiche haben auf den jeweiligen Märkten ihre dominante (oder zumindest annähernd dominante) Position halten können:

- *Nummer 1 in der Welt*: Industriesteuerungssysteme (Fertigung von Elektromotoren); Medizinische Systeme (bildgebende Diagnosegeräte); Kunststoffe (Kunststoffe für verschiedene Sektoren); Finanzdienstleistungen (Kredite, Kreditkarten, Leasing); Transportsysteme (Lokomotiven und Schienenausrüstungen); Turbinen und Kraftwerksbau (Turbinen für Kraftwerke); Informationsdienste (Unternehmensvernetzung, Electronic Commerce usw.); Flugzeugtriebwerke (Triebwerke für den Luftverkehr und andere Nutzungen); Niederspannungskomponenten & Systeme (Überwachungssysteme für industrielle Nutzungen). Der Fernsehsender *NBC* einschließlich seiner Unterhaltungsprogramme und dem Wirtschaftsnachrichtendienst *CNBC* gilt als die Nummer 1 unter den amerikanischen Sendern.
- *Nummer 2 in der Welt*: Lampen (Herstellung von Glühbirnen und Neonlichtbändern) und Haushaltsgeräte (Herde, Kühlschränke, Waschmaschinen usw.).

Außerhalb der Fertigungsbereiche hat sich die „Nummer 1, Nummer 2"-Strategie für die *GE*-Aktivitäten als weniger brauchbar erwiesen.

Ausgerechnet bei dem für Finanzdienstleistungen zuständigen Bereich, der eigentlich die wichtigste erlöstreibende Kraft werden sollte, ließ sich die „Nummer 1, Nummer 2"-Strategie nicht anwenden. Gary C. Wendt, verantwortlicher CEO von *GE Capital*, sagt dazu: „Jack hat nie versucht, uns [die Strategie] aufzuzwingen, weil das Finanzdienstleistungsgeschäft so viele Bereiche abdeckt. *Citibank* ist die größte Einheit und hält nur einen Marktanteil von 1 Prozent. Für unsere 24 Geschäftsbereiche bei *GE Capital* ist es nicht so wichtig, die Nummer 1 zu sein. Aber wir können sehr gute – und signifikante – Leistungen erbringen, indem wir uns auf eng begrenzte Kundengruppen konzentrieren. Beim Triebwagen-Leasing für den Schienenverkehr sind wir als größter Leasing-Anbieter ganz vorn. Da sind wir also die Nummer 1. Aber im Kreditkartengeschäft rangieren wir wohl eher auf Platz 14 oder 15."[6]

Ein Makel in der Strategie

Die Strategie hatte sich für *General Electric* in den 80er Jahren als vorteilhaft erwiesen; Mitte der 90er Jahre nahm *GE* eine Überprüfung ihrer Brauchbarkeit vor und entdeckte einen systemimmanenten Makel.

Im Laufe der Zeit stieß die Strategie an Grenzen: Die *GE*-Manager verfielen in ihrem Bemühen um Marktdominanz verständlicherweise darauf, die Märkte so zu definieren, daß sie nahezu automatisch Nummer 1 oder Nummer 2 waren.

Das ging dann so weit, daß die Geschäftsbereiche ihre Märkte selbst dann einengten, wenn eine umfassende Definition viel besser gewesen wäre. Ein typisches Beispiel war der *GE*-Unternehmensbereich Turbinen und Kraftwerksbau mit seinen Produkten für große Versorgungsanlagen. Mit der Konzentration seiner Energien auf riesige Kraftwerksanlagen – und eine entsprechende Marktdefinition – vernachlässigte *GE* den kleineren, aber wachstumsintensiven Kraft- und Wärmemarkt für dezentrale Anwendungen. Für diesen weltweit entstandenen Markt produzierte *GE* überhaupt nichts, denn bei der Marktdefinition war dieser Bereich geflissentlich ausgespart worden. Als verschiedene Kunden kleinere Einheiten wünschten, entschied man im *GE*-Energieversorgungsbereich schlichtweg, die Herstellung solcher Produkte lohne sich nicht.

Ende 1995 traf Welch in Crotonville mit Teilnehmern eines Managementkurses zusammen. Sie drängten Welch zur Modifizierung seiner Strategie, um zu verhindern, daß die *GE*-Unternehmensbereiche ihre Märkte weiterhin so eng definierten – zuweilen wurden nicht mehr als 10 Prozent des Gesamtmarktes erfaßt. Die *GE*-Unternehmensbereiche sollten nunmehr den Auftrag erhalten, einen größeren Anteil am neu definierten Markt zu erzielen. Welch ging auf den Vorschlag ein, und die Empfehlung wurde Anfang 1996 umgesetzt.

Die strategische Neuerung paßte gut zu den Plänen von *GE*, die Unternehmensbereiche dienstleistungsorientierter zu gestalten. Diese Schwerpunktverlagerung hin zum Serviceangebot zwang *GE* zur Überprüfung seines grundsätzlichen Vorgehens auf vielen seiner Zielmärkte. Zum Beispiel hatte *GE* Serviceleistungen und Ersatzteile traditionsgemäß nur für *GE*-Motoren und *GE*-Triebwerke angeboten; 1997 erweiterte der Konzern sein Angebot und stellte fortan Reparaturdienstleistungen und Ersatzteillieferungen für Flugzeugtriebwerke von *GE*, *Pratt & Whitney* sowie *Rolls Royce* bereit. Mit anderen Worten: *GE* definierte den Markt für Flugzeugtriebwerke sehr viel umfassender, um sich einen größeren Anteil im Dienstleistungsgeschäft zu erobern.

Würde die Neudefinition der Märkte bedeuten, daß die *GE*-Bereiche ihre Marktpositionen als Nummer 1 oder 2 vielleicht nicht würden halten können?

Die *GE*-Führungskräfte verneinten das. Sie waren zuversichtlich, daß *GE* Möglichkeiten finden würde, ganz vorn zu bleiben: Man mußte eben noch aggressiver arbeiten, um sich einen größeren Anteil am neu definierten Markt zu sichern.

Auf die Frage, wie er denn reagieren würde, wenn der *GE*-Unternehmensbereich Turbinen und Kraftwerksbau im neu definierten Energieversorgungsmarkt auf Platz 3 zurückfallen würde, entgegnete Jack Welch zuversichtlich, daß er auch dann den Kurs beibehalten würde. „Wir dächten nicht daran, davon abzugehen, weil ich die Möglichkeit sehen würde, dank unserer starken Ausgangsposition wieder Nummer 1 zu werden.“[7]

Dennoch zeigten sich einige *GE*-Insider besorgt. Einer von ihnen war Steven Kerr, Leiter des *GE*-Trainingszentrums Crotonville. „Das ‚Nummer 1, Nummer 2'-Konzept ist richtig. Dann sind Sie es nämlich, der den Preis vorgibt und die Marktstandards festlegt, und Sie werden zum Schluß nicht überrannt und in die Zange genommen. Auf den meisten Märkten, auf denen wir heute aktiv sind, halten wir auch weiterhin daran fest. Die Strategie versetzt uns in die Lage, den Markt zu dominieren. Wenn Sie aber den Markt umfassender definieren, dann kann das in der Tat bedeuten, daß Sie auf den dritten oder vierten Platz abrutschen. Ich sehe keine Möglichkeit, wie das zu verhindern wäre, und das wäre ja wohl zu wünschen."[8]

Wer meint, Jack Welch hätte sich auf seinen Lorbeeren ausgeruht, sollte sich in Anbetracht der ständig weiterentwickelten Unternehmensstrategie „Nummer 1, Nummer 2" eines Besseren belehren lassen. Der Mann, der Wandel willkommen heißt und darauf besteht, sich der Realität zu stellen, zeigte wieder einmal Reaktion: Er griff eine Strategie von 1980 auf und erneuerte sie derart, daß sie auch auf unseren heutigen hart umkämpften Märkten Anwendung finden konnte. Jack Welch hatte wieder einmal alle aufgerüttelt und seine Führungskräfte gezwungen, ihre Geschäftsbereiche unter einem neuen Aspekt zu sehen und sich einer neuen Herausforderung zu stellen: Nummer 1 oder 2 bleiben – unter gänzlich neuen und weitaus wettbewerbsintensiveren Bedingungen.

Das gefiel ihm. Ihm gefiel es, die Meßlatte wieder ein kleines Stück höher hängen zu können. Ihm gefiel es, seine Leute zu neuem Nachdenken über ihre Geschäftssituationen zu zwingen. Das war gesund. Das belebte. Das mußte sein.

1. Zitat aus: „Roberto Goizueta and Jack Welch: The Wealth Builders", *Fortune-Magazin*, 11. Dezember 1995.
2. Zitat aus: „Face to Face: Jack Welch", *FOCUS International*, Januar 1997, 3-12.
3. Interview mit Jack Welch, *Business Today*, 7. - 21. Februar 1995.
4. Interview mit Jim Baughman vom 20. Juni 1991.

5. Interview mit Jack Welch in *Nikkei Business*, 18. November 1996, 144-147.
6. Interview mit Gary C. Wendt vom 31. Juli 1997.
7. Interview mit Jack Welch vom 12. Dezember 1997.
8. Interview mit Steven Kerr vom 29. Juli 1997.

Zum Quantensprung ansetzen

„Ich habe den Eindruck, daß ich weder schnell genug noch entschieden genug vorgegangen bin.“

Jack Welch liebt den Überraschungsschlag.
Den kühndreisten Coup.
Jack Welch liebt es, seinen Rivalen einen Schock zu versetzen.

Er liebt die Vorstellung, alles in Aufruhr zu bringen, während andere dabeisitzen und zusehen, wie bei der Konkurrenz der Blitz aus heiterem Himmel einschlägt.

- Überraschung.
- Kühnheit.
- Schock.

Das waren die entscheidenden Elemente beim Quantensprung. Genau das hatte Jack Welch im Sinn, als er sich an die Umgestaltung von *General Electric* machte. Das hatte er vor, als er über die Eroberung von *RCA* nachzudenken begann.

Die Akquisition der *RCA* (*Radio Corporation of America*) war ein revolutionärer Schritt für *General Electric*. Bisher war *GE* größtenteils von innen heraus gewachsen – Wachstum durch Akquisition war „verpönt“ gewesen.

Aber das war Schnee von gestern.

Jack Welch vertrat die Überzeugung, ein Festhalten an überholten Traditionen und Denkweisen sei mit seiner Forderung, sich der Realität zu stellen, nicht zu vereinbaren. Sich der Realität stellen – das bedeutete für ihn unter anderem die Akquisition von Unternehmen, die zur Erhöhung der Ertragskraft von *GE* beizutragen vermochten.

Welch hörte es zwar nicht gern, wenn *GE* als eines jener richtunglosen Konglomerate bezeichnet wurde, die Geschäftsbereiche nach Lust und Laune aufkauften und später wieder veräußerten, aber letztlich war er zuversichtlich, kaufen und verkaufen und zugleich seine Ausrichtung wahren zu können. Er war sich seiner Sache sicher: Die richtige „Großakquisition", der richtige Quantensprung, würde die Ertragskraft und den Unternehmenswert von *General Electric* erhöhen.

1985, vier Jahre nach seiner Amtsübernahme als Vorsitzender und CEO, war die Welch-Revolution in vollem Gang.

Die Jahresumsätze bei *GE* waren von 27,24 Milliarden Dollar im Jahr 1981 auf 28,29 Milliarden Dollar im Jahr 1985 gestiegen, und *GE* war als zehntgrößtes Unternehmen auf der *Fortune 500*-Liste gegenüber dem Vorjahr um einen Platz vorgerückt. Vor allem aber waren die Erträge im Jahr 1985 um 2 Prozent auf 2,33 Milliarden Dollar gestiegen, und damit stand *GE* unter den profitabelsten Unternehmen Amerikas an fünfter Stelle. Die verbesserte Ertragslage war in erheblichem Maß den 5,6 Milliarden Dollar Einnahmen zu verdanken, die Welch seit Übernahme der Geschäftsführung mit dem Verkauf von Geschäftsbereichen erzielt hatte.

Welch machte keinen Hehl daraus, daß er sehr an der Übernahme eines großen Unternehmens interessiert war, sofern Ausrichtung und Preis stimmten.

Er setzte zum Quantensprung an.

Er nahm die *Radio Corporation of America*, eine der nobelsten Adressen der amerikanischen Unternehmenswelt, ins Visier. 1984 hatten die *RCA*-Umsätze eine Rekordhöhe von 10 Milliarden Dollar erreicht.

Ein Schlag für Peacock

Noch bis in die 80er Jahre hinein wäre der Gedanke, *General Electric* könnte sich die *NBC* oder auch einen der beiden anderen großen Fernsehsender einverleiben, absurd erschienen. Die Betreiber dieser drei Fernseh-Monolithen konnten sich überhaupt nicht vorstellen, daß sie sich jemals von ihrem hochgradig sichtbaren und hochgradig profitablen Vermögenswerten trennen würden.

So mag die *NBC*-Akquisition vielen Leuten merkwürdig erschienen sein, aber für Jack Welch war sie in keiner Weise merkwürdig.

Aus seiner Sicht war sie ausgesprochen sinnvoll.

Schließlich brauchte er einen Cashflow-Strom, mit dem sich die Schwierigkeiten in den zunehmend unter Druck geratenen Fertigungsbereichen ausgleichen ließen. Für ihn war eine verstärkte Dienstleistungsorientierung die Lösung eventueller künftiger Cashflow-Probleme.

Als die drei großen Fernsehsender Mitte der 80er Jahre den Besitzer wechselten, wurde weithin gemunkelt, die *NBC* habe es wohl am schlechtesten getroffen.

ABC war an die Sendeanstalt *Capital Cities* verkauft worden. *CBM* gelangte in die Hände von Laurence Tisch, der über die notwendigen Ressourcen verfügte, um die Geschicke des Senders zum Besseren zu wenden. Aber *NBC*? Die mußte sich mit den Glühlampen-Fritzen arrangieren. Was wußten die denn schon vom Ausbau eines Fernsehsenders!

Bei *NBC* wurde die Übernahme durch *GE* mit bestenfalls gemischten Gefühlen aufgenommen. Die Führungskräfte bei *NBC News* fürchteten, *General Electric* könnte sich in die Art der Berichterstattung einmischen. Welch versicherte ihnen, dergleichen würde nicht passieren – die traditionelle Unabhängigkeit der *NBC-News*-Berichterstattung bliebe gewahrt.

Tom Brokaw von *NBC News* gesteht, ihm sei ganz mulmig geworden, als er von der Übernahme erfahren habe. „Die *GE*-Leute waren Ingenieure und Buchhalter. Die kamen aus einem anderen Gen-Pool. *General Electric* war kein traditionelles Kommunikationsunternehmen. Ich wußte zwar, daß Jack Welch dem Unternehmen zu neuer Energie und Vitalität und Ausrichtung verholfen hatte, aber ich kannte *General Electric* zeitlebens als schwerfälliges Fertigungsunternehmen, das man gemeinhin mit so langweiligen Produkten wie Haushaltswaren in Verbindung brachte. Ich wußte, wenn man einen Wandel dieser Größenordnung vollzieht, kommt es zwangsläufig zu Konsequenzen, über die man persönlich nicht eben glücklich ist. ... Ein Wandel dieser Art ist mit Schmerzen verbunden. Ich habe die Leute hier bei uns gewisserweise vorgewarnt: ‚Der Mann schwört auf Effizienz.' Und ich wußte auch, daß in unserem Unternehmen ein beachtliches Finanzchaos herrschte. Wir erzielten ganz gute Resultate, aber ich wußte, da war viel mehr drin."[1]

Und Nipper?

Der Fernsehsender *NBC* war einige Jahre zuvor in Schwierigkeiten geraten, erfuhr Mitte der 80er Jahre aber neuen Aufschwung – was ihn für Welch um so attraktiver machte.

NBC-Chef Grant Tinker hatte Anfang der 80er Jahre wahre Wunder bewirkt und die Einschaltquoten des Senders mit populären Shows wie *„Hill Street Blues"*, *„Cheers"*, *„St. Elsewhere" und „Family Ties"* verbessert.

Der Sender hatte gute Aussichten, erstmalig den Wettlauf um die Hauptsendezeiten zu gewinnen – mit Hits wie *„Golden Girls"*, *„Alf"*, *„Matlock"*, *„L.A. Law"* und *„Amen"*. Der größte Renner war *„The Cosby Show"* mit zeitweiligen Einschaltquoten von überwältigenden 50 Prozent Marktanteil.

1984 machten die Einnahmen des Senders in Höhe von 248 Millionen Dollar volle 43 Prozent des Gesamteinnahmen von RCA – 567 Millionen Dollar – aus; ein Jahr später hatte der Sender Einnahmen in Höhe von 376 Millionen Dollar zu verbuchen – die *NBC* war in der Tat das *RCA*-Kronjuwel.

Während Welch unbeirrt die Verhandlungen fortsetzte, mußten die Mitarbeiter von RC die Vorstellung, demnächst *GE* zu unterstehen, erst einmal verdauen. Würde der Markenname *RCA*, David

Sarnoffs Hätschelkind und Heimstätte des *RCA*-Maskottchens *Nipper*, im Logo von *General Electric* untergehen?

Eine solche Frage konnte Jack Welch überhaupt nicht aus der Ruhe bringen.

Die Akquisition war sicher der größte konterkulturelle Schritt, den *GE* je unternommen hatte, aber für Welch war der Erwerb des Kommunikationsriesen für 6,28 Milliarden Dollar (oder 66,50 Dollar pro Aktie) eine sehr lohnenswerte Aktion. Manche Analysten schätzten den *RCA*-Wert sogar auf 90 Dollar pro Aktie. Welch versprach, er würde ein phantastisches Unternehmen daraus machen.

Große Verschwender zur Sparsamkeit erziehen

Nachdem nun der Vorsitzende von *General Electric* seinen Quantensprung vollzogen hatte, wollte er die *GE*-Kultur auf das neu akquirierte Unternehmen übertragen. Wohl nirgends wurden die Geschäftsideen von Jack Welch einem größeren Härtetest unterzogen als beim *NBC*-Fernsehsender.

GE hatte seine eigene Unternehmenskultur – *NBC* ebenfalls. Die Auseinandersetzungen um die in beiden Riesen tief verankerte Unternehmenskultur würden langwierig und blutig sein. Welche der beiden Unternehmenskulturen würde sich letztlich durchsetzen?

Welch wollte erreichen, daß sich *NBC* der Realität stellte: Es waren harte Zeiten. Der in seinen Ausgaben eher freizügige Sender sollte künftig nicht länger ohne Budgetbeschränkungen davonkommen. Welch würde nicht zulassen, daß ihm daraus ein Waterloo entstand. Letztlich ging es um die entscheidende Frage: Wieviel Geld sollte *NBC* zugestanden werden?

Jahrelang waren die drei großen Fernsehsender ihrer Arbeit nachgegangen, ohne sich über Kosten Gedanken machen zu müssen. Doch als Welch Mitte der 80er Jahre auftrat, forderte er von der *NBC* genau dasselbe wie von seinen Traditionsbereichen Flugzeugtriebwerke und Lampen:

- Erzielung von Gewinnen.
- Zurückhaltung in bezug auf Ausgaben.
- Anpassung an die Unternehmenskultur von *General Electric.*

Die Belegschaft des Senders reagierte mit Unbehagen und war keineswegs darauf erpicht, „sich der Realität zu stellen".

Vielmehr wurde befürchtet, der altehrwürdige Peacock-Sender – wegen Milton Berle, Huntley-Brinkley und Bonanza berühmt – würde doch nur ein weiteres Rad im *GE*-Getriebe sein.

Eine *GE*-Entscheidung ganz zu Anfang schien die ärgsten Befürchtungen zu bestätigen: Welch kündigte an, er werde das *Rockefeller Center 30*, Wahrzeichen von *RCA*, zum *GE*-Gebäude umfunktionieren. Bei der *NBC* reagierte man mit Entsetzen.

Die *NBC*-Belegschaft würde es dem von Welch ernannten *NBC*-CEO Bob Wright gewiß nicht leicht machen.

Wright war ein „*GE*-Produkt" und eng mit Welch befreundet. Welch hatte Wright Anfang der 70er Jahre zu *GE* zurückgeholt, nachdem dieser kurzfristig zu einer Anwaltspraxis übergewechselt war.

Wright hatte in den *GE*-Sparten Kunststoffe und Haushaltswaren gearbeitet, das Unternehmen dann aber wieder verlassen, um Anfang der 80er Jahre die Geschäftsführung von *Cox Cable*, einem Unternehmen mit Sitz in Atlanta, zu übernehmen. Mitte der 80er Jahre kehrte er zurück und übernahm mit der Leitung der *GE*-Finanzdienstleistungen (*GE Capital*) einen der bestgehüteten *GE*-Unternehmensbereiche.

Wright mußte mit seiner Aufforderung an die *NBC*-Mannschaft, sich einer neuen Realität zu stellen, zwangsläufig auf Widerstand stoßen. Zum einen trat Wright in die Fußstapfen des erstklassigen und beliebten Produzenten Grant Tinker. Im Vergleich zu dem eleganten, überschwenglichen Grant Tinker nahm sich Wright geradezu steif und farblos aus. Und das Schlimmste war: Er war ein Externer.

Dabei schien *NBC* doch Erfolg zu haben: Brandon Tartikoff und seinen Programmen zur Hauptsendezeit waren die höchsten Einschaltquoten seit Jahren zu verdanken. Die äußerst erfolgreiche *Cosby*-Sendung am Donnerstagabend war eine Schöpfung von Tartikoff gewesen.

Die *NBC*-Mitarbeiter meinten, sie hätten Beifall verdient. Wright hatte eine andere, eher nüchterne Botschaft für sie. Und diese Botschaft stand in vollem Einklang mit der Welch-Philosophie. Sicher, die Einschaltquoten waren beeindruckend, aber die Kosten waren einfach zu hoch. Er teilte den *NBC*-Mitarbeitern mit, die Position des Senders sei für die nächste Zeit noch gesichert, doch langfristig würden Probleme entstehen.

Einstieg ins Kabelgeschäft

An seinem allerersten Arbeitstag im neuen Amt meinte Wright: „Wir müssen zusehen, daß wir schnell ins Kabelgeschäft einsteigen können. Da sind wir nicht präsent. Aber das wird es immer geben. Mit unseren Netzprogrammen werden wir immer weniger Fernsehzuschauer erreichen."

Doch für die Traditionalisten bei *NBC* war das Kabelgeschäft ein Erzfeind – und wer wollte schon mit seinem Feind ins Bett steigen! Wrights Botschaft war nicht willkommen. Doch Wright blieb standfest.

Zu seinem Bedauern konnte *NBC* nicht einfach hingehen und Kabelsender kaufen. Solche wertvollen Anlagen waren nicht käuflich zu erwerben. Wright mußte also bei Null anfangen – eine bei weitem schwierigere Aufgabe als eine vollumfängliche Akquisition.

Während sich Wright auf eine Vergrößerung der Reichweite des Senders konzentrierte, stachen Welch die gewaltigen Kosten ins Auge. Für ihn war es kaum verständlich, wieso ausgerechnet der Sender mit den höchsten Einschaltquoten die niedrigsten Gewinne aufwies. Und er konnte nicht begreifen, wie die *NBC* ihre hohen Kosten rechtfertigen wollte.

Das Budget von *NBC News* mit 207,3 Millionen Dollar im Jahr 1983 war 1984 sprunghaft auf 282,5 Millionen Dollar erhöht worden. Und da die Einnahmen aus der Werbung im *NBC*-Nachrichtenprogramm nie ganz die Ausgaben des Nachrichtensektors deckten, machte *NBC News* ständig Verluste in Millionen-Höhe. 1988 trat Michael Gartner als Leiter der *NBC News* an die Stelle von Lawrence K. Grossman; in dem Jahr waren im Nachrichtensektor Verluste in Höhe von 126 Millionen Dollar zu verzeichnen.

Welch hatte sich durch die Sichtweise eines Larry Grossman regelrecht brüskiert gefühlt. Als Grossman ihm hatte klarmachen wollen, die *NBC News* dürfe aufgrund ihrer Eigenschaft als gemeinnützige Einrichtung nicht denselben Bilanz-Engpässen unterworfen werden wie die anderen *GE*-Geschäftseinheiten, war Welch der Kragen geplatzt.

Auch er war davon überzeugt, eine gemeinnützige Einrichtung zu leiten. Mußte sein Unternehmen nicht dafür sorgen, daß die Kühlschränke nicht explodierten und keine Flugzeuge abstürzten? Seine Kunden vertrauten ihm, Jack Welch, ihr Leben an!

Kurzum: Der *NBC* stand in keiner Weise eine Sonderregelung zu, der Sender mußte sich an das *GE*-Credo halten und sich der Realität stellen.

Welch und Wright arbeiteten Hand in Hand und konnten rasch eine Kehrtwende beim Sender erzielen. 1985 verbuchte die *NBC* Gewinne in Höhe von 333 Millionen Dollar. Im Jahr darauf stiegen die Gewinne auf 350 Millionen Dollar, und die Erträge lagen zum ersten Mal über der 3-Milliarden-Dollar-Rekordhöhe. Hinsichtlich der Einschaltquoten stand *NBC* an erster Stelle. Die *„Today“*-Show rangierte auf Platz 1, desgleichen die *„NBC Nightly News“* mit Tom Brokaw.

In den späten 80er Jahren verbesserte sich das Finanzbild noch eindrucksvoller. Die Gewinne lagen 1987 bei 410 Millionen Dollar, 1988 bei 500 Millionen Dollar und 1989 gar bei 750 Millionen Dollar.

Doch in den 90er Jahren wurde das Fernsehgeschäft immer härter. Bei zunehmendem Wettbewerbsdruck wurde es für die *NBC* immer schwieriger, die hohen Zuschauerzahlen und die berauschenden Gewinne der letzten zehn Jahre zu halten.

Die Gewinne gerieten ins Schlittern, als sich viele Werbeauftraggeber vom Fernsehen abwendeten und andere Möglichkeiten nutzten, um den Verbraucher anzusprechen – darunter auch Kabelfernsehen und Postversand. 1990 galt die *NBC* noch das ganze Jahr über als Sender Nummer 1, aber die Finanzlage war alles andere als rosig. Die *NBC*-Erträge waren um 4,6 Prozent auf 3,2 Milliarden Dollar abgestürzt, und die Gewinne hatten sich auf 477 Millionen Dollar verringert.

1991 fielen die *NBC*-Gewinne auf einen Tiefstand von 209 Millionen Dollar.

Einer der Gründe: Der Krieg am Persischen Golf hatte die *NBC* 60 Millionen Dollar für Sonderberichterstattungen gekostet und zudem die Einnahmen aus der Werbung reduziert. Auch die Einschaltquoten waren zurückgegangen, so daß bereits Spekulationen angestellt wurden, *GE* sei bereit, die *NBC* abzustoßen, wenn der Preis stimme.

Selbst Bob Wright sah die *NBC* ernsthaft gefährdet.

In der TV-Saison 1990/91 hatte die *NBC* ihren sechsten großen Triumph im Wettkampf um die Einschaltquoten errungen, aber es war das härteste Rennen seit fast drei Jahrzehnten gewesen. Und erstmalig galt *NBC* nicht mehr als erste Wahl für Werbespots, die sich an die wichtigste demographische Verbrauchergruppe richteten, an Männer und Frauen zwischen 18 und 49 Jahren. Die *NBC* hatte diesen Ehrenplatz der ABC räumen müssen.

Und welche Einstellung hatte Welch 1991 zur *NBC?* Er befand, die *NBC* sei die faszinierendste Einheit unter den 13 *GE*-Unternehmensbereichen, ausgesprochen anspruchsvoll, aber auch ausgesprochen kostenaufwendig und veränderungsunwillig.

Ich bin zu langsam vorgegangen

Im Oktober 1991 äußerte Bob Wright den Eindruck, er sei zu langsam vorgegangen und die *NBC* sei auf die sich ständig ändernde Marktsituation nicht gut vorbereitet. „Wir laufen Gefahr, vom Markt verdrängt zu werden", sagte er, „und in all den fünf Jahren hier ist es mir nicht gelungen, die Leute hinreichend davon zu überzeugen. Wir erleiden im wesentlichen dasselbe Schicksal wie die drei großen Automobilfirmen. Wir können ein großer Marktteilnehmer [in der Fernsehbranche] sein, aber wir werden kein profitabler Großteilnehmer sein. Entweder bemühen wir uns darum, uns wie ein vorwärtsstrebendes Unternehmen zu strukturieren, was uns erheblich mehr

Bescheidenheit abverlangt als bisher; oder wir machen weiterhin sichtbar Eindruck, vermutlich aber bei einem höchst inakzeptablen Rentabilitätsniveau."[2]

Die frühen 90er Jahre waren rauhe Jahre für die *NBC*. Nachdem der Sender jahrelang mit seinen Einschaltquoten die Nummer 1 gewesen war, rutschte er Ende 1992 auf den dritten Platz ab. Hinzu kam, daß der Werbemarkt ausgerechnet zu diesem Zeitpunkt seinen Tiefststand in 20 Jahren erreicht hatte. Die Gewinne bei *NBC* beliefen sich 1992 nur noch auf 204 Millionen Dollar.

GE hatte seine Bereichsleiter stets aufgefordert, für sämtliche Positionen die jeweils stärkste Persönlichkeit zu finden. Wright ernannte Michael Gartner, einen angesehenen Zeitungsredakteur, zum Leiter der *NBC News*. Gartner hatte einen unglücklichen Stand bei der *NBC*: Zwar hatte er die Verluste auf dem Nachrichtensektor durch Kostensenkungen verringern können, aber Kritiker warfen ihm bei verschiedenen Anlässen unpassendes Verhalten vor – von einer verpatzten Übergabe der *„Today"*-Show (an Deborah Norville als Nachfolgerin der Nachrichtensprecherin Jane Pauley) bis hin zur ungeschickten Moderation der populären TV-Show *„I Witness Video"*.

Als Brandon Tartikoff 1991 die *NBC* verließ und die Leitung von *Paramount* übernahm, gestand Wright Tartikoffs Stellvertreter Warren Littlefield die beste Sendezeit auf dem Unterhaltungssektor zu. Littlefield stellte hervorragende Programme zusammen, konnte aber nur begrenzt mit unternehmerischen Fähigkeiten aufwarten. Im selben Jahr verließ der beliebte Talkshow-Gast David Letterman das Schiff: Nach groß angekündigten Verhandlungen, die den Stoff für ein Buch und einen *HBO*-Film abgaben, wechselte er von der *NBC* zur *CBS*.

Welch hatte also seinen Quantensprung vollzogen. Damit hatte er *GE* einen neuen Unternehmensbereich einverleibt, der sich von den traditionellen *GE*-Unternehmensbereichen – Lampen, Turbinen- und Kraftwerksbau, Haushaltswaren – auffallend unterschied. Es war verhältnismäßig einfach, diese Fertigungsbereiche mit der aufstrebenden *GE*-Unternehmenskultur in Einklang zu bringen; die Zähmung der *NBC*-Leute gestaltete sich weitaus schwieriger. Doch nichts von dem tat dem kühnen Husarenstück Abbruch: Welch wollte die Konkurrenz überrumpeln und die Zügel an sich reißen – und genau das war ihm mit der Akquisition von *NBC* gelungen.

1. Interview mit Tom Brokaw vom 8. August 1997.
2. Interview mit Robert Wright vom 23. Oktober 1991.

Sanieren, schließen oder verkaufen: Erneuerung von NBC

„Wir müssen großartige Talente ausfindig machen, ihnen jedwede Unterstützung bieten und sie dann arbeiten lassen – das ist die ganze Managementphilosophie von GE."

Die frühen 90er Jahre waren schwierige Jahre für die *NBC* gewesen, und hartnäckig hielt sich das Gerücht, Jack Welch wolle den Sender veräußern. Die meisten Leute aber, die da unkten, die *NBC* würde früher oder später doch abgestoßen, vergaßen eine der wichtigsten Unternehmensstrategien von Jack Welch: sanieren, schließen oder verkaufen.

Welch hatte eine ganz besondere Zuneigung zu diesem Sender. Schließlich verlieh der Besitz von *NBC* – der Heimstatt von *„Seinfeld"*, *„ER"* und *„The Tonight Show"* – einem Unternehmen mehr Glanz als das Glühbirnen-Geschäft. Die Überredungskünste des *NBC*-Chefs Bob Wright hatten Erfolg: Wright setzte großes Vertrauen in seine Fähigkeit, eine Kehrtwende zu erreichen, und Welch beschloß, die *NBC* mit einer Reihe schneller, kluger Manöver zu „sanieren".

Da Welch und Wright Anfang der 90er Jahre die Geduld mit ihren Programmdirektoren verloren hatten, befanden sie, bei der *NBC* müßten die derzeitigen Manager durch dynamischere, unternehmerisch aktivere Führungskräfte ersetzt werden. Als Leiter des Unterhaltungssektors wählten sie Don Ohlmeyer; den Führungsposten auf dem Nachrichtensektor erhielt Andy Lack; Leiter des Sportsektors wurde Dick Ebersol. Nachdem Welch und Wright dieses Trio an Ort und Stelle wußte, waren sie zuversichtlich, daß sich die *NBC* sanieren ließe.

Zusammenstellung des NBC-Sanierungsteams

Anfang 1993 wendete sich Bob Wright an Don Ohlmeyer, einen Produzenten aus dem Sport- und Unterhaltungsbereich, der bereits eine eigene Produktionsgesellschaft geleitet hatte: Wright trug ihm die Leitung von *NBC West Coast* an. Ohlmeyer forderte volle Kontrolle über den Unterhaltungbereich sowie größere Freiheit für Investitionen in die Programmgestaltung. Wright willigte ein.

Ohlmeyer produzierte die besten Ergebnisse von all den aggressiven Managern, die Wright eingesetzt hatte. Ohlmeyer hielt sich an eine der von Welch besonders geschätzten Unternehmensstrategien und baute die internen Barrieren in seinem Bereich ab, indem er alltäglich um 14.30 Uhr eine Art „Lagebesprechung" mit seinen Abteilungsleitern führte.

Unter Ohlmeyer konzipierte die *NBC* neue Werbespots, die Wunder wirkten: Das *„Must-See TV"* wurde zum unentbehrlichen Bestandteil. Die *NBC* war der erste Sender, der auf Werbesendungen zwischen den Programmen verzichtete; auf diese Weise blieben Zuschauer, die sich eine bestimmte Show hatten ansehen wollen, meist auch bei der nächsten eingeschaltet. Nach einem schwierigen Start überholte die Sendung *„The Tonight Show with Jay Leno"* die von *CBS* ausgestrahlte *„Late Show with David Letterman"*, indem der Sender sensationelle Gäste wie den Hollywood-Schauspieler Hugh Grant und *NBA*-Basketball-Star Magic Johnson einlud.

Der Sender hinkte im Tagesprogramm – seit jeher eine Schwachstelle von *NBC* – zwar immer noch hinter seinen Rivalen her, doch konnten unter Ohlmeyer immerhin einige Erfolge im Hinblick auf Gewinne und Einschaltquoten erzielt werden.

Ganz im Sinne von Jack Welch erklärte Ohlmeyer das Geheimnis seines Erfolgs wie folgt: „Man versucht, unser Geschäft zu mythologisieren. Von ‚Leuten mit goldenem Instinkt' ist die Rede. Aber bei uns ist das in keiner Weise anders als in anderen Bereichen. Man muß sich um die Details kümmern. Man muß guten Geschmack haben. Man muß wissen, was man tut. Man kommt mit den richtigen Leuten ins Geschäft. Man unterstützt sie mit den richtigen Mitteln. Und dann hat man Erfolg."[1]

Ohlmeyer sorgte drei Jahre lang für ständig steigende Einschaltquoten bei den Programmen, die während der Hauptsendezeit ausgestrahlt wurden; insbesondere konnte er junge Zuschauergruppen gewinnen, an denen die Sponsoren besonders interessiert waren. Binnen 18 Monaten nach seinem Einstieg bei *NBC* wurden die Megahits *„Frasier"*, *„Friends"* und *„ER"* gestartet.

Sein Erfolg bei *NBC* war sensationell – unter anderem gewann er fünfzehn *Emmy*-Preise für seine Arbeit. Unter seiner Führung rückte der *NBC*-Unterhaltungssektor bezüglich der Einschaltquoten von Nummer 3 auf die Nummer 1 auf; der Jahresgewinn des Senders erhöhte sich von 264 Millionen Dollar im Jahr 1993 auf 738 Millionen Dollar 1995. Ohlmeyer war mit seinen Äußerungen allerdings keineswegs zimperlich. Zum Beispiel verglich er Rupert Murdoch mit Hitler und bezeichnete Michael Ovitz als Antichrist. Den Sponsoren der Baseball-Oberliga bescheinigte er einen „Hirnschaden", und außerdem hielt er an seiner Überzeugung fest, sein enger Freund O.J. Simpson sei kein Doppelmörder. Wright gestand ein, gelegentlich seien ihm Ohlmeyers Ausbrüche schon unangenehm, betonte aber: „Im allgemeinen, wenngleich nicht immer, sind seine Charakterisierungen durchaus zutreffend."[2]

„In jedem von uns steckt eine Menge von Don", sagte Welch. „Nur haben die meisten von uns nicht den Mut, so wie Don zu sein. Anzüge geraten zuweilen zu Zwangsjacken."[3]

Was den Nachrichtensektor anbetraf, so wußte Wright: Es mußte ein neuer kluger Kopf her. Auch Tom Brokaw wußte das. Brokaw wendete sich an Welch: „Ich habe die Integrität des Nachrichtensektors und den damit verbundenen guten Ruf von *GE* angesprochen. Welch hat genau verstanden, was ich sagen wollte. Er hat das Problem sogar noch besser erkannt als ich. Er sagte: ‚Wir müssen da was unternehmen.' Und auf diese Weise fanden wir Andy Lack."[4]

Wright setzte Lack, einen innovativen *CBS*-Nachrichtenproduzenten, als Leiter des *NBC*-Nachrichtensektors ein. Wie Don Ohlmeyer besaß auch Lack unternehmerisches Gespür; er hatte bereits in der Werbung gearbeitet, einen Fernsehfilm gedreht und das *CBS*-Nachrichtenmagazin *West 57th* auf die Beine gestellt.

Seit Einstellung von Lack hat sich die *„Today"*-Show unter den Vormittagssendungen eine führende Position gesichert. *„Dateline"* entwickelte sich zu einem nicht gerade entscheidenden, aber immerhin kommerziell sichtbaren Erfolg. Und seit Ende der 80er Jahre stellt die *„Nightly News with Tom Brokaw"* erstmalig eine ernstzunehmende Herausforderung für die von Peter Jennings moderierte *ABC*-Sendung *„World News Tonight"* dar.

Übertragungsrechte für die Olympischen Spiele

Als Leiter für den *NBC*-Sportsektor holte sich Wright Dick Ebersol. Sowohl Ebersol als auch Ohlmeyer hatten bei *ABC Sports* für Roone Arledge gearbeitet. Ebersol hatte die *„Saturday Night Live"*-Sendung, eine Berufsringer-Show, und Bob Costas *NBC*-Talkshow im Abendprogramm produziert.

Es war Wrights Idee gewesen, Führungskräfte wie Ohlmeyer, Lack und Ebersol zur *NBC* zu holen, die ein instinktives Gespür für TV-Produktion mitbrachten – etwas, was ihm selbst fehlte.

Wright hielt sich damit an eine der von Jack Welch hochgeschätzten Managementmaximen: Er kreierte eine Vision und überließ es dann seinen drei Spitzenführungskräften, dieselbe umzusetzen, und zwar zügig (eine weitere Welch-Strategie).

Diese von Welch propagierte Strategie, auf Schnelligkeit zu pochen, war auch unverkennbar, als Bob Wright seine Führungskräfte Dick Ebersol und Randy Falco, den verantwortlichen *NBC*-Leiter für die Olypmpia-Berichterstattung, im August 1995 kurz nach den Fusionen zwischen *Disney* und *ABC* einerseits beziehungsweise *Westinghouse* und *CBS* andererseits zu einer Sitzung einberief. Die *NBC* hatte seit Amtsübernahme von Jack Welch dreimal über die Olympischen Spiele berichtet, und Dick Ebersol wollte es auch ein viertes Mal tun – für Sydney im Jahr 2000. Wright teilte Welch mit, daß Ebersol sich für Sydney bewerben wollte, und zwar nicht im Rahmen eines *NBC*-Projekts, sondern zwecks Risikominimierung als Joint-venture mit dem Fernsehsender *ABC*. Wright war sich nicht ganz sicher, ob eine Beteiligung an einem Joint-venture das Richtige wäre, und Welch teilte dieses Unbehagen. Ebersol hatte darüber hinaus vor, sich auch für die Winterspiele in Salt Lake City im Jahr 2002 zu bewerben, nur wurden dafür noch keine Angebote angenommen. Wright wollte aber ungern seine gesamten Olympia-Investitionen für Sydney verplanen. Könnte die *NBC* nicht ein Angebot für Sydney und Salt Lake City im „Doppelpack" einreichen? So etwas war noch nie dagewesen, aber warum eigentlich nicht? Die Idee hatte einen großen Vorteil: Man konnte dieselben Werbespezialisten für beide Projekte gleichzeitig verpflichten.

Wright sprach mit Welch, der gerade in Nantucket seinen Urlaub verbrachte. Welch gab spontan „grünes Licht" und stellte für Wright und Falco einen *GE*-Jet bereit, damit sie zur Präsentation ihres Planes vor dem Internationalen Olympischen Komitee erst nach Montreal und dann nach Schweden fliegen konnten. Das Geschäft war perfekt: ein 1,25-Milliarden-Dollar-Paket.

Später einigten sich Dick Ebersol und das *IOK* auf eine noch weitreichendere Abmachung in Höhe von 2,3 Milliarden Dollar, die der *NBC* die Übertragungsrechte für die Olympia-Berichterstattung bis zum Jahr 2008 zusicherte. Als *ABC*, *CBS* und *Fox* schließlich aufwachten, war die Schlacht um die Olympia-Rechte schon entschieden: Die *NBC* hatte sich die Übertragungsrechte im amerikanischen Fernsehen für fünf der nächsten sechs Olympiaden zu einem Preis von 3,55 Milliarden Dollar erkauft. (Zuvor hatte *CBS* den Zuschlag für die Winterspiele 1998 erhalten.) Wann immer Welch und Wright auf diesen Triumph zu sprechen kamen, wiesen sie darauf hin, daß dieser Coup nur durch schnelles Handeln hatte gelingen können.

Die Bereitschaft zu schnellen Entscheidungen, bei denen hohe Geldsummen im Spiel waren, fiel Jack Welch nicht leicht. Er gab zu, Personalentlassungen seien für ihn die schwierigsten Entscheidungen, aber gleich dahinter kämen große *GE*-Investitionsentscheidungen:

> Kleine Geschäfte ... sind die leichteste Sache der Welt, weil ich ein großes Unternehmen habe. „Klein“ bedeutet hier Investitionen von hundert Millionen, fünfzig Millionen, dreißig, siebzig Millionen. Aber Größenordnungen von zwei Milliarden Dollar oder fünf Milliarden Dollar oder vier Milliarden Dollar ... wo man in das Spiel eingreift [das ist eine heikle Herausforderung]. Wo man das Image des Unternehmens riskiert. Wo man es vielleicht nur antippt und damit kippt.[5]

Und welches sei die härteste Großinvestitionsentscheidung gewesen, die er je hatte treffen müssen? „Die sind alle hart“, gab er zur Antwort. „Alle.“

In der Fernsehsaison 1995/96 präsentierte *NBC Sports* die eindrucksvollste Sendefolge, die es im Fernsehen je gegeben hat – Sendungen zu den Themen *World Series*, *Super Bowl XXX*, *NBA*-Endspiele, die Olympischen Spiele in Atlanta, *U.S.-Open*-Golf und *Notre-Dame-College*-Football. Die *NBC*-Berichterstattung über die Olympischen Spiele erreichte mit 209 Millionen Fernsehzuschauern eine sämtliche Rekorde brechende Einschaltquote. Außerdem brachten die Olympischen Spiele sowohl der *NBC* selbst als auch den Partnern des Senders die höchsten Gewinne ein, die in dieser Branche je erzielt worden sind.

Die Vorteile des Kabelgeschäfts

Überhaupt war 1995 das einträglichste Jahr für den Sender (738 Millionen Dollar Gewinn); zum dritten Mal in Folge konnte eine zweistellige Gewinnzuwachsrate verbucht werden: 7,6 Prozent der *GE*-Gewinne insgesamt. Auch die Erlöse in dem Jahr brachen mit 3,9 Milliarden Dollar alle Rekorde – 5,6 Prozent der Gesamterlöse von *GE*.

Der Erfolg ging zurück auf die von *NBC* betriebenen Fernsehstationen und insbesondere auf *CNBC*, den Sender für Wirtschafts- und Finanznachrichten. *NBC* konnte sich zusätzliche Einschaltquoten zur Hauptsendezeit sichern und hatte im Jahr 1995 als einziger Sender steigende Zuschauerzahlen aufzuweisen. Den regulären Top-10-

Shows *„Friends"*, *„ER"* und *„Seinfeld"* folgten im ersten Jahr die beiden Serien *„The Single Guy"* und *„Caroline in the City"* (wobei *„The Single Guy"* später allerdings wieder aus dem Programm genommen wurde).

Auch international baute die *NBC* ihre Position weiter aus: Der Sender unterhielt vier Übersee-Kanäle, zwei in Europa und zwei in Asien, die insgesamt 70 Millionen Haushalte rund um die Uhr erreichten. Die internationalen Aktivitäten in Europa und Asien verursachten dem Unternehmen im Jahr 1996 Kosten in Höhe von 65 Millionen Dollar.

1996 war das einträglichste Jahr in der siebzigjährigen Geschichte der *NBC*. Und es war das vierte Jahr in Folge, daß zweistellige Ertragssteigerungen erreicht wurden. Zudem sicherte sich der Sender in dem Jahr mit der Erweiterung seines Angebots rund um die Welt die höchsten Einschaltquoten zur Hauptsendezeit.

Doch der größte Sieg von *NBC* war der Joint-venture-Coup, den Bob Wright mit Bill Gates von *Microsoft* aushandelte: *NBC* erhielt die Möglichkeit, einen Nachrichtenkanal einzurichten, ohne dafür einen Pfennig bezahlen zu müssen. So kam es, daß *MSNBC* Cable als 24-Stunden-Informationskabelkanal und *MSNBC Internet* als umfassender, interaktiver Online-Nachrichtendienst im Juli 1996 Premiere feiern konnten. *MSNBC* fing mit 22 Millionen Anschlüssen an – mit dem größten Teilnehmerkreis, den ein neuer Kabeldienst je aufzuweisen hatte. Bis 1999 sind vertragsgemäß über 55 Millionen Haushalte angeschlossen. *Fox News Network* war im Februar 1997 hinzugekommen; der Sender erreichte aber nur 19 Millionen Haushalte. Wright hatte seinen Zögling *MSNBC* zur eindeutigen Nummer 2 – nach *CNN* – avanciert.

NBC rechnet mit Beitragsleistungen für *MSNBC* in Höhe von 250 Millionen Dollar, bis das neue Projekt an die Gewinnschwelle herangekommen ist. *MSNBC* hat noch vergleichsweise kleine Einschaltquoten, erreicht aber immerhin 35 Millionen Haushalte und besitzt damit einen Vermögenswert von rund 1 Milliarde Dollar.

Mit Umsicht hatte Bob Wright für den Einstieg des Fernsehsenders ins Kabelgeschäft gesorgt, neue Medien erschlossen und Präsenz in der globalen Fernseh-Berichterstattung gezeigt. Auf diese Weise konnte die *NBC* zum vierten Mal in Folge Jahresumsätze und

-erträge in Rekordhöhe erzielen; 1996 beliefen sich die Umsätze auf 5 Milliarden Dollar und die Reingewinne auf schätzungsweise 960 Millionen Dollar. Allein die Gewinne der traditionellen *NBC*-Fernsehkanäle betrugen rund 500 Millionen Dollar. Weitere knapp 500 Millionen Dollar trugen das Kabelgeschäft und die Aktivitäten der Fernsehstationen bei.

Bis 1997 hatte sich die *NBC* zu einem der lukrativsten Unternehmensbereiche von *General Electric* gemausert. Wright hatte die aufgeblähte *NBC*-Belegschaft von 8000 auf weniger als 5000 Vollzeit-Arbeitsplätze reduziert und damit Gemeinkosten in Höhe von 120 Millionen Dollar eingespart.

„Seinfeld" oder eine „Show um nichts"

Einer der Hauptgründe für den Erfolg von *NBC* im Jahr 1997 war die wöchentliche Sendung *„Seinfeld"* – ein Programm, das Fernsehgeschichte gemacht hat. Zwar stellten einige Kommentatoren – darunter auch die Besetzung – scherzhaft fest, *„Seinfeld"* sei im wesentlichen eine „Show um nichts", aber das Tempo, die pfiffige Aufmachung und die geschickt aufgebauten Handlungen sorgten dafür, daß die Sendung in so gut wie jeder amerikanischen Familie allwöchentlich über die Mattscheibe flimmerte.

Die *NBC* mußte 120 Millionen Dollar (mehr als 10 Prozent des gesamten *NBC*-Budgets für das Tagesprogramm) hinblättern, um *„Seinfeld"* im Herbst 1997 in die neunte Saison zu schicken – die Investition zahlte sich aus: *NBC* kassierte allein 180 Millionen Dollar durch die im Programm ausgestrahlte Werbung. *„Seinfeld"* war die erste Fernsehserie, die über 1 Million Dollar pro Werbeminute verlangen konnte.

Der *„Seinfeld"*-Show und den Zuschauerkreisen, die auf diese Weise den Werbeauftraggebern zugeführt wurden, ist es zu verdanken, daß die Rentabilität des Senders im Jahr 1996 um das Siebenfache höher war als bei der *ABC*, die als einziger weiterer Sender ebenfalls schwarze Zahlen schrieb.

Noch bis kurz vor dem 12. Mai 1997 – dem Termin, zu dem die *NBC* ihr Herbstprogramm vorzustellen gedachte – war nicht klar, ob *„Seinfeld"* wieder dabeisein würde. Jerry Seinfeld und die Mitarbeiter in seiner Show setzten der *NBC* hart zu: Sie drohten damit, die Show platzen zu lassen, wenn ihre lautstark vertretenen Gehaltsforderungen nicht erfüllt würden. Seinfeld erzielte einen persönlich bislang unerreichten Deal: 22 Millionen Dollar für Auftritte, Drehbuchverfassung und Produktion der Show sowie zusätzlich Gewinnbeteiligung. Die drei wichtigsten Mitarbeiter – Jason Alexander (George), Michael Richards (Kramer) und Julia Louis-Dreyfus (Elaine) – stellten ebenfalls hohe Forderungen. Die *NBC* ließ auch ihnen einen beachtlichen Batzen zukommen: Jeder der drei sollte 13 Millionen Dollar pro Saison erhalten.

Im nachhinein mutet es schon ironisch an, daß *„Seinfeld"* zunächst nur dürftigen Erfolg hatte, als die Show 1989 erstmalig ausgestrahlt wurde. Auch in den ersten vier Jahren waren die Einschaltquoten noch nicht besonders gut. Zum Hit wurde *„Seinfeld"* erst 1993, als die *NBC* beschloß, die Show unmittelbar im Anschluß an die sehr beliebte Sendung *„Cheers"* ins Donnerstagabend-Programm aufzunehmen.

Der *„Seinfeld"*-Effekt auf die wirtschaftliche Situation des Senders ist umwerfend. Wiederholungen, die 11 Uhr vormittags im Sendebereich New York City ausgestrahlt werden, haben höhere Einschaltquoten erzielen können als neue Shows von *NBC*-Partnersendern, sogar von *NBC* selbst. Sendungen, die vor und nach *„Seinfeld"* ins Programm aufgenommen werden, bringen weitere Millionen Zuschauer. „Man könnte glatt das Telefonbuch im Anschluß an *‚Seinfeld'* vorlesen und damit einen 25prozentigen Anteil erzielen", lautet der Kommentar eines Werbeexperten.

Ende Dezember 1997 gab Jerry Seinfeld bekannt, er wolle die Show mit Ende der TV-Saison 1997/98 einstellen. Die *„Seinfeld"*-Show war für die *NBC* derart von Bedeutung, daß Welch persönlich eingriff – ohne Erfolg, wie sich herausstellen sollte. Seinfelds Argument, er wolle die Show beenden, solange die Fans noch begeistert Beifall spenden, machte aus Welchs Sicht keinen Sinn. Würde er denn ein Flugzeugtriebwerk oder ein Glühbirne aus dem Programm nehmen, wenn die als Marktführer in jeder Hinsicht zu erkennen geben, daß sie auch noch in den nächsten Jahren ihre dominierende Position halten können?

Ausbreitung der Unternehmenskultur

Wie haben Jack Welch und Bob Wright die Kehrtwende beim *NBC* eigentlich erreicht? Sie haben die richtigen Leute als Führungsmannschaft ausgesucht. Welch weiß zu schätzen, was Wright für die *NBC* geleistet hat:

> Bob Wright ist dem Maestro eines Orchesters vergleichbar – es gelingt ihm, hervorragende Virtuosen zu verpflichten und sich selbst im Hintergrund zu halten. Er braucht nicht viele Streicheleinheiten. Er ist sehr selbstbewußt, sehr fähig. Er läßt [seinem Team] Handlungsspielraum. Die Konzeption, drei Produzenten zu engagieren, alles bekannte und erfahrene Leute, ihnen eine große Bühne anzuvertrauen und dann freies Spiel zu lassen – das war ein mutiger, brillanter Entschluß.[5]

Welch und Wright erreichten die Kehrtwende bei der *NBC*, weil sie genau das taten, wovon Kritiker abrieten: Sie prägten dem Sender die für die *GE*-Unternehmenskultur typische harte Gangart auf. Und das wiederum gelang ihnen, weil sie die Leute innerhalb wie außerhalb der *NBC* letztlich überzeugen konnten: Sie widerlegten die nachdrücklich vertretene Meinung, das Fernsehgeschäft sei von unvergleichlicher Kreativität, und traditionelle Regeln, wie sie für alle anderen Unternehmensbereiche zuträfen, seien für die *NBC* weder sinnvoll noch praktikabel.

Eine dieser traditionellen Regeln lautete: Kosten senken. Welch und Wright waren auf der Hut. Die Führungsmannschaft im *NBC*-Nachrichtensender hielt die Vorstellung, Geld sparen zu müssen, im Nachrichtengeschäft schlicht für irrelevant. Welch und Wright waren da anderer Meinung und setzten sich durch: Im Lauf der Jahre wurde das Budget für den Nachrichtenbetrieb um 400 Millionen Dollar gekürzt.

In *NBC*-Kreisen war häufig zu hören, Welch und Wright verstünden nichts von der Geschäftsführung bei einem Fernsehsender. Jack Welch reagierte in aller Offenheit auf diese Kritik:

> Die Leute sagen: „Jack, wie können Sie nur bei der *NBC* mitmischen? Sie verstehen doch überhaupt nichts von Schauspielerei und Komödien." Was das betrifft – ich kann auch kein Düsentriebwerk bauen. Ich kann keine Turbine bauen. Unser Job bei *GE* ist der Umgang mit Ressourcen – personellen und finanziellen. Wir müssen großartige Talente ausfindig machen, ihnen jedwede Unterstützung bieten und sie dann arbeiten lassen – das ist die ganze Managementphilosophie von *GE*, ob es nun um Turbinen, Motoren oder einen Sender geht.[6]

Entsprechend leiteten Bob Wright und seine *NBC*-Führungsmannschaft den Sender „nach Art des Hauses": Strategisches, globales, langfristiges Denken war angesagt.

Von den Leuten, die bei der *NBC* eingestellt werden, wird Stärke und Selbstvertrauen erwartet. Sie sollen Schnelligkeit und Einfachheit fördern und nach Möglichkeit unbürokratisch veranlagt sein. Auch dies hat dazu beigetragen, daß sich der Sender so erfolgreich entwickeln konnte. Daß er die Übertragungsrechte für die Olympischen Spiele bis zum Jahr 2008 erlangt hat. Daß er ein erfolgreiches Kabelfernsehen aufgebaut hat zu einer Zeit, zu der seine Rivalen *Disney* und *Rupert Murdoch* dazu noch nicht in der Lage waren. Und daß er seine Internet-Konkurrenz schlagen konnte und sich starke Programmpräsenz in Europa und Asien erhoffen darf.

Bob Wright wußte, daß es nichts bringen würde, die *NBC* im herkömmlichen TV-Geschäft zu belassen. Er wußte, daß das traditionelle Fernsehen rückläufig war; also drängte er in neue Geschäftsbereiche vor, um sich abzusichern. Im Februar 1997 machten die traditionellen Fernsehkanäle immer noch den Großteil der Einnahmen und Gewinne bei der *NBC* aus, aber ihre Rückläufigkeit war unübersehbar. 1992 waren zur Hauptsendezeit 60 Prozent der Zuschauer bei einem der drei Sender eingeschaltet; 1997 waren es nur noch 49 Prozent. Die Zuschauer gingen über zu Kabelsendern wie *Fox*, *WB* und *UPN*.

Wright hatte nach Meinung vieler Leute unklug gehandelt, als er die Ausgaben für einen erfolgreichen Sender kürzte, um in das allem Anschein nach riskante Kabelgeschäft investieren zu können. Doch im Gegensatz zu seinen *CBS*-Kollegen war Wright überzeugter Befürworter des Kabelfernsehens. (*CBS* hatte Kabelsendungen, darunter einen Sportkanal, verkauft, und *ABC* hatte die Chance verpaßt, *ESPN* in den Alleinbesitz zu übernehmen.)

Wright hingegen preschte mit seiner Expansion in ein Dutzend Kabelnetzwerke voran und erwarb Anteile an regionalen Sportkanälen und Sendern wie *Court TV*, *Bravo*, *American Movie Classics* und *Arts & Entertainment Television*. Die meisten Programme brachten bereits Anfang 1997 Gewinne ein. Darüber hinaus ist die *NBC* inzwischen zu 25 Prozent an *Madison Square Garden*, den *New York Knicks (National Basketball Association)* und den *New York Rangers (National Hockey League)* beteiligt.

Wrights größter Kabelerfolg war die *CNBC*, die *NBC* 1989 als Wirtschaftsnachrichtendienst gegründet hatte. Später sicherte dieser Sender sein Überleben, als er *Dow Jones* und *Westinghouse* überbot und einen in die roten Zahlen geratenen Rivalen – *Financial News Network* – weit über Wert für 155 Millionen Dollar aufkaufte.

Seither jedoch ist es der *CNBC* mit ihrem Geschäftswert in Höhe von vielleicht 2 Milliarden Dollar gelungen, in 61 Millionen Haushalte vorzudringen, wenngleich die Einschaltquoten noch recht bescheiden sind und die Programmgestaltung als farblos gilt. (Zum Programm während der Hauptsendezeit zählen auch eine Sex-Call-in-Show, die Talkshow von Geraldo Rivera und Wiederholungssendungen von Conan O'Brien.) Die Gewinne stiegen schnell – von 85 Millionen Dollar im Jahr 1996 auf 125 Millionen Dollar 1997.

Anfang 1997 machte sich Wright Gedanken, ob er die TV-Hits zur Hauptsendezeit beibehalten sollte: *NBC*-Geschütze wie *„ER"* und *„Friends"* wiesen erste Alterserscheinungen auf. Außerdem war Wright in Sorge wegen Don Ohlmeyer: Als wichtigster Programmgestalter der *NBC* hatte er in den letzten Jahren die *NBC*-Programme zu den Hauptsendezeiten grundlegend umgestaltet. Ohlmeyer verbrachte den Februar 1997 in der *Betty Ford Clinic*, um sich wegen seiner Alkoholabhängigkeit behandeln zu lassen; dennoch verließ sich Wright darauf, daß er die Hits zu den Hauptzeiten weiterhin würde senden können.

Der Einstieg ins Kabelgeschäft lag nun schon zehn Jahre zurück. Anfang 1997 entschloß sich Wright zu einer riskanten, langfristigen Investition in Europa und Asien. Dort lag die *NBC* nämlich hinter *Rupert Murdoch*, *CNN* und *ESPN*. Die *NBC* unterhält mittlerweile vier Netze: C*NBC* Asia, C*NBC* Europe, *NBC* Europe und *NBC Asia*. Alle vier schreiben rote Zahlen, aber die *NBC*-Strategie zielt unbeirrt darauf ab, den Sender auf zukunftsträchtigen Märkten zu etablieren.

Dieselbe Denkweise liegt Investitionen der *NBC* in neue Medien wie *NBC Desktop*, einen Online-Finanzdienst, zugrunde.

Jack Welch und Bob Wright stellten sich einer Realität, die andere geflissentlich ignorierten – und zähmten die *NBC*. Tom Brokaw war sich Mitte des Jahres 1997 sicher: „Es gab niemanden, der sich wirklich um die langfristige Zukunft kümmerte. Die beiden [Welch und Wright] wußten vom Zeitpunkt ihres Eintritts an, daß die *NBC* die von allen Seiten einstürmenden Herausforderungen nicht würde überleben können, wenn sich der Sender ausschließlich auf das Kerngeschäft eines Fernsehsenders verließ. Ich bin allen Ernstes davon überzeugt, daß sie das Unternehmen gerettet haben. Jetzt haben wir eine perfekte Position erreicht. Ich vertraue darauf, daß sie mit dem Kabelfernsehen und den Investitionen in Asien und den auch im Eigenbesitz betriebenen Sendestationen das Risiko echt gestreut und damit [den Sender] gestärkt haben."[7]

Im Oktober 1997 veröffentlichte *Entertainment Weekly* seine Liste der 101 attraktivsten Persönlichkeiten auf dem Unterhaltungssektor. Auf Platz 8 standen Bob Wright, Don Ohlmeyer und Warren Littlefield als die Führungsmannschaft von *NBC Entertainment*.

Ende 1997 zeigte sich, daß die *NBC* Rekordgewinne in Höhe von 1 Milliarde Dollar eingefahren hatte. Jack Welch betrachtete voller Stolz den Erfolg der *NBC* und stellte befriedigt fest, der zuweilen erbitterte Kampf mit der *NBC*-Leitung über Kostensenkungen und dergleichen gehöre nun der Vergangenheit an:

> Bedenken Sie: Nach rund einem Jahrzehnt haben Sie jetzt ein Team, das wirklich Ihr Team ist. Jetzt haben wir hier keine Leute mehr, die Fähigsein für dumm halten. Ich erinnere mich noch

> gut an Leute, die meinten: „Wozu machen wir das eigentlich?" Irgendwann setzen sich in der Organisation die klugen Köpfe durch, die sich den Werten verschrieben haben. Die Neinsager stehen dann blöd da. Kommt es zu einem Mißerfolg, sagen die: „Das haben wir doch gleich gesagt." Aber das Kabelgeschäft war richtig. Bob [Wright] lag richtig. Die Einstellung von Andy [Lack], Dick Ebersol und Don Ohlmeyer war richtig. All das hat sich positiv ausgewirkt. Schauen Sie sich heute das Unternehmen an: Wir haben beträchtliche Vermögenswerte geschaffen. Und von diesem Erfolg haben eine Menge Leute profitiert.[8]

Als Jack Welch die *NBC* Mitte der 80er Jahre kaufte, fragte man sich, was ihn zu einem Geschäftsbereich bewogen haben könnte, der doch so ganz anders zu sein schien als die übrigen *GE*-Unternehmensbereiche. Und als die *NBC* Anfang der 90er Jahre ganz offensichtlich zu kämpfen hatte, war vielfach zu hören: „Das haben wir doch gleich gesagt." Immer wieder tauchten Gerüchte auf, Welch wolle den Sender verkaufen. Doch was viele Leute nicht begreifen konnten, war dies: Jack Welch verspürte einfach keine Lust, sich vom Sender zu trennen. Vom Tag der Übernahme durch *GE* an war er überzeugt, das Richtige getan zu haben. Und irgendwie gefiel ihm die *NBC* – mit all der Publizität, die ihre Leute und Produkte genossen. Ihm gefiel die Vorstellung, daß *GE* Turbinen und Glühbirnen, Lokomotiven und Energieversorgungsanlagen produzierte, aber auch *„ER"* und *„Seinfeld"*, die *„Today"*-Show und die Übertragung der Olympischen Spiele inszenieren konnte.

Jack Welch war von Anfang an zuversichtlich, daß der *GE*-Stil letztlich zum Erfolg führen würde, daß es möglich sein würde, eine Kehrtwende bei der *NBC* zu erzielen – man brauchte nur die richtigen Leute für die richtigen Positionen zu engagieren und ihnen hinreichend Handlungsspielraum und Ressourcen zu überlassen.

Natürlich war es auch nicht gerade von Nachteil, daß ein Jerry Seinfeld auftauchte, daß die Sportprogramme des Senders meisterhaft gestaltet waren oder daß der Nachrichtensektor Zuschauer hinzugewann. Dennoch bleibt Jack Welch bei seiner Version: *GE* konnte die Kehrtwende bei der *NBC* dadurch erreichen, daß sich der Sender schließlich den *GE*-Stil zu eigen gemacht hat. Alles andere ist – Fernsehgeschichte.

---

1. Zitat von Don Ohlmeyer in: „How *GE* Made *NBC* No. 1“, *Fortune-Magazin*, 3. Februar 1997.
2. Zitat von Robert Wright in: „How *GE* Made *NBC* No. 1“, *Fortune-Magazin*, 3. Februar 1997.
3. Zitat von Jack Welch in: „How *GE* Made *NBC* No. 1“, *Fortune-Magazin*, 3. Februar 1997.
4. Interview mit Tom Brokaw vom 8. August 1997.
5. Interview mit Jack Welch vom 12. Dezember 1997.
6. Zitat von Jack Welch in: „How *GE* Made *NBC* No. 1“, *Fortune-Magazin*, 3. Februar 1997.
7. Interview mit Tom Brokaw vom 8. August 1997.
8. Interview mit Jack Welch vom 12. Dezember 1997.

Keinen Zahlenkult treiben

„Zahlen sind keine Vision,
Zahlen sind das Produkt.
Über Zahlen rede ich nicht.“

Wie oft haben Sie schon den einen oder anderen Vorgesetzten sagen hören: „Wir müssen bessere Zahlen produzieren. Es geht nicht anders.“ Um nichts anderes geht es bei der üblichen Vorgesetztenphilosophie: die eigene Mannschaft anfeuern, mehr Umsätze machen und höhere Gewinne erzielen.

Gehen Sie mit Ihrem derart auf Zahlen fixierten Chef nicht zu hart ins Gericht, wenn er eine so klar formulierte Zielsetzung hat und diese seinen Mitarbeitern immer wieder vorhält.

Das Problem ist nur: Nach einer Weile wirkt der „Zahlenkult“ langweilig, wenn nicht gar nervtötend, zumal von den Mitarbeitern verlangt wird, daß sie all die hochgesteckten Finanzziele möglichst noch übertreffen. Das Schlimmste ist aber, daß Zahlen kaum etwas mit der Prägung von Visionen oder der Erfüllung von Missionen zu tun haben; Zahlen sprechen bei den Mitarbeitern keine intellektuellen oder emotionalen Werte an, und Zahlen bieten auch keine echte Hilfestellung, wenn es darum geht, solchen Werten gerecht zu werden oder Visionen zu realisieren. Kurzum: Der Zahlenkult der Vorgesetzten ist keine Managementphilosophie, sondern allenfalls Fanfarengetöse!

Und mit Fanfarengetöse allein vermag kein Unternehmen eine Kehrtwende zu bewirken.

Jack Welch hat all dies erkannt – deshalb ist er es auch so leid, dauernd nur von Zahlen zu reden.

Sicher, selbst er argumentiert mit Zahlen – in jeder Ansprache, in jedem Brief an die Aktionäre, in jedem Gespräch mit Finanzanalysten. Warum auch nicht? Er ist stolz darauf, daß er in seiner siebzehnjährigen Amtszeit als Vorsitzender und CEO von *General Electric* soviel erreicht hat.

Zahlen sind keine Vision

Aber er hält sich nicht lange bei den Zahlen auf. Er will keinen Zahlenkult treiben. Das sei nicht Aufgabe von Führungspersönlichkeiten, – die sollten lieber führen. Er selbst sieht seine Führungsaufgabe einzig und allein darin, eine klare, konsistente, wohlüberlegte Managementphilosophie zu vermitteln. Führen bedeutet, Unternehmenswerte zu kommunizieren. Und genau das tut er den größten Teil der Zeit:

> Zahlen sind keine Vision; Zahlen sind das Produkt. Wir sagen immer: Wenn es drei Maßstäbe gibt, an die man sich halten sollte, so sind dies die Zufriedenheit der Mitarbeiter, die Zufriedenheit der Kunden und Cashflow. Wenn man am Ende Geld in der Kasse hat, erledigt sich alles andere von selbst. Denn mit hoher Kundenzufriedenheit verschafft man sich Marktanteil; mit hoher Mitarbeiterzufriedenheit erzielt man Produktivität; und wenn man Geld erwirtschaftet hat, weiß man, daß alles stimmt.[1]

Wenn Welch mit Finanzexperten, *GE*-Verwaltungsräten oder *GE*-Nachwuchsführungskräften im *GE*-Trainingszentrum Crotonville spricht, redet er über Werte, nicht über Zahlen. Selbst in seinen handschriftlichen Notizen an Mitarbeiter nimmt er auf diese Werte Bezug. Nirgends aber kommt Welchs Abneigung gegen nackte Zahlen deutlicher zum Ausdruck als in seinem Jahresbrief an die Aktionäre.

Alljährlich feilt Welch die zweite Januar-Hälfte über an seinem Aktionärsbrief, der im *GE*-Jahresbericht abgedruckt wird. Dieser Brief bietet ihm die beste Gelegenheit, nicht nur die *GE*-Unternehmensleistung im abgelaufenen Jahr zu erörtern, sondern auch seine Managementphilosophien und Unternehmensstrategien darzulegen.

Da der eher publikumsscheue Vorsitzende kaum Interviews gibt oder Vorträge hält, ist dieser Aktionärsbrief zu einem seiner wichtigsten Instrumente geworden, um dem Unternehmen – und der Unternehmenswelt schlechthin – seine Strategien zu übermitteln. Für Welch selbst bedeutet dieser Brief eines der wichtigsten Ereignisse im Jahr.

Welch weiß, daß sein Aktionärsbrief sowohl von Unternehmensführern als auch von den Medien sorgfältig unter die Lupe genommen wird. Deshalb scheut er auch keine Mühe bei der Abfassung dieses wichtigen Dokuments. Er ist gewissermaßen mit Herz und Seele dabei und betrachtet das Endprodukt mit großem Stolz. Den Grundstein zu diesem gewichtigen Brief legt er unmittelbar nach Abschluß des Bereichsleitertreffens in Florida, wenn das dort Gehörte und Gelernte noch frisch im Gedächtnis haftet.

Welch lehnt sich dann bequem in seinem Schreibtischsessel in der Unternehmenszentrale in Fairfield, Connecticut, zurück und diktiert seinen ersten Entwurf in die Diktiermaschine. (Selbstverständlich hat er auch einen Computer, aber der Vorsitzende zieht das Diktieren vor.) Sobald der erste Entwurf „steht", tippt eine Sekretärin vom Band ab. Dann nimmt Welch die redaktionelle Feinarbeit und Überarbeitung in Angriff. Einem Meister gleich, der die Leinwand niemals enthüllt, solange das Gemälde noch nicht fertig ist, gewährt auch Welch niemandem Einblick in diesen Prozeß. Wenn dann aber genug gefeilt und poliert worden ist, überreicht er seinen Brief zehn hochkarätigen *GE*-Führungskräften zur Begutachtung.

In den ersten Jahren seiner Amtsführung verfaßte Welch seinen Brief an die Aktionäre ziemlich direkt und unverblümt: Er nahm Stellung zur *GE*-Vorjahresleistung, mehr nicht. Ende der 80er Jahre sah der Brief schon ganz anders aus – er war zum wichtigsten Instrument für die Verbreitung von Welchs Unternehmenskonzepten und Managementstrategien geworden. Die Zahlenangaben zur Beschreibung der Finanzsituation des Unternehmens beschränkten sich auf wenige Sätze zu Briefbeginn. Inzwischen hat sich der Aktionärsbrief zu einem bedeutsamen Kommunikationsmittel entwickelt, denn in diesen Briefen erfährt die *GE*-Mitarbeiterschaft erstmalig etwas über Konzepte wie „Nummer 1, Nummer 2", „Grenzenlosigkeit" oder „Schnelligkeit, Einfachheit und Selbstvertrauen".

Und nun zu den wichtigen Themen

Die meisten Aktionärsbriefe beginnen mit einer kurzen Beifallsbekundung zu den Zahlen: „1996 war das beste Jahr, das Ihr Unternehmen je hatte." Oder: „Ihre Gesellschaft hatte 1995 ein ausgezeichnetes Jahr." Oder auch: „1994 war ein gutes Jahr für GE." Und im Anschluß an diesen Einführungskommentar belegt er dann mit Zahlen, warum und wieso *GE* so gute Leistungen hat erbringen können.

Doch genauso schnell geht Welch über zu dem Teil des Briefes, der ihm am meisten am Herzen liegt und der fast 95 Prozent des Dokuments ausmacht: Er diskutiert die Unternehmenswerte.

Dazu ein Beispiel aus dem Aktionärsbrief 1990: „Das sind die Zahlen, und wir sind zufrieden damit. Im weiteren Verlauf unseres Briefes werden wir Ihnen den weiteren Fortschritt bei der Umsetzung unserer Vision aus den 80er Jahren sowie das Versprechen, das wir in unserer Vorjahresvision für unser Unternehmen in den 90er Jahren sehen, verdeutlichen." Mit anderen Worten: Und nun zu den wichtigen Themen.

Wichtig ist auch folgendes: Wenn eine Liste mit *GE*-Werten aufgestellt wird, erfolgt niemals eine direkte Bezugnahme auf irgendwelche Zahlen im Unternehmen. Vielmehr wird von Führungspersönlichkeiten, die sich den *GE*-Werten verschrieben haben, erwartet, daß sie eine klare, einfache, realitätsbezogene und kundenzentrierte Vision schaffen; sie sollen Begeisterung für Höchstleistungen mitbringen; Wandel anregen und begrüßen; über ungeheure Energien verfügen. Was Jack Welch nicht sagt, wenn er diesen Wertekatalog aufstellt, versteht sich fast von selbst: Jeder bei GE, der sich an diese

Werte hält, trägt automatisch zur Produktion der angestrebten exzellenten *GE*-Zahlen bei.

Das Entscheidende bei der Unternehmensphilosophie des Jack Welch ist dies: Bei seinen Managementprinzipien geht es um Menschen, nicht um Zahlen.

Welch beschwört die *GE*-Mitarbeiter, sich der Realität zu stellen; zu führen und nicht zu managen; Wandel zu bewirken, bevor dieser notwendig wird; Grenzenlosigkeit zu leben; Einfachheit anzustreben; Selbstvertrauen zu haben. Er sagt nicht: Sorgen Sie für bessere Zahlen. Das entspricht nicht seiner Überzeugung. Zum einen weiß er, daß es unrealistisch wäre, von den Mitarbeitern Jahr für Jahr die Erzielung pokalverdächtiger Finanzergebnisse zu erwarten. Selbst wenn rund um die Uhr gearbeitet würde, es gibt einfach zu viele externe Faktoren, die das Zahlenpokern vereiteln könnten – zum Beispiel die überraschende Einführung eines neuen Konkurrenzprodukts, eine plötzlich einsetzende Inflationswelle, schlechtes Wetter und dergleichen mehr.

Eines steht fest: Jack Welch hat sehr wohl Interesse an den Bilanzen. Er hat sogar großes Interesse an der Finanzleistung von *General Electric.* Nur gibt er das nicht zu. Er sagt, er könne sich nicht auf dem ausruhen, was das Unternehmen in der Vergangenheit unter seiner Führung geleistet habe. Nur sollte dies nicht eine Sekunde darüber hinwegtäuschen, daß ihm letztlich sehr viel an den finanziellen Ergebnissen gelegen ist.

Es ist eben seine Art, die Unternehmenskultur in den Vordergrund zu stellen.

Dabei geht Welch von folgender Annahme aus: Wenn er die richtigen Unternehmenswerte so vermitteln könne, daß sie das Verhalten der Mitarbeiter prägen, werde auch die *GE*-Bilanz stimmen.

Hochspielen der „weichen Faktoren“

Deshalb spricht er meistenteils über die sogenannten „weichen Faktoren“ – die Unternehmenswerte und die Unternehmenskultur. Deshalb braucht er in seinem Aktionärsbrief soviel Druckerschwärze für das Konzept des „grenzenlosen Unternehmens" oder für die Vorzüge des *Work-Out*-Programms oder auch der *GE*-Qualitätsinitiative.

Das Hochspielen der weichen Faktoren ist für Welch der Schlüssel, um *GE* künftig noch größeren Höhen zuzuführen.

Für einen *GE*-Direktor ist es unbedingt wichtig, daß er mit einem starken, marktführenden Produkt aufwarten kann und daß er sich auf die Vermarktung dieses Produkts versteht. Vor allem aber zählt für Jack Welch, daß sich ein *GE*-Direktor den Wertekatalog des Unternehmens – die Unternehmenskultur – zu eigen macht und diese Werte seinen Mitarbeitern „verkauft".

Mit guten Zahlen allein ist es nicht getan. *GE*-Führungskräfte, die zwar gute Zahlen abliefern, den Unternehmenswerten aber nicht gerecht werden, sehen sich bald ohne Job. Das mag hart erscheinen. Ist es denn nicht oberstes Ziel eines jeden Managers, daß er seine Vorgaben erreicht? Die meisten Manager mögen so denken, nicht aber Jack Welch. „Selbst Senior-Führungskräfte mit guten Ergebnissen, die in bezug auf die Zahlen Hervorragendes leisten, aber den Worten keine Taten folgen lassen, müssen im Interesse unserer Unternehmenswerte ersetzt werden. Von solchen Leuten müssen wir uns trennen."[2]

Welch liefert ein weiteres klares Beispiel dafür, daß ihm Zahlen offensichtlich nicht viel bedeuten: Wenn ihm gegenüber geäußert wird, seine Unternehmenskonzepte fänden deshalb Beachtung, weil er das Unternehmen zu so großem finanziellem Erfolg geführt habe, wehrt er ab: Die Aussage, *GE* habe Großes geleistet, stehe ihm nicht zu, das hätten andere zu beurteilen. Mit solchen Kommentaren will er nicht zitiert werden.

Aber war es nicht auch Jack Welch, der in den 80er Jahren gesagt hatte, er wollte *GE* zum wettbewerbsstärksten Unternehmen der Welt machen? Hatte er denn damit nicht gemeint, *GE* müßte seine Zahlen verbessern? Doch, erwidert er, aber: „Da bin ich noch lange nicht. Denn sollte ich jemals meinen, das erreicht zu haben, bin ich am Ende."[3]

Dennoch sind nach wie vor viele Leute von den *GE*-Zahlen tief beeindruckt. In Anbetracht der Unternehmensergebnisse von *GE* ist dann schon mal zu hören: „Da hat Welch doch seine kühnsten Träume übertroffen." Solches Gerede bereitet dem Vorsitzenden Verdruß.

Er mag keine Aussagen, die sich so anhören, als ob er mit dem für *GE* Erreichten zufrieden sei. Also erzählt er den Leuten immer wieder, der heutige Stand von *GE* sei für ihn alles andere als beruhigend.

So gesehen, mutet es fast ironisch an, wenn man Welch vorwirft, er setze seine Manager unter Druck, damit ihre Zahlen stimmen:

- Er besteht darauf, daß seine Geschäftsbereiche die Nummer 1 oder Nummer 2 auf ihren Märkten werden und bleiben.
- Er läßt keinen Zweifel daran, daß er bei *GE* nur Manager vom A-Typ duldet.
- Er verlangt von seinen Bereichsleitern, daß sie sich *Stretch*-Ziele setzen und nach Kräften bemüht sind, Finanzergebnisse zu erreichen, die weit über ihr Jahresbudget hinausgehen.
- Er verlangt von seinen Bereichsleitern die aktive Anerkennung der *GE*-Werte – andernfalls folgt Entlassung.

Er gilt als der „härteste Boß" in ganz Amerika.

Welch findet es unfair, wenn man ihn kritisiert, weil er *GE* zum Erfolg verhelfen will – weil er darauf besteht, daß seine Manager Höchstleistungen erbringen. Ist es denn nicht ihr Job, dafür zu sorgen, daß *GE* jahrein, jahraus mehr leistet?

---

1. Interview mit Jack Welch in: *Industry Week*, 2. Mai 1994.
2. „Face to Face: Jack Welch", *FOCUS International*, Januar 1997, 3-12.
3. Interview mit Jack Welch vom 12. Dezember 1997.

Eine Lernkultur schaffen: Plagiate sind legitim

„Man muß heute von der pragmatischen Annahme ausgehen, daß irgendwer irgendwo eine bessere Idee hat."

Ende der 80er und Anfang der 90er Jahre hatte Jack Welch auf ein offenes und informelles *GE* gedrängt.

Mitte der 90er Jahre konzentrierte er sich zunehmend auf die Vorstellung, die *GE*-Mitarbeiter müßten bereit sein, voneinander – aber auch von externen Vorbildern – zu lernen. In solchem Zusammenhang pflegte er zu sagen, die Kernkompetenz von *GE* bestünde darin, Ideen zwischen Geschäftsbereichen und in dem von ihm als „grenzenlose Organisation" bezeichneten Unternehmen auszutauschen: Das Unternehmen sei als Ansammlung von Laboratorien zu begreifen, die sich gemeinschaftlich Ideen, Finanzressourcen und Manager teilten.

Offenheit war von entscheidender Bedeutung für *GE*, wenn das Unternehmen von sowohl internen als auch externen Partnern und Kollegen lernen sollte:

> Wir haben schnell festgestellt, wie wichtig es für ein Unternehmen mit zahlreichen Geschäftsbereichen ist, sich zu einer offenen, lernenden Organisation zu entwickeln. Der ausschlagge-

bende Wettbewerbsvorteil ist letztlich die Fähigkeit einer Organisation, zu lernen und das Gelernte schnell in Aktion umzusetzen. Das Gelernte mag auf unterschiedliche Weise ins Unternehmen gelangt sein – durch hervorragende Wissenschaftler, großartige Managementpraktiken oder außergewöhnlich gute Marketingfähigkeiten. Aber dann muß sich das Unternehmen das neu Gelernte schnell zu eigen machen und in die Tat umsetzen.[1]

Appetit auf Ideen

Es war das *Work-Out*-Programm Anfang der 90er Jahre, das bei *GE* einen unersättlichen Appetit auf neue Ideen auslöste. Dieses Programm räumte auf mit der langgehegten Vorstellung, nur der CEO und hochrangige *GE*-Manager wüßten, was für die Mitarbeiter gut sei. Der oberste Finanzchef Dennis Dammerman sagt dazu: „Traditionsgemäß galten bei *GE* die Erfinder und Entwickler und nicht die Macher als die Helden. Man wollte sich alles Positive als persönlichen Verdienst anrechnen, denn so wurde man ein Held. Nehmen Sie Thomas Edison als Beispiel. Er war kein guter Geschäftsmann. Es war J.P. Morgan, der 1892 für ihn bürgte und ihn aus der Haft befreite, aber ganz offensichtlich war nicht J.P. Morgan, sondern Thomas Edison der Held unseres Unternehmens in den 80er Jahren. Nun – heute wird man nicht allein dadurch ein Held, daß man etwas erfunden hat, man kann auch ein gute Idee als solche erkennen und sein Team zu ihrer praktischen Umsetzung anhalten."[2]

Müßte sich *GE* allein auf Jack Welch als Ursprung aller Ideen im Unternehmen verlassen, so „wäre sein Untergang binnen einer Stunde vorprogrammiert". Soweit der trockene Kommentar des CEO.

Ende der 90er Jahre war der *Work-Out*-Prozeß bereits tief in der *GE*-Unternehmenskultur verankert. Die damit verbundene Lernkultur zeigte sich in der Offenheit eines Unternehmens, das den Ideenaustausch auf wirklich allen Organisationsebenen förderte. Und diese Grenzenlosigkeit im Verhalten reichte über die Mauern der *GE*-Betriebe hinaus, denn Welch unterstützte den freien Ideenstrom nicht nur zwischen den verschiedenen *GE*-Bereichen, sondern auch zwischen *GE* und anderen Unternehmen.

Welch fördert eine solche Lernkultur seit Jahren, hat zu Beginn seiner Amtszeit aber eine andere Bezeichnung dafür gehabt. So sprach er schon 1990 von „integrierter Diversität" und erläuterte dieses Konzept als „Beseitigung aller Grenzen zwischen den Unternehmensbereichen sowie Ideentransfer von einem Bereich zum andern":

> Integrierte Diversität ... bedeutet, daß wir unsere 13 verschiedenen Unternehmensbereiche zusammenbringen, indem wir unsere Ideen austauschen, vielfältige Anwendungen für technologische Errungenschaften finden und unsere Mitarbeiter in verschiedenen Bereichen arbeiten lassen, damit sie neue Perspektiven gewinnen und Erfahrungen auf breiter Basis sammeln. Integrierte Diversität ermöglicht uns ein Unternehmen, bei dem das Ganze erheblich mehr ist als die Summe seiner Teile.[3]

Zur Einzigartigkeit von GE

Welch zufolge ging das Konzept der integrierten Diversität nur dann auf, wenn die Elemente dieser Diversität – die 13 Unternehmensbereiche – in sich starke Einheiten bildeten. Das Unternehmen würde keinen Erfolg haben, wenn es zuließ, daß sich die kleineren Bereiche auf den größeren abstützten und die schwächeren Bereiche vom Ruhm der Gewinner zehrten. Deshalb hatte Welch in den 80er Jahren immer wieder hervorgehoben, wie wichtig es sei, starke, eigenständige Unternehmensbereiche zu schaffen.

Welch pflegte zu sagen, die Einzigartigkeit von *GE* liege darin begründet, daß *GE* ein in vielen Bereichen tätiges Unternehmen mit einer Lernkultur sei, das seine Diversität als Wettbewerbsvorteil zu nutzen wisse und nicht als Behinderung hinnehme.

Ein großes Unternehmen wie *GE* hat Zugang zu einer Welt voller Ideen, aber daraus ist nur dann ein Wettbewerbsvorteil abzuleiten, wenn das Unternehmen immer und überall einen unstillbaren Durst nach solchen Ideen entwickelt.

Es muß geradezu darauf versessen sein, neue Ideen zu teilen und umzusetzen:

> Diese grenzenlose Lernkultur machte der Vorstellung ein Ende, das Vorgehen von *GE* sei das einzige oder gar bestmögliche Vorgehen. Man muß heute von der pragmatischen Vorstellung ausgehen, daß irgendwer irgendwo eine bessere Idee hat; und dann muß der unbedingte Wunsch vorhanden sein, den Urheber dieser besseren Idee zu finden, sich die Idee anzueignen und sie in die Tat umzusetzen – und zwar schnell.[4]

Und weiter sagt Welch:

> Für die Qualität einer Idee ist es unerheblich, von welcher Ebene in der Organisation sie ausgeht. ... Eine Idee kann jedweden Ursprungs sein. Also halten wir in aller Welt Ausschau nach Ideen. Wir wollen unser Wissen mit anderen teilen, um umgekehrt ihr Wissen in Erfahrung zu bringen. Wir sind ständig bestrebt, die Meßlatte höher zu setzen, und das gelingt uns nur, wenn wir ständig miteinander im Gespräch bleiben.[5]

Welch führt es auf die Lernkultur bei *GE* zurück, daß die Leistung des Unternehmens in verschiedener Hinsicht verbessert werden konnte:

- Die Gewinnspannen, die in den letzten 100 Jahren unter 10 Prozent lagen, haben sich seit fünf Jahren auf 15 Prozent erhöht.
- Die Lagerumschlagsquote als wichtige Meßzahl für die Kapitalnutzung, ein Jahrhundert lang in der Größenordnung drei bis vier, hat sich inzwischen verdoppelt und 1996 einen Barmittelrekord in Höhe von 6 Milliarden Dollar ermöglicht. Davon wurde die eine Hälfte in Dividenden ausgezahlt und die andere zum Aktienrückkauf eingesetzt.
- Die Unternehmensumsätze, die noch in den 80er Jahren einstellige Zuwachsraten aufwiesen, haben Mitte der 90er Jahre zweistellige Wachstumsraten erreicht.

Welch zieht eine Karte mit den neun *GE*-Werten aus der Tasche und versichert: „Zu den von uns vertretenen Werten zählt auch dieser: ‚Offen sein für Ideen jedweder Herkunft'. Wer das nicht begreift, dem gnade Gott – der hat bei uns keine Chance."[6]

Doch wie, so wollten einige wissen, konnte man als Mitarbeiter in einem *GE*-Geschäftsbereich die Idee eines Kollegen aus einem anderen *GE*-Geschäftsbereich nutzen, wenn sich die beiden Bereiche grundlegend voneinander unterschieden? War *GE* vielleicht doch nichts anderes als ein zusammengewürfeltes Konglomerat ohne wirklichen Zusammenhalt? Wie konnte ein Ideenaustausch in einer derart großen Institution funktionieren?

Die Antwort von Welch lautete, die Bereiche seien doch gar nicht so unterschiedlich – es sei doch alles ganz einfach: *„Business is simple."*

Er beschwor seine *GE*-Mannschaft, die Dinge nicht komplizierter zu machen, als sie sind.

GE, pflegte er zu sagen, wisse, wie man Geld und Leute in Bewegung bringe. Aber bei Ideen ist das vermutlich besonders schwierig. „Also behauptet Welch, es sei im Grunde genommen einfach, Ideen in Umlauf zu bringen", merkt Steve Kerr vom *GE*-Trainingszentrum Crotonville an: „Man fragt sich, warum man nicht auch etwas, sagen wir, vom Unternehmensbereich Kunststoffe lernen kann, weil Welch einen überzeugt hat, daß es dort irgendeine *‚Best Practice'* gibt, und man entwickelt ein ungutes Gefühl, wenn man nicht dahinterkommt."[7]

Welch scheut sich auch nicht – beispielsweise im Aktionärsbrief von 1993 – einzugestehen, *GE* habe von einer Flut von Ideen profitiert, die man anderen Unternehmen abgeguckt hätte.

GE hat Techniken zur Einführung neuer Produkte von *Chrysler* und *Canon* übernommen, effektive Beschaffungstechniken von *GM* und *Toyota* und Qualitätsinitiativen von *Motorola* und *Ford*. (Unter Bezugnahme auf das Qualitätsprogramm ließ Welch verlauten: „Ich bin sehr stolz darauf, daß wir das nicht erfunden haben. *Motorola* war der Erfinder. *Allied* hat es aufgegriffen. Und wir haben es übernommen. Das ist so etwas wie eine Ehrenbezeugung. Daran ist überhaupt nichts auszusetzen. Das ist sogar ausgesprochen positiv."[8])

Dem Unternehmen ist durch Befolgen von Ratschlägen und *„Best Practices"* von *IBM, Johnson & Johnson, Xerox* und anderen sogar ein effektiver Einstieg in den chinesischen Markt gelungen.

Mit großem Stolz verweist Welch darauf, daß die *GE*-Unternehmensbereiche vieles gemeinsam haben – darunter Technologien, Design, Vergütungs- und Beurteilungssysteme, Fertigungspraktiken sowie Kenntnisse über Land und Leute (Kunden):

- Der Bereich Gasturbinen nutzt dieselbe Fertigungstechnologie wie der Bereich Flugzeugtriebwerke.
- Die beiden Bereiche Motoren und Steuerungen und Transportsysteme arbeiten gemeinsam an neuen Antriebssystemen für Lokomotiven.
- Die Bereiche Lampen und Medizinische Systeme sind gemeinsam um Verbesserung von Prozessen im Zusammenhang mit Röntgenröhren bemüht.
- Der Bereich Finanzdienstleistungen bietet innovative Finanzierungspakete, die allen *GE*-Unternehmensbereichen zugute kommen.

So konnte der Unternehmensbereich Finanzdienstleistungen beispielsweise solide Marktinformationen vom *GE*-Bereich Turbinen- und Kraftwerksbau beziehen, weil dieser durch den Bau von Stromerzeugungsanlagen bestens mit der Versorgungsindustrie vertraut ist. Der Finanzdienstbereich nutzte neue Geschäftsmöglichkeiten, nachdem man erfahren hatte, daß der Bereich Turbinen- und Kraftwerksbau mit einigen seiner Stabsaktivitäten Probleme hatte. Offensichtlich suchte der Bereich nach einer Möglichkeit, einige besonders problematische Aktivitäten wie Rechnungserstellung und Beitreibung auszulagern. Als die dem Finanzdienstbereich zugeordnete *Retailer-Financial-Services*-Gruppe, für die Abwicklung der Rechnungserstellung und Kosteneintreibung bei 75 Millionen Kundenkreditkarten zuständig, davon erfuhr, wurde sie sofort aktiv und sicherte sich den Kunden – eine neue Geschäftsmöglichkeit für den Unternehmensbereich Finanzdienstleistungen.

Welch führt an einem weiteren Beispiel aus dem Bereich Medizinische Systeme aus, wie *GE*-Bereiche voneinander lernen können.

Der Kundendienst im Bereich Medizinische Systeme hat enorme Fortschritte bei der Anwendung derzeitiger Technologien im Rahmen der Kundenbetreuung erzielt. Die zuständigen Techniker haben gelernt, Überprüfungen mit Hilfe eines *GE-CT*-Scanners mit Fernbedienung, wie er in Krankenhäusern zum Einsatz kommt, vorzunehmen. Noch bemerkenswerter ist die Tatsache, daß sie gelernt haben, drohende Betriebsstörungen online zu entdecken und zu beheben – oft genug, bevor der Kunde von dem Problem überhaupt etwas weiß!

Der Unternehmensbereich Medizinische Systeme hat diese Technik anderen *GE*-Einheiten in den Bereichen Flugzeugtriebwerke, Lokomotiven, Motoren und Steuerungen sowie Turbinen- und Kraftwerksbau vermittelt. Inzwischen haben diese *GE*-Einheiten gelernt, wie man Leistungsüberprüfungen für zahlreiche *GE*-Produkte vornimmt – darunter Jet-Triebwerke, Lokomotiven und Papiermühlen bei laufendem Betrieb sowie Turbinenbetrieb in Kundenkraftwerken.

Diese Fähigkeiten haben dem Unternehmen die Möglichkeit eröffnet, durch Modernisierung von *GE*-Ausrüstungen im Kundendienst Geschäfte in Multimilliarden-Dollar-Höhe zu erzielen.

Ein weiteres Beispiel für die lebendige Lernkultur bei *GE* ist eine Begebenheit, die sich im März 1977 in Orlando ereignete.

Welch hatte eine Sitzung mit Vertretern aus dem Unternehmensbereich Medizinische Systeme einberufen. Verschiedene Führungskräfte hatten ihre Präsentation vorgetragen, und dann stand einer von ihnen auf und beschwerte sich, er und seine Kollegen würden nicht korrekt entlohnt; Woche für Woche würden die Bezüge zu spät ausgezahlt. Und weil er sein Geld nicht rechtzeitig bekäme, hätte er Probleme mit dem Unterhalt seiner Familie. In anderen Unternehmen wäre ein Mann, der sich mit einer solchen Angelegenheit direkt an den Oberboß wendete, vor die Tür gesetzt worden!

Anders bei *GE*: Vier Tage später teilte der Verkaufsdirektor Welch in einer Kurznotiz mit, das Problem sei aus der Welt und er habe den Mann zu sich gerufen, um ihm zu danken und „in aller Deutlichkeit zu verstehen zu geben, wie stolz ich auf ihn war, daß er die Angelegenheit angesprochen hatte."

Welch schickte dem jungen Vertreter eine „bescheidene CEO-Prämie von 1000 Dollar" als Anerkennung für seinen Mut, das Problem vorzutragen. Man mag das Verhalten des Vertreters für verwegen oder verrückt halten – wie dem auch sei: Welch ist stolz darauf, daß der junge Mann mit seiner unverblümten Beschwerde bei *GE* zur Schaffung einer Lernkultur beigetragen hat.

Um Unterstützung der Lernkultur geht es auch, wenn Welch seinen Mitarbeitern großzügige Gehälter zahlt; allerdings läßt er keinen Zweifel daran, daß die Vergütung für Teamarbeit und für den Austausch von Ideen erfolgt. Und wie großzügig sind die Gehälter der *GE*-Führungskräfte bemessen? Als Welch 1979 Vice Chairman wurde, besaß er weniger als 10000 *GE*-Aktienoptionen. Als er 1981 CEO wurde, waren erst 200 Führungskräfte mit Aktienoptionen ausgezeichnet worden. Wer Ende der 90er Jahre Vice Chairman wurde, hatte vermutlich an die 1 Million Optionen! Ende 1997 waren rund 27000 *GE*-Mitarbeitern Aktienoptionen zuerkannt worden, und die Investition der Mitarbeiter ins *GE*-Aktienkapital im Rahmen von *401k*-Plänen hatte sich von 2 Milliarden Dollar 1991 auf 10 Milliarden Dollar Ende 1997 verfünffacht. Diese Zahlen sprechen für die Bereitschaft von Welch, die in seinen Augen wertvollste *GE*-Ressource – die Mitarbeiter – reichlich zu vergüten.

Die fähigsten Mitarbeiter der Welt mit dem größten Wissen

Wie kann Welch sicherstellen, daß die verschiedenen *GE*-Bereiche ihr Wissen untereinander austauschen? Am besten geschieht dies wohl durch den *Corporate Executive Council (CEC)* – ein Forum hochkarätiger *GE*-Führungskräfte, das vierteljährlich für drei volle Tage zusammenkommt – zum ersten Mal jeweils am 15. März. Dieses Datum ist nicht willkürlich gewählt; der *CEC* trifft sich ein paar Wochen vor Ende des Geschäftsquartals.

Neben dem Verwaltungsrat ist der *CEC* das ranghöchste *GE*-Forum. Es umfaßt 25 bis 30 Führungskräfte: Jack Welch, die *Vice Chairmen* (Paolo Fresco, John D. Opie und Eugene F. Murphy), die Leiter der 12 Unternehmensbereiche, die fünf *Senior Corporate Officers* und einige der siebzehn *Corporate Staff Officers*. Von Zeit zu

Zeit werden auch Nachwuchsführungskräfte zu *CEC*-Präsentationen eingeladen.

Welch möchte die *CEC*-Sitzungen in lockerer Atmosphäre führen; aus diesem Grund wird der Gruppe nie eine ausführliche, formale Tagesordnung vorgelegt. Der oberste Finanzchef, Dennis Dammerman, verschickt schon mal vor der geplanten Zusammenkunft ein kurzes Memorandum an die Teilnehmer, um sie darauf aufmerksam zu machen, daß sich Welch auf ein bestimmtes Thema wie beispielsweise die Qualitätsinitiative konzentrieren möchte; aber darüber hinaus wird kein Programm vorgegeben.

In den 80er Jahren fanden die *CEC*-Treffen in der Unternehmenszentrale in Fairfield statt; später wurden sie nach Crotonville verlegt. Welch ist der Ansicht, die informelle, universitätsähnliche Atmosphäre im *GE*-Institut für die Ausbildung von Führungskräften sei besser dazu angetan, den Meinungsaustausch zwischen den Bereichsleitern zu fördern.

Das *CEC*-Treffen beginnt mit einem Essen am Montagabend mit anschließender zwangloser Gesprächsrunde. Die Sitzungen finden in einem der beiden Seminarräume *„Cave"* beziehungsweise *„Lyceum"* statt. Die Dienstagssitzung beginnt um 8 Uhr morgens und dauert bis 6 Uhr nachmittags – mit einer kurzen Mittagspause. Immer ist es Welch, der die Sitzungen eröffnet, aber selten tut er dies zweimal in derselben Weise.

Manchmal bringt er das Gespräch in Gang, indem er einen Dia-Vortrag aufgreift, den er in der Vorwoche vor dem *GE*-Verwaltungsrat gehalten hat. Oder er berichtet Einzelheiten von einem kürzlich erfolgten Besuch in einem bestimmten *GE*-Bereich. Oder er regt eine Diskussion über die US-Wirtschaft und die Weltwirtschaft an. All das soll nur den Ball ins Rollen bringen! Nach Welchs einführenden Bemerkungen berichtet der oberste Finanzchef, Dennis Dammerman, über die Finanzsituation des Unternehmens; weitere Berichte verschiedener *Corporate Staff Officers* folgen.

Das Ganze dauert aber nur die ersten 90 Minuten.

Danach legen die Leiter der Unternehmensbereiche ausführliche Prognosen zu den Quartals- und Jahresleistungen ihrer Bereiche vor. Dabei kommen auch Berichte und Anekdoten über besonders erfreuliche Geschäftsabschlüsse und Großkunden zur Sprache – und eine

Menge Einzelheiten, warum man den einen oder anderen Auftrag bekommen oder auch nicht bekommen hat. Diskutiert werden außerdem alle möglichen interessanten technologischen Neuentwicklungen oder Produktdurchbrüche sowie neue Allianzen, Akquisitionen oder Dispositionen. All diese Themen sind ernste Geschäftsangelegenheiten, aber die gesamte Sitzung läuft überraschend informell ab – gekennzeichnet durch gegenseitiges Geben und Nehmen, wobei der jeweilige Redner auch spontan auf Zwischenfragen eingeht.

Die Leiter der *GE*-Unternehmensbereiche werden auch aufgefordert, zu der Frage Stellung zu nehmen, wie sich die eine oder andere unternehmensweite Initiative auf ihren Bereich auswirkt. An Qualität ist dem Vorsitzenden stets viel gelegen, so daß er sich erkundigt: Wie steht es mit der Qualitätsschulung der Mitarbeiter? Welche Fortschritte wurden bei den Projekten erzielt? Wurden irgendwo Erfahrungen gesammelt, von denen andere *GE*-Bereiche lernen können?

Einige Ideen werden aufgegriffen, andere verworfen. Bei einem dieser *CEC*-Treffen im Jahr 1997 erwähnte Gary Wendt, Direktor des Unternehmensbereichs Finanzdienstleistungen, sein Mitarbeiter-Orientierungsprogramm sehe inzwischen einen vollen Tag für die *Six-Sigma*-Qualitätsschulung vor. Das gefiel Welch. Einige Bereichsdirektoren waren ebenfalls von der Idee angetan und wollten sie im eigenen Bereich einführen; andere wiederum sahen keinen Anlaß, ihre derzeitigen Mitarbeiter-Orientierungsprogramme zu ändern.

Welch übt keinerlei Druck aus, um zu erreichen, daß jede „Best Practice", die auf diesen Sitzungen Erwähnung findet, auch übernommen wird. Welch will lediglich dafür sorgen, daß seine Führungsmannschaft Ideen produziert und sich das zu eigen macht, was gefällt. Das bedeutet für ihn schon viel.

Es ist auch keineswegs ungewöhnlich, daß andere *GE*-Mitarbeiter an einem *CEC*-Treffen teilnehmen. Wenn beispielsweise die Teilnehmer einer Managementklasse oder eines Kurses im Rahmen der Ausbildung von Führungskräften (zwei der in Crotonville angebotenen Schulungsprogramme) soeben Forschungsarbeiten zu einem den *CEC* interessierenden Thema abgeschlossen haben, sorgen Welch und der Crotonville-Direktor Steve Kerr dafür, daß die Kursteilnehmer den *CEC* über ihre Ergebnisse informieren. Beispielsweise wäre die Erschließung von Geschäftsmöglichkeiten für *GE* in Osteuropa oder in Lateinamerika so ein Thema, das für die *CEC*-Mitglieder mit Sicherheit relevant ist.

Im Lauf des Jahres folgen dann noch drei weitere *CEC*-Sitzungen: Mitte Juni, Mitte September und Mitte Dezember. Niemand schreibt bei den Sitzungen etwas mit oder zeichnet die Gespräche gar auf. Auf keinen Fall will Welch dazu beitragen, daß seine Bereichsleiter noch tiefer in Papierbergen versinken. Vielmehr ist der *CEC* als Angebot einer Lernerfahrung zu verstehen – als ein bedeutsames Forum, bei dem es um den Austausch von Ideen geht; auf keinen Fall soll eine weitere todlangweilige Sitzung den bürokratischen Ballast noch erhöhen! „Man kommt sich fast vor wie in einer Hochschule“, sagt Robert L. Nardelli, Direktor des Bereichs Turbinen- und Kraftwerksbau. „Keiner merkt, daß er auf diese Weise den Kollegen fördern soll. Man ist aufrichtig um Austausch bemüht.“[9]

Welch behauptet voller Stolz, wenn die *CEC*-Teilnehmer nach 48 Stunden auseinandergingen, seien sie nicht unbedingt die klügsten Menschen der Welt, wohl aber diejenigen mit dem größten Wissen:

> Wir haben uns mit allen möglichen relevanten Themen auseinandergesetzt. Was geschieht zur Zeit in China? Was geht in diesem oder jenem Unternehmen vor? 48 Stunden lang tauschen die Leute Ideen aus in dem Bewußtsein, daß all dies für das Ganze zählt. ... Das geht bei uns zu wie in einem familiären Klub. Wir verbringen schöne Stunden. Ich sitze in der Ecke und rege Ideen an. Es ist gerade so, als ob man wieder auf der Universität wäre. Keiner darf ein solches Treffen versäumen. Keiner hat jemals eines versäumt. ... Lernen – es geht immer nur ums Lernen. Wir erfüllen dieses Prinzip mit Leben. Die Idee einer lernenden Organisation ist bei *GE* sehr real und konkret. Die meisten Organisationen betreiben auf ihren Sitzungen keinen Ideenaustausch. Warum nicht? Weil jeder der Anwesenden aus ein und demselben Bereich kommt. Also redet man über das vertikale Geschäft. Wir reden über Vergütungspläne, über China, über ganz allgemeine Erfahrungen.[10]

Der Aufbau einer Lernkultur hat indirekt schon Druck auf die *GE*-Unternehmensführer ausgeübt. Steve Kerr kommentiert: „Manchmal kommen diese Direktoren auf mich zu: ‚Ich habe da *eine Best Practice*, und Jack Welch hat sich zu einem Besuch angemeldet. Können Sie mir nicht helfen, diese Idee im Unternehmen publik zu machen? Ich will nicht als einziger damit dastehen, wenn Jack kommt.' Der Mann hat ganz klar begriffen, daß es nicht belohnt wird, wenn man eine gute Idee hat – man muß sie mit anderen teilen."[11]

Der *CEC* soll Ideen produzieren, aber dann setzt sich Welch nachhaltig dafür ein, daß gute Ideen schnell in die Tat umgesetzt werden. W. James McNerney, Direktor des *GE*-Unternehmensbereichs Flugzeugtriebwerke, meint, nur 10 Prozent der Diskussionen bei *CEC*-Treffen konzentrierten sich auf den intrinsischen Wert der Idee; 90 Prozent hätten mit den Herausforderungen im Zusammenhang mit ihrer praktischen Umsetzung zu tun. „In manchen Organisationen redet man über Ideen und geht dann auseinander. Erst nachträglich denkt man darüber nach, wie die Idee anzuwenden ist. Jack zwingt uns zwölf dazu, sofort über die Anwendung einer Idee nachzudenken. Damit betreibt *GE* nicht nur die Schaffung einer Lernkultur. *GE* betreibt die Anwendung einer Lernkultur. Das sollte uns von anderen unterscheiden. Jack praktiziert das Lernen mehr als die meisten Leute. Er zwingt uns dazu."[12]

Anläßlich des *CEC*-Treffens im September 1997 stellte Jeff Immelt, Direktor des *GE*-Unternehmensbereichs Medizinische Systeme, fest, der Bereich Transportsysteme sei den eigenen Leuten bei der Bedienung eines ferngesteuerten Kundendienst-Nachführungsprozesses überlegen. In sein Büro zurückgekehrt, rief Immelt John Rice, den Direktor des *GE*-Unternehmensbereichs Transportsysteme, an und teilte ihm mit, er würde gern ein Team schicken, das sich darüber informieren solle, wie man im Bereich Transportsysteme die Fernsteuerung bedient. Ein paar Wochen später lernte das Team, wie die Leute von Rice bei der Fernsteuerung vorgingen. „Das ist Jacks Methode", sagt Immelt. „Dahinter steckt die Philosophie: ‚Wir sind nie so gut, wie wir sein können.' Auf so einem *CEC*-Treffen merken Sie, daß sich jeder anstrengt – jeder ist bemüht, und wenn er noch so viele Probleme hat. Aus solchen Sitzungen nehme ich immer vier oder fünf neue Ideen mit, die ich für mich nutzen kann."[13]

Eugene Murphy, Vice Chairman von *GE*, erinnert sich, daß er als Direktor des Bereichs Flugzeugtriebwerke dem *CEC* einmal eine

Idee vorgetragen hatte, die er von Ken Meyer, dem Leiter des Qualitätsprogramms in seinem Bereich, übernommen hatte. Meyer hatte einen genau zwei Seiten umfassenden Bericht zur Bemessung des Fortschritts produziert, den ein bestimmter Bereich im Rahmen des Qualitätsprogramms erzielt hatte. Auch diese Idee gefiel Welch, und der Vorschlag von Meyer wurde in anderen Bereichen übernommen.

David Calhoun, Direktor des *GE*-Unternehmensbereichs Lampen, frohlockt, die Lernkultur habe sich zu einem natürlichen Bestandteil in der Denkweise der *GE*-Mitarbeiter entwickelt. Das sei ihm bewußt geworden, als er den *GE*-Bereich Lokomotiven leitete und die Auslieferung von Komponenten an Kunden verbessern wollte. Ein Team wurde beauftragt, verschiedene *GE*-Standorte aufzusuchen und von deren Erfahrungen zu lernen. Inzwischen ist ein solches Vorgehen zur *GE*-Routine geworden. „Hier macht das Arbeiten einfach mehr Spaß", sagt Calhoun. „Viel schwieriger wäre es, im eigenen Kämmerchen zu sitzen und eine Idee allein ausbrüten zu müssen. Jetzt haben wir den Freibrief, herauszukommen und Neues zu lernen und umzusetzen. Inzwischen hat man derart viele Ideen, daß man schon auswählen muß, was man wirklich will."[14]

„Heute halten die Leute überall nach neuen Ideen Ausschau", bemerkte Welch im Sommer 1997. „Es ist ein Zeichen für Mut, wenn ich von Larry Bossidy, CEO bei *AlliedSignal*, oder *Motorola* oder sonst woher etwas lerne und übernehme. Früher galt das als Zeichen der Schwäche. Rang und Name ist nicht wichtig. Titel ist auch nicht wichtig. Auf die Idee kommt es an. Und das ist wirklich etwas Großartiges."[15]

Mit Stolz verweist er auf Mitarbeiterumfragen, aus denen hervorgeht, daß 87 Prozent der *GE*-Mitarbeiter der Meinung sind, daß ihre Ideen zählen. „Dieser Prozentsatz ist unglaublich. Wirklich unglaublich. Wenn Sie das vor 20 Jahren gemacht hätten, wären es vielleicht fünf gewesen."[15] Und mit Genugtuung stellt er fest, daß sich die Mitarbeiter diese Lernkultur ohne größere Anreize zu eigen gemacht haben. Besonders gut hat es ihm gefallen, als der *GE*-Unternehmensbereich Haushaltsgeräte im Sommer 1997 ein Zweierteam in einen anderen *GE*-Bereich schickte, um dort nach *„Best Practices"* Ausschau zu halten:

So sah also deren Programm zur Aktivierung neuer Energien aus. Und Ende August wollen die sich mit all den besten Ideen auseinandersetzen und sehen, was sich machen läßt. Das ist eine völlig andere Denkweise: „Laßt mich lernen." Ich spreche nicht von Synergie, denn das ist ein abgedroschenes Wort. Wenn jeder bei uns allmorgendlich mit dem Wunsch aufsteht, irgend etwas besser zu machen, läuft das alles von selbst. Da gehen die Leute aus dem Haushaltsgerätebereich von sich aus los, um ihren Geschäftsalltag mit neuem Leben zu füllen und die besten Ideen mit nach Hause zu bringen. Das könnte ich gar keinem vorschreiben, selbst wenn ich das wollte. Das kann nur die Einstellung der Leute zuwege bringen: „Wie kann ich jeden Tag etwas hinzulernen?"[15]

Als ein Journalist einmal äußerte, manche Leute hielten ein Unternehmen, das nur ein einziges Produkt herstellt, für stärker als ein in vielen Bereichen tätiges Unternehmen, wies Welch dies zurück mit der Bemerkung, Ein-Produkt-Organisationen wie *IBM*, *Sears Roebuck* und *Kodak* gerieten zunehmend in Schwierigkeiten:

Das liegt daran, daß diese Unternehmen geschlossene Organisationen sind. Die Leute kommunizieren lediglich innerhalb ihrer Sparten. Wenn die auf dem Weg nach oben sind, halten sie sich für unbesiegbar. Und wenn es dann mit ihnen abwärts geht, meinen sie, ihnen fielen überhaupt keine Lösungen mehr ein. Irgendein Geschäftsbereich bei *GE* ist immer gerade in Schwierigkeiten. Aber wir verfügen über Erfahrung, um den Problemsparten wieder auf die Beine zu helfen. Das ist unser Vorteil, und unser Schneeball rollt in jedem Schneesturm weiter und nimmt dabei immer mehr Schnee auf. Wenn Sie das Konzept der integrierten Diversität richtig nutzen, erhöhen Sie damit den Unternehmenswert. Noch vor einem Jahrzehnt behielt man bei *GE* die eigenen Ideen tunlichst für sich. Heute wird man dafür belohnt, daß man möglichst viele Ideen austauscht. Wir haben das Verhaltenssystem und das Beurteilungssystem verändert.[16]

Zwänge einer Lernkultur

Die Lernkultur birgt aber auch systemimmanente Zwänge.

Der *CEC* beispielsweise lädt all denen bei *GE* eine Holschuld auf, die nicht an den Treffen teilnehmen. Die müssen abwarten, um zu sehen, welche neuen Ideen vom Forum ausgehen und welche neuen Ideen ihr CEO schon morgen als Resultat der *CEC*-Teilnahme umgesetzt haben will.

Andererseits ist es aber so, daß die *GE*-Mitarbeiter selbst diejenigen sein wollen, die eine *„Best Practice"* initiieren. Sie wollen von ihrem CEO keine großartige neue Idee vorgesetzt bekommen, die irgendeiner in einem anderen *GE*-Bereich gehabt hat.

Von solchen Zwängen abgesehen, fördert die Lernkultur alle Mitarbeiter bei GE, die weiterkommen wollen. Patrick Dupuis, Leiter des *GE-Audit-Staff*, erläutert, wie der *GE*-Bereich Haushaltsgeräte seine Situation durch gezieltes Bemühen verbessern konnte, von anderen zu lernen. „Der *GE*-Bereich Haushaltsgeräte hatte sehr gute Leistungen in bezug auf die Produktionsqualität und gute Leistungen in bezug auf die Vermarktungsqualität aufzuweisen, aber die Mitarbeiter dort gingen nicht so aggressiv und engagiert vor wie andere Bereiche, die ein Qualitätsprogramm durchführten. Dave Cote [neuer Leiter des Haushaltsgeräte-Bereichs seit Juni 1997] brauchte zwei Wochen, um seine gesamte Belegschaft durch die Vereinigten Staaten touren zu lassen mit dem Ziel, *‚Best Practices'* mit nach Hause zu bringen. Schon zwei Monate später hatte der Bereich Haushaltsgeräte die Nase vorn in Sachen Vermarktungsqualität. Ein Unternehmen, das im Mittelfeld laboriert, ist schnell frustriert. Dabei geht es nicht nur ums Abkupfern – man will ganz vorne liegen. Der Druck, anderen voraus zu sein und ständig weiterzulernen, ist ungeheuer groß. Man darf sich einfach nicht zurücklehnen und sagen: ‚Jetzt können wir uns mal eine Zeitlang ausruhen.' Es ist gewissermaßen zur Ehrensache geworden, eine *‚Best Practice'* nicht nur umgesetzt, sondern zur nächsthöheren Stufe weiterentwickelt zu haben."[17]

Einige Leute vertreten die Ansicht, die finanziellen Erfolge von *GE* seien in erster Linie der Unternehmenskultur mit ihrer Betonung auf „Lernkultur" Ende der 90er Jahre zu verdanken. Zwei Analysten von *Merrill Lynch*, First Vice President Jeanne G. Terrile und Assistant Vice President Carol Sabbagha, kommentieren wie folgt:

> Wir haben häufig festgestellt, *GE* sei ein großes, nettes, mittelamerikanisches Low-Tech-Unternehmen, das sich schon längst in schäbige Vornehmheit hätte zurückziehen können. Das war aber nicht der Fall. Die Produkte haben das Unternehmen wohl nicht zu Ruhm gebracht, denn heute besteht offensichtlich ein Bedarf [an der Qualitätsinitiative]. *NBC* lag einst ganz hinten; Motoren, Glühlampen, Lokomotiven und Haushaltsgeräte als solche zählen auch nicht gerade zu den Wachstumsbranchen. Selbst die interessantesten Fertigungsbereiche von *GE* – Stromerzeugung, medizinische Geräte und Flugzeugtriebwerke – stehen einer höchst beeindruckenden Konkurrenz gegenüber. So weit können wir keine reale Flutwelle erkennen, die *GE* zu tragen vermöchte. ... *Intel* schwimmt auf einer solchen Welle; desgleichen *Disney* und *Nike* und *Microsoft*. Doch *GE* hat in guten wie in schlechten Zeiten Erträge und Leistung vorzuweisen. Die Antwort muß die Managementkultur sein. ... Wie im Großbritannien des 16. Jahrhunderts, wo Künstlertum, Entdekkungsreisen und Wirtschaft trotz des notorisch schlechten Wetters blühten und gediehen, hat sich bei *GE* eine eindrucksvolle Managementkultur entwickelt – an einem Ort, wo die Produkte gelegentlich langweilen und die Atmosphäre gewöhnlich furchteinflößend ist. Groß und alt gewordene Unternehmen bewegen sich meist recht schwerfällig. Nicht so das Management bei *GE*.[18]

Die beiden Analysten haben es erfaßt: Ausschlaggebend ist der „Welch-Faktor". Die von Terrile und Sabbagha angeführte „eindrucksvolle Managementkultur" ist das Werk eines Mannes, der die meisten Leute überzeugt hat: Die beste Art der Unternehmensführung besteht darin, daß man die Einstellung aufgibt, auf alles eine Antwort zu wissen.

Den meisten Menschen gehe es doch so, daß sie mitnichten alles wüßten. Warum, sagt Jack Welch, sollte denn er immer die richtigen Antworten wissen?

Und trotzdem gibt es sie, die richtigen Antworten – irgendwo. Man muß sie nur finden. Und wenn man sie gefunden hat, muß man sie so schnell wie möglich in die Praxis umsetzen.

Das mag sich nach Plagiatklauberei anhören, aber es ist legitim. Und kann sich auszahlen. Wie die Geschichte zeigt, hat es einem gewissen Konzern dazu verholfen, sich zu einem der wettbewerbsstärksten Unternehmen der Welt zu entwickeln.

1. „Face to Face: Jack Welch", *FOCUS International*, Januar 1997, 3-12.
2. Interview mit Dennis Dammerman vom 28. Juli 1997.
3. Aktionärsbrief von Jack Welch im *GE*-Jahresbericht 1990.
4. Auszug aus einer Rede von Jack Welch auf der *GE*-Jahreshauptversammlung in Charlotte, North Carolina, am 23. April 1997.
5. Interview mit Jack Welch in: *Industry Week*, 2. Mai 1994.
6. Interview mit Jack Welch in: *L'Expansion*, „The Secrets of the Finest Company in the World", 10.-24. Juli 1997, 26-39.
7. Interview mit Steven Kerr vom 29. Juli 1997.
8. Auszug aus einer Rede von Jack Welch beim *GE*-Bereichsleiter-Treffen in Boca Raton, Florida, 5.-6. Januar 1998.
9. Interview mit Robert L. Nardelli vom 28. September 1997.
10. „Face to Face: Jack Welch", *FOCUS International*, Januar 1997, 3-12.
11. Interview mit Steven Kerr vom 29. Juli 1997.
12. Interview mit W. James McNerney, Jr. vom 26. September 1997.
13. Interview mit Jeffrey R. Immelt vom 26. September 1997.
14. Interview mit David L. Calhoun vom 25. September 1997.
15. Interview mit Jack Welch vom 22. Juli 1997.
16. Interview mit Jack Welch in: *Nikkei Business*, 21. Februar 1994.
17. Interview mit Patrick Dupuis vom 25. September 1997.
18. Auszug aus dem Bericht der beiden *Merrill-Lynch*-Analysten Jeanne G. Terrile (First Vice President) und Carol Sabbagha (Assistant Vice President).

III. Gestaltung der grenzenlosen Organisation

„Wir mußten alles loswerden, was uns daran hinderte, informell zu sein, schnell zu sein, grenzenlos zu sein.“

Manager loswerden und Bürokratie abschaffen!

„Jede Führungsebene ist eine schlechte Ebene: Die Welt bewegt sich derart schnell, daß Kontrolle zur Begrenzung gerät. Kontrolle drosselt das Tempo."

Als Jack Welch Anfang der 80er Jahre die Geschäftsführung übernahm, schien *General Electric* eines der stärksten Unternehmen in den Vereinigten Staaten zu sein. Weder steckte *GE* in einer Krise, noch litt es unter einer der rund Dutzend Krankheiten, die große Unternehmen mit der Zeit befallen können.

Trotzdem beschloß Welch zu handeln – und zwar entschieden.

Er machte sich über die seiner Ansicht nach ungewisse Zukunft Sorgen und fürchtete, die Konkurrenz könne auf Kosten von *GE* erstarken.

Er wollte das Unternehmen wettbewerbsfähiger machen.

Nach Auffassung von Welch konnte dieses Ziel nur mit einem geschmeidigen und aggressiven *General Electric* erreicht werden, und dazu mußte *GE* kleiner – viel kleiner – werden.

Zur damaligen Zeit beschäftigte der Konzern 412000 Mitarbeiter. Welch war überzeugt, daß die aufgeblähten Führungskader mittlerweile fehl am Platz wären und *GE* nur unnötig viel Geld kosteten.

Anfang der 80er Jahre war noch kein anderer Unternehmensführer in Amerika bereit, das zu tun, was Jack Welch tat. Er leistete Pionierarbeit: Downsizing.

„Experimente“ mit General Electric

Bis Anfang der 80er Jahre hatte noch jeder amerikanische Arbeitnehmer ein verbrieftes Recht auf Arbeit; von einer lebenslangen Arbeitsplatzgarantie konnte viel abhängen.

Doch Jack Welch hielt dagegen, nichts – auch nicht der eigene Arbeitsplatz – könne als heilig gelten. Als Begründung führte er ein mächtiges Argument an: Letztlich sei das Überleben des Unternehmens ausschlaggebend – das zähle am meisten, nicht der einzelne Arbeitsplatz. Welch wußte, sein Downsizing-Programm würde Schmerzen verursachen, sehr viel Schmerzen, aber daran führte kein Weg vorbei. Zumindest nicht, wenn *General Electric* überleben und sich in einer zunehmend wettbewerbsgeprägten globalen Arena behaupten sollte. Welch war bereit, Gleichmut zu bewahren, obgleich er in späteren Jahren bekannte, gerade Downsizing sei das Schlimmste an seiner Führungsaufgabe.

Die Umstrukturierungsmaßnahmen Anfang der 80er Jahre ließen keinen Winkel von *General Electric* unberührt. Jeder der 350 *GE*-Geschäftsbereiche mußte als Kandidat für die Umstrukturierungsmaßnahmen des CEO herhalten.

Welch war nicht daran gelegen, lediglich ein bißchen Bürokratismus abzustreifen und sich des einen oder anderen Geschäftsbereichs zu entledigen: Er wollte das Unternehmen neu gestalten.

Die Konsequenz von Welchs massiver Umstrukturierung war, daß Tausende ehemaliger *GE*-Mitarbeiter ihren Arbeitsplatz verloren. Im Lauf der Zeit reduzierte er die Belegschaft um fast 35 Prozent auf 270000 Mitarbeiter.

Die „Welch-Revolution“ der frühen 80er Jahre löste große Veränderungen in der amerikanischen Unternehmenslandschaft aus. Welch beschritt bislang unwegsames Terrain. Sein Vorhaben war kühn und schmerzvoll zugleich – es bedurfte eines beträchtlichen Maßes an Vision und Mut, um sich gegen den Vorwurf der Herzlosigkeit, Gefühlskälte und Brutalität zu behaupten.

Tatsächlich hatte es noch keiner bisher gewagt, mit dem mächtigen *General-Electric*-Mythos zu experimentieren. Dieser Mythos gründete auf einer 103jährigen Geschichte und Tradition: von den ersten Unternehmensanfängen mit Thomas Edison bis zum Aufstieg von *GE* zu einem der größten Erfolgsunternehmen in ganz Amerika. Wie konnte Jack Welch – oder ein anderer – mit einem solchen Erfolg experimentieren?

Daß Welch mit *GE* experimentierte, steht außer Frage – es brachte ihm den verhaßten Spitznamen „Neutronen-Jack" ein. Diese Bezeichnung hing ihm jahrelang an, ein gleichsam schlechter Ruf, der einfach nicht schwinden wollte, obgleich Welch unaufhörlich argumentierte, die *GE*-Mitarbeiter seien rechtzeitig gewarnt worden, hätten großzügige Abfindungen erhalten und Umschulungsangebote nutzen können. Ende der 90er Jahre schaute Welch auf die damalige Umbruchphase zurück und stellte fest, wie sehr sich die Zeiten geändert hatten. „Heute machen sich die Leute sozusagen verdient um 10000 [Entlassungen]. Es ist schrecklich, Leute entlassen zu müssen. Das ist das Schlimmste am Job. Aber wir mußten alles loswerden, was uns daran hinderte, informell zu sein, schnell zu sein, grenzenlos zu sein."[1]

Ein Schlag für die Bürokratie

Welch war überzeugt, daß bei *GE* ein weiträumiger, aufgeblähter Bürokratismus entstanden war, der jegliche Initiative und Begeisterung zu ersticken drohte. Manch einer sah Vorteile im dezentralisierten, bürokratischen System: Es schaffte Ordnung, sorgte für Kontrolle.

Unsinn, schrie der CEO von *General Electric*. Ein solches System leiste doch nur maßloser Trägheit Vorschub!

Schon bald nach seiner Amtsübernahme begann Welch mit der Demontage der *GE*-Bürokratie: Er trug Schicht für Schicht ab, die seiner Ansicht nach eine schnelle, einfache Kommunikation behinderte. Solche zusätzlichen bürokratischen Ebenen bedeuteten lediglich Zeitverschwendung und beschäftigten Manager gewissermaßen zum Selbstzweck. „Die Welt bewegt sich derart schnell, daß Kontrolle zur Begrenzung gerät. Kontrolle drosselt das Tempo", sagt Welch. „Man muß der Freiheit mit einem gewissen Maß an Kontrolle entgegenwirken, aber man muß unbedingt mehr Freiheit haben, als man sich dies hat träumen lassen."[2]

Bürokratismus scheint Welch seit jeher als Feind betrachtet zu haben – schon längst, bevor er Vorsitzender und CEO von *General Electric* wurde. Als er 1960 ins Unternehmen kam, um neue Geschäftsmöglichkeiten in der *GE*-Einheit *Chemical Development Operation* aufzubauen, waren er und seine Vorgesetzten entsetzt über das Ausmaß an Bürokratie, das sie im Konzern vorfanden – ganz besonders in der Unternehmenszentrale in Fairfield, Connecticut. „Wir entwickelten eine *Green-Beret*-Mentalität, fast eine *SWAT-Team*-Mentalität", erinnerte sich Reuben Gutoff, der zwölf Jahre lang Welchs Vorgesetzter gewesen war. „Feinde waren nicht nur die externen Konkurrenten, sondern auch die *GE*-Bürokraten. Wir haben viel darüber gesprochen – Bürokratensprache, Bürokratenkauderwelsch. Wir hatten den Feind vor uns – in unseren eigenen Reihen."[3]

Bevor Welch seine Revolution startete, bestand die Aufgabe der *GE*-Manager im wesentlichen darin, die Arbeitsleistung der unterstellten Mitarbeiter zu überwachen. Doch bei einem solchen Kommando/Kontroll-Führungsstil konnten die Manager eventuelle Probleme nicht schnell genug entdecken. Unternehmensweit waren die Senior-Führungskräfte vollauf damit beschäftigt, sich gegenseitig mit Memos zu bombardieren. Und sie hinderten den CEO daran, direkt mit den weiter unten angesiedelten Führungskräften und den einfachen Mitarbeitern ins Gespräch zu kommen.

Zu viele Titel

Welch befand, die strategische Planung und Kontrolle und der ganze Formalismus auf diesen Führungsebenen diene lediglich dazu, Dynamik und Unternehmensgeist als dringliche Erfolgsvoraussetzungen für *GE* zu lähmen.

GE hatte sich zu derart ungeheurer Größe und Vielfalt entwickelt, daß es den Anschein hatte, als ob jeder zweite Mitarbeiter irgendeine Art Manager wäre.

Das traf zwar nicht ganz zu, aber als Welch 1981 CEO wurde, führte eine erstaunliche Zahl von 25000 Mitarbeitern den Titel *Manager*. Es gab rund 500 *Senior Managers*, und 130 Mitarbeiter waren *Vice Presidents* oder mehr:

- zuviel Bürokratie
- zu viele Manager
- zu viele Titel.

Die *GE*-Einheiten waren damals in Sektoren organisiert, wobei alle Sektorenleiter den Titel *Senior Vice President* führten. Welch erkannte, daß diese Sektorenleiter keine wirkliche Macht besaßen; sie gaben lediglich Informationen weiter und fungierten dabei als Filter. Die Sektorenleiter brauchten gewöhnlich drei Tage, um sich auf ein Treffen mit Welch vorzubereiten – wobei sich dann bei einem solchen Treffen bald herausstellte, daß sie alles andere als gut informiert waren. Und dann brauchten sie noch mehr Zeit, um die gezielten Fragen von Welch beantworten zu können.

Welch räumte mit diesem System auf und schaffte als erstes die Ebenen ab, die ihn von seinen Spartenleitern trennten. Die Zahl der Führungsebenen zwischen dem Vorsitzenden und den Mitarbeitern an der Basis verringerte sich innerhalb eines Jahrzehnts von neun auf vier bis sechs. Nachdem Welch damit einen großen Teil der oberen Führungskader beseitigt hatte, gab es in jedem Bereich nur noch zehn *Vice Presidents* – gegenüber 50 solcher Positionen in anderen Unternehmen vergleichbarer Größe. Jetzt konnte er direkt mit seinen Bereichsleitern reden.

Welch hatte auch eine Bezeichnung für seinen Angriff auf die *GE*-Bürokratie. Er sprach von *Delayering* – Abbau von Führungsebenen. Nur ohne diese Zwischenebenen konnte das Unternehmen schlank und agil werden, und dieses Ziel wollte Welch unbedingt erreichen. Kritiker argumentierten, ein Abbau von Führungsebenen sei der erforderlichen Kommando- und Kontrollfunktion abträglich. Das träfe nicht zu, wehrte Welch ab:

> Große Konzerne haben in ihren bürokratischen Positionen Leute sitzen, die alles abdecken wollen – zumindest im wesentlichen.

> Und die behaupten dann, sie täten von allem etwas. Dagegen sind unsere Mitarbeiter jetzt ganz auf sich gestellt und werden zur Verantwortung gezogen – für ihre Erfolge und ihre Mißerfolge. ... Einige, die in der großen Bürokratie eine gute Figur machten, sehen – auf sich gestellt – recht blöd aus.[4]

Noch Jahre, nachdem er die aufgedunsene Bürokratie bei *GE* mit Erfolg zurückgestutzt hatte, hielt Welch unbeirrt an seiner Überzeugung fest, daß sein Vorgehen richtig gewesen war. Anläßlich eines Besuchs in Crotonville im Herbst 1997 machte er einen weiteren Vorstoß zum Abbau von Führungsebenen. „Bis man durch all die Führungsebenen hindurch ist, ist die Scheune längst abgebrannt; man muß einfach näher dran am Geschehen sein", sagt Welch. „Jede Ebene ist eine schlechte Ebene. Jetzt haben wir all den Quatsch nicht mehr. Wenn Delhi etwas will, schicken die mir ein Fax. Das ist doch viel einfacher so."

Der Abbau von Führungsebenen gehört zu den härtesten Aufgaben eines Managers. Personalabbau bei der Belegschaft in der Werkshalle, weit entfernt von den Räumlichkeiten der Geschäftsführung, ist das eine. Etwas ganz anderes ist es, einem Kollegen aus dem Management sagen zu müssen, er packe es nicht und müsse gehen.

Der Abbau von Führungsebenen verlangt mehr Mut als jede andere Managementaufgabe. Wenn Sie ein „normaler" Manager sein und bleiben wollen, werden Ihnen Jack Welchs Abbautaktiken zu schmerzhaft erscheinen. Wer will schon einen Freund, einen Verbündeten, schassen?

Doch wenn Sie ein hochkarätiger Unternehmensführer werden wollen, sollten Sie sich Ihre Führungsebenen gut anschauen – und entscheiden, wo Sie die Axt ansetzen wollen und wie Sie die Kommunikation mit den Leuten draußen vor Ort verbessern können.

Nur Mut, auch wenn es wehtut – zumindest eine Zeitlang.

1. Interview mit Jack Welch in: *Industry Week*, 2. Mai 1994.
2. Interview mit Jack Welch vom 8. Juli 1991.
3. Zitat von Reuben Gutoff in: „Roberto Goizueta and Jack Welch: The Wealth Builders“, *Fortune*-Magazin, 11. Dezember 1995.
4. Interview mit Jack Welch vom 8. Juli 1991.
5. Jack-Welch-Rede in Crotonville am 24. September 1997.

Schlank und agil sein wie ein Kleinunternehmen

„Kleinunternehmen bewegen sich schneller. Sie kennen die Strafen für Verzug auf dem Markt.“

Jack Welch ist davon überzeugt: Um in einer zunehmend wettbewerbsgeprägten Welt überleben zu können, müssen Großunternehmen wie *General Electric* aufhören, zu agieren und zu denken wie ... Großunternehmen. Sie sollten

- schlank werden,
- agil werden und
- die Denkweise von Kleinunternehmen übernehmen.

„Wir müssen einen Weg finden, um die Macht, die Ressourcen und die Reichweite eines Großunternehmens mit dem Hunger, der Beweglichkeit, dem Geist und dem Feuer eines Kleinunternehmens zu kombinieren“, sagt Jack Welch.[1]

Welch hat sich zum Ziel gesetzt, *GE* so schlank wie möglich zu machen, so flink wie ein Kleinunternehmen. Als erstes widmete er sich den Führungsebenen, die seiner Ansicht nach die *GE*-Maschinerie verstopften. Anschließend beseitigte er sämtliche Managementkader auf der zweiten und dritten Führungsebene – die Sektoren und Gruppen. In den 80er Jahren hatten die Bereichsleiter den *Senior Vice Presidents* und diese wiederum *den Executive Vice*

Presidents unterstanden, wobei alle Führungsebenen über eigene Mitarbeiterstäbe verfügten. Welch organisierte die Einheiten so, daß die 14 Bereichsleiter direkt den drei Männern unterstellt waren, die im Büro des CEO saßen – nämlich Welch und seinen beiden *Vice Chairmen*:

> Die neue Organisation hat sich als atemberaubend geordnet, einfach und effektiv erwiesen. Ideen, Initiativen und Entscheidungen bewegen sich nunmehr mit der Geschwindigkeit des Schalls (menschlicher Stimmen), wo sie einst gedämpft und verstümmelt wurden durch langwierige Genehmigungen und die erdrückende Handhabung von Personalgutachten. ... In den 80er Jahren hatten wir es mit Leuten auf Unternehmens- und Bereichsebene zu tun, die als Oberaufseher, als Kontrolleure, als intervenierende und genehmigende Autoritäten galten – und sich auch so verstanden. Wir haben diese Sichtweise und diesen Auftrag dahingehend verändert, daß sich die Leute heute als Moderatoren, Berater und Geschäftspartner verstehen, was die Zufriedenheit und Kooperationsbereitschaft auf beiden Seiten fördert. Das einst vorherrschende Besitzstandsdenken ist einem wachsenden Gespür für Einheit und Zweckgemeinschaft gewichen.[2]

Nachdem Welch die hinderlichen bürokratischen Schichten abgebaut und die Kontrollfunktion der Führungsmannschaft beseitigt hatte, unternahm er einen weiteren wichtigen Schritt auf dem Weg, die Seele eines Kleinunternehmens in den Organismus von *GE* einzubringen: 1988 leitete er sein *Work-Out*-Programm ein. Damals konnte der Vorsitzende noch nicht wissen, daß sich dieses *Work-Out*-Programm zu einer seiner wichtigsten Initiativen entwickeln und noch jahrzehntelang Spuren hinterlassen würde.

Die Tugenden des Kleinunternehmens

Die Vorstellung, *GE* solle wie ein Kleinunternehmen agieren, mag paradox anmuten.

Ehrgeizige Unternehmer wollen doch schließlich Wachstum für ihr Unternehmen erzielen und es größer machen. Jack Welch hat nichts gegen Größe als solche. Er ist sogar sehr angetan von der Vorstellung, daß *GE* eines der größten Unternehmen der Welt ist und Tag für Tag größer wird.

Aber er will verhindern, daß sich *GE* in den inhärenten Fallstrikken des Großseins verfängt. Große Unternehmen haben die Neigung, sich zu bürokratischem Ödland zu entwickeln: Sie bewegen sich zu langsam, sie denken zu langsam, und, was noch schwerwiegender ist, sie agieren zu langsam. Das Bestreben, ein geschmeidiges, wettbewerbsstarkes Unternehmen unter dem Ballast bürokratischer Schnörkel aufzubauen, käme dem Versuch gleich, ein Wettrennen mit zementschweren Schuhen gewinnen zu wollen.

Welch ist der Ansicht, daß kleine, geschmeidige Unternehmen enorme Wettbewerbsvorteile haben:

> Erstens funktioniert die Kommunikation bei ihnen besser. Ohne all das bürokratische Gedöns verstehen sich die Leute ebensogut auf das Zuhören wie auf das Reden; und da die Mitarbeiterschaft kleiner ist, kennen und verstehen sie sich untereinander.
>
> Zweitens bewegen sich Kleinunternehmen schneller. Sie kennen die Strafen für Verzug auf dem Markt.
>
> Drittens treten die Führungskräfte in Kleinunternehmen mit weniger Führungsebenen und weniger Verschleierungsmöglichkeiten sehr deutlich in den Vordergrund. Ihre Leistung und ihr Einfluß sind für alle ersichtlich.
>
> Viertens verschwenden Kleinunternehmen weniger. Kleinunternehmen vergeuden weniger Zeit mit endlosen Überprüfungen, Genehmigungen, unternehmenspolitischen Auseinandersetzungen und Papierkram. Sie haben weniger Mitarbeiter und erledigen deshalb nur das, was wichtig ist. Die Mitarbeiter sind frei, ihre Energie und Aufmerksamkeit dem Markt zu widmen, anstatt sie im Kampf gegen die Bürokratie zu erschöpfen.[3]

Robert L. Nardelli, Leiter des Unternehmensbereichs Turbinen- und Kraftswerksbau, hat seinen Bereich in Gewinn- und Verlustzentren organisiert, „um die Leute auf das Managen von Märkten und Kundenbeziehungen zu konzentrieren. Wir sind bestrebt, die Mitarbeiter nicht mit einer Bürokratie zu belasten, wie sie gewöhnlich mit einem 7,5-Milliarden-Dollar-Koloß verbunden ist. Statt dessen entwickeln wir Leistungszentren, die darauf ausgerichtet sind, die Kundenbedürfnisse auf spezifischen Märkten zu erfüllen. Auf diese Weise erreichen wir klare Eigenverantwortung und schnelle, innovative Reaktionen auf die Markterfordernisse."[4] Doch das bedeutet nicht, daß jeder Bereich einen eigenen Außendienst hätte. Nardelli hat auch seinen Außendienst international umstrukturiert und weltweit 25 regionale Teams zur Kundenbetreuung eingerichtet. „Diese Teams stellen eine lebenswichtige Verbindung mit dem Bereich dar; sie fungieren gewissermaßen als Anlaufstelle, die dazu beiträgt, daß die Kunden auch das *GE*-Gesamtportfolio an Dienstleistungen und Produkten kennenlernen."

Schnelligkeit als wichtigste Komponente

Welch meint, daß kleine Unternehmen Bürokratismus und all das, was gewöhnlich damit einhergeht, scheuen. Die Mitarbeiter in Kleinunternehmen müssen ständig schnell reagieren – andernfalls laufen sie Gefahr, in dieselben Fallen zu tappen wie größere Unternehmen. Schnelligkeit „ist unverzichtbarer Bestandteil der Wettbewerbsfähigkeit", sagt Welch. „Schnelligkeit hält Unternehmen – und Leute – jung. Schnelligkeit kann süchtig machen und ist eine zutiefst amerikanische Option, die es zu kultivieren gilt."[5]

Welchs Vorliebe für Schnelligkeit im Unternehmen begann schon früh in seiner Karriere, als er noch im *GE*-Bereich Kunststoffe beschäftigt war. Dort hatte er einen einzigen Mitarbeiter. Diesen Mann lud das Ehepaar Welch zu sich nach Hause zum Abendessen ein. Man sprach über Gott und die Welt, und es entwickelte sich eine natürliche Beziehung. Das war in den 60er Jahren, aber Welch hält diese Philosophie nach wie vor für relevant. Unternehmen müssen informell sein.

Die ganzen 80er Jahre hindurch predigte Welch die Tugend der von Kleinunternehmen praktizierten Schnelligkeit. „Schnelligkeit hat etwas an sich, was über die offensichtlichen Unternehmensvorteile wie höherer Cashflow, höhere Rentabilität, höhere Marktanteile aufgrund positiver Kundenreaktionen sowie höhere Kapazität infolge verkürzter Zykluszeiten hinausgeht." Schnelligkeit beflügelt und vermittelt Energie: „Dies trifft in besonderer Weise auf die Unternehmenssituation zu. Schnelligkeit fördert Ideen, treibt Prozesse über funktionale Barrieren hinweg, fegt die Bürokraten und ihre Hindernisse zur Seite und drängt auf den Markt."[6]

Welch zufolge scheinen Unternehmen durch vorhersagbare Lebenszyklen gekennzeichnet zu sein. Zu Anfang setzen neue Unternehmen alles daran, auf den Markt zu gelangen. In einem solchen Umfeld hat Bürokratie kaum eine Chance – so wie sich in einem schnell strömenden Fluß kein Eis bilden kann. Doch wenn die Institutionen wachsen und träger werden, verlagern sich die Prioritäten

- von Schnelligkeit zu Kontrolle,
- vom Führen zum Managen,
- vom Gewinnenwollen zur Besitzstandswahrung,
- vom Dienst am Kunden zum Bürokratismus.

„Wir beginnen mit der Errichtung von Führungshierarchien, um die Entscheidungsfindung reibungsloser zu gestalten und das Wachstum zu kontrollieren", sagt Welch, „und all das führt nur dazu, daß wir langsamer werden. Wir bauen Barrieren zwischen den Funktionsbereichen unserer Unternehmen auf, und das führt zur Abgrenzung und Verteidigung von Terrain."[7] In solchem Zusammenhang ist Schnelligkeit angesagt. „Wenn Sie nicht schnell sind, können Sie nicht gewinnen. Sie müssen Ihre Produkte schneller auf den Markt bringen und schneller von der Reaktion der Kunden profitieren. Sie müssen Ihre Entscheidungen schnell treffen. Wenn Sie durch Grenzen gehindert werden und einen Klotz an Führungsebenen mit sich herumschleppen, ist das gerade so, als ob Sie mit sechs Pullovern hinaus in die Kälte gehen. Ihr Körper spürt dann gar nicht, wie kalt es wirklich ist."[8]

Für Welch und seine Führungsmannschaft ist Schnelligkeit eine Kardinaltugend – der Abschluß von Geschäften in Rekordzeit gilt mittlerweile als Ehrensache bei *GE*. Mit großem Stolz wird berichtet, wie man 1989 nur drei Tage brauchte, um eine Allianz mit der britischen Firma *GEC* einzugehen – ein Deal, der *GE* höhere Marktanteile in vier großen Unternehmensbereichen einbrachte: Medizinische Systeme, Haushaltsgeräte, Industriesteuerungssysteme und Elektroanlagenbau.

Und man verweist auch gern auf die Entschlußfreudigkeit der *NBC* im Jahr 1995, als der Sender nur ein Wochenende brauchte, um sich für 4 Milliarden Dollar die Exklusivrechte für die Fernsehübertragung von fünf der nächsten sechs Olympischen Spiele zu sichern. *GE* ist stolz darauf, daß *NBC* so schnell reagieren konnte, trotz der Größenordnung einer solchen Abmachung. Schließlich dürfte es nicht viele Unternehmen geben, die an einem einzigen Wochenende die Entscheidung fällen können, 4 Milliarden Dollar auszugeben!

In seinem Aktionärsbrief 1992 faßte Welch zusammen, was er an kleinen Unternehmen so bewundert:

> Die meisten Kleinunternehmen sind überschaubar, einfach, informell. Ihr Erfolg beruht auf der Begeisterung ihrer Mitarbeiter, und die pfeifen auf Bürokratie. Kleinunternehmen erwachsen aus guten Ideen – gleich welcher Quelle. Sie brauchen jeden, beziehen jeden ein und belohnen beziehungsweise entlassen die Leute nach Maßgabe ihres Gewinnbeitrags. Kleine Unternehmen träumen große Träume und setzen die Meßlatte hoch an – Zuwächse und Zahlen hinter dem Komma interessieren nicht.

> Wir schätzen die Kommunikationsbeziehungen in Kleinunternehmen: einfache, direkte, intensive Gespräche und keine mit Fachausdrücken gespickten Memos, keine „Kanalisierung", kein „Weg durch die Instanzen" und vor allem keine höfliche Rücksichtnahme auf kleinformatige Ideen, wie sie nur allzuoft den Großbüros von Großunternehmen entstammen.

Jeder Mitarbeiter in einem kleinen Unternehmen kennt die Kunden mit ihren Vorlieben, Abneigungen und Bedürfnissen – weil die positive beziehungsweise negative Reaktion der Kunden darüber entscheidet, ob aus dem heutigen Kleinunternehmen morgen ein größeres Unternehmen wird oder ob es seine Existenz einbüßt. All dies läßt sich auf eine einfache Formel bringen: Kleine Unternehmen müssen sich Tag für Tag der Realität des Marktes stellen und reaktionsschnell agieren. Es geht um ihr Überleben.[9]

Steven Kerr ist aus der akademischen Welt zu *GE* gekommen. Er war Dekan an der *School of Business* (*University of Southern California, USC*) und später Management-Gastprofessor an der *University of Michigan*, bevor er als Direktor des *GE*-Instituts zur Ausbildung von Führungskräften in Crotonville berufen wurde.

Er gibt zu, an das schnelle Tempo bei *GE* nicht gewöhnt zu sein. „An der *USC* war es unmöglich, einen Kursus in weniger als einem Jahr vorzubereiten. Dagegen heißt es bei GE: ‚Tu was. Sieh zu, daß der Ball ins Rollen kommt.‘ Beim *Work-Out*-Programm gilt es, Entscheidungen spontan zu treffen. Dabei haben wir festgestellt, daß sich *Work-Out*-Entscheidungen nur zu 10 Prozent als Fehlentscheidungen erweisen. Das ist nicht so übel. Daher die Tendenz: ‚Tu was. Es wird schon die richtige Entscheidung sein.‘“[10]

Was auf kleine Entscheidungen etwa hinsichtlich der Einrichtung von Managementkursen zutrifft, gilt auch für größere Entscheidungen – etwa zugunsten des Erwerbs der Fernsehrechte für die Olympischen Spiele. Jack Welch ist stolz darauf, ein so schnell agierendes Unternehmen zu leiten:

Schnelligkeit ist das Produkt einer offenen Organisation. Ein enormes Energiepotential und die Fähigkeit, anderen Energie zu vermitteln, zählen zu unseren entscheidenden Werten. Jeder muß einbezogen werden, und man muß schnell handeln. Wenn man keine schnelle Entscheidung treffen und nicht jeden Beteiligten schnell einbeziehen kann, hat man auch nicht die richtigen Werte. Es reicht nicht, ein brillanter Administrator zu sein. Man muß die Leute begeistern. Man muß sie aktivieren.[11]

Der Unternehmensbereich Finanzdienstleistungen ist ein klassisches Beispiel für unternehmerisches Denken und Verhalten, wie es ein Kleinunternehmen auszeichnet. Der Bereichsdirektor Gary Wendt leitet seinen 33-Milliarden-Dollar-Betrieb, als ob es sich um eine Palette von Nischengeschäften handelte. Sein zentraler Mitarbeiterstab in Stamford, Connecticut, ist klein und schlank. Wendt sagt, er wolle erreichen, daß seine führenden Leute lieber bei den *GE*-Kunden sind als bei ihm. Auf diese Weise bleiben die Mitarbeiter ihren Märkten eng verbunden und konzentrieren sich auf den Teil des Geschäfts, den sie am besten kennen.

Mit ihrer gezielten Ausrichtung können die verschiedenen Einheiten des Unternehmensbereichs Finanzdienstleistungen ihre Gewinn- und Verlustsituation jederzeit überblicken – ein entscheidender Vorteil gegenüber Unternehmen, die Schwierigkeiten mit der Aufstellung einer genauen Gewinn- und Verlustrechnung haben.

Und was will Jack Welch nun mit all dem sagen? Ist es nicht das Ziel eines jeden Unternehmensführers, mehr und mehr Wachstum zu erzielen und sein Unternehmen möglichst groß zu machen, damit die Gewinne steigen?

Sicher. Fraglos sollten Unternehmen bestrebt sein, immer profitabler zu werden.

Was Jack Welch aber sagen will, ist dies: Beim Wachstum Ihres Unternehmens sollten Sie keinesfalls übersehen, welche Tugenden Kleinunternehmen zu bieten haben und was sie besser machen als ihre größeren Kontrahenten. Beim Größerwerden Ihres Unternehmens dürfen Sie sich durch die Attribute des Großseins nicht blenden, überwältigen und wie den Läufer mit seinen zementschweren Schuhen zu Boden drücken lassen.

Sorgen Sie für Unternehmenswachstum, aber tun Sie alles Erdenkliche, um Ihrem Großunternehmen die Seele eines Kleinunternehmens einzuverleiben – dann sind Ihnen die Vorteile beider sicher.

1. Interview mit Jack Welch vom 8. Juli 1991.

2. Auszug aus dem Aktionärsbrief von Jack Welch im *GE*-Jahresbericht 1988.
3. Auszug aus einer Rede von Jack Welch anläßlich der *GE*-Jahreshauptversammlung am 27. April 1988 in Waukesha, Wisconsin.
4. Interview mit Robert L. Nardelli vom 28. September 1997.
5. Auszug aus einer Rede von Jack Welch am 11. November 1992: *The New England Council*, Boston, Massachusetts.
6. Auszug aus dem Aktionärsbrief von Jack Welch im *GE*-Jahresbericht 1991.
7. Auszug aus einer Rede von Jack Welch am 11. November 1992: *The New England Council*, Boston, Massachusetts.
8. Jack-Welch-Zitat aus *USA Today* vom 26. Juli 1993.
9. Auszug aus dem Aktionärsbrief von Jack Welch im *GE*-Jahresbericht 1992.
10. Interview mit Steven Kerr vom 29. Juli 1997.
11. Zitat aus: „Face to Face: Jack Welch", *FOCUS International*, Januar 1997, 3-12.

Die Grenzen niederreißen

„Unsere Mitarbeiter müssen sich in Delhi und Seoul genauso wohl fühlen wie in Louisville oder Schenectady.“

Jack Welch befand, daß es bei *General Electric* viel zu viele Grenzen gäbe. Wohin er sich auch wandte – überall stieß er auf Grenzen:

- zwischen Führungsebenen
- zwischen Ingenieuren und Marketing-Leuten
- zwischen *GE* und seinen Kunden
- zwischen vollzeitbeschäftigten und teilzeitbeschäftigten *GE*-Mitarbeitern
- zwischen *GE* und dem gesamten Unternehmensumfeld.

Grenzen, Barrieren – überall dasselbe. Welch haßte Grenzen und wollte sie niederreißen. Grenzen verlangsamten die Unternehmensabläufe. Grenzen machten alles unnötig kompliziert. Grenzen hinderten.

Welch war der Ansicht, die Grenzen zwischen *GE* und der Welt außerhalb des Unternehmens seien auf eine langgehegte *GE*-Tradition zurückzuführen, die er als das *„Not invented here“*-Syndrom bezeichnete: Wenn eine Idee nicht aus dem Hause *General Electric* stammte, taugte sie nichts.

Welch haßte diese „Stammt nicht von uns"-Denkweise. In seinem Aktionärsbrief 1996 schrieb er, sie schränke die Fähigkeit des Konzerns ein, von Lieferanten, Kunden und anderen globalen Unternehmen mit ausgesprochen wertvollen „*Best Practices*" zu lernen.

Keine andere Unternehmensstrategie liegt Welch so am Herzen wie die der Grenzenlosigkeit. Er weiß, das Wort hört sich schwerfällig an: „*boundarylessness*" – Grenzenlosigkeit. Aber es faßt das für *General Electric* angestrebte Ideal immer noch am besten zusammen; mit diesem Wort wird der CEO von *GE* am häufigsten in Verbindung gebracht.

Welch zufolge ist Grenzenlosigkeit eine Art Definition für *GE*: Es bezeichnet ein offenes, informelles Unternehmen, in dem sich die Mitarbeiter behende und mühelos bewegen und ebenso schnell und effektiv eine Verbindung zur Außenwelt herstellen können.

Die Strategie der Grenzenlosigkeit ist aufs engste verknüpft mit dem Kampf um höhere Produktivitätsraten:

> Produktivität bedeutet nicht das Auswringen eines Wischlappens. Produktivität ist der Glaube an eine unendliche Kapazität zur Verbesserung von allem und jedem. Wir hier wissen, daß wir nicht alle Antworten kennen. Aber wir wissen, daß irgend jemand die Antworten kennt. Also machen wir uns tagtäglich auf die Suche nach solchen Antworten, denn es ist das intellektuelle Kapital, das für Produktivität sorgt. Und genau deshalb ist Grenzenlosigkeit für *GE* der fraglos wichtigste Wert, den es in unserem Unternehmen je gegeben hat.[1]

Getrennt vermarktet

Jim Baughman führt an einem Beispiel aus, in welcher Weise Grenzen dem Unternehmen geschadet haben. Früher einmal verkaufte *GE* Milliarden Pfunde Kunststoff, Milliarden Glühlampen und Millionen Elektromotoren an die Automobilindustrie. Dennoch betreute das Außendienstpersonal der zuständigen drei *GE*-Geschäftsbereiche die Kunden in der Automobilindustrie in einer Weise, als ob sie nicht für dasselbe Unternehmen arbeiteten. Die linke Hand wußte nicht, was die rechte tat. Derartige Probleme waren auf die Dezentralisierung zurückzuführen: Man hatte Gewinn- und Verlusteinheiten eingerichtet, die einfach zu klein waren, um konkurrieren zu können. Darüber hinaus hatte die Dezentralisierung den Aufbau zu vieler Genehmigungsebenen und anderer funktionaler Grenzen zur Folge gehabt. So konnte es passieren, daß die Konstruktionsingenieure Produktentwürfe machten, die von der *GE*-Fertigung nur unter Schwierigkeiten herzustellen waren und die das Verkaufspersonal nicht ohne weiteres verkaufen konnte. Und wenn das Produkt hier und da doch verkauft wurde, hatten die Kundendiensttechniker später Probleme bei Reparaturarbeiten.

„Es gab keinen horizontalen Kommunikationsfluß", sagt Baughman, „wir hatten hierarchische Grenzen, die den Entscheidungsprozeß verzögerten. Es dauerte einfach alles zu lange. Wir hatten Grenzen zwischen den Bereichen. Wo wir auf dem Markt hätten als Team auftreten sollen, wurde getrennt vermarktet."[2] Und in einer Rede vom März 1990 erläuterte Welch, was hinter dem Konzept der Grenzenlosigkeit steckt:

> Das Tempo des Wandels wird sich auf verschiedene Bereiche auswirken. Globalisierung ist inzwischen kein Ziel mehr, sondern Gebot: Die Märkte öffnen sich, und geographische Grenzen verwischen und verlieren an Bedeutung. ...
>
> Lediglich das tun zu wollen, was in den 80er Jahren funktionierte – Restrukturierung, Abbau von Führungsebenen, Durchführung mechanischer Top-down-Maßnahmen –, das wäre zu einseitig. Mehr noch, es wäre zu langsam. Die Gewinner der 90er Jahre werden die Unternehmen sein, die sich auf die Entwicklung einer Kultur verstehen, mit deren Hilfe sie schneller reagieren und eindeutiger kommunizieren können; Unternehmen, die jeden Mitarbeiter in das gezielte Bemühen um den Dienst an immer anspruchsvolleren Kunden einbeziehen.
>
> Auf dem Weg zu dieser Gewinner-Kultur müssen wir das schaffen, was wir das grenzenlose Unternehmen nennen. Wir haben nicht mehr die Zeit, uns durch Grenzen zwischen Funktionsbereichen wie Konstruktion und Marketing oder zwischen Mitar-

> beitern – stundenweise bezahlten Arbeitskräften, Angstellten mit festem Gehalt, Führungskräften und so weiter – aufhalten zu lassen. Geographische Barrieren müssen abgebaut werden. Unsere Mitarbeiter müssen sich in Delhi und Seoul genauso wohlfühlen wie in Louisville oder Schenectady.[3]

In seinem Bestreben, die Produktivitätsziele von *General Electric* zu erreichen, verfolgt Welch die Strategie der Grenzenlosigkeit mit Nachdruck. Doch diese Strategie bedeutet weitaus mehr als nur das Abwerfen bürokratischen Ballasts und die Steigerung von Produktivität.

Welchs Sichtweise der 90er Jahre basiert auf der Überzeugung, die Arbeitsplätze im Unternehmen müßten liberalisiert werden. Den Mitarbeitern solle nicht länger vorgegeben werden, was sie zu tun hätten; vielmehr sollten sie mit Empowerment und Verantwortung ausgestattet werden. Wenn die Fähigkeiten eines jeden Mitarbeiters voll ausgeschöpft werden sollten, mußte sich eine neue Denkweise durchsetzen – eine neue Welt, in der den Mitarbeitern freier Lauf gelassen würde. In dieser „schönen neuen Welt" würden alle Mitarbeiter in die Entscheidungsfindung einbezogen werden und Zugang zu sämtlichen Informationen erhalten, die sie für ihre Entscheidungen benötigten. Dies mag im Jahr 1998 kein radikal neuer Gedanke mehr sein, bedeutete aber zunächst eine ziemlich radikale Abkehr vom traditionellen Kommando/Kontroll-Modell, das die amerikanischen Unternehmen beherrschte, als Welch solche Überlegungen in den 80er Jahren einbrachte. Welch strebte Grenzenlosigkeit an, indem er die Arbeiter „befreite" und ihnen gewissermaßen ein eigenes Stimmrecht zuerkannte.

Zusammenarbeit mit jedermann

Was bedeutet nun Grenzenlosigkeit für das *GE* der ausgehenden 90er Jahre? Gary Wendt, Direktor des *GE*-Unternehmensbereichs Finanzdienstleistungen, sagt dazu: „Grenzenlosigkeit war notwendig, damit wir wie ein Kleinunternehmen agieren können. Grenzenlosigkeit bedeutete für Jack Welch, daß wir alle in diesem Unternehmen gemeinsam vorgehen und vieles austauschen und möglichst viel miteinander kooperieren sollen. Wir sollen nicht einfach nur das tun, was von uns erwartet wird, nach Hause gehen und nicht weiter darüber reden. In großen Unternehmen ist zu beobachten, wie die Leute schnell den Eindruck gewinnen, auf sie persönlich komme es doch gar nicht an. Doch Grenzenlosigkeit fordert die Mitarbeiter auf, sich um Zusammenarbeit mit jedermann zu bemühen."[4]

Gelegentlich stößt der Vorsitzende von *General Electric* immer noch auf „Grenz-Situationen" – und dann reagiert er prompt und sorgt dafür, daß diese Grenzen niedergerissen werden. So stellte er einmal fest, daß gewisse *GE*-Mitarbeiter in Vorbereitung einer von ihm einberufenen Sitzung unzählige Stunden damit zubrachten, seitenlang Antworten auf eventuelle Fragen auszuarbeiten, die er ihnen stellen könnte. Mit ihren „vorgekochten" Antworten errichteten die Mitarbeiter eine Barriere zwischen sich und dem Vorsitzenden. Welch teilte ihnen schlicht mit, er wünsche derartige Vorbereitungen nicht. Die kosteten zuviel Zeit.

Doch die Sorge, Welch könnte Fragen stellen, die sie nicht zu beantworten wüßten, beschäftigte die Mitarbeiter auch noch, nachdem sich Welch die aufwendige Vorbereitungsarbeit verbeten hatte. Also stellten sie einen ihrer Mitarbeiter vor der Sitzungstür ab, der dann „auf Zuruf" schnellstens Antworten recherchieren sollte. Auch dieser „Mittelsmann" war nichts anderes als eine Barriere, die das unmittelbare Gespräch zwischen den Mitarbeitern und Welch behinderte. Als Welch dahinterkam, setzte er dieser Gepflogenheit ebenfalls ein Ende.

Bei einem nächsten Treffen stellte der CEO einem Mitarbeiter dann eine Frage, die dieser tatsächlich nicht beantworten konnte.

„Das weiß ich nicht", gestand der Betroffene. In seiner Bestürzung wußte er nichts Besseres zu sagen.

Welch nickte zustimmend und sagte: „Das ist O.K., nur sorgen Sie dafür, daß Sie die Antwort herausfinden und mir dann mitteilen."

Der Vorsitzende triumphierte. Er hatte bei seinen Mitarbeitern ein Gefühl von Grenzenlosigkeit bewirken können, das sich auszahlen würde: weniger Zeitverschwendung, weniger unnötige Arbeit.

Wie viele Leute braucht GE?

Der Crotonville-Chef Steve Kerr und seine Kollegen verdeutlichen das Konzept Grenzenlosigkeit auf ihren Fortbildungslehrgängen anhand von Beispielen. „Wenn einer zu Ihnen kommt wegen einer Entscheidung oder einer Genehmigung, müssen Sie sich anschauen, wie viele Leute die Entscheidung bereits abgezeichnet haben. Sind es schon zwei oder mehr, müssen Sie sich fragen, was Sie denn als Wert noch hinzufügen können. Wo jeder zuständig ist, ist keiner zuständig. Und Sie sollten sich fragen: ‚Was hält mich eigentlich davon ab, diese Entscheidung meinen Mitarbeitern zu überlassen?' Sie müssen sich fragen: ‚Wie oft habe ich eine Entscheidung oder eine Genehmigung denn schon ändern müssen?' Wenn die Antwort ‚selten' oder ‚nie' lautet, warum sollten Sie es dann für notwendig erachten, die Entscheidung Ihrer Mitarbeiter überhaupt noch abzusegnen?"[5]

Kerr sorgte auch außerhalb der Unterrichtssituation für ein Verhalten, das von Grenzenlosigkeit zeugt. Als er im März 1994 die Leitung von Crotonville übernahm, erfuhr er, daß sein Institut auch für die Betreuung der Tagungen des *Corporate Executive Council* zuständig war. Kurz vor Beginn einer solchen *CEC*-Sitzung fiel Kerr ein Mann auf, der vor dem Sitzungsraum saß. Auf die Frage hin, was er da mache, antworte der Mann selbstbewußt:

„Ich trete in Aktion, wenn es ein technisches Problem gibt."

Kerr stutzte. Von welchem technischen Problem war hier die Rede?

„Na ja,", sagte der Mann in aller Ruhe, „zum Beispiel, wenn eine Glühbirne in einem Overhead-Projektor ausgewechselt werden muß."

Kerr traute seinen Ohren nicht und dachte: Wir haben hier promovierte Leute und Ingenieure sitzen. Und da brauchen wir noch einen, der sonst gar nichts mit der Sitzung zu tun hat?

Kerr teilte dem Mann ruhig, aber bestimmt mit: „An dieser Sitzung nehmen fünf Ingenieure teil, den Vorsitzenden eingeschlossen. Ich wette, daß mindestens einer von ihnen in der Lage ist, eine Glühbirne auszuwechseln."

Damit war eine weitere Grenze bei *GE* gefallen. Kerr forderte den Mann auf, er möge seinen regelmäßigen Pflichten nachgehen.

Auf unser Verhalten kommt es an

Mit der Einrichtung des *Corporate Executive Council* im Jahr 1986 entwickelte die Führungsmannschaft von *GE* zunehmend ein Verhalten im Sinne der Grenzenlosigkeit: Die Leute kommunizierten direkt und informell miteinander, lernten voneinander und machten sich *„Best Practices"* für ihre eigenen Zwecke zunutze.

Doch seinen wohl aggressivsten Versuch, die Grenzen bei *GE* niederzureißen, startete Welch mit der Einführung seiner massiven *Work-Out*-Initiative im Jahr 1990. Welch stellte 1996 fest, das *Work-Out*-Programm habe der Engstirnigkeit bei *GE* ein Ende gesetzt und das „Stammt nicht von uns"-Syndrom ausgemerzt. Im Rahmen von *Work-Out* begann *GE*, die besten Unternehmen in aller Welt systematisch nach überlegenen Vorgehensweisen und Abläufen zu durchforsten. Auf diese Weise wurde die Grundlage für die *GE*-Lernkultur geschaffen – eine weitere entscheidende Unternehmensstrategie, die Welch in den letzten Jahren verfolgt.

Die Einrichtung der sogenannten „Stadttreffen"[6] sollte ursprünglich nur die *GE*-internen Mauern und Wände einreißen, doch Welch spürte immer deutlicher, daß der *Work-Out*-Prozeß auch zum Abbau externer Barrieren beitragen konnte – durch Festigung der Kunden- und Lieferantenbeziehungen.

Das wichtigste *Work-Out*-Produkt ist Welch zufolge die Entwicklung einer grenzenlosen Lernkultur, denn die Kultur bestimmt, wie sich die *GE*-Mitarbeiter verhalten sollen. „Heute würden wir niemals wissentlich einen Mitarbeiter einstellen, der sich dieses Verhalten nicht zu eigen machen will oder kann."

In einer Rede vor Nachwuchsführungskräften in Crotonville im Herbst 1997 sagte er: „Grenzenlosigkeit zeigt sich in unserem Verhalten. Die Leute helfen einander von sich aus. Es findet ein offener Dialog statt. Man spricht über die Dinge. Vor zehn Jahren hätten Sie uns doch nie mitgeteilt, was Sie wirklich denken. Wer früher eine Idee hatte, behielt sie für sich.“[7]

Welchs Vision vom grenzenlosen Unternehmen hat bei Paolo Fresco, stellvertretender Verwaltungsratsvorsitzender und Geschäftsführer von GE, seit jeher Anklang gefunden.

Schon Anfang der 80er Jahre, als Welch noch das Wort Offenheit (*openness*) zur Beschreibung des Konzepts der Grenzenlosigkeit benutzte, hatte Fresco das deutliche Gefühl, der Vorsitzende sei auf der richtigen Spur. Er wollte alle einbeziehen und begeistern. „Und“, so sagte Fresco, „er nannte die Dinge stets beim Namen – er stellte sich der Realität. Er wollte die Dinge sehen, wie sie sind, nicht wie man sie gern hätte. Er wollte von ‚*Best Practices*‘ lernen. Er haßte Bürokratismus. Er wollte sich der heiligen Kühe entledigen. Er wollte neue Perspektiven schaffen. Wenn Sie als junger Mann in ein traditionelles Unternehmen eintreten, schlägt Ihnen doch sofort die ganze bürokratische Arroganz entgegen, und das ist in allen Organisationen so. Auch wir haben darunter gelitten. Dann kam frischer Wind auf [in Form von Jack Welch]. Der sagte nämlich: ‚Man kann alles in Frage stellen.‘ Das hat mich zutiefst beeindruckt.“[8]

David Calhoun erinnert sich, wie die meisten Senior-Führungskräfte bei *GE* das Konzept der Grenzenlosigkeit zunächst nur im Kontext ihrer eigenen Organisationen in Betracht zogen. Funktion für Funktion, Abteilung für Abteilung. Wie konnte man die Leute zu zwangloser Zusammenarbeit bringen? Wie konnte diese Zusammenarbeit nach üblichem Ermessen aussehen? Heute, sagt er, bestehe die Herausforderung der *GE*-Mitarbeiter darin, weitere Grenzen niederzureißen – die Grenzen zwischen Unternehmen, zwischen Ländern, zwischen Lieferanten und Kunden. Als er noch Leiter des *GE*-Unternehmensbereichs Transportsysteme war, sagt Calhoun, hätte er 70 Prozent des Innenlebens einer Lokomotive käuflich erwerben müssen und sei daher in hohem Maß von seinen Lieferanten abhängig gewesen. Diese Lieferanten stellten *GE* nicht nur die Komponenten bereit, sondern trugen auch zur Konstruktion der Lokomotive als solcher bei. Calhoun mußte herausfinden, wie dieses oder jenes Teil zu konstruieren war und, vor allem, wie es sich auf die Gesamtleistung der Lokomotive auswirken würde. „Das ist eine ungeheuer große Herausforderung und sehr kompliziert. Man muß nicht nur die eigene Organisation von der Grenzenlosigkeit überzeugen, sondern auch die Lieferanten. Das ist nicht einfach. Warum? Weil wir von unserem Lieferanten ein neues Niveau an Ressourceneinsatz erwarten. Wir geben ihm nämlich zu verstehen: ‚Wenn du mit uns ins Geschäft kommen willst, wollen wir dich mittendrin im Konstruktionsprozeß haben. Und wir wollen nicht irgendeinen Ingenieur, wir wollen deinen besten Ingenieur.' Wenn wir dann den besten Ingenieur des Lieferanten bei uns haben, ist es an uns, zuzuhören und umzusetzen. Darauf kommt es letztlich an."[9]

Das Niederreißen von Mauern, schrieb Welch in seinem Aktionärsbrief 1993, bedeute folgendes:

> Wir betrachten die Lieferanten als Teilnehmer an unseren Konstruktions- und Fertigungsprozessen und behandeln sie nicht wie Vertreter, die man draußen warten läßt. Und es bedeutet, daß wir wichtige Erstkunden wie *British Airways, Tokyo Electric Power* oder *CSX* dabeihaben und in die Konstruktion eines neuen Jet-Triebwerks, einer revolutionären Gasturbine oder einer neuen AC-Lokomotive einbeziehen oder auch eine Gruppe von Ärzten an der Entwicklung eines neuen Ultraschall-Systems mitarbeiten lassen.[10]

Die Botschaft, die der CEO von *General Electric* vermitteln will, ist diese: Als Unternehmensführer, auf welcher Ebene auch immer, müssen Sie sich fragen: Welche Komponenten meines Unternehmens behindern unsere Abläufe? Welche Komponenten engen uns ein? Es sollte mittlerweile deutlich geworden sein, daß die Unternehmensphilosophie des Jack Welch großenteils auf den systematischen Abbau sämtlicher Barrieren innerhalb des eigenen Unternehmens abzielt, die einer erfolgreichen Produktion und Produktvermarktung im Weg stehen.

Die Erzielung einer solchen Grenzenlosigkeit ist ein wichtiger Schritt, der Ihnen, dem Unternehmensführer, die Überwindung aller möglichen „Straßensperren" erleichtert, die Sie daran hindern, ein Produkt schnell auf den Markt zu bringen.

Zugegeben: Grenzenlosigkeit ist ein plumpes Wort. Aber Welch läßt keinen Zweifel aufkommen – es ist ein Konzept, das sich bezahlt macht!

1. Interview mit Jack Welch in: *Industry Week*, 2. Mai 1994.
2. Interview mit Jim Baughman vom 20. Juni 1991.
3. Auszug aus einer Rede von Jack Welch, zitiert in: „Today's Leaders Look to Tomorrow", *Fortune*-Magazin, 26. März 1990, 30-31.
4. Interview mit Gary Wendt vom 31. Juli 1997.
5. Interview mit Steven Kerr vom 29. Juli 1997.
6. Anmerkung d. Übers.: Einrichtung nach dem Vorbild der *Town Meetings* in New England, bei denen die Bevölkerung Gelegenheit hat, auf Forumsdiskussionen mit den Stadtvätern ins Gespräch zu kommen.
7. Auszug aus einer Rede, die Jack Welch am 24. September 1997 in Crotonville gehalten hat.
8. Interview mit Paolo Fresco vom 22. Juli 1977.
9. Interview mit David Calhoun vom 25. September 1997.
10. Auszug aus dem Aktionärsbrief von Jack Welch im *GE*-Jahresbericht 1991.

IV. Wettbewerbsvorteile durch effektiven Einsatz der Mitarbeiter

„Mein Job sind die Leute.
Ich kann kein Triebwerk bauen.
Ich muß auf die Mitarbeiter setzen.“

Drei Erfolgsgeheimnisse: Schnelligkeit, Einfachheit und Selbstvertrauen

„Bürokratie scheut Schnelligkeit und haßt Einfachheit.“

- Die Bürokratie loswerden.
- Führungsebenen abbauen.
- Abspecken.

Darum ging es bei der Umstrukturierung der mächtigen Unternehmensmaschine namens *General Electric.* Welchs Ansatz erwies sich als entscheidendes Element bei der Schaffung einer gestrafften *GE*-Struktur, von deren Notwendigkeit der CEO überzeugt war.

Doch Jack Welch wußte: Damit war es nicht getan – die Schaffung eines wirklich agilen, wettbewerbsstarken Unternehmens verlangte weitaus mehr.

Wenn *GE* ein Weltklasse-Unternehmen werden sollte, mußte er eine neue Strategie entwickeln. Eine Strategie, die eine wohl oder übel geschwächte Belegschaft mit neuer Kraft und Energie erfüllen würde. Die Downsizing-Maßnahmen der 80er Jahre hatten die Mitarbeiterzahlen bei *GE* um fast ein Drittel reduziert, wobei die verbliebenen Mitarbeiter stark verunsichert waren und um ihre Arbeitsplätze fürchteten. Wenn *GE* gewissermaßen im Handumdrehen Arbeitsplätze vernichten konnte – konnte dann nicht als nächstes auch der eigene Arbeitsplatz drankommen?

Welch erkannte das Problem; ihm war klar, daß er den *GE*-Mitarbeitern – den Überlebenden – ein Bewußtsein dafür vermitteln mußte, wie sie sich in dem neuen, schlanken Umfeld zu verhalten hatten. Er mußte etwas tun, das dazu beitragen würde, die Bedenken der Mitarbeiter auszuräumen und wieder Vertrauen und ein positives Selbstwertgefühl aufzubauen.

Also begann Jack Welch Ende der 80er und Anfang der 90er Jahre, sich ernsthaft Gedanken darüber zu machen, was aus *General Electric* in Zukunft werden sollte. Er erinnerte daran, wie die 80er Jahre einen Unternehmenswandel erforderlich gemacht hatten. „Selbstgefällige und zaghafte Unternehmen machten Bekanntschaft mit unfreundlichen Akquisiteuren. Zehn Millionen Arbeitsplätze wurden in der Produktion eingespart und auf den Dienstleistungssektor verlagert. 17 Millionen neue Arbeitsplätze wurden geschaffen, und die Arbeitslosenrate sank auf ihren tiefsten Stand seit 15 Jahren. Die amerikanischen Unternehmen gingen zur Globalisierung über."[1]

Im Zuge eines solchen „Firmen-Darwinismus" blieben die schwachen Unternehmen auf der Strecke, so daß die 80er Jahre für ein produktiveres Unternehmensumfeld sorgten. Millionen Arbeitsplätze gingen im Fertigungsbereich verloren, doch im Dienstleistungsbereich wurde ein Vielfaches an neuen Arbeitsplätzen geschaffen. Diese Entwicklung war nichts anderes als eine natürliche und gesunde Unternehmensevolution – ein Manager konnte keinen größeren Fehler begehen, als zu meinen, was in den 80er Jahren funktioniert habe, reiche auch für die 90er Jahre aus. Es würde verheerende Folgen haben, wollte man „den letzten Krieg noch einmal führen", sagte Welch, denn die Produktivität Amerikas lag immer noch deutlich hinter der Japans.

Auch die übrigen Voraussagen von Jack Welch wurden einer Prüfung unterzogen. Anfang der 80er Jahre hatte er gewarnt, die Welt würde schon bald weitaus komplexer werden, und die Geschichte gab ihm recht: Der Konkurrenzkampf spielte sich auf einem zunehmend überfüllten Schlachtfeld ab, denn inzwischen waren neben Japan auch Europa, Korea und Taiwan als globale Kämpfer hinzugekommen. Eine Intensivierung von Hardware-Lösungen wie Downsizing, Werkstillegungen usw., die sich in den 80er Jahren bewährt hatten, würde nicht annähernd ausreichen, um ein Unternehmen aus den mörderischen 90er Jahren als Gewinner hervorgehen zu lassen:

> Gegenüber der globalen Wettbewerbssituation in den 90er Jahren werden sich die 80er Jahre wie ein Spaziergang durch den Park ausnehmen. Wie kann Amerika in den 90er Jahren gewinnen? Wenn wir gewinnen wollen, müssen wir den Schlüssel zu dramatischem, nachhaltigem Produktivitätswachstum finden. ... In den 90er Jahren müssen wir uns der Software unserer Unternehmen – der Kultur als der unternehmerischen Triebkraft – zuwenden. ... Wir müssen von einer reinen Fortführung des Bisherigen wegkommen und zum Grundsätzlichen gelangen, zu einer grundlegenden Revolution in unserer Einstellung zu Produktivität und Arbeit schlechthin – zu einer Revolution, die jeden Mitarbeiter in der Organisation tagtäglich von neuem erfaßt.[1]

Schnelligkeit, Einfachheit, Selbstvertrauen

Welch hat sein Gewinn-Rezept in drei Worten zusammengefaßt:

- Schnelligkeit.
- Einfachheit.
- Selbstvertrauen.

Wenn er die *GE*-Mitarbeiter zu Schnelligkeit, Einfachheit und Selbstvertrauen bei ihrer täglichen Arbeit bringen könnte, würde sich dies mit Sicherheit „unter dem Strich" bemerkbar machen. Welch war überzeugt: *GE* würde produktiver werden – und profitabler.

Mehr Schnelligkeit – weniger Kontrolle

Welch wußte: Wenn Schnelligkeit, wirklich Schnelligkeit, erreicht werden sollte, mußten Entscheidungen auf buchstäblich jeder Organisationsebene innerhalb von Minuten – nicht Tagen oder Wochen –

getroffen werden. Und er wußte auch: Entscheidungen mußten im Rahmen persönlicher Kontakte getroffen werden – nicht „von Memo zu Memo". Mit anderen Worten: Die Mitarbeiter mußten ihre Entscheidungen gewissermaßen vor Ort treffen und die in großen Organisationen so verbreitete Gewohnheit, erst einmal endlose, aber bedeutungslose Papierberge und Genehmigungen zu durchforsten, aufgeben.

Bei seinen Bemühungen um Schaffung eines schnelleren, strafferen *GE* erinnerte Welch an die Lektionen der 80er Jahre. Damals hatte sich gezeigt, daß zwischen Schnelligkeit und Kontrolle ein Umkehrverhältnis besteht: Mehr Schnelligkeit bedeutet weniger Kontrolle. Der Managementapparat, der in den 70er Jahren gute Dienste geleistet hatte, war Anfang der 80er zu einem Handicap geworden; folglich hatten sich Welch und *GE* dem Wandel der Zeit anzupassen.

Welch ging es vor allem um Schnelligkeit, als er im Dezember 1985 die Sektoren abschaffte – die unnötige Ebene der *Executive Vice Presidents*, die den CEO von den Leitern der 13 großen *GE*-Unternehmensbereiche trennte.

Die Beseitigung dieser Zwischenebene beschleunigte die Kommunikation und trug zur schnelleren Vermarktung neuer Produkte bei.

In seinem Aktionärsbrief 1993 hob Welch das Konzept Schnelligkeit immer wieder hervor. In diesem denkwürdigen Schreiben war mehr von Schnelligkeit und Grenzenlosigkeit die Rede als von irgendeinem anderen Thema. Welch nannte Beispiele für Schnelligkeit bei *GE*:

- Alle 90 Tage erfolgte beim *GE*-Unternehmensbereich Haushaltsgeräte die Ankündigung eines neuen Produkts – vor Jahren noch unvorstellbar.
- *GE 90*, das weltweit stärkste Triebwerk für Verkehrsflugzeuge, wurde in der Hälfte der sonst üblichen Zeit konstruiert und gebaut.
- Ein anderes Team erlangte in weniger als anderthalb Jahren einen Durchbruch mit einer Ultraschall-Innovation. Andere Teams

konstruierten und bauten innerhalb von 18 Monaten eine neue AC-Lokomotive.

1994 erwähnte Welch in seinem Aktionärsbrief die Einführung neuer Produkte als eindeutiges Maß der Bewertung von Schnelligkeit bei *GE*. Dazu nannte er folgende Beispiele:

- Der *GE*-Unternehmensbereich Lampen hat Hunderte von neuen Produkten eingeführt – von der Erweiterung der Halogen-IR-Serie über die neue Serie von kompakten Leuchtstofflampen bis hin zur Einführung der *GE/Motorola*-Serie von elektronischen Vorschaltgeräten.
- Der *GE*-Unternehmensbereich Turbinen- und Kraftwerksbau, der früher Jahre für die Entwicklung neuer Produkte gebraucht hatte, konnte 1994 drei neue Gasturbinen-Generatoren konstruieren und auf den Markt bringen.
- *NBC* führte mit *America's Talking* einen neuen Kabelsender mit einem vielseitigen Talkshow-Programm ein.
- Die Produktentwicklung im *GE*-Unternehmensbereich Medizinische Systeme wurde von einem zweijährigen Zyklus auf knapp ein Jahr verringert. Dadurch sind 70 Prozent der Computertomographie-Produkte von *GE* weniger als ein Jahr alt.

Einfache und verständliche Botschaft

Im Zusammenhang mit Einfachheit ist von Jack Welch häufig zu hören, Unternehmensführung sei doch ganz einfach – *„Business is simple“*. Er fordert seine Mitarbeiter inständig auf, sie möchten den Mut zur Einfachheit aufbringen: Macht das Leben im Unternehmen nicht schwerer, als es ist!

So unterschiedlich die verschiedenen *GE*-Unternehmensbereiche auch sein mögen – Welch drängt jeden Mitarbeiter im Unternehmen, einfach zu denken und seinen eigenen Arbeitsbeitrag im wesentlichen im Rahmen derselben zwei Prozesse – Input beziehungsweise Ouput – zu sehen und darüber hinaus nichts zu „verkomplizieren“.

Die Inputs bleiben doch immer gleich, sagt er: Menschen, Energie und Räumlichkeiten.

Der eine führt mechanische Arbeiten aus, der andere ist mit Finanzangelegenheiten befaßt; doch wenn man bedenkt, welchen konzeptuellen Beitrag ein jeder leistet, dann tut man eigentlich nichts grundsätzlich Verschiedenes. Einfachheit ist im Grunde genommen eine Kunstform mit vielen Definitionen:

> Für einen Ingenieur bedeutet Einfachheit die klare, funktionale Konstruktion mit weniger Komponenten. Für die Fertigung bedeutet Einfachheit die Beurteilung eines Prozesses nicht danach, wie ausgefeilt dieser ist, sondern wie verständlich er denjenigen erscheint, die ihn anwenden müssen. Im Marketing bedeutet Einfachheit eindeutige Botschaften und eindeutige Angebote an Konsumenten und Industriekunden. Und vor allem bedeutet Einfachheit auf individueller und zwischenmenschlicher Ebene eine deutliche, direkte Sprache – Ehrlichkeit.[1]

Einfachheit ist auch unverzichtbar für die wichtigste Funktion eines Unternehmensführers: Schaffung und Vermittlung einer klaren Vision. Dazu Welch: „Der Unternehmensführer steht unaufhörlich in der Pflicht, jeden Umweg und jede Barriere zu vermeiden, um sicherzustellen, daß eine Vision klar vermittelt und dann realisiert wird. Der Unternehmensführer muß eine Atmosphäre in der Organisation schaffen, in der sich die Leute nicht nur frei, sondern geradezu verpflichtet fühlen, von ihren Führungskräften Klarheit und Zweckgerichtetheit zu verlangen."[1]

Ein Unternehmensführer braucht das, was Welch als „allumfassende Botschaft" bezeichnet – eine große, aber einfache und verständliche Idee. Das mag die Zielsetzung sein, Nummer 1 oder Nummer 2 zu werden, das mag ein Motto wie „Sanieren, schließen oder verkaufen" sein, das mag auch die Forderung nach „Grenzenlosigkeit im Unternehmen" sein. Nur muß eine solche Idee so einfach darzustellen sein, daß man sie mühelos Außenstehenden auf einer Cocktail-Party vermitteln könnte. „Wenn nur Branchenkenner verstehen, was Sie da erzählen, können Sie gleich aufhören."

Der erste Mann von *GE* bezeichnet es als eine der schwierigsten Führungsaufgaben, diese so ungeheuer wichtige Schwelle des Selbstvertrauens zu erreichen, ab der man sich im Kontext der Einfachheit wohlfühlt. „Einfache Nachrichten verbreiten sich schneller, einfachere Designs erreichen den Markt schneller, und die Beseitigung unnötigen Durcheinanders ermöglicht eine schnellere Entscheidungsfindung. All dies hat in den oberen Rängen von *GE* stattgefunden." So formulierte es Welch in seinem Aktionärsschreiben 1995. „Der Stab der Führungskräfte wurde durch die Energie, die Begeisterung und die Durchsetzungskraft eines kleinen Unternehmens belebt."[2]

Selbstvertrauen – ein Heilkraut gegen Unsicherheit

Welch wußte, daß die „Überlebenden" von den massiven Veränderungen im Unternehmen erschüttert waren und mehr als alles andere eine gesunde Dosis Selbstvertrauen brauchten: „Manche Leute erlangen ihr Selbstbewußtsein am mütterlichen Knie, andere kraft schulischer, sportlicher oder sonstiger Leistungen. Einige schleichen auf Zehenspitzen durchs Leben – ohne Selbstvertrauen. Wenn wir wirklich ein grenzenloses Unternehmen schaffen wollen, müssen wir für eine Atmosphäre sorgen, in der sich Selbstvertrauen entfalten kann in jedem ... von uns."[3]

Die Hauptursache für viele bürokratische Übel – Verbitterung, Pfründenwirtschaft, interne Machtkämpfe und kleinkariertes Denken, wie sie in vielen Organisationen an der Tagesordnung sind – ist Unsicherheit, sagt Welch. Unsicherheit ruft bei den Leuten Widerstand gegen Wandel hervor, weil sie Wandel als Bedrohung und nicht als Chance begreifen. Und Selbstvertrauen bei den Mitarbeitern kann man am besten dadurch fördern, daß man ihnen Mitsprache zugesteht und sie dazu bringt, zu kommunizieren und einander zuzuhören und zu vertrauen.

> Selbstvertrauen kann niemand entwickeln, der nur bürokratisches Anhängsel ist, dessen Autorität auf kaum mehr als einem Titel beruht. Bürokratie scheut Schnelligkeit und haßt Einfach-

heit. Sie begünstigt Abwehrhaltung, Intrigen, zuweilen auch Gemeinheiten. Wer in der Bürokratie gefangen ist, will nicht mit anderen teilen, ist unfähig, sich für etwas zu begeistern, und wird – in den 90er Jahren – nicht zu den Gewinnern gehören.[4]

Selbstbewußte Menschen stehen guten neuen Ideen, ungeachtet ihrer Herkunft, offen gegenüber und sind bereit, sie zu teilen. Sie bestehen nicht darauf, nur mit Ideen zu arbeiten, die sie selber entwickelt haben, oder für jede ihrer neuen Ideen gebührende Anerkennung zu bekommen. Wir begannen, unter unseren Führungskräften Selbstvertrauen zu entwickeln, indem wir ihnen Unabhängigkeit und die notwendigen Ressourcen gaben und sie zu neuem Elan ermutigten. Die unvermeidliche Welle von Selbstvertrauen, die in den Menschen wächst, wenn sie führende Positionen innehaben, hat eine weitere natürliche Folge: Einfachheit.[5]

Welch setzt sich nachdrücklich für Selbstvertrauen im Unternehmen ein und lobt die Tugenden selbstbewußter Führungskräfte: „Selbstbewußte Menschen haben es nicht nötig, sich in Komplexität zu hüllen, Fachchinesisch zu reden und sich hinter all dem geschäftigen Getue zu verbergen, das in Unternehmen – besonders in großen Unternehmen – für hohes Geschäftsniveau gehalten wird. Führungskräfte mit dem nötigen Selbstvertrauen sind in der Lage, einfache Pläne zu entwickeln, verständlich zu reden und große, klare Ziele vorzugeben.“[5]

Ein Unternehmen kann Selbstvertrauen nicht wie ein Produkt fertigen und liefern. Wohl aber kann es für eine Atmosphäre sorgen, die den Mitarbeitern die Möglichkeit zum Träumen, Wagen und Gewinnen – und damit die Voraussetzungen für Selbstvertrauen – schafft. Welch wird nicht müde, immer wieder auf die Notwendigkeit von Schnelligkeit, Einfachheit und Selbstvertrauen hinzuweisen. So kann man...

... eine Arbeitsmoral [entwickeln], die unsere Stärken fördert, die das ungeheuer produktive Energiepotential aktiviert und freisetzt, von dem wir wissen, daß es in unseren Arbeitnehmern ruht. Wenn wir den Leuten zu erkennen geben, daß es auf das,

> was sie tun, ankommt, daß es wichtig ist; wenn Sie und ich und die Unternehmerschaft des Landes das Selbstvertrauen besitzen, die Leute ihren Weg gehen zu lassen – eine Umgebung zu schaffen, in der jeder Arbeitnehmer in unseren Betrieben einen deutlichen Zusammenhang sieht zwischen dem, was er tagtäglich den ganzen Tag lang tut, und dem Gewinnen und Verlieren in der realen Welt – dann können wir eine Produktivität erzielen, wie wir sie uns in unseren wildesten Träumen nicht hätten vorstellen können. Und das wird die Fähigkeiten unserer internationalen Konkurrenten weit übersteigen; die meisten von ihnen sind in Kulturen verfangen, die es ihnen buchstäblich unmöglich machen, ihre Mitarbeiter zu befreien und zu ermächtigen.[6]

„Wenn Sie kein Selbstvertrauen haben“, sagt Welch, „ist es Ihnen nicht möglich, sich einfach zu verhalten. Das schaffen Sie nicht. Sie haben vielmehr eine Heidenangst, Sie könnten zu simpel erscheinen. Wenn Sie Ihre Chancen, unter dem Strich großartige Ergebnisse zu erzielen, sabotieren wollen, brauchen Sie nur die Organisation in eine komplizierte, vom Wesentlichen ablenkende Geschäftigkeit zu stürzen. Der sicherste Weg zum Mißerfolg besteht darin, einer bürokratischen Schwerfälligkeit und Trägheit Vorschub zu leisten, die Ihre Unternehmensabläufe nur verzögern.“[7]

„Aber“, werden Sie als Unternehmensführer zu Recht fragen, „wie kann ich denn all das vermeiden – all das Überwachen, Kontrollieren und Genehmigen? Das haben wir doch jahrelang so gemacht. Und allem Anschein nach mit Erfolg.“

Es dürfte nicht überraschen, daß Welch eine einfache Antwort für Sie bereithält: Entwickeln Sie das Selbstvertrauen, wichtige Veränderungen in Ihrem Unternehmen vorzunehmen. Entwickeln Sie das Selbstvertrauen, Ihre Unternehmensabläufe zu vereinfachen und zu beschleunigen. Schnelligkeit, Einfachheit und Selbstvertrauen mögen wie Dutzende anderer Unternehmensaphorismen klingen. Aber wenn Sie diese Werte wirklich unterstützen und fördern, geraten sie Ihnen zu mächtigen Managementinstrumenten, die Ihnen helfen, Ihre Organisation zu straffen und die Produktivität Ihrer gesamten Belegschaft zu aktivieren. So einfach ist das.

1. Auszug aus einer Rede von Jack Welch am 6. September 1989 vor *The Bay Area Council* in San Francisco, California.
2. Zitat aus dem Aktionärsbrief von Jack Welch im *GE*-Jahresbericht 1995.
3. Zitat aus dem Aktionärsbrief von Jack Welch im *GE*-Jahresbericht 1990.
4. Auszug aus einer Rede von Jack Welch am 6. September 1989 vor *The Bay Area Council* in San Francisco, California.
5. Zitat aus dem Aktionärsbrief von Jack Welch im *GE*-Jahresbericht 1995.
6. Auszug aus einer Rede von Jack Welch am 6. September 1989 vor *The Bay Area Council* in San Francisco, California.
7. Interview mit Jack Welch in: *Industry Week*, 2. Mai 1994.

Das Potential eines jeden Mitarbeiters nutzbar machen

„Man muß den Leuten den Druck all der Führungsebenen nehmen, die bürokratischen Fesseln lösen und ihnen die funktionalen Barrieren aus dem Weg räumen."

Jack Welchs erste Revolution bei *General Electric* führte zu massivem Wandel: Die 350 Geschäftsbereiche wurden zu 13 Unternehmensbereichen zusammengefaßt.

- Die Kernbereiche der elektrischen Fertigung stellten nicht mehr den Unternehmensschwerpunkt dar; Unternehmensschwerpunkt waren nunmehr die High-Tech-Segmente und der Dienstleistungsbereich.
- Betriebe wurden geschlossen, Gebäude abgerissen und alte Fabriken auf den neuesten Stand der Technik gebracht.
- Neue Werke wurden errichtet und bisherige Führungsebenen abgebaut.
- Die Belegschaft wurde um ein Drittel gekürzt – von ehemals 412000 Mitarbeitern verblieben nur noch 279000.
- Die Umsätze und Gewinne stiegen.

Welch bezeichnete diese Jahre als die „Hardware-Phase".

Die „Hardware-Phase“ hatte zwar die Wettbewerbsfähigkeit von *General Electric* erhöht, aber die Mitarbeiter waren völlig verunsichert.

Gut – sie hatten die einschneidenden Kürzungen überlebt. Aber sie waren noch nicht über den Berg. Die meisten „Überlebenden“ sahen sich mit einer schwierigen und ungewissen Zukunft konfrontiert, und diese Schwierigkeiten bekamen sie jeden Tag zu spüren. Sie arbeiteten in neuen Werken, hatten neue Vorgesetzte, neue Arbeitsplätze. Für die verbliebenen Mitarbeiter gab es weitaus weniger Beförderungsmöglichkeiten als früher. Vor allem aber lebten sie in der ständigen Angst, auch ihr Arbeitsplatz könnte eingespart werden. Die Mitarbeiter mußten mehr Sicherheit für sich und ihre Zukunft bekommen. Zumindest *mußten sie das Gefühl erhalten, gebraucht zu werden.*

Ein Plan zur Ideensammlung

Der CEO von *General Electric* wußte sehr wohl um die negativen Begleitumstände seiner Downsizing-Maßnahmen. Er konnte den *GE*-Mitarbeitern keinen Arbeitsplatz auf Lebenszeit versprechen, mußte aber dennoch einen Weg finden, die verbliebenen Mitarbeiter zu motivieren, sich noch mehr als bisher einzusetzen.

Er mußte seinen Mitarbeitern das Gefühl vermitteln, weniger ein überbeanspruchtes Rad im Getriebe als vielmehr ein „eigenständiger Unternehmer“ zu sein – unmittelbar beteiligt an der Steuerung der Unternehmensgeschicke. Wie konnte er erreichen, daß die Mitarbeiter ein Gefühl von Einbezogenheit und Ermächtigtsein entwickelten? Wie konnte er ihnen zeigen, daß es wirklich auf jeden einzelnen von ihnen ankam?

Seine Lösung war das *Work-Out*-Programm, das darauf abzielte, gute Ideen, gleich welchen Ursprungs, zu fördern, zu erfassen und umzusetzen. Wenn die Mitarbeiter stärker einbezogen wären, so argumentierte Welch, würden sie zur Stärkung der *GE*-Bereiche beitragen – und gesunde, wachsende Geschäftsbereiche waren die beste Garantie für die Sicherheit von Arbeitsplätzen:

> Wenn man schneller, produktiver und wettbewerbsfähiger werden will, muß man zuallererst die Energie, die Intelligenz und das rohe, störrische Selbstvertrauen des amerikanischen Arbeitnehmers freisetzen, der weltweit immer noch weitaus am produktivsten und innovativsten ist.
>
> Wenn man das Potential der Leute nutzbar machen will, darf man ihnen nicht im Nacken sitzen, sondern muß sie losbinden, sie gehen lassen – ihnen den Druck all der Führungsebenen nehmen, die bürokratischen Fesseln lösen und die funktionalen Barrieren aus dem Weg räumen.[1]

Bisher waren die *GE*-Manager für Produktivitätsverbesserung verantwortlich gewesen. „Früher pflegten wir den Leuten zu sagen, was sie tun sollten“, erklärt Welch. „Und die taten dann genau das, was man ihnen gesagt hatte, keinen Schlag mehr.“ Jetzt wird diese Aufgabe auch von den Männern und Frauen in den Werkshallen wahrgenommen: „Wir kommen gar nicht mehr aus dem Staunen heraus, wieviel die Leute leisten, wenn ihnen nicht vom Management gesagt wird, was sie zu tun haben.“[2]

Bei seiner Entscheidung, den Mitarbeitern solcherart Empowerment zuteil werden zu lassen, spürte Welch allerdings einen gewissen Widerspruch zwischen dem, was er propagierte, und dem hierarchischen Führungsstil, der nach wie vor praktiziert wurde. „Kann man denn überhaupt *ermächtigen*, wenn man nicht auch Macht abgibt?“ fragt Steve Kerr vom Crotonville-Institut. „Jack brachte diesen herrlichen Widerspruch auf den Punkt – er erkannte, daß das, was er vorhatte, keinen autokratischen Führungsstil mehr zulassen würde. Welch sagte nämlich, unter anderem könnte der Erfolg von *Work-Out* daran zu erkennen sein, daß man seinen Führungsstil nicht länger dulde.“[3]

Welch ging zwar daran, seine Mitarbeiter im Rahmen *des Work-Out*-Programms zu ermächtigen, wollte den neuen Prozeß aber nicht als Empowerment bezeichnen. Lieber sprach er von „intensiver Einbeziehung“:

> Es bedeutet nicht, daß die Unternehmensleitung ihre Entscheidungsverantwortung aufgibt. Das wird gern verwechselt. Wir wollen, daß jeder ein Mitspracherecht hat. Wir wollen, daß jeder Ideen einbringt. Trotzdem muß irgend jemand das Schiff steuern. Nur ist es nicht so, daß der Betreffende die Hand ständig selbst am Ruder hat. Vielmehr steuert er das Schiff mit Hilfe der Inputs aller, die an Bord sind. Empowerment ist O.K., solange das Konzept richtig verstanden wird. Empowerment bedeutet aber nicht Anarchie. Einbeziehung ist ein weniger mißverständlicher Begriff – intensive Einbeziehung, Mitsprache bei der Entscheidungsfindung, Teilhabe an der Institution, Stimmrecht. Und ich sage Ihnen eines: Mit dem Stimmrecht ist Verantwortung verbunden.[4]

Welch wollte seinen Mitarbeitern das Gefühl vermitteln, daß die Zukunft des Unternehmens von jedem persönlich abhängt – in der Hoffnung, damit die Belegschaft und die Geschäftsbereiche von *General Electric* auf einen gemeinsam verfolgten Unternehmenszweck ausrichten zu können.

Schade, daß wir so lange gewartet haben!

Im nachhinein bedauerte Welch, sieben Jahre lang mit dem Empowerment seiner Belegschaft gewartet zu haben; doch ein früherer Versuch wäre nicht sinnvoll gewesen. Bei *GE* gärte es zu stark, zumal die Mitarbeiter immer noch um ihre Arbeitsplätze bangten. *GE* befand sich in einem Umbruch: Tausende von Mitarbeitern verließen das Unternehmen, Tausende anderer kamen neu hinzu. Inmitten solcher Verunsicherungen und einschneidender Veränderungen wäre es einfach nicht möglich gewesen, einerseits die Mitarbeiter zu beruhigen und andererseits die Produktivität des Unternehmens zu steigern. Eine Ermächtigung der Mitarbeiter zu einem früheren Zeitpunkt, meint Welch, „hätte eine Mischbotschaft ergeben, weil wir doch den Leuten einen Schock versetzen mußten. Ich bin nicht sicher, daß wir dabei glaubwürdig geblieben wären.“[5]

Der CEO von *GE* kam auf die *Work-Out*-Idee, als er an einem Septembertag 1988 dem *GE*-Trainingszentrum Crotonville einen Besuch abstattete.

An jenem Septembertag sprach Welch mit Repräsentanten der oberen wie unteren Führungsriegen bei *GE*. Einige von ihnen beschwerten sich, das eigentliche Problem läge bei ihren Vorgesetzten, die ihrer Meinung nach nicht die *GE*-Werte verträten und kaum ein Interesse daran hätten, die alltäglichen Unternehmensabläufe zu verbessern.

Verschiedene Stabsmitarbeiter wiesen Welch in aller Deutlichkeit auf das Problem hin: Nach all den Downsizing-Maßnahmen und dem Abbau von Führungsebenen waren für die anstehenden Arbeiten einfach weniger Leute da. Anstatt nun behutsam mit der Situation umzugehen, übertrugen die Vorgesetzten den verbliebenen Mitarbeitern die zusätzlichen Aufgaben, ohne groß danach zu fragen, wie sie damit fertig würden.

Nach seinem Besuch in Crotonville zeigte sich Welch verärgert. Ihm mißfiel, was er dort gehörte hatte; und er beschwerte sich, die Fragen, die immer wieder an ihn gerichtet worden seien, hätten besser den jeweiligen Vorgesetzten im eigenen Geschäftsbereich gestellt werden sollen.

Warum, so fragte er sich, fand in den Geschäftsbereichen kein Dialog statt?

Leider wußte er die Antwort nur zu gut:

Trotz all der Veränderungen, die Welch bewirkt hatte, war *GE* nach wie vor eine riesige Hierarchie. Die ranghöchsten Führungskräfte sprachen nur mit den Mittelmanagern und die wiederum nur mit den unteren Führungskräften – und das waren denn auch die einzigen, die überhaupt noch mit den Mitarbeitern vor Ort redeten.

Daß die Belegschaft einen Dialog zu den Vorgesetzten aufnahm, wurde weder erwartet noch unterstützt. Von den Arbeitern erwartete man lediglich, daß sie ihre Arbeit taten.

War es nicht an der Zeit, diese rigide Dinosaurier-Befehlskette zu durchbrechen? War es nicht an der Zeit, Fähigkeiten und Energien der Mitarbeiter zu aktivieren und die Vorgesetzten zur Beantwortung all der Fragen zu zwingen, die man ihm an jenem Tag in Crotonville gestellt hatte?

Welch hielt es für unerläßlich, auch die Führungskräfte auf den nachgeordneten Ebenen für die *GE*-Revolution zu gewinnen. Die Top-Manager waren bereits auf seiner Seite. Aber weiter unten gab es immer noch zu viele Manager, die sich dem Wandel widersetzten.

Welch spürte: Die Lösung bestand darin, daß das *GE*-Personal Fragen bezüglich ihrer Arbeit mit den Managern vor Ort klären mußte – anstatt mit dem Vorsitzenden von *General Electric*. „Wir müssen eine Atmosphäre schaffen, in der die Leute jeden ansprechen können, der ihnen bei der Lösung ihrer Probleme helfen kann."[6]

Welch allein war dazu nicht imstande.

Vertrauen in die „grauen Zellen" der Arbeitnehmerschaft

Den *GE*-Vorsitzenden beschäftigte zunehmend die Frage: Wie konnte man die Mitarbeiter an der Basis dazu bringen, ihren Verstand einzusetzen? Es war für Manager und Mitarbeiter an der Zeit, ins Gespräch zu kommen und gemeinsam zu überlegen, wie man die alltäglichen Funktionsabläufe im Geschäftsbereich verbessern konnte.

Welch wollte erreichen, daß die *GE*-Direktoren sich vor ihre Mitarbeiter stellten und etwas taten, was sie offensichtlich schon lange nicht mehr getan hatten: zuhören. Es war ziemlich wahrscheinlich, daß sich die Manager einem solchen Dialog zunächst nicht bereitwillig stellen würden. Warum auch hätten sie das „Managen" des Unternehmens ohne weiteres unqualifiziertem Fußvolk überlassen sollen?

Welch war bereit, das Risiko einzugehen und seinen Plan umzusetzen. Er war fest davon überzeugt, daß ein Großteil der im Unternehmen vorhandenen Kreativität und Innovation – die wichtigsten Triebkräfte für Produktivität – bei den Männern und Frauen lag, die der konkreten Arbeit am nächsten standen. Die Manager konnten schließlich kein Monopol für Ideen oder für die Lösung von Alltagsproblemen beanspruchen.

Welchs glühender Wunsch nach Liberalisierung des *GE*-Arbeiters paßte hervorragend zum Traum von Amerika. Amerika, so pflegte Welch zu sagen, habe das freieste Unternehmertum der Welt; das amerikanische System basiere auf der Freiheit des Individuums; dieses System habe es ihm ermöglicht, binnen einer Generation Vorsitzender von *GE* zu werden; es gebe fähigen jungen Ingenieuren die Möglichkeit zu raschem Aufstieg im Unternehmen. Wenn die Vereinigten Staaten Bürokratismus und Rigidität in ihr Wirtschaftssystem brächten, würde dies den globalen Konkurrenten zum unmittelbaren Vorteil gereichen. Doch wenn die Unternehmen ihren Mitarbeitern zu persönlicher Entfaltung und Wachstum verhalfen, wenn sie die besten Ideen ihrer Mitarbeiter unterstützten und umsetzten, dann hatte dieses Wirtschaftssystem reale Chancen auf Erfolg.

Für Welch war der Drang zu Liberalisierung und Empowerment der *GE*-Belegschaft ein Gebot des Wettbewerbs. Schließlich kamen die Vereinigten Staaten nicht in den Genuß der Vorteile, die andere Länder mit geschützten Märkten, staatlicher Unterstützung und Beziehungen zu einflußreichen Machtträgern hatten.

Dazu Welch:

> Gelegentlich beschweren wir uns darüber, aber letztlich sind wir es, die im Vorteil sind; und diesen Vorteil würden wohl die wenigsten von uns aufgeben wollen – schon gar nicht, wenn sie unter Druck geraten sind. Tatsache ist, daß wir trotz unserer gemischt-globalen Kulturen und Betriebe ein amerikanisches Unternehmen sind; als solches kann unser System zwar keine Garantien bieten, hat aber auch die wenigsten Barrieren gegen Innovation, Mut und Risikobereitschaft aufzuweisen – den Stoff, der die wirklichen Gewinner der 90er Jahre vorantreibt.[7]

Welchs größte Sorge war, seine Manager könnten den Prozeß der Ermächtigung der Mitarbeiter zum Erliegen bringen. Also argumentierte er wie folgt: „Wenn Sie zwei Leute betreuen und sie lediglich dazu bringen, das zu tun, was Sie ihnen sagen, werde ich mich von Ihnen trennen und Ihre beiden Mitarbeiter behalten. Wo drei Leute sind, will ich auch drei Ideen haben. Wenn Sie lediglich Anordnungen erteilen, bekomme ich nur Ihre Idee. Ich möchte aber unter den

Ideen von drei Leuten auswählen können. Das ist die Grundeinstellung bei *GE*."[8]

In seinem Bestreben um Ermächtigung der Mitarbeiter an der Basis mußte Jack Welch seine Bereichsleiter offensichtlich mit einer weiteren schwierigen Herausforderung konfrontieren: So schwer es für seine Manager auch sein mochte, Mitarbeiter zu entlassen – fast genauso schwierig würde es werden, einen Teil der Entscheidungsfindung den verbliebenen Mitarbeitern zu überlassen.

Aber genau das wollte Welch erreichen. Er vertrat das Konzept „Empowerment" weder aus dem altruistischen Streben heraus, nett zum Personal zu sein, noch aufgrund der Ansicht, die Bereichsleiter seien vielleicht weniger gescheit als die Werksarbeiter.

Nein – Jack Welch will etwas anderes sagen: Sie müssen Ihre Mitarbeiter als integralen Bestandteil Ihres Unternehmens ansehen. Sie werden die Erfahrung machen, daß die Mitarbeiter dann mit um so größerem Engagement und größerer Sorgfalt reagieren. Ein einsatzfreudiger, gewissenhafter Arbeiter ist einfach motivierter und produktiver. Was ist daran eigentlich so kompliziert?

Jeder Mitarbeiter möchte das Gefühl haben, für das Unternehmen wichtig zu sein. Und dieses Gefühl kann sich entwickeln, wenn Mitarbeiter einbezogen und ermächtigt werden. Sie wollen das Gefühl haben, daß sie gebraucht werden – eine schlichte Tatsache, die Unternehmensführer nutzen können, die ihnen zugleich aber gewisse Opfer abverlangt. Weniger Management ist mehr Management, würde Welch sagen. Weniger Management ist für viele Führungskräfte eine schwerverdauliche Kost, aber ein solcher Führungsstil hat ungeheure Vorzüge zu bieten.

---

1. Auszug aus einer Rede von Jack Welch vor *The New England Council*, 11. November 1992.
2. Jack-Welch-Zitat aus: *USA Today*, 26. Juli 1993.
3. Interview mit Steven Kerr, 29. Juli 1997.
4. Interview mit Jack Welch in: *Industry Week*, 2. Mai 1994.
5. Interview mit Jack Welch vom 22. Oktober 1991.

6. Jack-Welch-Zitat, wiedergegeben von Jim Baughman in einem Interview vom 20. Juni 1991.
7. Auszug aus einer Rede von Jack Welch anläßlich der *GE*-Jahreshauptversammlung am 26. April 1989 in Greenville, South Carolina.
8. Interview mit Jack Welch in: *Nikkei Business*, 21. Februar 1994.

Auf das „Boß-Element“ im Unternehmen verzichten

„Sie müssen Freiheit mit einer gewissen Kontrolle ausgleichen, aber Sie müssen mehr Freiheit zugestehen, als Sie sich das je hätten träumen lassen.“

Der *Work-Out*-Prozeß ist Jack Welchs kühnes, ehrgeiziges 10-Jahres-Programm, mit dem bei *General Electric* ein unternehmensweiter kultureller Wandel durchgesetzt werden soll.

Das Programm begann 1989 mit der vorrangigen Zielsetzung, das Miteinanderreden im gesamten Unternehmen auf eine breitere Basis zu stellen. Zugleich wurde das ehrgeizige Ziel verfolgt, das „Boß-Element“ aus dem Unternehmen zu vertreiben. Mit Hilfe des *Work-Out*-Programms wollte Welch das traditionelle Managementkonzept neu definieren, wobei die Verpflichtung, den Mitarbeitern zuzuhören, als integraler Bestandteil der Führungsaufgabe galt. Zugleich wurde den Mitarbeitern im Rahmen des Programms das Recht – und die Verantwortung – übertragen, eigene Ideen zur Lösung anstehender Probleme vorzubringen. Damit sollte dem einzelnen Mitarbeiter ein Mitspracherecht in der Unternehmensführung eingeräumt und zugleich verhindert werden, daß die Vorgesetzten jeden kleinen Schritt im Entscheidungsprozeß diktierten.

Auch andere Unternehmen experimentierten zu der Zeit mit derartigen Empowerment-Bestrebungen, doch *GE* war der erste Konzern, der ein solches Programm unternehmensweit einführte. Letztlich zielte das *Work-Out*-Programm natürlich darauf ab, bei *GE* „Hausputz zu halten“ – die Mitarbeiter zu größerer Produktivität anzuregen und die Unternehmensprozesse einfacher und eindeutiger zu gestalten. Zudem sollte mit Hilfe von *Work-Out* die Verschwendung von Zeit und Energie, die Organisationen wie *GE* typischerweise bei der Abwicklung der täglichen Unternehmensabläufe in Kauf nehmen, reduziert und schließlich gänzlich vermieden werden.

Welch zufolge soll das *Work-Out*-Programm den Mitarbeitern helfen, endlich nicht mehr „gegen Grenzen ankämpfen zu müssen, gegen Absurditäten, wie sie in großen Organisationen entstehen. Wir alle kennen das: zu viele Genehmigungen, Doppelarbeit, Pomp, Verschwendung.“[1]

Schon das *Work-Out*-Projekt als solches ist eine Art *GE*-Paradoxon. Da stellt sich einer der hartgesottensten, aggressivsten Bosse der Nation hin und erzählt seinen Mitarbeitern: Ihr seid viel zu stark herumkommandiert worden – jetzt erkennen wir, daß wir dem Unternehmen Schaden zugefügt haben, weil wir nicht zulassen wollten, daß ihr euer eigener Boß seid!

Zu Anfang hatte das Programm noch keinen Namen. Weil Welch aber ständig davon geredet hatte, er wolle alles Unsinnige aus *GE* „herausarbeiten“ und sich mit Problemen befassen, die einer „Ausarbeitung“ bedurften, überraschte es nicht, daß letztlich die Bezeichnung *„Work Out“* gewählt wurde. (Zu Unrecht meinten einige, hinter *„Work Out“* verberge sich eine weitere Rechtfertigung für Downsizing-Maßnahmen und *„Working-Out“* sei ein Deckname für die Entlassung von Leuten – *„Taking Out“*. Aber Welch versicherte nachdrücklich, dies sei nicht der Fall.)

Im persönlichen Gespräch mit dem Vorgesetzten

Das *Work-Out*-Programm war ursprünglich dazu gedacht, die von Welch angestrebte neue Unternehmenskultur zu definieren und zu unterstützen – eine Kultur ohne Grenzen, die den Mitarbeitern Schnelligkeit, Einfachheit und Selbstvertrauen bei der Arbeit ermöglichte, eine Kultur, die informell und offen war: Von allen Mitarbeitern wurde gleichermaßen die Bereitschaft erwartet, Ideen auszutauschen und voneinander zu lernen.

Zwei Aspekte waren entscheidend für das *Work-Out*-Programm:

- Die Mitarbeiter sollten sich frei fühlen, ihren Vorgesetzten die eigenen Vorschläge persönlich zu unterbreiten.
- Die Mitarbeiter hatten einen Anspruch auf Reaktion – nach Möglichkeit an Ort und Stelle.

Als zweckdienlichstes Modell für *Work-Out* erwiesen sich die *„Town Meetings“* von New England, bei denen die Bevölkerung Gelegenheit hatte, anläßlich einer Forumsdiskussion mit den Stadtvätern ins Gespräch zu kommen: Ein solches „Stadttreffen“ würde die Mauern der Feindseligkeit zwischen Managern und Mitarbeitern zu Fall bringen.

Die *GE*-„Stadttreffen“ (die *Work-Out*-Sitzungen) begannen im März 1989. Welch wollte erreichen, daß jeder bei *GE* bis Jahresende zumindest einen Vorgeschmack von *Work-Out* bekam. Das Programm war *keine* Option – der Vorsitzende lebte nicht in einer Phantasiewelt: Er begriff sehr wohl, daß viele Mitarbeiter dem *Work-Out*-Prozeß mit Mißtrauen begegneten, aus Sorge, das Programm sei nur eine weitere Version von *GE*-Downsizing. Um den Schlag ein wenig zu dämpfen, bot er zunächst allerdings das Programm zur freiwilligen Teilnahme an.

Zu Anfang galt es, mit dem Programm so viele Mitarbeiter wie möglich zu erfassen; die detaillierte Ausarbeitung der *Work-Out*-Technik konnte noch warten. Deshalb waren die Gesprächsthemen in den ersten *Work-Out*-Phasen nicht auf arbeitsrelevante Probleme beschränkt; vielmehr wurden die geladenen Teilnehmer ermutigt, ihre Ansichten zu allen möglichen Themen zu äußern. Erst in späteren Phasen, wenn die Teilnehmer im Umgang mit dem Programm freier geworden waren und sich ihr Mißtrauen etwas gelegt hatte, sollten spezifischere Punkte und Ziele wie Kostensenkung oder Einführung neuer Produkte auf der Tagesordnung stehen.

Vor Beginn einer solchen *Work-Out*-Sitzung wurden die potentiellen Teilnehmer von ihren Bereichsleitern angehalten, mit ihren

Kollegen eine Art Brainstorming durchzuführen, um zusätzliche Ideen für die Sitzung zu sammeln. Die Veranstalter der *Work-Out*-Sitzungen forderten die Anwesenden stets auf, sich frei zu fühlen, alles anzusprechen, was ihnen am Herzen lag.

Nachdem die Veranstalter entschieden hatten, wen sie bei einer bestimmten *Work-Out*-Sitzung dabeihaben wollten, wurden schriftliche Einladungen verschickt, in denen erläutert wurde, was es mit *Work-Out* auf sich hatte; stets wurde darauf verwiesen, die Teilnahme sei keine Pflicht. Anschließend ging ein zweiter Brief an diejenigen, die ihr Interesse am Programm bekundet hatten; erst in diesem zweiten Brief standen Einzelheiten bezüglich Ort und Zeit der vorgesehenen Sitzung.

Ohne Schlips und Kragen

Mitarbeiter und Manager wurden gleichermaßen gebeten, bei solchen Sitzungen leger gekleidet – gewissermaßen ohne Schlips und Kragen – zu erscheinen, um die „Rangunterschiede“ zwischen Management und Belegschaft zu verwischen.

Die Sitzungen dauerten gewöhnlich drei Tage (zuweilen auch nur zweieinhalb Tage) und fanden stets außer Haus statt – meist in irgendeinem Hotel. Die Veranstalter hielten das für sehr wichtig; andernfalls war damit zu rechnen, daß sich die Teilnehmer in den Kaffeepausen davonstehlen würden, um ihre Voice-Mail abzufragen und Fax-Meldungen durchzusehen. Außerdem hatte eine Veranstaltung außerhalb des Unternehmens den Vorteil, daß die Leute das „Denkformat“ ihres Büroalltags leichter ablegen konnten.

Da bei einigen Mitarbeitern die völlige Loslösung vom Büro nicht möglich war, stand bei *Work-Out*-Sitzungen immer ein Kollege vor der Tür bereit, um im Notfall Arbeitsinformationen weiterzureichen und andere, weniger dringliche Nachrichten für die Sitzungspausen zu sammeln. Die Räumlichkeiten für die *Work-Out*-Sitzungen mußten so gewählt werden, daß ein Teilnehmer im Notfall auch mal ins Büro eilen konnte. So konnte es passieren, daß ein Teilnehmer bei einem Kollegen nachfragen mußte, um eine *Work-Out*-Frage zutreffend beantworten zu können – beispielsweise die Frage, warum man eine bestimmte unternehmenspolitische Richtlinie eingeführt hatte oder ob eine bestimmte Richtlinie für ein Arbeitsverfahren bereits genehmigt worden war. Normalerweise reichte ein Telefonanruf, aber manchmal war es auch sinnvoll, einen Mitarbeiter aus dem Büro zu bitten, für etwa einen halben Tag an der Sitzung teilzunehmen. Die eine oder andere Arbeitsunterlage wurde mit in die Sitzung genommen und hinten im Raum abgelegt, aber natürlich waren nicht alle Dokumente und Handbücher zur Stelle. Wenn dann die Sitzung in der Nähe des Büros stattfand, konnte ein Teilnehmer schnell alle benötigten Unterlagen und Berichte holen. Doch solche „Abwesenheiten“ wurden im allgemeinen nur ungern gesehen, so daß man nach Möglichkeit Boten schickte, um dem *GE*-Sitzungsteilnehmer die Unterbrechung zu ersparen.

Da oft der Fall eintrat, daß auf die Schnelle ein bestimmter Zusammenhang, ein Diagramm oder eine Richtlinie benötigt wurden, überlegten sich die *Work-Out*-Veranstalter eine weitere Lösung zur Informationsbeschaffung: die Hotline. Vor den anberaumten Sitzungen vereinbarten die Veranstalter mit „Experten“ aus den verschiedenen Abteilungen eines Geschäftsbereichs (Rechtsabteilung, Finanzabteilung usw.), daß sich diese am zweiten Tag des *Work-Out*-Treffens zwischen 9 Uhr und 11 Uhr vormittags in Telefonbereitschaft hielten. Häufig konnte der Experte dann spontan seine Meinung zu einem wichtigen *Work-Out*-Thema äußern – etwa, wie leicht es sein würde, eine bestimmte Arbeitsrichtlinie oder Vorgehensweise zu ändern.

Alle *Work-Out*-Sitzungen erfolgten nach einem bestimmten Muster. Am ersten Tag nahmen meist 40 bis 50 geladene Gäste teil (es gab auch Sitzungen mit nur 20 Teilnehmern). Die Teilnehmer repräsentierten in aller Regel einen Querschnitt des *GE*-Personals – Topmanager ebenso wie Führungskräfte auf den unteren Ebenen, Gehaltsempfänger ebenso wie Arbeiter auf Stundenlohnbasis. Ein Moderator (Facilitator) stand bereit, um das Eis zu brechen, den *Work-Out*-Prozeß zu „erleichtern“ und die Teilnehmer aufzufordern, ihre Meinung frei zu äußern. Bei den Moderatoren handelte es sich meist um Akademiker mit praktischen Unternehmenserfahrungen; sie hatten für einen ordnungsgemäßen Sitzungsablauf zu sorgen.

Der Bereichsleiter (oder irgendein anderer hochrangiger Repräsentant des Geschäftsbereichs) eröffnete die Sitzung am ersten Tag mit der Diskussion der Stärken und Schwächen des jeweiligen Geschäftsbereichs und erläuterte sie im Kontext der Gesamtstrategie von *General Electric*.

Anschließend veranlaßte der Moderator eine Aufteilung der Teilnehmer in vier Kleingruppen: Jeweils acht bis zwölf Leute saßen in einem Raum und veranstalteten ein Brainstorming über die eine oder andere Schwäche, die der Hauptredner angesprochen hatte. Diese von den Moderatoren als „*Break-out-Rooms*“ bezeichneten Räume lagen dicht nebeneinander, damit der Moderator rasch von der einen zur anderen Gruppe wechseln konnte. Unter anderem gehörte es zu den Aufgaben des Moderators, festzustellen, ob die Teilnehmer in zwei oder mehreren Minisitzungen über dasselbe Problem diskutierten.

Ist diese Genehmigung wirklich erforderlich?

Zwar war es nicht gerade eine Sünde, wenn zwei Gruppen dasselbe Thema erörterten, doch machte der Moderator in einem solchen Fall die beiden Gruppen darauf aufmerksam, daß sie sich mit demselben Problem befaßten, so daß sie dann selbst entscheiden konnten, ob sich eine von beiden einer anderen Thematik zuwenden wollte. Dem Moderator stand kein Vetorecht zu, welche Themen diskutiert wurden; wohl aber war er – wie der Schiedsrichter beim Baseball – bemüht, daß die Spielregeln eingehalten wurden und alle Spieler zum Zuge kamen: Hochrangige Mitarbeiter wurden zurückgepfiffen, wenn sie das Gespräch zu dominieren oder andere Teilnehmer einzuschüchtern versuchten. Und wie ein Schiedsrichter hielt sich der Moderator auch meist „am Rande des Geschehens“ auf: Er überließ den Teilnehmern das Reden.

Von Zeit zu Zeit forderte der Moderator die Minigruppen auf, gemeinsam weiterzudiskutieren. Bei solchen Plenarsitzungen berichteten die Gruppen über ihre Arbeit, so daß jeder erfahren konnte, was die anderen diskutierten.

Während der gesamten Sitzung sollten die Teilnehmer vier Aspekte ihres Unternehmensalltags bewerten:

- Berichte.
- Sitzungen.
- Beurteilungen.
- Genehmigungen.

Welche dieser Aspekte waren sinnvoll? Welche nicht? Was konnte künftig vermieden werden, was war unbedingt erforderlich? Auf diese Weise wollte man die Leute zum Reden bringen.

Nach anfänglichem Dabeisein hatte der „Boß“ – der Bereichsleiter beziehungsweise ein hochrangiger Repräsentant seines Bereichs – den Sitzungen fernzubleiben. Den Betroffenen wurde sogar mitgeteilt, sie gefährdeten ihre Karriere, wenn sie sich in den Sitzungsablauf einmischten.

An den ersten beiden *Work-Out*-Sitzungstagen sollte sich niemand Notizen machen. Jack Welch befürchtete, die Sitzungen bekämen dadurch einen unnötig bürokratischen Anstrich. Dem einen oder anderen mag diese Entscheidung merkwürdig vorgekommen sein, zumal doch wertvolle Ideen zutage gefördert wurden; aber der Vorsitzende von *General Electric* blieb hart: Wer sich etwas notierte, machte sich des Bürokratismus schuldig.

Erst am dritten Tag durfte der Boß in den letzten Sitzungsstunden wieder in Erscheinung treten: Er stellte sich vor die Mitarbeiter, hörte sich ihre Ideen an und versuchte, so viele Vorschläge wie möglich positiv aufzunehmen – und zwar spontan!

Nur drei Reaktionsmöglichkeiten

Die Begegnung zwischen dem Boß und den Mitarbeitern am letzten Tag verleiht dem *Work-Out*-Programm seine besondere Bedeutung und Tragweite. Wir wollen uns einmal vergegenwärtigen, was dieses „Kreuzverhör“ für die Vorgesetzten bedeutet. Zwei volle Tage haben die Mitarbeiter stundenlang über den Boß diskutiert, seine Stärken und Schwächen unter die Lupe genommen, ihn kritisch betrachtet – so, wie man sich einen Film oder ein Theaterstück anschaut. Und dann wurde diese breite Kritikbasis auch noch von Jack Welch höchstpersönlich initiiert und sanktioniert!

Alle *Work-Out*-Teilnehmer sind sich dieser Brisanz bewußt, so daß die Rückkehr des Vorgesetzten zur Sitzung gewöhnlich mit größter Spannung erwartet wird. Der Boß geht nach vorn. Bis dahin hatte ihm schon dieser Gang nach vorn eine Aura der Autorität, Hochachtung und Macht verliehen. Und nun steht er vor seinen Leuten, um ihnen zuzuhören. Wer ist in dieser neuen Welt mit ihrer Rollenverkehrung der Boß, wer der Untergebene?

Wenn der Vorgesetzte an diesem letzten Sitzungstag nach vorn geht, hat er keine Vorstellung davon, was in den letzten Tagen gelaufen ist. Aber das soll sich bald ändern. In dieser Schlußphase der *Work-Out*-Sitzung tragen die Teilnehmer ihre Vorschläge vor, und der Vorgesetzte hat grundsätzlich nur drei Möglichkeiten, darauf zu reagieren:

1. Er kann den Vorschlag auf der Stelle annehmen.
2. Er kann den Vorschlag ablehnen.
3. Er kann um weitere Informationen bitten und seine Entscheidung vertagen. In einem solchen Fall muß er ein Team damit beauftragen, die erforderlichen Informationen bis zu einem bestimmten Termin einzuholen.

In aller Regel werden 80 Prozent der Vorschläge sofort entschieden. Sofern zusätzliche Ermittlungen erforderlich sind, muß der Manager binnen eines Monats eine Entscheidung treffen.

Einer der *Work-Out*-Teilnehmer wird beauftragt, zu allen diskutierten Vorschlägen (zuweilen sind es bis zu 25) einen Protokollbericht zu erstellen und die vom Management durchzuführenden Maßnahmen zwecks Überprüfung der Realisierbarkeit eines bestimmten Vorschlags schriftlich festzuhalten. Dieser Bericht wird sofort an alle *Work-Out*-Teilnehmer verteilt, und die wiederum müssen bestätigen, daß der Bericht genau das wiedergibt, was in der Schlußsitzung mit dem Boß besprochen worden ist. Zuletzt wird der Bericht an alle Mitarbeiter im betroffenen *GE*-Geschäftsbereich weitergeleitet. Bei jedem Verbesserungsvorschlag ist der Name des *Work-Out*-Teilnehmers angegeben, der das Problem angesprochen hat. Dieser „Problem-Champion“ hat nun die Aufgabe, seine Empfehlung weiterzuverfolgen und die Kollegen über den *Work-Out*-Veranstalter von den jeweils erzielten Fortschritten in Kenntnis zu setzen.

Wie Steve Kerr, einer der *Work-Out*-Moderatoren, betont, hat das *Work-Out*-Programm zum Ziel, daß spezifische und konkrete Probleme möglichst eindeutig angesprochen werden. Vage formulierte Verbesserungsvorschläge wie „Wir sind für diese oder jene neue Richtlinie“ weist er zurück und fordert die Teilnehmer auf, sich so präzise wie möglich auszudrücken. Jeder Verbesserungsvorschlag kann bis zu drei Aktionsschritten beinhalten, und jeder dieser Aktionsschritte muß terminlich festgelegt sein. Zum Schluß benennt der *Work-Out*-Veranstalter einen „Einpeitscher“, der dafür sorgen soll, daß alle Termine eingehalten werden.

Work-Out-ABC

Die Durchführung eines *Work-Out*-Programms umfaßt die folgenden sieben Schritte:

1. Auswahl der zu diskutierenden Themen;
2. Bestimmung eines geeigneten repräsentativen Teams, das sich mit der Problemlösung befassen soll;
3. Wahl eines „Champions“, der alle *Work-Out*-Verbesserungsvorschläge bis zu ihrer Umsetzung weiterverfolgt;
4. Organisation von drei (oder zweieinhalb) Tage dauernden Sitzungen, auf denen Vorschläge zur Verbesserung der Unternehmensabläufe erarbeitet werden;
5. Begegnung mit Vorgesetzten, die spontan über jeden einzelnen Verbesserungsvorschlag entscheiden;
6. Veranstaltung weiterer Sitzungen, sofern dies im Rahmen der Umsetzung von Verbesserungsvorschlägen erforderlich ist;
7. Weiterverfolgung des Prozesses mit diesen und anderen Problemen und Verbesserungsvorschlägen.

Zunächst entsprach die *Work-Out*-Konzeption so gar nicht der gewohnten Denkhaltung. Die Mitarbeiter sollten sich frei fühlen, persönlich beim Boß vorstellig zu werden? Und die Vorgesetzten sollten zuhören, wie die Mitarbeiter das Unternehmen einer systematischen Kritik unterzogen, ohne negative Auswirkungen befürchten zu müssen? Doch Welch wollte zumindest den Versuch wagen: Sollte eine Idee letztlich nicht taugen, wäre nicht viel verloren. Sollte sie aber Erfolg haben, hätte man eine völlig neue Methode zur Verbesserung des Unternehmens kreiert – und *GE* würde von der längst überfälligen Offenheit und Originalität seiner Mitarbeiter profitieren.

Die *Work-Out*-Prämisse war denkbar einfach: Diejenigen, die der Arbeitsaufgabe am nächsten stehen, sind bestens damit vertraut – besser noch als die Vorgesetzten. Und die wirksamste Methode, den Mitarbeiter an der Basis zur Weitergabe seines entscheidenden Wissens zu veranlassen, bestand darin, ihm mehr Entscheidungskompetenzen zu geben. Als Gegenleistung für dieses Machtzugeständnis konnte und sollte der Mitarbeiter zusätzliche Verantwortung übernehmen.

Als Jack Welch sein *Work-Out*-Programm einführte, wußte er, daß *GE* im Erfolgsfall ungeheure Vorteile genießen würde:

- Die Produktivität würde sich erhöhen.
- Unnötige Arbeiten würden entfallen.
- Die Mitarbeiter würden sich befreit fühlen und Genugtuung empfinden, selbst für die Abschaffung unnötiger Arbeiten gesorgt zu haben.

Welch konnte nur hoffen und beten, daß sein *Work-Out* ein Erfolg werden würde.

---

1. Auszug aus einer Rede von Jack Welch anläßlich der *GE*- Jahreshauptversammlung am 24. April 1991 in Decatur, Alabama.

Eine Atmosphäre schaffen, in der sich die Mitarbeiter frei äußern können

*„Die Leute, die eigentlich die Arbeit taten, ...
hatten zum Teil erstaunliche Ideen,
wie manches besser zu machen war."*

In der Anfangszeit, als das *Work-Out*-Programm gerade eingeführt worden war, standen die unsichtbaren Mauern zwischen Managern und Mitarbeitern noch fest auf ihrem Sockel und verhinderten so den freizügigen Dialog. Die Bindung an die eigene Vergangenheit und Tradition war zu stark, als daß sie so schnell hätte überwunden werden können. Die Mitarbeiter hatten keinerlei Erfahrung, wie sie ihren Vorgesetzten Vorschläge zur Verbesserung von Unternehmensabläufen beibringen konnten – und auch keinen Anreiz, einen solchen Versuch zu wagen. So etwas hatte es früher nicht gegeben. Deshalb herrschte zu Anfang noch vielfach peinliches Schweigen.

Doch hier und dort faßte das *Work-Out*-Konzept allmählich Fuß.

Es mußte immer nur ein Mitarbeiter den Mut haben, eine Frage zu stellen – und ein Manager mußte bereit sein, die Frage zu beantworten und auf der Stelle über eine Veränderung zu entscheiden. Sobald das Eis gebrochen war, überwanden auch die anderen ihre Schüchternheit und meldeten sich ebenfalls zu Wort.

In einigen *GE*-Unternehmensbereichen kam das *Work-Out*-Konzept sogar richtig in Mode, zumal zu Anfang über einen Mangel an Problemen nicht zu klagen war.

Die Gewerkschaftsmitglieder, die stets ein natürliches Mißtrauen hegten, wenn Führungskräfte des Unternehmens Vorschläge – gleich welcher Art – machten, beäugten *Work-Out* mit der üblichen Skepsis. Einige bezeichneten das Programm gar als *„Jobs-Out"* oder *„Heads-Out"* und waren fest davon überzeugt, Welch und seine Führungsmannen verfolgten mit *Work-Out* letztlich ein finsteres Ziel – nämlich die Kürzung von Arbeitsplätzen und Personal: Welch wolle Löhne und Gehälter einsparen und sei keineswegs darauf bedacht, von seinen Mitarbeitern zu lernen, wie man das Unternehmen verbessern konnte.

Allerdings dauerte es nicht lange, bis selbst die Gewerkschaftsleute merkten, daß es sich beim *Work-Out*-Programm um keine gewöhnliche „Managementmode des Monats" handelte. Wie sie schon bald erkannten, war es Welch wirklich ernst, wenn er davon sprach, er wolle den Beschäftigten Entscheidungsbefugnisse übertragen.

Natürlich verlief nicht jede *Work-Out*-Sitzung reibungslos. Gelegentlich diente das Programm den Arbeitnehmern allenfalls als eine hochstilisierte Gelegenheit, sich gegenseitig Lappalien vorzuhalten – etwa, daß einer Zeitung gelesen hätte oder sich den ganzen Tag „hinter seiner Maschine versteckt" hielte, anstatt zu arbeiten. Doch in anderen Sitzungen konnte der Boß schnell „eingenordet" werden.

So erging es auch Armand Lauzon, dem Leiter der Anlagentechnik im *GE*-Unternehmensbereich Flugzeugtriebwerke in Lynn, Massachusetts.

Wir haben 108 Vorschläge für Sie

Als Armand Lauzon aufgefordert wurde, am dritten und letzten Tag einer *Work-Out*-Sitzung den Sitzungsteilnehmern Rede und Antwort zu stehen, saß ihm der *eigene* Boß im Nacken. Schlag auf Schlag konfrontierten ihn die Teilnehmer mit ihren Verbesserungsvorschlägen, wobei ihm nur drei Reaktionsmöglichkeiten blieben (*ja, nein, weitere Informationen*). Ihm war klar, daß er keinen Blickkontakt zu seinem Vorgesetzten aufnehmen sollte.

Die Gruppe unterbreitete Armand Lauzon an dem Tag 108 Verbesserungsvorschläge – von Dienstplaketten zur „moralischen Aufrüstung" der Werksarbeiter bis hin zur Einrichtung einer neuen Schmiedewerkstatt. Zu 100 der 108 Vorschläge gab er spontan seine Einwilligung! Einer der Vorschläge sah vor, die Mitarbeiter im Lynn-Werk sollten die Möglichkeit haben, ein Gegenangebot zu einem externen Anbieter in bezug auf neue Schutzschilde für Schleifmaschinen vorzulegen; ein Stundenlohnarbeiter hatte geeignete Schutzschilde auf einer braunen Papiertüte entworfen. Das Lynn-Werk bekam den Zuschlag für 16000 Dollar, während der externe Anbieter die stolze Summe von 96000 Dollar verlangt hatte. Dieser Schutzschild-Vorschlag galt als ideales *Work-Out*-Ergebnis: Es sparte *GE* Geld und verschaffte dem Werk in Lynn Arbeitsaufträge. Das kam dem Werk sehr zustatten, denn die dortige Belegschaft war um mehr als 40 Prozent reduziert worden – von 14000 Mitarbeitern im Jahr 1986 waren fünf Jahre später nur noch 8000 übriggeblieben.

Wie der folgende Kommentar eines Elektrikers zeigt, hatten die Mitarbeiter keine Bedenken mehr, ihre Vorgesetzten direkt anzusprechen: „Wenn einem 20 Jahre lang gesagt worden ist, man soll den Mund halten, und dann kommt einer und sagt, man soll den Mund auftun, dann sollen sie es auch so haben."[1] Die *Work-Out*-Vorschläge der Mitarbeiter sparten dem Konzern in dem Jahr nicht nur 200000 Dollar; sie retteten auch Arbeitsplätze!

Klapperschlangen und Pythonschlangen

Bei einigen *Work-Out*-Sitzungen war es so, daß der Moderator die Arbeitsthemen zwei Kategorien zuordnete:

Klapperschlangen und Pythonschlangen. Als *Klapperschlangen* wurden die einfachen Probleme bezeichnet – Probleme, die man wie eine bedrohliche Klapperschlange „erschießen" und auf der Stelle erledigen konnte.

Die als *Pythonschlangen* kategorisierten Probleme waren zu kompliziert, als daß man sie hätte spontan bewältigen können – auch eine zum Knäuel verschlungene Pythonschlange ist nicht ohne weiteres zu „entwirren".

Ein „Klapperschlangen-Problem" bestand beispielsweise darin, daß eine junge Frau, Redakteurin einer beliebten Werkszeitung, bei ihrer Arbeit auf bürokratische Hindernisse gestoßen war. Einer *GE*-Richtlinie zufolge mußte sie allmonatlich erstaunliche sieben Unterschriften einholen, bevor ihre Werkszeitung gedruckt werden konnte. Sie brachte ihr Anliegen recht emotional vor: „Sie alle lesen die Werkszeitung doch gern. Kritik ist nie vorgebracht worden. Sie hat sogar Preise gewonnen. Wozu sind dann sieben Unterschriften nötig?"

Ihr Vorgesetzter sah sie erstaunt an. „Das ist wirklich unsinnig. Davon wußte ich überhaupt nichts."

„So ist das aber", entgegnete sie.

„Also", meinte der Werksleiter, „von heute an brauchen Sie keine weiteren Unterschriften."

Die Zeitungsredakteurin strahlte.

Ein weiteres „Klapperschlangen-Problem" wurde von einem Fabrikarbeiter vorgetragen: „Ich arbeite seit mehr als 20 Jahren bei *GE*. Mein Anwesenheitsnachweis ist makellos. Ich bin vom Management ausgezeichnet worden. Ich liebe dieses Unternehmen. Es hat meine Kinder durch das College gebracht. Es hat mir einen guten Lebensstandard ermöglicht. Aber eines ist wirklich dumm, und das möchte ich hier mal laut sagen."

Der Mann arbeitete an einem wertvollen Geräteteil und mußte dabei Handschuhe tragen.

Diese Handschuhe waren mehrere Male im Monat verschlissen. Um ein anderes Paar Handschuhe zu bekommen, mußte er einen Ersatzmann herbeirufen, und wenn keiner da war, mußte er seine Maschine abstellen. Dann mußte er in ein anderes Gebäude gehen, den Materialraum aufsuchen und ein Formular ausfüllen. Anschließend mußte er eine Aufsichtsperson ausfindig machen, die befugt war, seinen Antrag gegenzuzeichnen. Erst nach Vorlage des gegengezeichneten Formulars im Materialraum wurde ihm ein neues Paar Handschuhe ausgehändigt. Häufig ging dabei eine ganze Arbeitsstunde verloren.

„Das ist doch wirklich dumm."

„Das finde ich auch“, sagte sein Werksleiter, der vorn im Raum stand. „Warum haben wir überhaupt eine solche Regelung?“ Da wurde es mucksmäuschenstill im Raum – jeder wollte die Antwort hören. Endlich kam die Antwort aus den hinteren Reihen: „1973 ist uns eine Kiste mit Handschuhen abhanden gekommen.“

„Die Kiste Handschuhe soll in der Fabrik stehen, in der Nähe der Leute“, ordnete der Werksleiter an. Wieder eine Klapperschlange erledigt.

Im Forschungs- und Entwicklungszentrum in Schenectady stellte ein Mitarbeiter bei einer *Work-Out*-Sitzung die Frage, warum den Managern spezielle Parkplätze zugestanden würden. Keinem fiel ein triftiger Grund ein. Das Privileg wurde auf der Stelle aufgehoben.

Anläßlich einer *Work-Out*-Sitzung für das Kommunikationspersonal des Unternehmens fragte eine Sekretärin, warum sie eigentlich ihre eigene Arbeit unterbrechen müsse, um die Post aus dem Ausgangskorb auf dem Schreibtisch ihres Chefs zu holen.

Konnte der nicht bei Verlassen seines Büros die Unterlagen einfach auf ihrem Schreibtisch ablegen?

Keiner wußte etwas, was dagegen sprach; und schon waren die Routineaufgaben der Sekretärin fortan um einige unproduktive Handgriffe erleichtert.

Bei einer *Work-Out*-Sitzung mit Teilnehmern aus dem *GE*-Bereich Turbinen- und Kraftwerksbau kam zur Sprache, daß die Einkaufsabteilung Schweißgeräte bestellte, ohne sich zuvor mit den Schweißern, die damit arbeiten mußten, abzusprechen. Entsprechend wurden gelegentlich Schweißgeräte bestellt, die für bestimmte Aufgaben ungeeignet waren. Warum sollten nicht auch Schweißer im Einkaufsteam vertreten sein, wenn ein Lieferantenbesuch zwecks Bestellung solcher Geräte anstand?

Spontan stimmte der Manager dem Vorschlag zu.

Die Abänderung solcher Regelungen – Abschaffung von sieben Unterschriften zur Freigabe einer Werkszeitung, Aufgabe von Parkprivilegien für Manager und sogar die Bitte an einen Vorgesetzten, seinen Postausgang selbst abzuliefern – erforderte kaum Zeit und Mühe.

Doch Pythonschlangen waren weitaus schwieriger zu bewältigen als Klapperschlangen. Ein typisches Pythonschlangen-Problem kam bei einer *Work-Out*-Sitzung im *GE*-Bereich Turbinen- und Kraftwerksbau zur Sprache.

An der Sitzung nahmen Mitarbeiter aus der Turbinenfertigung, aus dem Verkauf und aus dem Außendienst teil. Die Kundendienstingenieure beschwerten sich, daß sie immer diese 500 Seiten dicken Berichtsschwarten schreiben müßten. Angeblich waren diese Berichte erforderlich, weil aus ihnen zu ersehen wäre, welche Turbinen bei der nächsten Betriebsunterbrechung ersetzt werden mußten.

Obwohl die Erstellung der unhandlichen Dokumente sehr viel Zeit und Mühe kostete, fanden die Berichte kaum Beachtung. Die Kundendienstingenieure waren sich dessen durchaus bewußt und reichten die Berichte, wenn überhaupt, mit bis zu halbjährlicher Verspätung ein. Dank einiger beharrlicher *Work-Out*-Sitzungen wurden die voluminösen Berichte schließlich abgeschafft und durch kürzere, aktuellere und pünktlich eingereichte Berichte ersetzt – und die wurden dann auch wirklich gelesen!

Schon die Lösung solch trivialer, leicht erkennbarer Probleme im Rahmen von *Work-Out*-Programmen vermittelte den Mitarbeitern ein verstärktes Gefühl der Mitsprache in allen Arbeitsplatzfragen sowie ein positives Selbstwertgefühl.

Keine „Schnüffelsitzungen“

Ein wichtiger Prüfstein für das Programm war das Bemühen, die „Stadttreffen“ nicht zu „Schnüffelsitzungen“ entarten zu lassen – Begegnungen, bei denen lediglich festgestellt werden sollte, wer ein Faulpelz war oder ob einer den Chef nicht leiden konnte.

Mit der Zeit gewannen selbst die *GE*-Gewerkschaftsmitglieder den Eindruck, daß die Geschäftsführung tatsächlich ehrliche Motive verfolgte: Mit dem *Work-Out*-Programm sollten unzweckmäßige Arbeitsgewohnheiten abgeschafft und nicht lediglich Bummelanten entlarvt werden. Welch forderte seine *GE*-Manager nachdrücklich auf, sie sollten nur nicht aufaddieren, wie viele *Work-Out*-Sitzungen sie veranstaltet hätten – der dafür zusätzlich erforderliche Zeit- und Energieaufwand sollte besser an anderer Stelle getrieben werden.

„Sie brauchen mir nicht zu erzählen, Sie hätten 41 *Work-Outs* durchgeführt“, sagte er zu ihnen, „das will ich gar nicht wissen.“[2]

Wenn das Programm funktionierte, meinte er, würde sich das an einem einzigen Maßstab messen lassen, und auf den komme es letztlich an: Produktivitätssteigerung. Trotzdem sei man im Unternehmen geneigt, Erfolg und Mißerfolg anhand quantitativer Ergebnisse zu beurteilen. So brüsteten sich denn auch einige Manager damit, wie viele *Work-Out*-Sitzungen sie schon durchgezogen hätten.

Bis zum Frühjahr 1998 hatte so gut wie jeder *GE*-Mitarbeiter schon einmal an *Work-Out*-Sitzungen teilgenommen.

Die *Work-Out*-Sitzungen waren dazu angetan, Möglichkeiten zur Verbesserung des Unternehmens zu finden – so belanglos das angesprochene Problem auch sein mochte. Wenn es einem Mitarbeiter wichtig war, ein Anliegen vorzubringen – die *Work-Out*-Sitzungen boten dazu eine faire Gelegenheit. In Louisville, Kentucky, stellt *GE* Haushaltsgeräte her; dort suchten die Mitarbeiter auf einer *Work-Out*-Sitzung nach Möglichkeiten zur Verbesserung der Arbeitsbedingungen in Gebäude Eins, wo Waschmaschinen und Trockner produziert werden. Im Sommer war das Klima in der Halle wie in einer Dampfsauna – und das, bevor noch die Maschinen auf dem Montageband eingeschaltet wurden! Die Verbesserungsvorschläge waren unglaublich simpel: Man solle doch ein paar Lüftungsschlitze wieder öffnen, die seit Jahren verschlossen waren (keiner konnte sich erinnern, warum die überhaupt verschlossen worden waren). Man solle Ventilatoren oder ein Gebläse anschaffen. Um ihrem Anliegen Nachdruck zu verleihen, forderten die *Work-Out*-Teilnehmer ihren Chef auf, mit ihnen auf den Parkplatz zu gehen, wo sie in aller Ruhe mit Gestellen und Flipcharts hantierten, während ihr Chef in der Mittagssonne schmorte. Der schweißgebadete Chef hatte verstanden und willigte schnell in die Abkühlungsmaßnahmen für Gebäude Eins ein.

Andernorts wurde die *GE*-Bürokratie auf *Work-Out*-Sitzungen angegriffen. So schaffte man bei *NBC* in den Sendebetrieben und in der technischen Serviceabteilung verschiedene Formulare ab, die sich im Laufe eines Jahres auf über 2 Millionen Blatt Papier anhäuften. Beim *GE*-Unternehmensbereich Kunststoffe in Burkville, Alabama, wo Lexan (ein für Stoßstangen und Milchflaschen verwendetes Polykarbonat) hergestellt wird, wollte ein *Work-Out*-Team den „ersten Durchgang“ erhöhen – den Prozentsatz an Harz, der sich zu verkäuflichen Pellets verarbeiten ließ, ohne daß man ihn einschmelzen und nochmals über die Extruder laufen lasen mußte. Tatsächlich fand man eine Lösung: In der Extruder-Halle wurde ein Computerterminal installiert, das die Arbeiter rechtzeitig auf eventuelle Probleme aufmerksam machte.

In Erie, Pennsylvania, wo *GE* Lokomotiven fertigt, entdeckte ein *Work-Out*-Team, daß Verzögerungen und Nacharbeit durch Unverträglichkeiten bei der Anstrichfarbe verursacht wurden. Es stellte sich heraus, daß *GE* die Farbe bei zwei verschiedenen Lieferanten kaufte. Die Teammitglieder setzten durch, daß die Farbe künftig nur von einem Lieferanten bezogen wurde – mit dem Ergebnis, daß beim Anstrich nur noch zehn Schichten anstelle von bisher zwölf erforderlich waren. Beim *GE*-Unternehmensbereich Finanzdienstleistungen wurde folgender Vorschlag gemacht: Der Bereich *Retailer Credit Services*, der das Kreditkartengeschäft für *Montgomery Ward* betreut, solle seine Kassen direkt an die *GE*-Großrechner anschließen – damit ließe sich der Zeitaufwand für die Einrichtung eines neuen Kundenkontos von 30 Minuten auf nur 90 Sekunden verringern.

Viele der bei *Work-Out*-Sitzungen vorgebrachten Verbesserungsvorschläge waren unglaublich leicht in die Praxis umzusetzen. Beispielsweise kam ein Computertechniker darauf zu sprechen, jeder Berichtsausdruck aus seiner Abteilung enthalte rund zehn unnötige Seiten, weil zu Anfang immer ein Rechnercode ausgedruckt würde. Die *Work-Out*-Teilnehmer fragten ihn, wie er das denn abstellen wolle, woraufhin er schlicht meinte, man brauche nur die Sperrtaste zu drücken. Als einer der Vorgesetzten den Mann in aller Freundlichkeit fragte, warum er das denn nicht schon früher gesagt hätte, antwortete der: „Danach hat mich doch nie einer gefragt.“

Jack Welch zufolge ist mit dem *Work-Out*-Konzept viel erreicht worden:

> Nachdem wir einen Großteil Schrott und Hilfskonstruktionen in unserer Organisationsstruktur beiseite geräumt und uns des nutzlosen Getöses entledigt hatten, das Bürokratie stets hervorbringt ... erhielten wir tieferen Einblick in die Organisation und

> nahmen die Stimmen derjenigen wahr, die eigentlich die Arbeit taten, die Prozesse steuerten ... und mit den Kunden verhandelten. Sie hatten zum Teil erstaunliche Ideen, wie manches besser zu machen war.
>
> Unser Wunsch, diese Kreativität anzuzapfen, all den Ideen sorgfältiger zuzuhören ... und diese in allen Unternehmensteilen noch stärker zu fördern, führte uns zu einem Prozeß, den wir als *Work-Out* bezeichnen.
>
> *Work-Out* ist vieles ... Sitzungen ... Teams ... Aus- und Weiterbildung ... aber das zentrale Ziel ist die Schaffung einer Kultur, in der die Ideen eines jeden einzelnen Mitarbeiters Wertschätzung erfahren ... in der jeder eine Rolle spielt ... in der Führungskräfte führen und weniger kontrollieren ... betreuen und sich weniger einmischen. *Work-Out* ist der Prozeß der Freisetzung von Kreativität und Produktivität, von der wir wissen, daß sie in der amerikanischen Arbeitnehmerschaft steckt ... in der kreativsten, aber respektlosen ... tatkräftigsten, aber freiheitlichen ... Arbeitnehmerschaft der Welt.[3]

Im Sommer 1997 zeigte Welch für die Einbeziehung der Mitarbeiter immer noch dasselbe Engagement wie vor fast einem Jahrzehnt:

> Die wichtigste Aufgabe für einen Unternehmensführer ist die bedingungslose Suche, Wertschätzung und Wahrung der Stimme und Würde eines jeden Menschen. Das ist letztlich das Schlüsselelement. Denn wenn Sie den Leuten Stimme und Würde und Anreize und anderes vermitteln, um sie teilnehmen, sich entfalten und Ideen vorbringen zu lassen, und wenn Sie eine Atmosphäre haben, in der Sie Aufgeschlossenheit und Akzeptanz zeigen, [dann ist alles in Ordnung].[4]

Vom *Work-Out*-Konzept bei *GE* können Unternehmensleiter eine Menge lernen. Zunächst mögen sie den wahren Wert von *Work-Out* anzweifeln, und ihre Mitarbeiter werden vermutlich ebenso mißtrauisch sein. Sicher, es war auch für die *GE*-Bereichsleiter schwierig, herauszufinden, warum es denn so wichtig war, die Stimme und Würde eines jeden einzelnen zu wahren. Und genauso schwierig war es für die Mitarbeiter, sich für ein Programm einzusetzen, das zunächst den Anschein erweckte, man wollte noch mehr Leute loswerden.

Doch mit der Zeit kam es bei *GE* zu einem Dialog – nein, zu Tausenden von Dialogen: Das *Work-Out*-Konzept und seine Praktizierung breiteten sich wie ein Buschfeuer im gesamten Unternehmen aus. Und das ist in jeder Organisation möglich. Aber es setzt Mut voraus.

Keinem Unternehmensführer wird die Vorstellung angenehm sein, zumindest nicht gleich zu Anfang, sich vor die Mitarbeiter stellen zu müssen, kritisiert zu werden und eine ganze Palette von Veränderungsvorschlägen vorgesetzt zu bekommen. Und kaum einem Mitarbeiter wird so recht wohl dabei sein, zumindest nicht gleich zu Anfang, wenn er in dieser Form mit seinem Vorgesetzten Umgang pflegen soll.

Aber es ist möglich. *GE* hat es unter Beweis gestellt – die unternehmensweite Einbeziehung der Mitarbeiter in den Prozeß der Entscheidungsfindung hat dem Unternehmen große Vorteile gebracht: Welch hat die Umsätze bei *GE* von 25 Milliarden Dollar auf satte 90 Milliarden Dollar erhöhen können und *GE* zum wertvollsten Unternehmen der Welt gemacht.

Zwar lassen sich die finanziellen Auswirkungen des *Work-Out*-Programms nicht quantitativ bemessen, doch ist man generell der Ansicht, daß dieses Programm maßgeblich zur Auslösung einer Revolution bei *GE* beigetragen hat: Tausende von Mitarbeitern fühlen sich mitverantwortlich, denn das Unternehmen ist tatsächlich an dem interessiert, was sie zu sagen haben. Stellen Sie sich vor, man könnte eine solche Atmosphäre der Einbeziehung und Zugehörigkeit in Ihrer Organisation schaffen – und stellen Sie sich dann die potentiellen Ergebnisse vor!

1. Anonyme Aussage eines Elektrikers, zitiert in: „How Jack Welch Keeps the Ideas Coming at *GE*“, *Fortune*, 12. August 1991, 43.
2. Interview mit Jack Welch vom 8. Juli 1991.
3. Auszug aus einer Rede von Jack Welch anläßlich der *GE*-Jahreshauptversammlung am 22. April 1992 in Florence, South Carolina.
4. Interview mit Jack Welch vom 22. Juli 1997.

Stretching! Nach den Sternen greifen!

„Wenn eine grenzenlose Organisation ihre Vorliebe für die Schnelligkeit entdeckt, sind Dezimalstellen hinter dem Komma langweilig."

Jack Welch ist fest davon überzeugt: Man muß bestmögliche Leistungen erbringen – und sich dann noch mehr anstrengen. Er bezeichnet seine Unternehmensstrategie als *Stretching.* Für Welch bedeutet *Stretching,* daß man die eigenen Ziele übertrifft. Zuweilen erreichen die *GE*-Bereichsleiter mehr, als sie sich zum Ziel gesetzt hatten, auch wenn sie an ihr *Stretch*-Ziel noch nicht heranreichen. Das findet Welch in Ordnung.

Man soll einen Bereichsleiter auch dann belohnen, wenn er hinter einem *Stretch*-Ziel zurückbleibt, sagt Welch. Bloß nicht mit Strafzumessungen hantieren. Entscheidend für den *GE*-Vorsitzenden ist, daß das Leistungsniveau hoch genug angesetzt wird; denn andernfalls wäre nicht festzustellen, was die Leute leisten können.

Welch versteht unter „*Stretch*-Zielen" folgendes: Man muß herausfinden, welche Leistungsziele – in bezug auf alles, von der Rentabilität bis zur Einführung neuer Produkte – realisierbar und vernünftig sind und im Rahmen der Möglichkeiten von *GE* liegen; und dann muß man höher schauen – noch höher – zu Zielen ganz weit oben, zu Zielen, die außerhalb jeglicher Reichweite zu liegen scheinen, die nur mit übermenschlicher Anstrengung zu erreichen sind.

Dazu sagt Welch: „Wie wir festgestellt haben, leisten wir oft das scheinbar Unmögliche, indem wir unsere Anstrengungen darauf konzentrieren; selbst wenn wir das Ziel nicht ganz erreichen, erreichen wir immer noch mehr, als wir es sonst getan hätten.“[1]

Stretch-Ziele aktivieren

„Nach den Sternen greifen“ – *Stretching*: Damit wird Welch zufolge ein entscheidender Durchbruch erzielt. Damit finden all jene kleinlichen internen Auseinandersetzungen über Budgetziele ein Ende, die sowenig dazu angetan sind, einem Manager zur Ausformung von Visionen zu verhelfen.

Budgets nerven.

Stretch-Ziele aktivieren.

Welch besteht darauf: Manager und Mitarbeiter sollen nach ihren Träumen greifen – und ihre pedantischen Budgetverhandlungen aufgeben, die für große Unternehmen so typisch sind.

Das Feilschen um Budgetpläne leistet lediglich Kompromißlösungen Vorschub: „Die Leute arbeiten einen Monat lang an Diagrammen und Präsentationen und Büchern, um dann dem CEO zu berichten, unter den derzeitigen Wirtschaftsbedingungen und im derzeitigen Wettbewerbsszenario könnten sie bestenfalls die Zwei erreichen. Darauf der CEO: ‚Ich muß den Aktionären aber die Vier geben.‘ Schließlich einigen sie sich auf die Drei, und jeder geht zufrieden nach Hause.“[2]

Ob dies das Ende der herkömmlichen strikten Budgetierung bedeute, will ein Journalist von ihm wissen.

Ja, antwortet Welch, denn wenn es um Budgets geht, kämpfe ein jeder doch nur um den kleinsten gemeinsamen Nenner. Vielmehr solle man *Stretching* vor Augen haben:

> Strikte Budgetierung allein macht keinen Sinn. Für mich ist wichtig, daß man bestmögliche Leistungen erbringt. Es zeigt sich recht schnell, was ein vertrauensvolles, offenes Umfeld zu bewirken vermag. Doch wichtig ist vor allem, daß man ein gutes Personalsystem und ein funktionierendes Vergütungssystem

hat. ... Wenn etwas schiefläuft, dann deshalb, weil das Beurteilungssystem und das Vergütungssystem nicht mit den Zielen der Organisation übereinstimmen. Dann besteht die Gefahr, daß Sie Leistungsanreize nach Maßgabe suboptimaler Kriterien geben.[2]

Hochgeschwindigkeitsmentalität

Um die Bedeutung des *Stretching* zu veranschaulichen, verweist Welch voller Bewunderung auf den japanischen Manager, der in solchem Zusammenhang von einer *„Bullet-Train Mentality“* sprach.

Der Manager sagte, um Japans Hochgeschwindigkeitszug (*bullet train*) mit doppelter Geschwindigkeit fahren zu lassen, müsse weitaus mehr erreicht werden als lediglich eine Verbesserung der Lokleistung. Auch jeder Aspekt der Infrastruktur im Umfeld des Hochgeschwindigkeitszuges – einschließlich Schienen und Oberleitung – müßten ins Auge gefaßt und möglicherweise verändert werden.

Eine Verdopplung der Geschwindigkeit des japanischen *Shinkansen* verlangte also weitaus mehr als eine allmähliche Verbesserung des einen oder anderen technischen Aspekts. Vielmehr war ein neues Paradigma angesagt – eine gewaltige Verbesserung in bezug auf jeden einzelnen Aspekt der Infrastruktur. „Man muß sein Kästchendenken aufgeben“, sagt Welch. „Das ist nicht mehr derselbe Zug mit ein bißchen mehr Effet. Das ist ein gänzlich neuer Gedanke. Bei allen Gesprächen geht es um Großartiges! Es geht darum, die Geschwindigkeit des *Bullet Train* zu verdoppeln – nicht darum, zehn Meilen pro Stunde schneller fahren zu können. Das ist *Stretching.*“[3]

Träume sind aufregend – Dezimalstellen hinter dem Komma nicht!

Stretching, versichert Welch,

> ... bewirkt, daß man ständig sein Ziel vor Augen hat. Und die Leute freunden sich mit der Idee, daß man das Beste aus ihnen

herausholen will, leichter an, wenn man nicht über minimalisierte Budgetzahlen streitet, sondern sie zu Höchstleistungen anspornt und ihre Fortschritte daran mißt – im Vergleich zum Vorjahr, im Vergleich zur Leistung der Konkurrenz. ... Wir sind dabei, unsere Organisation mit Hilfe des *Stretch*-Konzepts zu bereichern. Die Gewinnzuwachsraten sind um 50 Prozent höher als in den ersten 108 Jahren unserer Unternehmensgeschichte, und das in einem schwierigeren globalen Umfeld.[4]

In einem seiner Aktionärsbriefe hat Welch im Zusammenhang mit *Stretching* einmal folgendes gesagt:

> Das *Stretch*-Konzept hätte bei *GE* noch vor drei oder vier Jahren süffisantes Lächeln, wenn nicht gar lautes Gelächter ausgelöst, denn im Grunde bedeutet es doch, Träume zur Festlegung der Unternehmensziele heranzuziehen – ohne konkrete Vorstellung, wie die zu erreichen sind. Wenn Sie wissen, wie Sie zu einem solchen Ziel gelangen – dann ist das kein *Stretch*-Ziel. Wir hatten bestimmt keine Ahnung, wie wir die zehn Lagerumschläge erreichen würden, als wir uns genau das zum Ziel setzten. Aber wir nähern uns diesem Ziel, und sobald wir sicher sind, daß wir das leisten können, wird es Zeit für ein neues *Stretch*-Ziel.[5]

Das ist Welchismus *par excellence*. Nie mit der Gegenwart zufrieden sein. Nie zulassen, daß die Gegenwart die Zukunft diktiert. Sich nicht mit Gegenwärtigem begnügen.

Dem Pizza-Lieferanten zu Reichtum verhelfen

Welch begann erst 1993, von *Stretching* und *Stretch*-Zielen zu sprechen. Er erinnert sich an frühere Jahre:

> In unserer Ängstlichkeit wagten wir uns nur Schrittchen für Schrittchen voran und erhöhten unsere Zielsetzung von, sagen wir, 4,73 Lagerumschlägen auf 4,91 oder die Zuwachsrate von 8,53 Prozent auf 8,92 Prozent; und dann pokerten wir in zeitaufwendigen bürokratischen Verhandlungen auf höchster Ebene

um ein paar Hundertstel nach dem Komma. Darauf kam es doch überhaupt nicht an. Diese endlosen Auseinandersetzungen über belanglose Dezimalstellen in den Konferenzräumen waren mit Sicherheit nicht dazu angetan, die Leute in den Werkshallen oder in den Büros zu begeistern – und die sollten schließlich die Arbeit tun. Meistenteils bekamen sie nicht einmal etwas davon zu hören. Das machen wir jetzt anders. Wenn eine grenzenlose Organisation ihre Vorliebe für Schnelligkeit entdeckt, sind Dezimalstellen hinter dem Komma langweilig. Sie begeistern niemanden und fordern niemanden heraus, sie beflügeln in keiner Weise die Phantasie. Jetzt zielen wir ab auf zehn Lagerumschläge, 15prozentige Zuwachsraten und die Neueinführung von mehr Produkten binnen zweier Jahre, als in den letzten zehn Jahren insgesamt entwickelt worden sind. In einem Unternehmen, das nunmehr Fortschritte im Hinblick auf *Stretch*-Ziele belohnt, anstatt zu bestrafen, wenn einer hinter seinem Ziel zurückbleibt, sind solche Zielsetzungen einschließlich der Quantensprünge zu ihrer Realisierung an der Tagesordnung.

Im gesamten Unternehmen lassen *Stretch*-Ziele unmöglich Erscheinendes zur Herausforderung werden, sie holen das Beste aus unseren Teams heraus; auf diese Weise wird den Pizza-Lieferanten zu Reichtum verholfen, denn jeder Fortschritt auf dem Weg zu diesen Zielen wird bei uns gefeiert. Grenzenlos agierende Leute, angeregt durch Schnelligkeit und von *Stretch*-Träumen inspiriert, besitzen wahrlich unbegrenzte Verbesserungskapazität für alles.[5]

„Dezimalstellen sind Unsinn“, sagte Welch in einem Interview im Jahr 1994. „Träume sind spannend – im Gegensatz zu Dezimalstellen. Aber solange Sie eine Bürokratie nicht dazu bringen, stetige Fortschritte zu belohnen, anstatt Mitarbeiter zu bestrafen, wenn sie hinter dem diesjährigen Mikroplan zurückbleiben, kann das nicht funktionieren.“[6]

Stretching und nochmals Stretching

Welch hat recht: Das *Stretch*-Konzept hat sich positiv auf die Lagerumschläge bei *GE* ausgewirkt. Paolo Fresco, Welchs Stellvertreter, sagt, 1992 habe die Lagerumschlagquote bei vier gelegen. *GE* schaute sich unter seinen besten Konkurrenten um und beschloß, innerhalb der nächsten fünf Jahre zehn Lagerumschläge anzustreben. Das Ziel kam manchen Leuten verrückt vor – hatte nicht *GE* 20 Jahre gebraucht, um die Quote von drei auf vier zu erhöhen? Mitte 1997 sagte Fresco voraus, *GE* würde bis Jahresende achteinhalb oder neun Lagerumschläge realisieren. „Ich glaube, das hätten wir nicht geschafft, wenn wir uns 10 Prozent Verbesserung jährlich zum Ziel gesetzt hätten. Jetzt, meine ich, ist es an der Zeit, daß wir 20 Lagerumschläge anstreben – wir müssen uns dieses Ziel ständig vor Augen halten. Ich glaube, weder wir noch irgendwer sonst kennt die Grenzen unserer Fähigkeit, Verbesserungen zu erzielen."[7]

In einem seiner Aktionärsbriefe schreibt Welch, eine *Stretch*-Atmosphäre

> ... trete an die Stelle einer finsteren, lustlosen Entschlossenheit, gerade so gut zu sein, wie man muß. Vielmehr wird nun gefragt: Wie gut kann man sein? „Wie gut können wir sein?" So lautete die Frage 1991, als sich das Unternehmen zwei große *Stretch*-Ziele setzte: zehnfachen Lagerumschlag und 15prozentige Gewinnspannen bis Ende 1995. Zu der Zeit stellten diese beiden Vorhaben hoch angesetzte *Stretch*-Ziele dar. Schließlich war seit Edisons Zeiten mehr als ein Jahrhundert vergangen, und wir hatten noch immer keine fünf Lagerumschläge und gerade mal 11 Prozent Gewinnzuwachs erreicht.[8]

Bis 1995, so verkündete Welch, würden zehn Lagerumschläge vielleicht immer noch jenseits der *GE*-Reichweite liegen, aber bis Jahresende würde man voraussichtlich gut neun erreichen. „Im *GE* von heute ist ein solches Ergebnis kein ‚verfehltes Ziel', kein ‚gebrochenes Versprechen' oder gar ein ‚blaues Auge', sondern ein Triumph, der gefeiert werden muß."[8]

Der CEO von *General Electric* mußte Anfang 1995 feststellen, daß es noch weiterer Maßnahmen bedurfte, bevor die *GE*-Führungskräfte sich vollends mit dem *Stretch*-Konzept angefreundet hätten.

Man mußte mehr Vertrauen entwickeln. Die Leute fühlten sich immer noch mit den alten Budget-Gepflogenheiten am wohlsten. Jack Welch bestand darauf: Budgets unterdrücken, Budgets bedrükken.

Was das *Stretch*-Ziel eines 15prozentigen Gewinnzuwachses bis zum Jahr 1995 betraf, so hielt Welch das in der verbleibenden Zeitspanne immer noch für möglich.

Es komme darauf an, meinte er, daß *GE* aus seinem 110 Jahre alten Strukturmuster ausgebrochen sei. Inzwischen zuckt er zusammen bei Zahlen, die ihn noch vor einigen Jahren entzückt haben.

Im Jahresbericht 1995 mußte Welch zugeben, daß *GE* zwei seiner *Stretch*-Ziele nicht erreichen würde: die Gewinnzuwachsraten und die Lagerumschläge. In den vergangenen drei Jahrzehnten hatte die höchste Gewinnzuwachsrate von *GE* insgesamt bei 10 Prozent gelegen; die Lagerumschlagsquoten lagen um fünf. 1991 hatte sich *GE* zwei *Stretch*-Ziele für 1995 gesetzt: 15 Prozent Gewinnzuwachsrate und zehnfacher Lagerumschlag.

Ende 1995 gestand Welch ein, daß *GE* beide Ziele verfehlt hatte: *GE* hatte einen Gewinnzuwachs von 14,4 Prozent und knapp sieben Lagerumschläge zu verzeichnen. „Dennoch, indem wir nach diesen ‚unmöglichen' Zielen strebten, lernten wir, die Dinge schneller anzugehen als bei der Verfolgung von ‚erreichbaren' Zielen. Darüber hinaus können wir nun bis 1998 mit Zuversicht neue Maximalziele von mindestens 16 % Gewinnzuwachsrate und mehr als zehnfachen Lagerumschlag anstreben."[9]

1997 war ein Gewinnzuwachs von 15,7 Prozent erreicht, und die Lagerumschläge lagen bei 7,8.

Wie Steve Kerr von Crotonville zu sagen pflegt, scheint Welch aller Lebensweisheit in Sachen *Stretch*-Konzept zu trotzen: Gemeinhin wird angenommen, wenn sich jemand ein zu hohes Ziel gesetzt habe, werde das Ergebnis enttäuschender sein als bei einem niedriger angesetzten Ziel. Doch Welch hat es fertiggebracht, mittels *Stretching* bessere Ergebnisse zu erzielen.

Was geschieht, wenn die Mitarbeiter hinter den Zielen zurückbleiben?

Welch bezeichnet dies als *„crucial issue"* – als eine sehr ernste Angelegenheit.

> Wenn die Leute sich nicht dafür eingesetzt haben, daß ihr Team effektiv arbeitet, gibt man ihnen eine zweite Chance. Wird das Ziel wieder nicht erreicht, übergeben Sie die Zügel einem anderen. Aber Sie strafen nicht, wenn hochgesteckte Ziele nicht erreicht werden. Wenn als Ziel die Zehn angestrebt wird und Sie derzeit bei der Zwei sind, wird schon der Fortschritt auf die Vier gefeiert. Dann vergeben wir Prämien und gehen einen trinken und so. Und wenn dann die Sechs erreicht ist, wird wieder gefeiert. Zeit- und Geldverschwendung für die Budgetierung von 4,12 über 5,13 auf 6,17 gibt es bei uns nicht.[10]

Vice Chairman Eugene Murphy erinnert sich an seine Zeit als Leiter des *GE*-Unternehmensbereichs Flugzeugtriebwerke: „Wenn wir bei der Produktentwicklung meinen, daß wir vier Jahre brauchen, bis das Produkt vorliegt, überlegen wir, wie wir den Zeitplan noch verbessern können. Wir nehmen uns beispielsweise vor, ein Jahr einzusparen. Letzten Endes finden wir Mittel und Wege, dieses Jahr hinzukriegen; aber vielleicht kommen dann noch zwei Monate dazu."[11]

Als Leiter des Bereichs Flugzeugtriebwerke brachte Murphy Anfang 1997 das *Stretch*-Konzept zur Anwendung, um einen 50-Millionen-Dollar-Vorteil aus dem *Six Sigma*-Qualitätsprogramm bei *GE* herauszuholen. „Wir setzten uns das *Stretch*-Ziel, 70 Millionen Dollar zu erwirtschaften. Das dürfte nur unter äußersten Schwierigkeiten zu erreichen sein. Auch zum jetzigen Zeitpunkt weiß ich noch nicht, ob wir das bewerkstelligen können oder nicht. Vielleicht erzielen wir letztlich nur 60 Millionen Dollar. Aber wenn wir uns 50 Millionen Dollar zum Ziel gesetzt hätten, dann hätten wir höchstwahrscheinlich wie die Berserker geschuftet und die 50 Millionen Dollar erreicht. Wenn wir nun die 70 Millionen Dollar als Ziel verfolgen, ist die Wahrscheinlichkeit höher, daß wir über die 50 Millionen Dollar noch hinauskommen."[11] (PS: Der Bereich Flugzeugtriebwerke hat tatsächlich die 70 Millionen Dollar erreicht.)

Robert L. Nardelli, Leiter des *GE*-Unternehmensbereichs Turbinen- und Kraftwerksbau, meint, das *Stretch*-Konzept solle nicht zu wörtlich genommen werden. „*Stretching*", sagt er, „bedeutet eigentlich nichts anderes, als daß man sich ernsthaft herausfordert und davon überzeugt ist, über unbegrenzte Fähigkeiten zu verfügen, alles, was man tut, noch besser machen zu können. Wenn man erst einmal die Phase der Ablehnung hinter sich hat, akzeptiert man das *Stretch*-Konzept bereitwillig als etwas, was man persönlich für gut befindet, nicht als etwas, wozu einen das Management auffordert. Es ist doch viel besser, sich selbst herauszufordern und dann die Befriedigung des Gewinnens zu erfahren, als wenn man zu demselben Ergebnis getrieben würde. Bei dieser Einstellung spielt es eigentlich keine Rolle mehr, ob Sie in bezug auf Ihre Unternehmensführung von *Stretching* reden oder nicht. Sie erwarten einfach größtmögliches Wachstum, unabhängig von der Branchenentwicklung, denn diese Erwartungshaltung haben Sie sich vollends zu eigen gemacht."[12]

Gefahren beim Stretching

David Calhoun, Leiter des *GE*-Unternehmensbereichs Lampen, ist sich gewisser Gefahren und Risiken im Zusammenhang mit dem *Stretch*-Konzept nur allzu deutlich bewußt.

Stretch-Ziele, sagt er, könnten zuweilen in Konflikt geraten mit ursprünglichen Verpflichtungen, die ein Bereichsleiter in seiner Jahresplanung eingegangen sei. Beispielsweise entstehe ein Problem, wenn Jack Welch den Bereichsleiter auffordere, das ursprüngliche Umsatzziel von jährlich, sagen wir, 100 Millionen Dollar zu übertreffen und für selbiges Jahr sein Umsatzziel auf, sagen wir, 200 Millionen Dollar heraufzuschrauben. Calhoun bemerkt dazu: „Man kann *Stretching* auch mißbrauchen. *Stretching* soll uns veranlassen, unser Kästchendenken zu überwinden. Wir sollen Ziele anstreben, die unser Betriebsplan nicht vorsieht. So denken wir vielleicht an die Akquisition eines neuen Unternehmens, an die Verdopplung unserer Verkaufsbemühungen oder an eine Kostensenkung um mehr als 50 Prozent. Und damit sind Risiken verbunden. Einfach die Preise zu senken, um ein *Stretch*-Ziel zu erreichen, wäre glatter Unsinn. Mit anderen Worten: *Stretching* zwingt uns zu Vorhaben, die wir sonst nicht in Angriff nehmen würden. Man will doch einerseits, daß wir die richtigen Projekte durchführen. Und man will andererseits, daß die Bereichsleiter über ihren Kästchenrand hinausschauen, aber gleichzeitig sollen wir auch unsere Verpflichtungen einhalten. Das stellt hohe Anforderungen an die eigene Führungskompetenz."[13]

Patrick Dupuis, Leiter der Revisionsabteilung bei *GE*, gibt zu, daß mit dem *Stretch*-Konzept Risiken verbunden sind, meint aber, die Mitarbeiter bei *GE* seien derart auf *Stretching* eingestellt, daß sie ihre Verpflichtungen rasch mit *Stretch*-Zielen in Einklang brächten: „Wir wüßten gar nicht, wie wir mit Verpflichtungen einerseits und *Stretching* andererseits leben sollten. Wenn man uns drei Zahlen nennt, konzentrieren wir uns auf die *Stretch*-Zahl. Dann ist uns die Verpflichtung egal. So gesehen, kann man bei der Verfolgung von *Stretch*-Zielen leicht die Kontrolle verlieren. Aber wenn man *Stretching* gar nicht erst versucht, kommt man vielleicht seinen Verpflichtungen nicht nach, weil man den Kosten nicht genügend Aufmerksamkeit widmet. Die Leute bei *GE* lieben *Stretching* – vielleicht sogar so sehr, daß sie buchstäblich übers Ziel hinausschießen. Unternehmensführung bei *GE* ist heutzutage eine Gratwanderung."[14]

Selbst Welch scheint sich der Fußangeln beim *Stretching* bewußt zu sein. So mag sich ein weiter unten in der Führungshierarchie angesiedelter Mitarbeiter nach Kräften um Verbesserung seiner Vorjahresleistung bemühen und hat am Jahresende auch Erfolg. Aber der Vorgesetzte dieses Mitarbeiters strebt vielleicht ein weitaus höheres *Stretch*-Leistungsziel an und ist entsprechend enttäuscht: Er macht dem Mitarbeiter Vorwürfe, daß er – seiner Ansicht nach – „nur" mittelmäßige Ergebnisse erzielt hat. Jetzt haben wir einen unzufriedenen Manager und einen demotivierten Mitarbeiter. Daher gibt auch Welch zu: Das *Stretch*-Konzept ist kein einfaches Konzept. Eine erfolgreiche Anwendung braucht ihre Zeit, und viel hängt davon ab, daß die Senior-Führungskräfte und die Manager auf den nachgeordneten Führungsebenen Vertrauen zueinander entwickeln. Dazu Welch:

> In einer schlechten Beziehung setzt sich der Boß ein *Stretch*-Ziel und erklärt dieses Ziel zum Planziel; wenn er dann den Mitarbeiter festnagelt, weil der das Ziel nicht erreicht, ist das *Stretch*-Programm natürlich gestorben. Ich habe keine Probleme mit Leuten, die für mich arbeiten, wenn sie mit großen Plänen, großen Träumen, großen Vorhaben zu mir kommen. Sie wissen, daß sie nicht festgenagelt werden, wenn sie ihren Plan nicht erfüllen. Wohl aber nageln wir sie fest, wenn sie im Kontext ihres Arbeitsumfeldes keine Leistung erbringen. Oder wir belohnen sie, wenn sie im Kontext ihres Arbeitsumfeldes nahe an ihr Planziel herangekommen sind.[15]

Jeff Immelt, Leiter des *GE*-Unternehmensbereichs Medizinische Systeme, trifft folgende Feststellung: Als der CEO von *General Electric* Anfang der 90er Jahre das *Stretch*-Konzept einführte, galt sein Hauptaugenmerk finanziellen Zielen; doch Ende der 90er Jahre ging es ihm in erster Linie darum, die *GE*-Bereichsleiter auf prozeßorientierte *Stretch*-Ziele „einzunorden" (Einführung neuer Produkte, Zykluszeiten usw.): „Sie werden nie zum Erfolg kommen, wenn Sie sich nicht auf Prozeß und Output konzentrieren. Jetzt liegt die Betonung verstärkt auf beidem. Wir wollen ein *Six-Sigma*-Unternehmen werden und nutzen dieses Ziel, um zu guten Resultaten zu gelangen. Wir wissen, wenn wir das tun, können wir jedes Finanzziel erreichen, das Jack uns vorgibt und das mit Wall Street vereinbar ist."[16]

Vergessen wir dabei nicht, daß Jack Welch sein *Stretch*-Programm erst Anfang der 90er Jahre einführte – wohlwissend, daß es in den schmerzvollen Jahren der Umstrukturierung für ein solches Programm zu früh gewesen wäre. Mit einem Empowerment der Mitarbeiter durch *Work-Out* konnte er erst rechnen, als die wichtigsten Downsizing-Maßnahmen abgeschlossen waren. Genauso konnte er das *Stretch*-Programm erst einführen, als die Bereichsleiter genügend Vertrauen zum optimalen Leistungsvermögen ihres Bereichs entwikkelt hatten.

Stretching mag den meisten Unternehmensführern wie eine Art Luxus vorkommen. Auch bei *GE* war es in den ersten Jahren der Welch-Ära nicht anders. Dennoch gibt der Vorsitzende allen Unternehmensführern den folgenden Rat: Begnügen Sie sich nicht automatisch mit dem Zweitbesten, wenn Sie mehr erzielen können! Greifen Sie nach den Sternen! Sie mögen Ihr Ziel nicht erreichen. Es ist sogar wahrscheinlich, daß Sie Ihr Ziel nicht erreichen. Aber *Stretching* im persönlichen wie im betrieblichen Leben verhilft Ihrem Unternehmen zu besseren Leistungen und Resultaten.

Eigentlich meint er mehr als das. Welchs Botschaft lautet auch: Bemühen Sie sich um mehr Kreativität, um mehr Vorstellungskraft, um mehr Umsicht in Ihrem Unternehmen. Je intensiver Sie daran denken, wie Sie mehr aus Ihrem Unternehmen machen können, je höher Sie Ihre *Stretch*-Ziele setzen, desto größeren Erfolg werden Sie haben.

---

1. Auszug aus einer Rede von Jack Welch anläßlich der *GE*-Jahreshauptversammlung am 24. April 1996 in Charlottesville, Virginia.
2. Interview mit Jack Welch in: „Face to Face: Jack Welch“, *FOCUS International*, Januar 1997, 3-12.
3. Interview mit Jack Welch in: *Industry Week*, 2. Mai 1994.
4. Interview mit Jack Welch in: *Business Today*, 7.-21. Februar, 1995.
5. Auszug aus dem Aktionärsbrief von Jack Welch im *GE*-Jahresbericht 1993.
6. Interview mit Jack Welch in: *Industry Week*, 2. Mai 1994.
7. Interview mit Paolo Fresco vom 22. Juli 1997.
8. Auszug aus dem Aktionärsbrief von Jack Welch im *GE*-Jahresbericht 1994.
9. Auszug aus dem Aktionärsbrief von Jack Welch im *GE*-Jahresbericht 1995.
10. Interview mit Jack Welch in: *Nikkei Business*, 21. Februar 1994.
11. Interview mit Eugene F. Murphy vom 24. September 1997.
12. Interview mit Robert Nardelli vom 28. September 1997.
13. Interview mit David Calhoun vom 26. September 1997.
14. Interview mit Patrick Dupuis vom 25. September 1997.
15. Interview mit Jack Welch vom 12. Dezember 1997.
16. Interview mit Jeffrey Immelt vom 26. September 1997.

V. Service und Globalisierung mit dem Ziel zweistelliger Wachstumsraten

„Das Wachstumspotential bei produktbezogenen Dienstleistungen ist unbegrenzt."

Den Servicebereich ausbauen – in die Zukunft investieren

„Der Dienstleistungsmarkt ist größer, als wir je geträumt hätten. Trotzdem werden wir unseren Fertigungsbereich weiter ausbauen. ... Ohne Produkte kann ein Unternehmen nicht leben.“

Früher waren die *GE*-Fertigungsbereiche – Glühlampen, Flugzeugtriebwerke, Haushaltswaren usw. – der wichtigste „Wachstumsmotor“ für den Konzern. Doch das hat sich inzwischen geändert. Das explosive Wachstum des *GE*-Unternehmensbereichs Finanzdienstleistungen (*GE Capital*) und die Akquisition des Fernsehsenders *NBC* haben aus *GE* als einem ausschließlich im Fertigungsbereich tätigen Unternehmen allmählich einen zunehmend diversifizierten Konzern mit einer immer gewichtigeren Servicekomponente gemacht.

Im Jahr 1996 erwirtschaftete der Bereich Finanzdienstleistungen 4 Milliarden Dollar, die *NBC* 953 Millionen Dollar. Insgesamt bestritten die Einnahmen dieser beiden Bereiche fast dic Hälfte des Konzerngewinns in Höhe von 10,8 Milliarden Dollar. Bei den Umsätzen war es ähnlich: Der *GE*-Bereich Finanzdienstleistungen erzielte Umsätze in Höhe von 32,7 Milliarden Dollar, die *NBC* 5,2 Milliarden Dollar – insgesamt knapp die Hälfte vom *GE*-Gesamtumsatz mit 79,1 Milliarden Dollar.

Wichtiger noch ist die Tatsache, daß Welch den Servicebereich ganz offensichtlich als wichtigste Komponente zur Erzielung künftigen Unternehmenswachstums ansieht. Und dazu zählen nicht nur Produkte und Dienste auf dem Versicherungsmarkt, sondern auch Kundendienstleistungen für Industriegüter – sowohl für *GE*-Produkte als auch für Produkte anderer Hersteller.

Das Wort *Service* hat bei *GE* eine neue Bedeutung erlangt: Service ist Teil der neuen Realität im Unternehmensumfeld.

1997 wurde das *GE*-Dienstleistungsangebot für das gesamte Unternehmen gezielt erweitert. Auf die Frage, warum er mit der Einführung dieses Programms so lange gewartet hätte, antwortete Welch: „Das sind alles Dinge, die man erst mit der Zeit lernt. Wenn Jack Welch schon vor 17 Jahren gewußt hätte, was er heute weiß, wäre *GE* ein besseres Unternehmen. Wir sind eine lernende Organisation. Ich lerne jeden Tag hinzu. Bin ständig auf der Suche. Habe von Tuten und Blasen keine Ahnung. Und ich habe Leute hier, die auch weiterlernen wollen."[1]

Die zunehmende Verlagerung auf die Servicedimension des Unternehmens erfolgte beinahe zwangsläufig. Der *GE*-Bereich Finanzdienstleistungen als größter Wachstumsmotor erzielte 1996 eine Zuwachsrate von 17 Prozent – gegenüber 5 Prozent im Bereich Flugzeugtriebwerke und 7 Prozent im Bereich Haushaltsgeräte. Die Umsätze im *GE*-Bereich Kunststoffe waren von 1995 auf 1996 sogar leicht rückläufig. Von den 707 Millionen Dollar, die *GE* 1996 gegenüber 1995 als Gewinnzuwachs verbuchen konnte, kamen erstaunliche 402 Millionen Dollar – fast 57 Prozent des Zuwachses insgesamt – aus dem *GE*-Bereich Finanzdienstleistungen. Seit 1992 konnten die Gewinne in diesem Bereich im Jahresdurchschnitt um beachtliche 18 Prozent gesteigert werden.

Ein Service-Boom

1990 machten die Fertigungsbereiche 56 Prozent im Geschäftsbereich-Portfolio von *GE* aus, die Finanzdienste waren mit nur 25,6 Prozent beteiligt, und der Kundenservice trug mit 12,4 Prozent bei (die restlichen 6 Prozent stammten aus dem Bereich der Fernsehsender).

1995 war der Anteil der Fertigungsbereiche bereits auf 43,5 Prozent gesunken, während die Finanzdienstleistungen mittlerweile 38,2 Prozent bestritten. Die Anteile des Kundendienstbereichs und der Fernsehsender blieben mit 12,3 Prozent beziehungsweise 6 Prozent annähernd gleich.

Doch Schätzungen für das Jahr 2000 zufolge wird die Fertigung einen noch kleineren Anteil am *GE*-Geschäftsbereich-Mix aufzuweisen haben: Die Fertigungsbereiche werden nur noch 33,2 Prozent aller *GE*-Geschäftsbereiche ausmachen, während für den Bereich der Finanzdienstleistungen ein Anstieg auf 45,8 Prozent erwartet wird; die Kundendienstkomponente wird sich auf 16 Prozent erhöhen, und der Sendebereich wird einen konstanten Anteil von 5 Prozent halten.

Die Entscheidung, *GE* in ein dienstleistungsorientiertes Unternehmen umzuwandeln, war durchaus gerechtfertigt. Aufgrund der rückläufigen Entwicklung in den Fertigungsbereichen stiegen die Unternehmensumsätze in den Jahren 1990 bis 1995 nur um durchschnittliche 5,4 Prozent jährlich. Doch im Jahr 1995 erhöhten sich die Umsätze um beachtliche 17 Prozent auf insgesamt 70 Milliarden Dollar, und die Gewinne stiegen um 11 Prozent auf 6,6 Milliarden Dollar. 1996 waren die Zuwachsraten noch beeindruckender: 13 Prozent Umsatzsteigerung (auf einen Rekord-Gesamtumsatz von 79,2 Milliarden Dollar) und 11 Prozent Gewinnzuwachs (auf einen Rekord-Gesamtgewinn von 7,28 Milliarden Dollar).

Auslöser für den Übergang bei *GE* von einem fertigungsorientierten zu einem dienstleistungsorientierten Unternehmen waren die „stillen Reserven“ – die bei den Kunden installierten Industrieanlagen und Ausrüstungen, zu denen 9000 *GE*-Triebwerke für die Zivilluftfahrt, 10000 Turbinen, 13000 Lokomotiven und 84000 Geräte für medizinische Diagnoseeinrichtungen zählten. Jim McNerney kommentiert: „Diese Vermögenswerte waren bisher unterschätzt worden. Die Produkttechnologie hatte uns stärker interessiert als die Servicetechnologie.“[2]

Doch das sollte sich Ende der 90er Jahre ändern. Im Oktober 1996 erzielte *GE* 7,8 Milliarden Dollar – rund 11 Prozent vom Gesamtumsatz – durch Serviceleistungen an den kundenseitig installierten Industrieanlagen und Ausrüstungen. Die so erwirtschafteten Umsätze könnten sich noch bis zum Jahr 2000 auf stolze 18 Milliarden Dollar mehr als verdoppeln. Wenn das keine guten Zukunftsaussichten für *GE* sind – zumal die Gewinnspannen im Dienstleistungsbereich normalerweise um 50 Prozent höher liegen als beim Verkauf von Industrieprodukten!

Erste strategische Verpflichtungen

Die strategische Verpflichtung zum Ausbau der Servicekomponente bei *GE* geht auf das Jahr 1994 zurück; schon 1995 konnte die erste ausschließlich dienstleistungsorientierte *GE*-Geschäftseinheit aktiv werden.

Der Bereich Medizinische Systeme lieferte CAT-Scanner, Magnetresonanz-Systeme und andere bildgebende medizinische Einrichtungen an die rund 300 Krankenhäuser, die von *Columbia/HCA*, der größten nationalen Klinik-Organisation, betrieben werden.

Im Frühjahr 1995 erreichte *GE* eine Übereinkunft mit *Columbia/HCA,* derzufolge *GE* das Management aller Serviceleistungen für die bildgebenden Diagnosesysteme des Betreibers, unabhängig vom jeweiligen Hersteller, übernahm. 1996 willigte *GE* in einen weiteren Service für *Columbia* ein und übernahm das Management nahezu aller Lieferungen an medizinischem Verbrauchsmaterial, obgleich *GE* die Artikel zum größten Teil nicht einmal im Verkaufsprogramm hatte. Beide Partner profitierten von diesen Abmachungen: *GE* sicherte sich das Geschäft, während *Columbia* Einsparungen in Millionenhöhe zuflossen.

Im Oktober 1996 hatte sich der *GE*-Bereich Medizinische Systeme bereits eine feste Position im Dienstleistungsgeschäft erobert: Volle 40 Prozent seiner Umsätze in Höhe von 3,5 Milliarden Dollar wurden mit Serviceleistungen erwirtschaftet. Das Geschäft lief so gut, daß der Bereich den anderen *GE*-Bereichen als ein Vorbild empfohlen wurde, dem es nachzueifern galt. Zum weiteren Ausbau des Servicegeschäfts ging der *GE*-Bereich Medizinische Systeme dazu über, selbständige Anbieter von medizinischen Dienstleistungen aufzukaufen. So erfolgte im Februar 1996 die Akquisition von *National Medical Diagnostics*, einem führenden Dienstleister für bildgebende Diagnosesysteme. Später im Jahr kam noch ein privates Versicherungsunternehmen für Wartungsdienste hinzu.

Der Bereich Medizinische Systeme hat darüber hinaus 80 Millionen Dollar in den Aufbau eines modernen Ausbildungszentrums einschließlich eines Fernsehstudios investiert – mit dem Ziel, Lehrprogramme zu entwickeln. Gegen eine Benutzergebühr zwischen 3.000 und 20.000 Dollar wird Krankenhäusern die Möglichkeit geboten, sich in laufende Sendungen über aktuelle Themen wie zuträgliche Mammographie-Techniken einzuschalten. 1996 haben die Senior-Führungskräfte des Bereichs Medizinische Systeme dem Führungsteam einer regionalen Krankenhauskette sogar ein halbtägiges Managementseminar mit Diskussionen zu strategischer Planung, Mitarbeiterbeurteilung und Zeitmanagement geboten.

Die Erweiterung des Serviceangebots hat dem Bereich Medizinische Systeme eindeutig zu Wachstum verholfen – trotz eines vergleichsweise trägen globalen Marktes für medizinische Einrichtungen.

Im Januar 1977 übernahm Jeff Immelt die Leitung des Bereichs von seinem Vorgänger John Trani, der seinerseits die Leitung von Stanley Works übernahm. Immelt stieg in eine 4,5-Milliarden-Dollar-Sparte mit weltweit 15000 Mitarbeitern ein; der Unternehmensbereich war die Nummer 1 auf dem Markt für bildgebende Diagnosetechniken wie CAT-Scanner und Ultraschall-Geräte.

Immelt fragte sich: Wo gibt es Wachstumsmöglichkeiten für uns?

Das Servicegeschäft schien ihm am besten geeignet zu sein. Derzeit machte es rund 40 Prozent vom Umsatz aus – bei einer Wachstumsrate zwischen 10 und 15 Prozent jährlich. Immelts Fünf-Jahres-Ziel gilt dem Ausbau des Geschäftsbereichs durch Nutzung weiterer Marktmöglichkeiten.

So könnte mit einer informationstechnologischen Serviceleistung ein Wachstum von 20 bis 30 Prozent im Jahr erreicht werden: Das System *Integrated Imaging Solutions* bietet Kunden die Möglichkeit zur Ferndiagnose, indem beispielsweise Scan-Daten von einer fahrbaren Station an ein meilenweit entferntes Krankenhaus übermittelt werden. Der Bereich Medizinische Systeme hat diese Technologie auch anderen *GE*-Einheiten, darunter den Bereichen Flugzeugtriebwerke, Transportsysteme und Turbinen- und Kraftswerksbau, zur

Verfügung gestellt, so daß nunmehr eine Echtzeit-Überwachung der Leistung von Triebwerken während des Fluges, von Lokomotiven im Güterverkehr wie auch von Turbinen in Kraftwerken möglich ist.

1977 fiel in San Francisco ein wichtiger Scanner mitten im Operationsbetrieb aus. Über Satellit informiert, gelang es dem im französischen Buc nahe Versailles stationierten *GE*-Wartungsdienst, die Optical Disk am defekten Gerät per Fernsteuerung neu zu konfigurieren, so daß die Operation in San Francisco fortgesetzt werden konnte. Die medizinischen Wartungsdienste von *GE* beherrschen dieses Verfahren so gut, daß sie in den Vereinigten Staaten mittlerweile auch Wartungsarbeiten an Geräten fremder Hersteller durchführen und damit die Konkurrenz zu vergleichbarem Serviceangebot zwingen.

David Calhoun, inzwischen Leiter des *GE*-Unternehmensbereichs Lampen, erinnert sich, wie sich die Angebotserweiterung durch eine Servicekomponente in dem zuvor von ihm geleiteten Bereich Transportsysteme ausgewirkt hatte: „Das Servicegeschäft öffnet einem wirklich die Augen. Im Lokomotiven-Bereich verkauften wir jahrein, jahraus Lokomotiven – größere, starke Loks. Aber als Eisenbahner erzielt man Produktivität nicht mit der Lokomotive, sondern mit einer Steigerung der Auslastung von 50 auf 80 Prozent. Auf dieser Schiene haben wir eine ganze Palette an Produkten und Optionen entwickelt, die wir nun den Eisenbahngesellschaften anbieten – allesamt im Servicebereich.“[3]

Dazu zählt auch das Angebot computergestützter Dispatchersysteme, die den Eisenbahngesellschaften einen effizienteren Einsatz ihrer Flotten ermöglichen: Über eine an den Lokomotiven angebrachte Elektronikausrüstung können die Eisenbahngesellschaften den Standort ihrer Lokomotiven zu jedem Zeitpunkt überprüfen. Calhoun erläutert: „Wir kennen die Technologie. Wir können schneller erkennen, wo der Defekt liegt. Vor unserem Einstieg ins Servicegeschäft haben die Eisenbahngesellschaften alles selbst gemacht. Aber wir mußten ihnen umständliche lange Wartungsinstruktionen geben. Und dann kamen die immer noch mit allen möglichen Fragen zu uns. Aber jetzt ist an den neuen Produkten soviel Elektronik, daß die Eisenbahner damit Schwierigkeiten haben. Auf das früher erforderliche Kontrollpersonal kann man nun verzichten.“[3]

Serviceleistungen – Trumpf der späten 90er

Mit der Fokussierung auf Serviceleistungen meint Welch einen der höchsten Trümpfe für die ausgehenden 90er Jahre in der Hand zu halten; seine *GE*-Dienstleistungsbereiche hat er als unabhängige Einheit aufgebaut. Jim McNerney von *GE* sagt dazu: „Die Versuchung ist groß, den Servicebereich funktional zu organisieren, aber Jack hat darauf gedrängt, daß wir unsere Dienstleistungen als eigenständigen Bereich managen, nach Produkten aufteilen und vom Produktgeschäft als solchem trennen. Alle anderen waren mehr dafür, das Servicegeschäft im Rahmen des Produktgeschäfts abzuwickeln. Allerdings kommt es dann leicht zu einer Vermischung der beiden Aktivitätsbereiche, und möglicherweise wird man dann keinem von beiden gerecht. Werden beide Bereiche hingegen als eigenständige Gewinn- und Verlustzentren organisiert, ist die Wahrscheinlichkeit größer, daß man optimale Resultate erzielt. Für das Management stellt sich dann die Herausforderung, dem Kunden gegenüber beide Seiten des Geschäfts zu vereinbaren."[4]

Die großen Fertigungsbereiche – Flugzeugtriebwerke, Stromerzeugung, Medizinische Systeme – haben den Auftrag erhalten, das Servicegeschäft in ihren Bereichen auszubauen. Einige haben dabei Akquisitionen als gute Möglichkeit zur Erweiterung ihres Serviceangebots schätzen gelernt. Auch hat *GE* im Mai 1995 ein Joint-venture mit dem italienischen Energieversorgungsunternehmen *Societa Nordelettrica* (Mailand) gegründet; die beiden Unternehmen bieten seither Wartungs- und Betriebsdienste für Kraftwerke in ganz Europa an. Der *GE*-Unternehmensbereich Turbinen- und Kraftwerksbau hat zudem versucht, sich seinen Anteil am Milliarden-Dollar-Markt zu sichern: Sein Serviceangebot umfaßt das Management von Energieversorgungsanlagen selbständiger Stromerzeuger sowie die Koordinierung des Brennstoffeinkaufs für Kunden im deregulierten Energieversorgungsmarkt. Aus selbigem Grund betrieb *GE* eine 500-Megawatt-Gasturbinenanlage für *Ocean States Power* in Rhode Island.

Vice Chairman Paolo Fresco weist darauf hin, *GE* sei schon immer im Servicebereich aktiv gewesen, nur habe man früher von

Kundendienst gesprochen und darunter den (zusätzlichen) „Dienst am Kunden in Ergänzung zum Kauf eines Produkts" verstanden. „Heute verstehen wir den Servicebereich als unseren primären Markt", betont Fresco. „Im Zuge unseres Dienstes am Kunden stellen wir ihm unter anderem auch ein Fertigungsprodukt bereit."[5] Fresco hat den Eindruck, daß *GE* anderen Unternehmen in Sachen Serviceleistungen für die eigenen Produktprgramme weit voraus ist – besonders in den *GE*-Bereichen Stromerzeugung, Flugzeugtriebwerke, Industrieprodukte und Medizinische Systeme.

Wie von offizieller Seite verlautet, haben die Fertigungsbereiche bei *GE* keine besonders rückläufige Entwicklung erfahren. Vielmehr ist es so, daß in den Dienstleistungsbereichen eine potentiell höhere Wachstumsrate erzielt wird als in den Fertigungsbereichen. Der Grund liegt auf der Hand: Die Zahl der weltweit abzusetzenden Industrieprodukte ist begrenzt.

Insgesamt ist Welch zu dem Schluß gelangt, es sei ein Fehler, wollte man aus dem Produktgeschäft aussteigen und ganz zum Servicegeschäft übergehen. Der gute Ruf von *GE* basiere nach wie vor auf seinen Produktprogrammen:

> Wir bieten den Unternehmen Komplettlösungen an – weniger aus dem Bemühen heraus, unseren Produkten zu größerem Absatz zu verhelfen, sondern weil die Unternehmen unsere Produkte brauchen. So gesehen, werden wir immer ein Unternehmen sein, das High-Tech-Produkte verkauft. Ohne Produkte kann ein Unternehmen nicht leben. Wenn Sie aus dem Geschäft aussteigen, sind Sie weg vom Fenster. Wenn ich keine neuen medizinischen Scanner mehr auf den Markt bringe, wie viele Krankenhäuser werden sich dann noch an mich wenden und neuen Service anfordern?
>
> Nehmen Sie die Luftfahrt. Ich weiß nicht, wie weit meine Leute gehen würden, aber eines Tages könnten sie vermutlich die Wartung für ein ganzes Flugzeug übernehmen. Wenn der Kunde das will, werden sie entsprechende Möglichkeiten finden. Der Markt ist größer, als wir je geträumt hätten. Aber eines steht absolut fest: Wir werden unseren Fertigungsbereich weiter ausbauen und weiterhin Flugzeugtriebwerke herstellen.[6]

Kein Spaß am Servicegeschäft?

Fresco macht sich keine Sorgen, daß *GE* seine Attraktivität als Fertigungsunternehmen verlieren könnte, wenn es sein Serviceangebot derart in den Vordergrund stellt: „Ich wäre besorgt, wenn wir so weit gegangen wären, das Produktgeschäft ganz aufzugegeben. Dann hätten wir einen Teil unserer Wurzeln gekappt. Wir sind aber nach wie vor in unserer technologischen Kompetenz verwurzelt. Entscheidend ist vielmehr eine grundsätzlichere Überlegung: Wenn Sie nur an Ihren Ursprüngen festhalten wollen, wird es Ihnen wie den Dinosauriern ergehen. Sie müssen sich weiterentwickeln. Wir sind bemüht, das Beste in unserer Geschichte zu bewahren, aber wenn wir uns an etwas klammern würden, was vor 20 Jahren gut war, ohne etwas daran ändern zu wollen, dann würden wir scheitern. Genauso ist es vielen Unternehmen ergangen. Wir haben eine Menge verändert. Und deshalb sind wir das einzige Mitglied des ursprünglichen *Dow Jones Industrial Average*, das auch noch 100 Jahre später im Aktienindex geführt wird.“[7]

Welch weiß, daß dem Ausbau der Servicedimension ein großes Hindernis im Wege steht: Produktinnovation macht Spaß, Engagement im Servicegeschäft nicht. Trotzdem meint er, der Dienstleistungsbereich besitze ein unglaubliches, noch keineswegs erschöpftes Potential.

Paolo Fresco stimmt zu. „Das Problem“, sagt er, „besteht darin, die Ingenieure und Techniker zu überzeugen, daß [produktbezogene Dienstleistungen] genauso lohnenswert sind wie die Erfindung einer Turbine für das Jahr 2010. Offensichtlich herrscht unter den Technikern ein gewisses Macho-Denken, wenn die meinen, sich immer nur für das fortschrittlichste Produkt einsetzen zu müssen.“[7]

GE trägt dieser Herausforderung Rechnung: Der Konzern hat eigens ein Servicegremium (*Services Council*) eingerichtet, bei dem Fresco den Vorsitz führt. In diesem Gremium sind die Leiter verschiedener dienstleistungsorientierter Bereiche vertreten; gemeinsam bilden sie eine unternehmensweite Beratungsinstitution, die sich Gedanken über die Serviceleistungen von *GE* macht.

Paolo Fresco sagt auch, die neue Fokussierung auf die Servicekomponente stehe in gewissem Widerspruch zur Welch-Strategie „Nummer 1, Nummer 2“: „Wenn man die Position als Nummer 1 oder Nummer 2 anstrebt, könnte man versucht sein, den Markt so zu definieren, daß gute Chancen bestehen, den Status als Nummer 1 oder 2 zu erzielen. Sobald man aber nicht nur das Triebwerk verkaufen will, sondern auch verschiedene Dienstleistungen im Zusammenhang mit diesem Triebwerk erbringen möchte, wird der Markt um ein Zehnfaches größer, und der eigene Marktanteil wird um ein Zehnfaches kleiner, weil man gegen andere Service-Unternehmen konkurrieren muß. Das Universum der Konkurrenten wie auch der potentiellen Kunden wird sehr viel größer.“[7]

So mußte sich *GE* einst nur gegen die Konkurrenz von *Pratt & Whitney* und *Rolls-Royce* behaupten, während sich der Konzern heute zahlreichen Serviceanbietern gegenübersieht – darunter Fluggesellschaften mit eigenen internen Servicekomponenten.

Eugene Murphy, Leiter des Unternehmensbereichs Flugzeugtriebwerke von 1993 bis August 1997, erläutert, wie und warum der Bereich sein Servicegeschäft ausbaute. Anfang der 90er Jahre, als die Verteidigungsausgaben drastisch gekürzt wurden und eine Rezession unvermeidlich war, geriet der Bereich Flugzeugtriebwerke zunehmend unter Druck. Verschiedene Verkehrsfluggesellschaften gingen pleite. Die überlebenden Fluggesellschaften stellten immer höhere Anforderungen.

Vor diesem Hintergrund entwickelte der Bereich Flugzeugtriebwerke ein Triebwerk-Servicegeschäft mit zweistelliger Wachstumsrate und einem Jahresumsatz von mehr als 2 Milliarden Dollar im Jahr 1996. So wurden Wartungs- und Instandsetzungsverträge für zehn Jahre mit *British Airways, US Air* und *Atlas Air* abgeschlossen. Darüber hinaus erwarb der Bereich einen größeren Anteil an *Celma,* einem schnell wachsenden brasilianischen Instandsetzungsbetrieb, und traf Joint-venture-Absprachen mit Fluggesellschaften und anderen führenden Anbietern von Wartungsdiensten. Im Jahr 1995 integrierte der Bereich Flugzeugtriebwerke die Serviceleistungen für Instandsetzungs- und Reparaturarbeiten und das Ersatzteilgeschäft in einen eigenständigen Geschäftsbereich *(GE Engine Services)*, um den Serviceaktivitäten in Übereinstimmung mit Jack Welchs Plan einen unabhängigen Status bei *General Electric* zu verleihen.

Im Rahmen des im März 1996 für zehn Jahre abgeschlossenen 2,3-Milliarden-Dollar-Vertrags mit *British Airways PLC* führt *GE* 85 Prozent der Wartungsarbeiten an den Triebwerken der *BA*-Flotte aus, einschließlich der Triebwerke, die von den Konkurrenten *Rolls-Royce PLC* und *Pratt & Whitney* hergestellt wurden.

In der Tat: Das Servicegeschäft trägt *GE* in die Zukunft. Daran besteht kaum ein Zweifel. Wie leicht wäre es für Jack Welch gewesen, den Serviceaspekt herunterzuspielen. Schließlich wird *General Electric* seit Generationen – seit seiner Gründung durch Edison – mit der Herstellung von Produkten hoher Qualität in Verbindung gebracht. Mehr als ein Jahrhundert lang hatte *GE* das Servicegeschäft bereitwillig anderen überlassen. Doch wie wir immer wieder feststellen, ist der Vorsitzende von *GE* der Vergangenheit nicht sonderlich zugetan – eben weil Vergangenheit Vergangenheit ist. Welch ist nur an der Zukunft interessiert. Und deshalb hat er die Vision und den Mut, *GE* als einen der ganz großen Produkthersteller unserer Zeit so nachhaltig in das Servicegeschäft zu drängen.

1. Interview mit Jack Welch vom 22. Juli 1997.
2. Interview mit W. James McNerney Jr. vom 26. September 1997.
3. Interview mit David Calhoun vom 26. September 1996.
4. Interview mit W. James McNerney Jr. vom 26. September 1997.
5. Interview mit Paolo Fresco vom 22. Juli 1997.
6. Interview mit Jack Welch in: *L'Expansion*, „The Secrets of the Finest Company in the World", 10.-24. Juli 1997, 26-39.
7. Interview mit Paolo Fresco vom 22. Juli 1997.

Mit Finanzdiensten Gewinne erwirtschaften

„Unsere Vision für das nächste Jahrhundert ist ein ... globales Serviceunternehmen, das auch Qualitätsprodukte verkauft."

Service gehört zum Stammvokabular im *GE*-Lexikon. Und bei *GE* wird der Service von *GE Capital Services* - dem Unternehmensbereich Finanzdienstleistungen – angekurbelt. Kein anderer Bereich hat soviel zu Wachstum und Profit des Konzerns in den 80er und 90er Jahren beigetragen.

1995 und 1996 verzeichnete der Unternehmensbereich Finanzdienstleistungen einen Reingewinn von 3,5 Milliarden Dollar beziehungsweise 4 Milliarden Dollar und leistete damit einen ansehnlichen Beitrag zu den *GE*-Gesamtgewinnen (vor Steuern) in Höhe von 9,8 Milliarden Dollar 1995 und 11 Milliarden Dollar 1996.

Beachtliches Wachstum

Das Wachstum des *GE*-Finanzdienstleistungsbereichs zeugt von einer erstaunlichen Entwicklung. Begonnen hatte alles in den Tagen der großen Wirtschaftskrise 1932: Der damals noch unter der Bezeichnung *GE Credit* geführte Bereich sprang als Kreditgeber für finanziell bedrängte *GE*-Kunden ein, die sich größere Haushaltsgeräte wie Kühlschränke anschaffen wollten. Auch später noch finanzierte *GE Credit* Ratenzahlungen für Produktkäufe, bis Mitte der 60er Jahre Banken und unabhängige Finanzgesellschaften diese Funktion übernahmen und für den Bereich *GE Credit* kein Bedarf mehr bestand.

Doch die Mitarbeiter des Bereichs waren keineswegs geneigt, ihren Laden dichtzumachen; sie waren stolz auf ihre Erfahrungen, die sie bei der Finanzierung einer großen Produktpalette hatten sammeln können. Der Bereich blieb arbeitsfähig und nannte sich fortan *GE Capital*. Heute gilt der *GE*-Unternehmensbereich Finanzdienstleistungen als ganz große Erfolgsstory: Gegenüber unbedeutenden 77 Millionen Dollar Gewinn im Jahr 1978 waren 1982 schon 205 Millionen Dollar Gewinn zu verzeichnen. Seit 1985 hat der Bereich ein siebenfaches Wachstum erzielt – die Umsätze erhöhten sich von damals 3,8 Milliarden Dollar auf 32,7 Milliarden Dollar im Jahr 1996 (bei einem operativen Gewinn von 4 Milliarden Dollar).

Der *GE*-Unternehmensbereich Finanzdienstleistungen umfaßt 27 Geschäftsbereiche: im Anlagen-Management (z. B. *Americom* als Anbieter von Satelliten-Kommunikationsdiensten sowie *Aviation Services*), auf dem Gebiet der Konsumenten-Dienstleistungen (z. B. *Auto Financial Services* und *Consumer Financial Services*), in der Unternehmensfinanzierung (z. B. *Commercial Equipment Financing*), für Spezialfinanzierungen (z. B. *Commercial Finance* und *Commercial Real Estate Financing & Services*) sowie für Spezialversicherungen (z. B. *Consolidated Financial Insurance* und *Employers Reinsurance Corporation*).

Die Bedeutung des *GE*-Unternehmensbereichs Finanzdienstleistungen für den Gesamtkonzern ist nicht zu überschätzen: Ohne *GE Capital* wäre bei *General Electric* das Umsatzwachstum 1991 bis 1996 von 9,1 Prozent auf ganze 4 Prozent geschrumpft. Die stark diversifizierten Finanzdienste – vom Kreditkarten-Geschäft über Satelliten-Leasing bis hin zur Computer-Programmierung – erwirtschaften mittlerweile 39 Prozent der Gesamtgewinne bei *GE* (gegenüber 29 Prozent im Jahr 1990). Antriebsmotor für die phantastische Entwicklung bei den *GE*-Aktien ist eindeutig der Unternehmensbereich Finanzdienstleistungen: 1996 und 1997 ist der Aktienwert um 123 Prozent gestiegen – gegenüber 63 Prozent beim *S&P-500*-Index.

1996 konnte der Bereich Finanzdienstleistungen mit 2,8 Milliarden Dollar einen Rekordgewinn verbuchen: Im Vergleich zu 1995 bedeutete dies eine Steigerung um 17 Prozent beziehungsweise 400 Millionen Dollar. Demgegenüber belief sich die Zuwachsrate in den Unternehmensbereichen Flugzeugtriebwerke und Haushaltsgeräte auf nur 5 Prozent. Im Jahr 1997 erzielte der Bereich Finanzdienstleistungen Umsätze in Höhe von 39,9 Milliarden Dollar und einen Reingewinn von 3,3 Milliarden Dollar.

19 der insgesamt 27 Geschäftsbereiche hatten ein zweistelliges Wachstum zu verzeichnen. Und die Produktivität außerhalb der Vereinigten Staaten konnte um knapp 30 Prozent gesteigert werden.

Wäre *GE Capital* ein eigenständiges Unternehmen und nicht einer der zwölf *GE*-Unternehmensbereiche, würde es in der *Fortune-500*-Liste auf Platz 20 stehen.

Als eigenständiges Unternehmen hätte *GE Capital* im Jahr 1997 zu den 10 größten Geschäftsbanken der Vereinigten Staaten gezählt – mit einem Vermögenswert in Höhe von 227 Milliarden Dollar.

1997 umfaßte das Serviceangebot des *GE*-Unternehmensbereichs Finanzdienstleistungen Kapitaldienste, Finanzierungsdienste, Abwicklungsdienste und Anlagen-Management. Einige Serviceleistungen wie das Leasing von Flugzeugen und Eisenbahnwaggons sind eng verbunden mit *GE*-Fertigungsbereichen, beispielsweise im Triebwerkbau und bei der Produktion von Lokomotiven. *GE Capital*

- finanziert alles – von Flugzeugen bis Autos;
- besitzt und least LKW-Flotten, Autos, Eisenbahnwaggons, Flugzeuge und Geschäftsinventar;
- nutzt technologischen Fortschritt zur Bereitstellung von Konsumenten-Dienstleistungen über Internet;
- verkauft Versicherungs- und Investmentprodukte;
- ist der größte Emittent kurzfristiger Anlagepapiere in den Vereinigten Staaten.

Ende 1997 war der Unternehmensbereich zum weltweit größten Leasing-Geber aufgestiegen – mit über 900 Flugzeugen (einem größeren Bestand als bei jeder anderen Fluggesellschaft), 188000 Eisenbahnwaggons (ebenfalls mehr als bei irgendeiner Eisenbahngesellschaft), 750000 Autos, 120000 LKWs und 11000 Satelliten.

Außerdem war *GE Capital* im Besitz der drittgrößten Rückversicherungsgesellschaft der Vereinigten Staaten (*Employers Re*) und rangierte 1997 bei *GE* als viertgrößter Unternehmensbereich – nach den Unternehmensbereichen Flugzeugtriebwerke, Kunststoffe und *NBC* und geringfügig vor dem Bereich Turbinen- und Kraftwerksbau.

Ende der 90er Jahre nahm *GE Capital* Computer-Serviceleistungen und Lebensversicherungen in sein Angebot auf und investierte Milliarden Dollar in Übersee. Seit Mitte der 90er Jahre hat der Bereich 76 Akquisitionen in Europa getätigt – in der Hoffnung, bis zum Jahr 2000 eine Milliarde Dollar zu erwirtschaften (das Doppelte der Erträge Ende 1997).

Der Unternehmensbereich Finanzdienstleistungen hatte in den 90er Jahren auch Rückschläge einzustecken: den umstrittenen und peinlichen Flop mit *Kidder Peabody* und den Bankrott von *Montgomery Ward*. Doch solche Pannen, sagt der 55 Jahre alte CEO von *GE Capital*, lassen sich mit einem durchschnittlich 18prozentigen Gewinnzuwachs pro Jahr (von 1991 bis 1996) voll kompensieren.

Stretching im Unternehmensbereich Finanzdienstleistungen

Den Zielen des *GE*-Vorsitzenden entsprechend sah sich auch Gary Wendt zum *Stretching* verpflichtet und hat dabei nicht schlecht abgeschnitten: Die Hälfte der Geschäftsbereiche von *GE Capital* hatten 1996 ihre Dreijahres-Wachstumsziele nicht erreicht, aber der Unternehmensbereich übertraf sein mit 750 Millionen Dollar angesetztes bereichsübergreifendes Dreijahresziel dennoch mit umwerfenden 1,1 Milliarden Dollar: Die Gesamtgewinne schnellten 1996 auf 2,8 Milliarden Dollar. 1997 schraubte Wendt sein Gewinnziel auf 3,3 Milliarden Dollar. Sein Kommentar hört sich an, als ob er sich auf einer Berg-und-Tal-Bahn befände und den Absprung nicht schaffte: „Sie wissen ja, wie das ist. Jack gibt mir Ziele vor. Ich packe nochmal 15

Prozent drauf, und die Leute, mit denen ich rede, machen daraus schließlich 25 Prozent."[1]

Worin besteht nun das Erfolgsgeheimnis von *GE Capital?*

Zum Teil profitiert der Unternehmensbereich Finanzdienstleistungen natürlich von der im Konzern vertretenen „*Triple-A-Rating*"-Devise.[2] Auch kann er Jack Welchs preisgünstige Lernkultur nutzen, die einen leichten und kontinuierlichen Zugang zu einigen der bestgeführten Organisationen in den Vereinigten Staaten möglich macht.

Zum Teil ist der Erfolg des Unternehmensbereichs Finanzdienstleistungen aber auch Gary Wendts persönliches Verdienst. Wendt zählt zu den klügsten Köpfen bei *GE* und hat die 22 Jahre seiner *GE*-Zugehörigkeit bei *GE Capital* verbracht; 1990 wurde ihm die Leitung des Bereichs übertragen. Es ist bekannt für seine Fähigkeit, Trends frühzeitig zu erkennen und gegebenenfalls schnell zu handeln. Nach Abschluß seines Studiums an der *Harvard Business School* im Jahr 1967 begann er mit dem Verkauf unerschlossener Landparzellen für einen texanischen Autohändler, der ihm einen neuen Cadillac versprach, wenn er den Job annehmen würde. Außerdem versprach er, Wendt zum Millionär zu machen. Wendt bekam das Auto, aber Millionär wurde er nicht. (Das Geschäft des Autohändlers brach zusammen, bevor es soweit war.)[3]

Externe Gutachter hätten einige Zeit gebraucht, um die Stärken des Unternehmensbereichs richtig einzuschätzen, meint Nicholas Heymann, Analyst bei *Prudential Securities*: „Bisher war man der Meinung, man sollte keinen Mehrfachaufschlag für *GE*-Aktien zahlen, weil fast 40 Prozent der Gewinne von den Finanzdienstleistungen stammten und ausgerechnet dieser Bereich ein niedriges Kurs/Gewinn-Verhältnis aufweise. Aber der Markt lernt, daß *GE* Capital anders ist als zyklische Finanzdienstleister, daß seine ‚mehr als 15prozentige' Zuwachsrate so gut wie sicher ist."[4]

Ein weiterer Grund für den Erfolg von *GE Capital* ist die Fähigkeit der Bereichsleitung, einen in Schwierigkeiten geratenen Betrieb zu managen und davor zu bewahren, notleidende Kredite abschreiben oder einen Leasing-Verlust einstecken zu müssen. Eine solche Situation war eingetreten, als *Tiger International*, die Dachorganisation von *North American Railcar*, 1983 Pleite machte. *GE Capital* erschien auf der Bildfläche und stieg ins Eisenbahnwaggon-Leasing ein – ein inzwischen rentables Geschäft. Und als bei einigen seiner Verkehrsflugzeuge die Leasing-Verträge ausliefen und sich ein rückläufiger Markt ankündigte, wandelte *GE Capital* die Flugzeuge kurzerhand in Transportflugzeuge um und verschaffte sich damit ein gewisses Startkapital, bevor *Polar Air* als eigenständiges Transportunternehmen gegründet wurde. Und noch ein Beispiel: Als das *Houston-Astrodome-Konsortium* in den 80er Jahren in Schwierigkeiten geriet und die beteiligten Banken umfangreiche Abschreibungen vornahmen, leistete *GE Capital* einen Beitrag, indem es das *Houston*-Astros-Baseballteam für gut zwei Jahre unterstützte, anstatt Kredite abzuschreiben. Die Astros mußten zwar weiterhin Niederlagen einstecken, aber *GE Capital* profitierte.

Wachstum durch Akquisition

Akquisitionen haben beim Wachstum des *GE*-Unternehmensbereichs Finanzdienstleistungen eine wichtige Rolle gespielt.

Die strategischen Akquisitionen in den 90er Jahren machten *GE Capital* zu einem globalen Spieler auf dem Markt für Informationstechnologie, beim Angebot kundenorientierter Geschäftslösungen und im Systemmanagement.

Seit 1994 hat der Bereich 11,8 Milliarden Dollar in Dutzende von Akquisitionen investiert. Hunderte von weiteren Optionen wurden untersucht und schließlich als ungeeignet verworfen. Allerdings ist in Anbetracht der steigenden Preise für Vermögenswerte zu erwarten, daß *GE Capital* künftig nicht mehr so viele Akquisitionen tätigen wird wie früher. Vor diesem Hintergrund verlagert Wendt die Prioritäten bei *GE Capital* zunehmend auf internes Wachstum, insbesondere durch den Ausbau mehrwertschöpfender Serviceleistungen.

Die Erweiterung des Servicegeschäfts hat zwei Riesenvorteile: Sie verlangt keine größeren Investitionen und verspricht höhere Renditen. Betrachten wir zum Beispiel das Leasing-Geschäft. Bei den von *GE Capital* betriebenen Zügen, Flugzeugen und Autos fallen häufig Reparaturarbeiten an. *GE Capital* übernimmt die Arbeiten und spart somit den Kunden Zeit und Geld und kann für seine Serviceleistungen stattliche Gebühren verlangen. Durch Instandhaltung der Ausrüstungen kann der Bereich Leasing-Verträge mit längeren Laufzeiten abschließen und damit seine Gewinne erhöhen.

Auch im Kreditgeschäft von *GE Capital* wird dem Service neue Priorität beigemessen. Dazu ein Beispiel: *GE Capital* wird nicht nur die Finanzierung von Halbleiterbauelementen für eine High-Tech-Firma übernehmen, sondern die Ausrüstungen nach ein paar Jahren zurückkaufen, aufarbeiten und an einen technologisch weniger anspruchsvollen Anwender veräußern.

Der *GE*-Unternehmensbereich Finanzdienstleistungen zeigt seit Mitte der 90er Jahre auch im Versicherungsgeschäft starke Präsenz. *GE* ist damit zu einer Sparinstitution geworden, die sich mit Vermögenswerten in Höhe von 46 Milliarden Dollar auf „Vermögensbildung für den Konsumenten" konzentriert, wie Welch zu sagen pflegt. Dies ist eine Aktivität, mit der *GE* bis 1992 überhaupt nichts zu tun gehabt hatte. In das *GE*-Serviceangebot aufgenommen wurde sie erst mit der Akquisition von Versicherungsunternehmen wie *First Colony Life* in Lynchburg (Virginia), *GNA*, *Harcourt General*, *AMEX-LT Care*, *Union Fidelity Life* und *Union Pacific Life*.

Seit 1996 hat *GE Capital* Milliarden Dollar in das Versicherungsgeschäft investiert und die dort erfolgte schnelle Konsolidierung zum eigenen Vorteil genutzt. 1996 akquirierte der Bereich drei Lebensversicherungsgesellschaften für insgesamt 33,2 Milliarden Dollar, einschließlich der 1,8 Milliarden Dollar für *First Colony Life* in Lynchburg (Virginia) als führende Risikolebensversicherung.

Ein Strategiewechsel

Der *GE*-Unternehmensbereich Finanzdienstleistungen nimmt derzeit einen internen Strategiewechsel vor. Seit Gary Wendt propagiert, daß „mit dem Verkauf von Geld kein Geld mehr zu machen"[5] sei, ist der Bereich dazu übergegangen, Kopf an Kopf mit *IBM* und *EDS* um Multimillionen-Dollar-Aufträge zu konkurrieren und Computernetzwerke für andere Unternehmen zu betreiben. Bereits im Oktober

1996 hatte der Bereich ein globales Computer-Outsourcing-Geschäft mit einem Vermögenswert von 5 Milliarden Dollar aufgebaut.

Im Mai 1996 erwarb der Bereich *Ameridata Technologies*: Das 2-Milliarden-Dollar-Unternehmen mit Sitz in Stamford, Connecticut, verkauft PCs an Großkunden. Im Juli 1996 kam *CompuNet*, ein rasch wachsender Informationstechnologie-Dienstleister aus Deutschland, hinzu. Mit den beiden Akquisitionen expandierte der Geschäftsbereich *Technology Management Services* zu zweifacher Größe und Stärke. Auf diese Weise entstand ein globales 5-Milliarden-Dollar-Unternehmen: *Information Technology Solutions* ist ein Informationstechnologie-Dienstleister mit mehr als 9000 Mitarbeitern und Betrieben in 13 Ländern in Nordamerika, Lateinamerika und Europa sowie im Asien-/Pazifikraum, der integrierte Produkt-, Service- und Finanzierungslösungen für lokale, nationale und internationale Kunden aus Wirtschaft und Staat auf globaler Basis bereitstellt.

Damit ist der *GE*-Unternehmensbereich Finanzdienstleistungen wahrlich international geworden. 1990 waren seine Einnahmen noch auf die Vereinigten Staaten und Kanada beschränkt. Ende der 90er Jahre verzeichnete *GE Capital* Nettoeinnahmen von 800 Millionen Dollar auf internationaler Basis. Zu seinen internationalen Projekten im Jahr 1996 zählt die Beteiligung am Schuldenmanagement und an der Eigenkapitalfinanzierung für *Samalayuca II* als das erste privat finanzierte Energieversorgungsprojekt in Mexiko; weiterhin wurde – gewissermaßen als Präzedenzfall – ein Joint-venture mit dem Energieversorgungssystem in Shanghai begründet mit dem Ziel, das *Shanghai Zhabei Power Project*, Chinas erstes langfristiges, nicht garantiegebundenes und kommerziell finanziertes Energieversorgungsprojekt, finanziell zu unterstützen und zu betreiben. Darüber hinaus war der *GE*-Unternehmensbereich im Zuge der Privatisierung in Ungarn an dortigen Telekommunikations- und Flughafenprojekten beteiligt.

Das Kronjuwel

Fast 60 Prozent der bei *GE* erzielten Gewinne stammen inzwischen aus dem Dienstleistungsbereich – gegenüber nur 16,4 Prozent im Jahr 1980. Welch läßt verlauten, er wünschte, es wären 80 Prozent. Und es besteht kein Zweifel daran, daß er alles tun wird, um das Servicegeschäft bei *GE*, insbesondere bei *GE Capital*, weiter auszubauen – so weit und so schnell wie möglich. Welch weiß, daß der Unternehmensbereich Finanzdienstleistungen das Kronjuwel von *GE* ist. Und er hat allen Grund für die Annahme, daß dieses Juwel noch viele Jahre kräftig funkeln wird!

1. Interview mit Gary Wendt vom 31. Juli 1997.
2. Anm. d. Ü.: *„Triple-A-Rating"* als *GE*-Devise: Unseren Kunden weltweit „A"-Produkte und „A"-Service von „A"-Spielern zur Verfügung stellen.
3. Eigentlich an ein Leben „hinter den Kulissen" gewöhnt, geriet Wendt in die Schlagzeilen, als seine Frau Lorna nach längerer Entfremdung die Scheidung einreichte. Gary und Lorna hatten sich auf dem College kennen- und liebengelernt. Als sie 1965 heirateten, besaßen sie ganze 2500 Dollar auf der Bank. Um Gary das Studium an der *Harvard Business School* zu ermöglichen, arbeitete Lorna zunächst als Musikpädagogin und widmete sich dann als Hausfrau und Mutter der Erziehung der zwei gemeinsamen Töchter. Einem in der Zeitschrift *People* (22. Dezember 1997) veröffentlichten Artikel zufolge soll Gary Wendt seine Frau 1995 um Auflösung der Ehe gebeten haben, woraufhin sie die Scheidung einreichte und die Hälfte seines Nettovermögens verlangte. Wendt bot ihr 11 Millionen Dollar, weit unter den von ihr geforderten 50 Millionen Dollar, und so kam es zu einem Gerichtsverfahren. Über seine Pressesprecherin verteidigte Gary Wendt sein 11-Millionen-Dollar-Angebot: „Er sagt nicht, sie sei keine gute Ehefrau gewesen", erläutert Cathy Callegari im *People*-Artikel. „Er sagt nur, sie habe mit seinem Geschäftserfolg nichts zu tun." Am 3. Dezember 1997 ordnete Richter Kevin Tierney vom *Connecticut Superior Court* an, Gary Wendt habe seiner Frau Vermögenswerte in Höhe von 21 Millionen Dollar zu

vermachen, darunter ein 3-Millionen-Dollar-Haus in Stamford, Connecticut, und eines in Key Largo, Florida. Außerdem muß er monatlich 21000 Dollar Unterhalt auf Lebenszeit zahlen. „Der Richter", sagt Lorna Wendt in dem *People*-Artikel, „war der Meinung, dies [sei] eine Angelegenheit zwischen zwei gleichwertigen Partnern." Wendt wird über den größten Teil seiner künftigen Einnahmen allein verfügen können. Lorna Wendt findet, daß ihr jeder Pfennig an der richterlichen Regelung zusteht. „Er hat die Brötchen verdient, ich habe dafür eingekauft, sie gebacken und hinterher wieder aufgeräumt." (Zitat aus: *Time*, 29. Dezember 1997 – 5. Januar 1998.)

4. Aussage von Nicholas Heyman, zitiert in: „GE Capital: Jack Welch's Secret Weapon", *Fortune*-Magazin, 10. November 1997, 116-134.
5. Aussage von Gary Wendt, zitiert in: „Jack's Encore", *Business Week*, 28. Oktober 1996.

Global denken – und heterogene, globale Teams aufbauen

„Die Transaktionen sind global, nicht die Unternehmen.“

Seit dem Tag seiner Amtsübernahme bei *GE* war sich Jack Welch der Veränderungen im Unternehmensumfeld bewußt:

- Die Konkurrenz für *GE* kam zunehmend aus dem Ausland.
- Auf den Märkten in Übersee boten sich für *GE* wichtige Wettbewerbsmöglichkeiten.

Anfang der 80er Jahre war *Globalisierung* für die meisten Geschäftsleute noch ein Fremdwort. Die meisten Unternehmensleiter in Amerika waren geradezu verunsichert in Anbetracht des Weltmarktgeschehens. Jahrelang hatten die Unternehmen ihre Aktivitäten auf den amerikanischen Markt konzentriert – warum sollte dies anders werden?

Welch dagegen erkannte deutlich die Notwendigkeit eines Wandels. Er wußte: *GE* hatte keine Zeit zu verlieren.

Die neue Realität

Welch betrachtete die Globalisierung als neue Realität, als große Chance für *GE*. Und er zögerte nicht lange, seine Vision von einer globalen Wirtschaft, die immer deutlichere Formen annahm, mit Erfolg zu nutzen.

Im Jahr 1980, ein Jahr, bevor Jack Welch CEO von *General Electric* wurde, verfolgten nur zwei der strategischen *GE*-Bereiche – Kunststoffe und Flugzeugtriebwerke – globale Aktivitäten.

Vice Chairman Paolo Fresco war der Ansicht, er habe schon seit geraumer Zeit auf Globalisierung gedrängt, aber GE habe erst einmal die Phase „Sanieren, schließen oder verkaufen" zum Abschluß bringen müssen, bevor man sich internationalen Unternehmensaktivitäten widmen konnte. „Der Sprung in die Weltarena ist sehr schwierig, wenn man zu Hause keine solide Basis hat. Aber als die vorhanden war, haben wir den Sprung gewagt."[1]

In den Jahren zwischen 1985 und 1995 erhöhten sich die Umsätze aus Transaktionen in Übersee von 20 Prozent auf 38 Prozent des *GE*-Gesamtumsatzes.

1996 verfolgte *General Electric* globale Geschäfte im Wert von 33 Milliarden Dollar – bei einer 18prozentigen Zuwachsrate gegenüber dem Vorjahr.

Im Frühjahr 1997 wurden mehr als 40 Prozent des *GE*-Gesamtumsatzes außerhalb der Vereinigten Staaten erwirtschaftet – auf Märkten, auf denen *GE* eine um das Dreifache höhere Wachstumsrate aufweist als in den USA. Bis Ende 1997 war die Rate auf 42 Prozent gestiegen.

Ein rechtzeitiges Tauschgeschäft

Welchs Globalisierungsrevolution begann im Sommer 1987, als der CEO binnen einer halben Stunde ein Tauschgeschäft mit Alain Gomez, dem Vorsitzenden des größten französischen Elektronikunternehmens *Thomson S.A.*, abschloß: *GE* tauschte seinen TV-Set-Geschäftsbereich gegen *CGR*, ein auf bildgebende medizinische

Geräte spezialisiertes *Thomson*-Unternehmen. *Thomson* besaß so gut wie ein Monopol in Frankreich; der Deal läutete sowohl den Einzug von *General Electric* in Europa als auch das *GE*-Globalisierungsprogramm ein.

Nach dem *Thomson*-Deal erweiterte *GE* sehr schnell seinen Zugriff auf die Märkte in Übersee. Zunächst standen Joint-ventures mit dem deutschen Unternehmen *Robert Bosch*, Hersteller von Industriemotoren, sowie der japanischen Elektrofirma *Toshiba* an. Alsdann ging *GE* zur direkten Akquisition über: Der Konzern erwarb *Sovac*, ein auf Verbraucherkredit spezialisiertes französisches Unternehmen.

Bis 1990 war der *GE*-Unternehmensbereich Lampen nahezu ausschließlich auf dem amerikanischen Markt tätig gewesen – sein Marktanteil in Europa belief sich auf weniger als 2 Prozent. Als der Eiserne Vorhang fiel und die Europäische Union paneuropäische Märkte bildete, reagierte *GE* unverzüglich und erwarb Mehrheitsanteile am ungarischen Beleuchtungsunternehmen *Tungsram*; Anfang 1991 folgte eine Mehrheitsbeteiligung am *THORN-Light-Source*-Geschäft in Großbritannien. Mit diesen Akquisitionen besaß *GE* das Lampengeschäft Nummer 1 in der Welt, mit fast 20 Prozent Marktanteil in Westeuropa.

Anfang der 90er Jahre hatte *GE* seine globale Präsenz drastisch erhöht. Die operativen Gewinne aus Übersee-Märkten waren seit 1987 um 30 Prozent jährlich gestiegen: Die außerhalb der USA erwirtschafteten Gewinne in Höhe von 2,8 Milliarden Dollar machten 40 Prozent des gesamten Konzerngewinns aus.

Interessanterweise war es nicht so, daß Welch eines Tages mit dem Gedanken aufgewacht wäre, *GE* zu globalisieren. Vielmehr reichen Welchs globale Wurzeln bis in die 60er Jahre zurück, als er noch im GE-Bereich Kunststoffe beschäftigt war. „Der Bereich Kunststoffe entwickelte mit der Zeit wahrlich globale Geschäftsaktivitäten. Als ich 29 war, kaufte ich Land in Holland und baute dort Anlagen auf. Das war ‚mein Land' für ‚mein Geschäft'. Ich war nie interessiert an einem globalen *GE*, nur am globalen Kunststoffe-Geschäft ... die Vorstellung, ein Unternehmen sei global, ist unsinnig. Die Transaktionen sind global, nicht die Unternehmen."[2]

Gary Wendt weist in diesem Zusammenhang darauf hin: „Jacks Weltanschauung hat sich Ende der 80er Jahre gewandelt: Wollte er früher der Welt Produkte verkaufen, sollte *GE* nunmehr *überall* auf der Welt präsent sein. ... Da begann man zu begreifen, was Globalisierung bedeutet.“[3]

Im Zuge dieser Globalisierung stand Europa ganz oben auf der Liste von *GE.* Seit Ende der 80er Jahre hat der Konzern fast 10 Milliarden Dollar in Europa investiert; die Hälfte davon entfällt auf die Finanzierung von rund 50 Akquisitionen. Drahtzieher hinter den Kulissen ist Paolo Fresco, ein gebürtiger Italiener, der fünf Sprachen spricht und die globale Expansion von *GE* leitet. Fresco ist der erste Ausländer, der ins Executive Committee von *General Electric* berufen wurde.

Die rund 50 Akquisitionen in Europa haben *GE* fast 20 Milliarden Dollar Umsatz eingebracht – Welchs ursprüngliches Ziel für das Jahr 2000. Welch hat nun sein Ziel revidiert und hofft auf umwerfende 30 Milliarden Dollar bis zur Jahrtausendwende! Welchs Kommentar dazu ist typisch: „[Diese Zahlen] bedeuten rein gar nichts. Die sind nur dazu da, die Leute zu aktivieren, und dafür ist jedes x-beliebige Ziel recht. Es kommt nur auf das Produkt Ihrer Arbeit an.“[4]

Um eine Vorstellung davon zu bekommen, wie beachtlich diese 30-Milliarden-Dollar-Zahl ist, sollten wir uns noch einmal vergegenwärtigen: Als Welch 1981 das Regiment übernahm, belief sich der gesamte Umsatz von *GE* weltweit auf 25 Milliarden Dollar. Wenn Welch eines zukünftigen Tages sein Amt niederlegt, werden die *GE*-Umsätze wahrscheinlich die 100-Milliarden-Dollar-Grenze überschritten haben, wobei mehr als die Hälfte dieser astronomischen Summe aus *GE*-Transaktionen in Übersee stammen könnte.

Vor zehn Jahren waren wir ein Nichts in Europa

Selbst wenn der europäische *GE*-Ausleger noch nicht das internationale Ansehen anderer Blue-Chip-Unternehmen wie *IBM* oder *Ford* genießt, so könnten die Transaktionen in Übersee immerhin schon bald die Hälfte des Gesamtumsatzes von *GE* bestreiten – zum ersten Mal in der Geschichte des Konzerns.

Ein französischer Journalist hat Welch einmal in einem Pariser Hotel interviewt und dem CEO die Frage gestellt, warum *GE* in Europa noch nicht so gut bekannt sei. Welch fand diese Frage unpassend. Er wollte dem Journalisten zeigen, wie allgegenwärtig *GE* ist, griff zur Fernbedienung, schaltete den Fernseher ein und wechselte zwischen *NBC* und *CNBC* mit den Worten:

> Das hier ist ein *GE*-Unternehmen – und das da ein anderes. Klar? Es gibt bereits 50 Millionen Teilnehmer in Europa. ... Außer dieser Präsenz sind wir auf dem Verbrauchsgütermarkt nicht stark vertreten. Die breite Öffentlichkeit weiß deshalb kaum etwas von uns, weil wir Europa noch nicht mit unseren Kühlschränken überschwemmen. Was würde es uns also bringen, wenn wir in die Werbung investierten? Unsere Branchenkunden kennen uns, und das ist zur Zeit die wichtigste Überlegung.
>
> Im Unternehmensbereich Lampen haben wir in Europa einen Marktanteil von rund 15 Prozent, aber wir sehen uns zwei ernstzunehmenden Konkurrenten gegenüber – *Philips* und *Siemens*. In Asien erfahren wir ein extrem schnelles Wachstum, und in den Vereinigten Staaten sind wir in der Position des Marktführers. Global gesehen sind wir stark. Extrem stark. Europa ist nur ein Teil des Gesamtbildes. Was zählt, ist die Tatsache, daß wir insgesamt Stärke zeigen. Vor zehn Jahren waren wir ein Nichts in Europa. Ein Nichts!“[4]

GE nahm Europa erst 1989 voll ins Visier. Seither hat der Konzern 17,5 Milliarden Dollar in Europa investiert – zur einen Hälfte in den Bau neuer Werke und Anlagen und zur anderen in Akquisitionen. Die Strategie hat sich bezahlt gemacht: Den höchsten Reingewinn erzielte *GE* mit seinen Europa-Transaktionen im Jahr 1995 – schätzungsweise 1 Milliarde Dollar Gewinn bei 14,1 Milliarden Dollar Umsatz, rund 15 Prozent des *GE*-Gesamtgewinns.

Allerdings stimmen nicht alle Nachrichten aus Europa zuversichtlich. So ist das Geschäft mit Elektrohaushaltsgeräten eher enttäuschend verlaufen. 1995 wurde ein magerer Gewinn erwirtschaftet, der zu der oben genannten 1 Milliarde Dollar nicht nennenswert beitrug. Fünf Jahre zuvor hatte *GE* verkündet, der Umsatz im europäischen Haushaltsgeräte-Geschäft würde bis Mitte der 90er Jahre an die 5 Milliarden Dollar herankommen. Doch 1992 war das gerade erst akquirierte ungarische Unternehmen *Tungsram* mit Verlusten bis zu 1 Million Dollar am Tag erheblich in die roten Zahlen geraten; es bedurfte vieler Millionen Dollar (und weiterer zwei Jahre), um wieder einen positiven Cashflow zu erzielen.

Global denken

Im Rahmen seiner globalen Strategie hat *GE* eine Reihe von Führungskräften nicht-amerikanischer Nationalität in die Konzernspitze geholt. Die meisten dieser „Ausländer" sind um die 40 oder 50. Die Hälfte der Dutzend *GE*-Sparten in Europa wird heute von „Einheimischen" geleitet.

Im September 1997 ernannte Welch den gebürtigen Schweden Goran S. Malm zum President von *GE Asia Pacific* und zum Senior Vice President von *GE*. Der gebürtige Japaner Yoshiaki Fujimori wurde President und CEO von *GE Medical Systems Asia* und Vice President von *GE Asia Pacific* (als Nachfolger von Malm). In derselben Woche wurde der gebürtige Kubaner Ricardo Artigas Vice President von *Global Parts* und *Services* als Teil des umfassenderen *GE*-Unternehmensbereichs Turbinen- und Kraftwerksbau; und der Spanier Joaquim Agut wurde President und CEO von *GE Power Controls* als Nachfolger von Artigas.

Die Betriebe im Ausland nehmen bei Welch höchste Priorität ein. Der CEO achtet sorgfältig darauf, daß er seinen Mitarbeitern in Übersee regelmäßig Besuche abstattet. Jeden Januar verbringt er einige Wochen in Europa, und im Oktober ist er für drei Wochen in Asien. Neben Besuchen in *GE*-Unternehmen trifft er sich auch mit Partnern und potentiellen Partnern. In Europa besucht er routinemäßig sechs oder sieben Länder, vor allem England, Frankreich, Deutschland, die Niederlande, Italien und Spanien. Manchmal fährt er auch nach Ungarn, um dort das *GE*-Beleuchtungswerk *Tungsram* zu besuchen. Ständiger Begleiter von Welch ist Paolo Fresco, *GE*s „Mr. International“ – ein Mann, den Welch *als „classical global leader“*[5] beschreibt.

So sehr Welch auch um die Erreichung seiner globalen Ziele bemüht ist - *GE* liegt immer noch weit hinter anderen Blue-Chip-Molochen zurück.

1995 stand *GE* in der UN-Liste der 100 größten Unternehmen der Welt auf Platz 5 – mit den höchsten Vermögenswerten im Ausland. Aber unter den Unternehmen mit den höchsten im Ausland erzielten prozentualen Anteilen am jeweiligen Gesamtvermögenswert, Gesamtumsatz und Gesamtpersonal belegte *GE* nur Platz 95. *Exxon* (21), *Du Pont* (55) und *Ford* (66) waren weitaus besser plaziert.

Das Kernstück der Europa-Strategie von *General Electric* und zugleich eklatantestes Beispiel dafür, wie *GE* derzeit den wirtschaftlichen Status quo in Europa erschüttert, ist *GE Capital Services Europe*: Die europäische Sparte des *GE*-Unternehmensbereichs Finanzierungsdienstleistungen hat sich Kapital in Höhe von mehr als 5 Milliarden Dollar einverleibt. 1995 prüfte die Sparte rund 100 Deals, erstellte rund 40 Angebote und erzielte 21 Abschlüsse. 1996 erwirtschaftete *GE Capital Services Europe* 20 Prozent der 2,8 Milliarden Dollar Nettoeinnahmen des *GE*-Unternehmensbereichs Finanzierungsdienstleistungen weltweit.

Globalität, so meint Welch, verschaffe *GE* eine starke Wachstumsbasis durch Stärkung seiner Präsenz in allen Teilen der Welt. Zudem verhelfe die Festigung der *GE*-Position in der globalen Arena dem Konzern zu größerer Wettbewerbsfähigkeit an allen Fronten, da die Konkurrenz zunehmend Schwierigkeiten bekomme, auf den entscheidenden ausländischen Märkten Fuß zu fassen.

Globale Transaktionen sind schon immer eine große Herausforderung für *GE* gewesen. „Global gesehen gibt es so gut wie keine Expansion, die nicht mit Risiken und andersartigen Kulturen belastet wäre“, sagt Welch. „Die Deutschen können Bestechungsgelder zahlen. Die Franzosen können Bestechungsgelder zahlen und die noch von ihren Steuern absetzen. Da muß man schon aufpassen und auch gewisse Übung haben. Aber man kann nicht nur zu Hause bleiben. Klar, die Liste potentieller Risiken ist lang, doch die Liste der potentiellen Chancen ist noch länger. Darin sehe ich den Unterschied.“[6]

In Europa sind die *GE*-Umsätze in den Jahren 1994 bis 1996 um 42 Prozent jährlich gestiegen; die Gewinne haben sich nahezu verdreifacht. Mit Stand von 1996 schlug „*European GE*" mit 18 Milliarden Dollar zu Buch. Auch in Asien wurde ein zweistelliges Wachstum erzielt: „*Asian GE*" mit seinen ebenfalls 18 Milliarden Dollar stellt einen ansehnlichen Teilnehmer auf dem schnellstwachsenden Markt der Welt dar. In seinem Aktionärsbrief 1996 schrieb Welch: „Der ständige Austausch von Geschäftserfahrungen und kulturellen Einblicken aus allen Teilen der Welt läßt ein in seinem Denken wie in seinen Transaktionen wahrlich globales Unternehmen entstehen."[7]

Welch hat sich für seine Auslandsgeschäfte *Stretch*-Ziele gesetzt und peilt Europa und Asien als die größten Wachstumsmärkte für *GE* an. Er hofft, bis zum Jahr 2000 in Europa 20 bis 25 Milliarden Dollar Umsatz – und damit zwischen 2 und 2,5 Milliarden Dollar Reingewinn – zu erwirtschaften. Wenn das kein *Stretch*-Ziel ist!

In seinem Aktionärsbrief 1992 wies Welch darauf hin, die Realität des globalen Marktes als die eigentliche Arena für *General Electric* würde noch verstärkt durch eine umfassende Neuorientierung von Senior-Führungskräften und Ressourcen nach Indien, Südostasien, China und Mexiko als den Megamärkten des 21. Jahrhunderts. *GE* verlagert auch weiterhin seinen Schwerpunkt in Richtung dieser durch hohes Wachstumspotential gekennzeichneten Märkte.

Ein Jahr später stellte Welch fest, nur die unverzügliche Reaktion des Unternehmens habe es *GE* ermöglicht, seinen Schwerpunkt auf die Wachstumsbereiche der Welt, vor allem in Asien, zu verlagern. 40 Prozent des *GE*-Gesamtumsatzes wurden im Ausland erzielt – gegenüber 30 Prozent noch fünf Jahre zuvor. Die *GE*-Auslandsumsätze hatten sich in den vergangenen fünf Jahren um durchschnittlich 10 Prozent erhöht. Das Lampengeschäft beispielsweise, einer der ältesten *GE*-Unternehmensbereiche, das vor nicht mal fünf Jahren nur 21 Prozent der Umsätze außerhalb der Vereinigten Staaten erzielt hatte, konnte mit seinem Auslandsumsatz bereits 1993 einen 38prozentigen Beitrag leisten.

In seinem Aktionärsbrief 1994 kommentierte Welch, die außerhalb der USA erzielten *GE*-Umsätze stiegen auch weiterhin schneller als auf den heimischen Märkten. In Europa wurden 1994 insgesamt über 9 Milliarden Dollar erwirtschaftet. Und auf den ausbaufähigen

Märkten in Mexiko, Indien, China und Südostasien verhalf die Globalisierung dem Unternehmen weiterhin zu zweistelligen Zuwachsraten.

1996 wickelte *GE* in China Geschäfte im Wert von 1,3 Milliarden Dollar ab. Welch weiß: Asien bedeutet für *GE* eine große Herausforderung. Aber er läßt sich nicht abschrecken durch Warnungen, China könnte der Markt sein, an dem sich *GE* letztlich die Zähne ausbeißen werde:

> Die Leute sagen, ich ginge in China ein zu hohes Risiko ein. Aber welche Alternativen habe ich denn? Außen vor bleiben? Kann sein, daß China es nicht schafft, kann sein, daß wir es in China nicht schaffen. Aber es gibt keine andere Alternative als die, dort nach Möglichkeit Fuß zu fassen und auf dem riesigen Markt mit seinen hochintelligenten Menschenmassen mitzumischen. Wir kennen China nicht. Jedesmal, wenn ich in China gewesen bin, ist mir bewußt, wieviel ich nicht weiß.[8]

Paolo Fresco meint, Europa und Japan hätten *GE* die besten Chancen zu bieten, weil dort die volkswirtschaftlichen Kapazitäten absolut gesehen am größten seien. *GE* sei sehr daran interessiert, Zugang zu Südostasien, China, Indien und anderen Regionen in Asien zu gewinnen, aber die Märkte dort seien kleiner und bedeuteten eine um so größere Herausforderung. Zum Beispiel Indien und China:

> Indien ist uns sehr willkommen, aber wir müssen einsehen, daß sich die Entwicklung dort in den letzten Jahren deutlich verlangsamt hat. Die Bürokratie erschwert das Leben in Indien, so daß wir realistischerweise erkennen müssen, daß der Aufbau in Indien, auf lange Sicht gesehen, etwas langsamer vonstatten gehen wird.

> China muß erst noch den Umgang mit der Marktwirtschaft lernen. China ist ein Land, in dem man davon redet, man wolle Marktwirtschaft betreiben, doch die Chinesen halten an ihrem zentralistischen Konzept fest und meinen immer noch, Gewinn sei nur gut, wenn er von der chinesischen Regierung erzielt würde. Gewinn sei er aber bestimmt nicht gut, wenn er von

> Ausländern erzielt würde. Deshalb muß man in China behutsam vorgehen und gewisse Vorsichtsmaßnahmen beachten, denn es wird ein schwieriger und langer Weg werden. Aus taktischen Gründen bin ich nicht sonderlich dafür, derzeit große Investitionen in China zu tätigen, aber ich bin sehr wohl dafür, eine resolute Marktzugangsstrategie zu verfolgen, Geduld zu üben und vor Ort zu sein, wenn es an der Zeit ist.
>
> Diese Art von Diskussion führen wir laufend. Kürzlich haben wir zum Beispiel beschlossen, unsere Aktivitäten in Südamerika zu verstärken. Und in nächster Zeit sollten wir auch unser Geschäft in Rußland intensivieren, wenn sich die Russen endlich von ihrem internen Mißmanagement erholt haben und als Markt wieder attraktiv sind. In Anbetracht der dort vorhandenen Fähigkeiten sehe ich gute Möglichkeiten.[9]

Ein für *Lehman Brothers* verfaßter Bericht aus dem Jahr 1997 bescheinigt *GE* auf globaler Basis sehr gute Erfolge:

> Insgesamt sind wir beeindruckt, welche Größenordnungen die Transaktionen von *GE* in Europa angenommen haben und wie gut die akquirierten Unternehmen integriert worden sind: Wir haben es nicht mit einem lockeren Organisationsverbund zu tun, sondern mit derselben aggressiven *GE*-Maschine wie in den Vereinigten Staaten. Beindruckt hat uns auch die Wachstumsaura, mit der die Präsenz von *GE* allerorts umgeben ist. Man sollte meinen, Europa sei ein reifer Markt, aber *GE* ist dermaßen von Unternehmensgeist beflügelt, daß der Konzern Erfolg hat – trotz der Tatsache, daß die traditionelle europäische „Wirtschaftskooperation" Neulingen und Außenstehenden den Zugang immer noch erschweren kann. Unter dem Strich zeigt *GE* schon jetzt starke und äußerst profitable Präsenz in Europa: Die meisten *GE*-Bereiche sprechen von einer weiteren Verdopplung ihres Geschäftsumfangs bei gleichbleibender oder höherer Rentabilität binnen relativ kurzer Zeit.[10]

GE ist tatsächlich auf zahlreichen großen Weltmärkten vertreten:

- *Flugzeugtriebwerke*: *GE* ist weltweit der größte Hersteller großer und kleiner Triebwerke für die zivile und militärische Luftfahrt, einschließlich des *GE90*-Systems als dem bisher größten Triebwerk, mit dem auch die neue Boeing 777 ausgestattet ist. Im Jahr 1995 ging weltweit mehr als die Hälfte aller Aufträge über Triebwerke für Verkehrsflugzeuge an *GE* und seinen Joint-venture-Partner *CFM International*.
- *Haushaltsgeräte*: *GE* bedient viele der am schnellsten wachsenden Weltmärkte einschließlich der Märkte in Indien, China, Asien, Mexiko und Südamerika.
- *Finanzdienstleistungen*: Die Transaktionen von *GE Capital* werden global ausgebaut, vor allem im Hinblick auf Asien und Europa.
- *Lampen*: *GE* ist weltweit führend im Lampengeschäft. Das Produktangebot für Verbrauchermärkte, Waren- und Dienstleistungsmärkte sowie Industriemärkte umfaßt Glühlampen, Fluoreszenzlampen, Quarzlampen, Hochleistungslampen, Wolframhalogenlampen und Festbeleuchtung. Zu den globalen Transaktionen zählen unter anderem Joint-ventures in China, Indonesien, Indien und Japan sowie Akquisitionen in Großbritannien, Deutschland, Italien und Ungarn.
- *Medizinische* Systeme: Die globalen Geschäfte betreffen Verkaufs-, Service-, Engineering- und Fertigungsorganisationen in Nord- und Südamerika, Europa und Asien.
- *NBC*: Von internationaler Bedeutung sind die Unterhaltungs- und Nachrichtenkanäle in Europa und Asien. Dazu gehört auch die weithin anerkannte *NBC*-Übertragung der Olympischen Spiele in Atlanta.
- *Turbinen- und Kraftwerksbau:* Der *GE*-Unternehmensbereich Turbinen- und Kraftwerksbau betreut Kunden in 119 Ländern.

Welch und *GE* haben in ihrem Bestreben, das Unternehmen zu einem globalen Kraftwerk auszubauen, bereits riesige Fortschritte erzielt; dennoch bleibt noch eine Menge zu tun. Welch rechnet damit, daß bis zum Jahr 2000 die *GE*-Umsätze zum größten Teil im Ausland erwirtschaftet werden; und dazu ist er fest entschlossen. Gerade diesem Ziel mißt er große Bedeutung bei – seine Realisierung hält er für eine der besten Methoden, das Überleben von *GE* im neuen Jahrtausend zu sichern.

1. Interview mit Paolo Fresco vom 22. Juli 1997.
2. Zitat aus dem Artikel „Face to Face: Jack Welch" in: *FOCUS International*, Januar 1997, 3-12.
3. Interview mit Gary Wendt vom 31. Juli 1997.
4. Interview mit Jack Welch in: *L'Expansion*, „The Secrets of the Finest Company in the World", 10.-24. Juli 1997, 26-39.
5. Interview mit Jack Welch vom 22. Juli 1997.
6. Interview mit Jack Welch in: *Industry Week*, 2. Mai 1994.
7. Zitat aus dem Aktionärsschreiben von Jack Welch im *GE*-Jahresbericht 1996.
8. Interview mit Jack Welch in: *Industry Week*, 2. Mai 1994.
9. Interview mit Paolo Fresco vom 22. Juli 1997.
10. Zitat aus einem Bericht, den der Analyst Robert T. Cornell für *Lehman Brothers* verfaßt hat (30. Mai 1997).

VI. Qualitätsoffensive unternehmensweit!

„Man muß wie ein Besessener nach Qualität streben."

Qualität leben – mit Kosteneinsparungen und schnellem Handeln Wettbewerbsvorteile erzielen

„So wie grenzenloses Lernen unser Verhalten prägt, so wird Six-Sigma-Qualität unsere Arbeit prägen.“[1]

Ende der 90er Jahre ist vor allem ein Konzept dazu angetan, *General Electric* mit unbeirrbarer und unverkennbarer Intensität voranzutreiben – in allen *GE*-Bereichen, weltweit. Dieses Konzept läßt sich mit einem Wort zusammenfassen:

Qualität.

Nun ist Qualität in den ausgehenden 90er Jahren nicht gerade ein neues Konzept. Unternehmen wie *Motorola* arbeiten seit Jahren mit dem Qualitätskonzept. Doch wenn Jack Welch eine Idee übernimmt, tut er dies mit glühendem Engagement, mit der ihm eigenen verzehrenden Leidenschaft. Und wie sich all die Jahre gezeigt hat, ist es dieser lodernde Enthusiasmus, der mit gewöhnlichen Unternehmensprogrammen strategische Initiativen zündet und *General Electric* zu läutern vermag.

So war es mit der Umstrukturierung Anfang der 80er Jahre. Mit Schnelligkeit, Einfachheit und Selbstvertrauen Mitte der 80er Jahre. Und mit Grenzenlosigkeit Anfang der 90er Jahre.

Mit derselben Faszination griff Welch Ende der 90er Jahre die Qualitätsidee auf. Er ist derart besessen von seinen Qualitätsvorstellungen, daß er mit seinem Übereifer sämtliche Kräfte im Unternehmen schürt. Er ist überzeugt: Qualitätsverbesserung ist die Unternehmensstrategie, die *General Electric* zum wettbewerbsstärksten Unternehmen der Welt machen wird.

Es sei noch einmal gesagt: Welch versucht, den Entwicklungen stets einen Schritt voraus zu sein – Wandel herbeizuführen, bevor ein solcher dringend geboten ist.

Warum gerade jetzt? Und warum diese Fokussierung auf Qualität? Es ist doch nicht so, daß sich *GE* in der Vergangenheit nicht um Qualität bemüht hätte. Im Gegenteil: Qualität ist für *General Electric* immer wichtig gewesen. Und die von *GE* hergestellten Gebrauchsgüter haben stets als Produkte hoher Qualität Anerkennung gefunden.

Dennoch: *GE*-Produkte und *GE*-Prozesse haben noch nicht Weltklasse-Qualität erreicht. Wenn es um Qualität geht, sind dem Konzern andere Unternehmen voraus. So werden seit langem etwa *Motorola, Toyota, Hewlett-Packard* und *Texas Instruments* mit Weltklasse-Qualität in Verbindung gebracht. Allerdings macht sich Welch überhaupt nichts daraus, daß ihm andere Unternehmen in Sachen Qualität bisher zuvorgekommen sind. Vielmehr wird er sich ihr Wissen und ihre Erfahrungen zunutze machen, um ein noch besseres, noch wirkungsvolleres Programm auf die Beine zu stellen. Und dieser Qualitätsinitiative will er den *GE*-Stempel aufdrücken – von Anfang bis Ende.

Ein Hurrikan aus Asien

In den 80er und frühen 90er Jahren strebte *GE* nur dort Marktanteile an, wo ihm starke Wettbewerbspositionen und technologische Überlegenheit sicher waren. Bereiche wie die Unterhaltungselektronik, in denen solche Vorteile nicht gegeben waren, stieß der Konzern ab. Die Strategie ging auf: Die *GE*-Umsätze stiegen um das Dreifache, die Gewinne um das Vierfache, und die Aktionärsrendite schnellte im Jahresdurchschnitt auf 23 Prozent in die Höhe.

GE hat sich den Luxus leisten können, seine Märkte selbst auszusuchen – im Gegensatz zu Unternehmen wie *Motorola, Texas In-*

struments, *Hewlett-Packard* und *Xerox*. Welch beschreibt die Situation dieser Unternehmen mit den Worten, sie seien „in das Auge des asiatischen Wettbewerbshurrikans“[2] geraten und mit der japanischen Invasion konfrontiert worden, die viele amerikanische Wirtschaftszweige in Bedrängnis gebracht hat. Da die Konkurrenz aus Asien mit ihren Produkten ein neues Qualitätsniveau erreicht hatte, sahen sich *Motorola* und andere amerikanische Unternehmen gezwungen, ihre Produktqualität ebenfalls zu verbessern – oder aus dem Geschäft auszusteigen. Infolgedessen haben diese Unternehmen nach jahrelangen intensiven Bemühungen nunmehr ein Qualitätsniveau erreicht, das ihren globalen Konkurrenten ebenbürtig oder sogar überlegen ist.

Der Vergleich zwischen *GE* und solchen Unternehmen zeigte unmißverständlich, daß die Qualität von *GE*-Produkten und *GE*-Prozessen noch erheblich verbessert werden konnte. „Sie ist mit jeder Produkt- und Servicegeneration besser geworden“, sagt Welch. „Aber sie ist noch nicht soviel besser geworden, daß wir an das Qualitätsniveau jenes kleinen Kreises exzellenter globaler Unternehmen heranreichen, die den heftigen Konkurrenzangriff aus eigener Kraft überlebt und dabei neue Qualitätsstandards erreicht haben.“[2]

Welch zog seine Lehren aus der Erfahrung, die diese amerikanischen Unternehmen hatten machen müssen. Er beschloß, Qualität bei *GE* fortan in den Mittelpunkt aller Managementaktivitäten zu stellen. Kurz gesagt: Qualität ist zu einer „Welchschen Obsession“ geworden.

Nicht, daß Welch in all den Jahren zuvor Qualitätsverbesserungen abgelehnt hätte. Er war lediglich von der – aus seiner heutigen Sicht falschen – Annahme ausgegangen, das Thema *Qualität* durch Konzentration auf andere Aspekte der Unternehmensaktivitäten bewältigen zu können: durch größere Schnelligkeit, erhöhte Produktivität und stärkere Einbeziehung der Mitarbeiter und Lieferanten in das Unternehmensgeschehen. Welch hatte immer gemeint, in einer schnellen und agilen Organisation sei Qualität eine Selbstverständlichkeit. „Aber wie unser Beispiel zeigt, kann man schnell und agil werden und bezüglich der Qualität doch nicht perfekt sein“, mußte Welch eingestehen.

Schnelligkeit – ein Weg zu Qualität?

Welch hatte der Qualität bei *GE* nie eine besonders hohe Priorität beigemessen, und zwar aus gutem Grund: Die *GE*-Produkte waren *scheinbar* immer von besserer Qualität als die des nächstbesten Konkurrenten. Das Ergebnis wurde nie weiter hinterfragt.

Sicher – Welch und seine Leute wußten, daß Verbesserungen durchaus möglich waren. Aber der *GE*-Vorsitzende setzte schlicht voraus, der beste – oder vielleicht einzige – Weg zur Verbesserung von Qualität sei die Intensivierung von Schnelligkeit, Einfachheit und Selbstvertrauen. Erst als Jack Welch feststellte, daß seine Rechnung nicht aufging, gelangte er zu der Überzeugung, daß andere Maßnahmen erforderlich waren.

GE hatte auch früher schon Qualitätsprogramme gestartet, aber die hatte keiner so recht ernst genommen. „So manch einer unter uns hat bereits Qualitätsprogramme im Unternehmen erlebt“, sagt *GE*-Finanzchef Dennis Dammerman. „Wir ließen so eine Art Ratte mit Hut durch die Gegend rennen, mit dem *GE*-Logo drauf. Wir hatten Plakate an der Wand hängen, die ‚Null Fehler‘ suggerierten. Unter solchen Auspizien trat ich in den 60er Jahren meinen Dienst bei *GE* in Louisville an. Die Ziele und Absichten waren gut und schön, aber es steckte nicht viel dahinter. Es gab weder Meßkriterien noch Ansätze zur Einbeziehung der Mitarbeiter. Es waren wohl eher Slogans.“[3]

Jahrelang hatte Jack Welch den *GE*-Mitarbeitern ein ständig höheres Maß an Produktivität abverlangt – bis die Mitarbeiter Mitte der 90er Jahre argumentierten, eine noch höhere Produktivität sei unmöglich, wenn nicht zugleich die Qualität der *GE*-Produkte und *GE*-Prozesse verbessert würde. Zuviel Zeit würde mit Korrektur- und Nacharbeit von Produkten vertan, bevor diese endlich ausgeliefert werden könnten. Das bremste natürlich die *GE*-Schnelligkeit – ein besonders wichtiges Welch-Anliegen – und drückte auf die Produktivitätsrate. „Eigentlich meinten wir“, bemerkt Paolo Fresco, „daß unsere Kunden mit unserer Qualität wohl einigermaßen zufrieden wären, denn im Vergleich zu unseren Konkurrenten waren wir genauso gut oder sogar besser. Aber als wir einmal nachschauten, wo unser Geld denn blieb, stellten wir fest, daß erhebliche Summen für die Nachbesserung mangelhafter Qualität aufgewendet werden mußten, damit der Kunde davon nichts merkte."[4]

Keiner hatte sich bisher darum gekümmert, wieviel Zeit draufging, wenn nicht gleich von Anfang an Produkte hoher Qualität produziert wurden und man erst langwierige Nacharbeiten vornehmen mußte, bevor die Auslieferung erfolgen konnte. „Wenn wir von mangelnder Qualität sprechen", sagt Fresco, „meinen wir all dieses Nachprüfen und Nacharbeiten, bis das Produkt dann endlich an den Kunden geliefert werden kann. Wir hielten Ausschuß und Nacharbeit für einen Preis, wie er bei Produktionsarbeiten nun mal zu zahlen ist. Das waren gewissermaßen Betriebskosten. So wird einfach vorausgesetzt, daß hohe Qualität hohe Kosten verursacht. Demgegenüber hat man bei uns nun erkannt, daß die Produktion guter Qualität preiswerter ist als die Produktion schlechter Qualität. Uns bleibt nämlich eine Menge unnötiger Arbeit erspart, wenn wir gleich beim ersten Versuch ein hohes Qualitätsniveau anstreben."[4]

Doch Welch zeigte sich weiterhin unzufrieden mit der *GE*-Qualität. Bob Wright, Leiter der *NBC*, kommentiert: „Jack hat Qualitätsprogramme im Grunde genommen immer als Ausflucht verstanden: Man mußte Geld zur Lösung technischer Probleme ausgeben, zu denen es gar nicht erst hätte kommen sollen. Solche Programme waren nur eine Rechtfertigung für noch mehr Kontrolleure und noch mehr Gemeinkosten, um Probleme im System zuzudekken."[5]

Allerdings hat die Trägheit in Sachen Qualität bei *GE* eine lange Geschichte. Zunächst hatte Welch alle wichtigen strategischen *GE*-Initiativen Ende der 80er und Anfang der 90er Jahre auf sein *Work-Out*-Programm konzentriert. *Work-Out* schien so gut wie alle großen Welch-Ziele zu umfassen: Offenheit, informelle Beziehungen, Grenzenlosigkeit, Einbeziehung der Mitarbeiter, Selbstvertrauen, Produktivität, Voneinanderlernen. Dabei galt es als selbstverständlich, daß *Work-Out* ein gleichbleibend hohes Qualitätsniveau bei *GE* sichern würde. Auch die Erfahrungen in Crotonville, wo die *GE*-Manager den Umgang mit weitreichendem Wandel lernen sollten, würden, so meinte man, zu hohem Qualitätsniveau führen. Schließlich wies auch die *GE*-Bilanz immer größere Erfolge aus, so daß sich Welch kaum veranlaßt sah, ein unternehmensweites Qualitätsprogramm in Angriff zu nehmen.

Die einzig richtige Wahl

Der CEO von *General Electric* zollte Leuten Beifall, die sich tatkräftig für Qualitätsverbesserungen einsetzten – Leuten, die sich nächtens im Schneesturm auf den Weg machten, um eine Lokomotive zu reparieren; oder Leuten, die mehrere Tage ohne Schlafpause arbeiteten, um irgendein defektes Teil an einer Turbine oder einem CAT-Scanner ausfindig zu machen, damit das Produkt bis zum Liefertermin einwandfrei funktionierte. Aber derart unnötige Arbeiten wollte er von vornherein ausschließen. Er wollte die Prozesse so verbessern, daß schon der erste Versuch so nahe wie möglich an Perfektion heranreichte.

Er fand, es reiche eben nicht, Produkte und Dienstleistungen bereitzustellen, die lediglich von gleicher oder besserer Qualität als die der Konkurrenz wären. „Wir wollen mehr als das", sagte Welch. „Wir wollen die Wettbewerbslandschaft so verändern, daß wir nicht nur besser als unsere Konkurrenten sind, sondern Qualität auf ein gänzlich neues Niveau anheben. Wir wollen unsere Qualität zu etwas so Besonderem machen, zu einer für unsere Kunden so wertvollen und für ihren Erfolg so wichtigen Leistung, daß unsere Produkte die einzig richtige Wahl für sie sind."[6]

Die Frage war nur, wie man eine unternehmensweite Qualitätskampagne ins Leben rufen konnte, ohne die Fehler der früheren Programme zu wiederholen. Welch und seine Kollegen fanden die Antwort: *Six Sigma* war ein Konzept, für das *Motorola*, Hersteller von Kommunikationseinrichtungen und Halbleitern mit Sitz in Illinois, die Pionierarbeit geleistet hatte.

Six Sigma

Six Sigma ist ein Fehlermaß, das die Zahl der Defekte pro Million unterschiedlicher Abläufe mißt. Es trifft auf alle Transaktionen zu, nicht nur auf Fertigungsprozesse: je geringer die Fehlerzahl, desto höher die Qualität. *Ein Sigma* bedeutet, daß 68 Prozent der Produkte akzeptabel sind; drei *Sigma* bedeutet, daß 99,7 Prozent akzeptabel sind; *sechs Sigma* als ultimatives Ziel bedeutet, daß 99,999997 Prozent akzeptabel sind. *Six Sigma* garantiert somit höhere Qualität als drei Sigma: Bei sechs Sigma treten nur 3,4 Defekte in einer Million Abläufe auf. Bei dreieinhalb Sigma – dem durchschnittlichen Qualitätsmaß bei den meisten Unternehmen – sind es 35000 Defekte pro Million.

Qualität wird schon seit langem mit den Japanern in Verbindung gebracht. Unternehmen wie *Motorola* wußten: Wenn sie wirklich an Wettbewerbsstärke gewinnen wollten, mußten sie es den Japanern in ihren eigenen Qualitätsbereichen gleichtun. Japanische Produkte wie Uhren und Fernseher haben seit einiger Zeit *Six-Sigma*-Standards erreicht. Die Qualität amerikanischer Fabrikate lag hingegen irgendwo bei vier Sigma. Allerdings betrafen Japans hohe Qualitätsstandards lediglich Produkte wie Elektrogeräte, Autos und Präzisionsinstrumente – und das auch nur im Produktionsbereich. Japan lag weit zurück, wenn es darum ging, Qualität und Produktivität durch Verbesserung von Unternehmensprozessen zu erhöhen. (Genau das hatte *GE* mit seiner *Six-Sigma*-Qualitätsinitiative vor.)

Motorola als Vorbild?

Ende der 80er und Anfang der 90er Jahre sammelte *Motorola* seine ersten Erfahrungen mit der *Six-Sigma*-Initiative und reduzierte dabei die Zahl der Defekte bei seinen Produkten von vier auf fünfeinhalb Sigma, was dem Unternehmen Ersparnisse in Höhe von 2,2 Milliarden Dollar bescherte. Andere Firmen wie *AlliedSignal* und *Texas Instruments* übernahmen das Konzept und entwickelten eigene *Six-Sigma*-Qualitätsprogramme. *Six Sigma* gelangte zu einer derartigen

Beliebtheit, daß sich gleich eine ganze Beraterschar mit „Wanderpredigern in Sachen Qualität" auf den Weg machte. Einer dieser Gurus war Mikel Harry, der zentral am Qualitätsprogramm bei *Motorola* mitgewirkt hatte und später in den ersten Phasen der *Six-Sigma*-Qualitätsinitiative bei *GE* als Berater tätig wurde. Als ein weiterer Experte galt Richard Schroeder, der die Qualitätsverbesserung bei Tochtergesellschaften von *Motorola* betreut hatte. Gemeinsam gründeten Harry und Schroeder die Beratungsfirma *Six Sigma Academy* in Scottsdale, Arizona.

Das ganze Jahr 1994 über und auch noch Anfang 1995 grübelten Welch und andere *GE*-Spitzenführungskräfte, wie man die *GE*-Qualität verbessern könnte. Der Vorsitzende befand sich in einer Zwickmühle: Er war sich mit den anderen einig, daß es bei *GE* an der Zeit wäre, massive Maßnahmen zur Qualitätsverbesserung vorzunehmen. Aber auf den ersten Blick fand er keinen Gefallen am *Six-Sigma*-Ansatz. Er fürchtete, das Konzept könnte mit den übrigen *GE*-Unternehmenswerten und *GE*-Strategien unvereinbar sein:

- Es war zentral organisiert.
- Es mutete allzu bürokratisch an mit seiner Berichtsstruktur und standardisierten Nomenklatur.
- Es verlangte speziell vereinbarte Meßkriterien.

Kurzum: Die Initiative nahm sich wie ein Fremdkörper unter den *GE*-Programmen aus.

Demgegenüber war das *Work-Out*-Programm ein *GE*-Eigengewächs: Hier ging es darum, bürokratische Grenzen einzureißen, Offenheit zu unterstützen und die Mitarbeiter zum gegenseitigen Voneinanderlernen aufzufordern.

Doch letztlich ließ sich Welch von seinen eigenen Leuten, besonders von den Produktions- und Konstruktionsingenieuren, überzeugen. Sie hatten als erste erkannt, daß das Unternehmen einer soliden Qualitätsinitiative bedurfte. Diese „Praktiker" hatten begriffen, daß der Fortschritt nach all den Jahren der erhöhten Produktivitäts- und Lagerumschlagsraten ins Stocken geraten war, weil die Zahl der Defekte in den Unternehmensabläufen so hoch war.

Im April 1995, einen Monat, bevor Welch wegen einer Dreifach-Bypass-Herzoperation für zehn Tage ins Krankenhaus mußte, führte das Unternehmen dann eine Untersuchung durch, aus der hervorging, daß die *GE*-Mitarbeiter mit der Qualität der Unternehmensprodukte und -prozesse unzufrieden waren. (Es sei darauf hingewiesen, daß die Untersuchungsergebnisse in keinerlei Zusammenhang mit den Herzbeschwerden des Vorsitzenden zu sehen sind.)

Wie sich immer deutlicher herausstellte, hatten verschiedene andere Unternehmen, darunter *Motorola* und *Texas Instruments*, mit *Six-Sigma*-Programmen erstaunliche Resultate erzielt.

Eine entscheidende Begegnung

Dann hielt Larry Bossidy, CEO von *AlliedSignal*, im Juni einen Vortrag vor Welchs Beratungsgremium – dem *Corporate Executive Council (CEC)*. Bossidy genoß hohes Ansehen bei *GE*. Er war früher stellvertretender *GE*-Vorsitzender gewesen und zählte zu den engsten Freunden von Jack Welch. 1994 hatte Bossidy bei *AlliedSignal* ein *Six-Sigma*-Programm eingeführt. Jetzt, ein Jahr später, berichtete er dem *CEC*, wie beeindruckt er davon sei und daß *GE* seiner Ansicht nach ungeheuer profitieren könne, wenn sich der Konzern zu Ähnlichem entschlösse. „*GE* ist ein großartiges Unternehmen", sagte er vor dem CEC. „Ich muß es wissen. Ich habe 34 Jahre hier gearbeitet. Aber es gibt vieles, was Sie tun können, um noch an Größe zu gewinnen. Wenn *GE* auf *Six Sigma* setzt, werden Sie in Sachen Qualität unschlagbar sein." Dennis Dammerman erinnert sich, daß Bossidys Präsentation „echte Substanz versprach, keine schönen Worte, sondern echte Substanz".[7] Welch, der Bossidy sehr schätzte, hatte offensichtlich denselben Eindruck. Seine Schlußfolgerung lautete: Wenn *Six Sigma* für Larry Bossidy gut genug war, würde sie wohl auch für Jack Welch gut genug sein.

Was Welch schließlich an *Six Sigma* überzeugte, war die umfassende statistische Grundlage dieses Qualitätsprogramms: Es würde nicht so „schwammig" sein wie die Programme, die frühere *GE*-Qualitätsansätze in Mißkredit gebracht hatten. „*Six Sigma* basierte auf einem Systemansatz für die Fertigung, wobei Kosten und Qualität als wichtige Nebenprodukte anfielen", stellte Bob Wright fest. „Qualität würde kein Anhängsel mehr sein."[8] Vor allem beeindruckte Welch die Hoffnung, daß dieses Qualitätsprogramm – anders als seine Vorgänger – nicht wieder in einer Welle der Gleichgültigkeit versinken würde. Er war inzwischen zu der Überzeugung gelangt, daß *Six Sigma* mehr war als ein Slogan: „Dies ist nicht das Programm des Monats", sagte er. „Dies ist eine Disziplin. Und die wird es von nun an immer geben."[9]

Schon bald nach dem *CEC*-Meeting beauftragte Welch Gary M. Reiner (damals Vice President des Bereichs Unternehmensentwicklung und derzeit Senior Vice President und Leiter des Bereichs Informationstechnik) mit der Durchführung einer Untersuchung: Er sollte feststellen, welche Fortschritte andere Unternehmen mit ihren Qualitätsinitiativen machten. Zu den von Reiner untersuchten Unternehmen zählten auch *Motorola* und *AlliedSignal*.

Welch bekam selbst von *GE*-Mitarbeitern, die an Lehrgängen in Crotonville teilgenommen hatten, immer mehr zu hören, es sei an der Zeit für eine neue Qualitätsinitiative. Im August 1995 befaßten sich die Teilnehmer des *Executive Development Course* ausschließlich mit Qualitätsfragen. Der Kursus nahm Leute unter die Lupe, die mit dem *Malcolm Baldridge National Quality Award* ausgezeichnet worden waren – einem von der Regierung vergebenen Preis in Anerkennung besonders hoher Qualitätsleistungen in Unternehmen und Wirtschaft. „Wir kamen uns wie die Prügelknaben vor", kommentiert Gary Powell, einer der Kursteilnehmer. „Wir sollten über erstaunliche Begebenheiten bei unseren Kundeninterviews berichten. Ich persönlich hatte eine derart unangenehme Diskussion mit einem Kunden noch nie zuvor erlebt – wir hatten einen Kunden aus dem Bereich *GE Motors* besucht. Die haben uns echt fertiggemacht in Sachen Qualität. Die behaupteten nämlich: ‚Ihr seid eine Katastrophe.' Die Leute saßen in der Zwickmühle: Wir waren schon ziemlich schlecht, aber die Konkurrenz war noch schlechter. Wir konnten die Anforderungen dieses Kunden einfach nicht erfüllen."[10]

Im September 1995 wurden die Kursteilnehmer bei Welch und anderen *CEC*-Mitgliedern in Crotonville vorstellig und führten Beispiele aus ihren Felduntersuchungen an, die einen dringenden Bedarf an neuen Qualitätsinitiativen zu erkennen gaben. „Welch bekam ganz glänzende Augen“, sagte Gary Powell. „Genauso hatte er sich das vorgestellt. Wir waren es, die seine Führungsmannschaft von der Notwendigkeit einer Qualitätsverbesserung überzeugen wollten. Dann wurde es konkret: Wir diskutierten über einige besonders gute Methoden, die wir kennengelernt hatten und nun vielleicht anwenden konnten. Der *GE*-Unternehmensbereich Medizinische Systeme hatte bereits mit Qualitätsmaßnahmen begonnen; aber so richtig deutlich ist die Notwendigkeit einer Qualitätsverbesserung bei *GE* erst durch die Präsentationen der Teams aus unserem Ausbildungskurs geworden.“[10]

Nachdem nun feststand, daß *GE* ein Qualitätsverbesserungsprogramm starten würde, war es fast eine Selbstverständlichkeit, den Experten Mikel Harry als Referenten für das Bereichsleiter-Treffen in der ersten Oktoberwoche einzuladen. Harry sprach über die Vorteile des *Six-Sigma*-Ansatzes bei der Erzielung von Qualitätsverbesserungen in Unternehmensprozessen.

Aber *GE* wollte ein so gewichtiges Qualitätsprogramm auf ganz eigene, noch nie dagewesene Weise realisieren – der *„GE Way“* sollte unverkennbar sein. Paolo Fresco meint in diesem Zusammenhang: „Wenn *GE* etwas beschließt, dann verfolgt es seine Ziele mit einer Heftigkeit und Intensität, die einmalig ist.“[11]

Mit der Durchführung des neuen *GE*-Qualitätsprogramms wurde Reiner beauftragt. Von seinen Besuchen bei anderen Unternehmen wußte er, daß eine Qualitätsinitiative nur dann Aussicht auf Erfolg haben würde, wenn alle *GE*-Mitarbeiter einbezogen wurden. „Wir haben gelernt, daß wir Qualität nur durch gezielte Fokussierung auf Qualität erreichen können. Wir haben uns nachdrücklich für Schnelligkeit eingesetzt. Wir haben Schnelligkeit gemessen und auch deutliche Fortschritte bezüglich der Geschwindigkeit erreicht, mit der wir neue Produkte entwickeln und den Materialfluß in unseren Fabriken handhaben. Aber wenn man ein *Six-Sigma*-Qualitätsniveau erreichen will, ist noch viel mehr zu tun, und man braucht ausgebildete Kräfte, die der Frage auf den Grund gehen können, warum man nicht die Qualität erreicht, die man haben will.“[12]

Von einem erfolgreich durchgeführten Qualitätsprogramm konnte *GE* ungeheuer profitieren. Wollte ein Unternehmen weiterhin bei drei Sigma oder vier Sigma bleiben, so würden ihm Kosten in Höhe von 10 bis 15 Prozent des Umsatzes entstehen. Für *General Electric* würde dies Kosten in Höhe von 8 Milliarden Dollar bis 23 Milliarden Dollar bedeuten. Gary Reiner zufolge hofft *GE*, dieses Geld mit seiner Qualitätsinitiative „wahrscheinlich innerhalb von fünf bis sieben Jahren“ wieder einbringen zu können.

Fresco betont, eine verbesserte Qualität würde sich nicht nur durch Kostenreduzierung bemerkbar machen, sondern auch den Umsatz erhöhen. „Durch Steigerung Ihres Qualitätsniveaus erwirtschaften Sie viel mehr Geld für die Aktionäre; und Sie gewinnen Marktanteile hinzu, weil Ihr Kunde mit Ihnen viel zufriedener sein wird als mit Ihren Konkurrenten.“[13]

Reiners Prognose wurde bei *GE* ernst genommen. Das Programm läuft mittlerweile seit zwei Jahren, und *Six Sigma* hat alle Ränge erfaßt. In den *GE*-Betrieben verkünden Spruchbänder an den Wänden, wie sehr es auf Qualität ankommt. Bei allen möglichen Begegnungen dreht sich das Gespräch immer wieder um Qualitätsmaßnahmen. Wer durch *GE*-Anlagen und Fabrikhallen geht und die Büros der Senior-Führungskräfte betritt, hat nur eines im Ohr: *„Six Sigma. Six Sigma. Six Sigma.“* *Six Sigma* ist das neue *GE*-Mantra – der neue Schlachtruf Ende der 90er Jahre.

1. Auszug aus einer Rede von Jack Welch anläßlich der *GE*-Jahreshauptsversammlung am 23. April 1997 in Charlotte, North Carolina.
2. Auszug aus einer Rede von Jack Welch anläßlich der *GE*-Jahreshauptversammlung am 24. April 1996 in Charlottesville, Virginia.
3. Interview mit Dennis Dammerman vom 28. Juli 1997.
4. Interview mit Paolo Fresco vom 22. Juli 1997.
5. Interview mit Robert Wright vom 24. Juli 1997.
6. Auszug aus einer Rede von Jack Welch anläßlich der *GE*-Jahreshauptversammlung am 24. April 1996 in Charlottesville, Virginia.
7. Interview mit Dennis Dammerman vom 28. Juli 1997.

8. Interview mit Robert Wright vom 24. Juli 1997.
9. Interview mit Jack Welch vom 22. Juli 1997.
10. Interview mit Gary J. Powell vom 6. August 1997.
11. Interview mit Paolo Fresco vom 22. Juli 1997.

Jeden Mitarbeiter zu Qualität verpflichten

„Bis zum Jahr 2000 wollen wir in Sachen Qualität nicht nur besser, sondern 10000mal besser sein als unsere Konkurrenz."

Jack Welch führte die Qualitätsinitiative im Rahmen einer offiziellen Ankündigung anläßlich des Jahrestreffens der 500 *GE*-Top-Manager im Januar 1996 ein. Er bezeichnete das Programm als „die größte Chance zur Erzielung von Wachstum, Rentabilitätssteigerung und Zufriedenheit des einzelnen Mitarbeiters in der Geschichte unseres Unternehmens". *GE* hat sich zum Ziel gesetzt, bis zum Jahr 2000 ein *Six-Sigma*-Unternehmen zu werden: Ein solches Unternehmen stellt nahezu defektfreie Produkte, Dienstleistungen und Transaktionen bereit.

Unser anspruchsvollstes Stretch-Ziel

Welch zufolge ist die *Six-Sigma*-Initiative das schwierigste *Stretch*-Ziel, das *GE* je verfolgt hat. Vor Einführung der Qualitätsinitiative produzierten die typischen *GE*-Prozesse an die 35000 Defekte pro Million Abläufe, was einem Qualitätsniveau von dreieinhalb Sigma entspricht. Eine solche Defektrate mag astronomisch anmuten, aber mit dieser Größenordnung arbeiten die meisten erfolgreichen Unternehmen in den Vereinigten Staaten.

Dazu ein Vergleich: Der Sicherheitsstandard von Fluggesellschaften liegt noch unter 0,5 Defekten pro Million Abläufe, während bei der Gepäckabfertigung eine Größenordnung von 35000 bis 50000 Defekten normal ist. Gleiches gilt für Fertigungs- und Dienstleistungsbetriebe wie auch für Restaurantrechnungen, Gehaltsabrechnungen oder ärztliche Verschreibungen.

Um sechs Sigma zu erreichen, müßte *GE* seine Defektraten um 10000 reduzieren. Und wenn *GE* dieses Leistungsniveau bis zum Jahr 2000 erreichen will, muß es seine Defektraten um durchschnittlich 84 Prozent im Jahr reduzieren! Dazu Welch:

> Dabei sind kaum Neuerfindungen erforderlich. Wir haben eine bewährte Methodik übernommen und die an eine grenzenlose Lernkultur angepaßt; und wir stellen unseren Teams alle Ressourcen zur Verfügung, die sie brauchen, um Erfolg zu haben.
>
> *Six Sigma* – die *GE*-Qualität 2000 – wird die größte, persönlich zufriedenstellendste und letztlich auch profitabelste Unternehmung in unserer Geschichte sein.
>
> GE ist heute das Unternehmen mit dem weltweit höchsten Firmenwert. Das bescheinigen uns die Zahlen. Wir sind das Unternehmen mit den weltweit interessantesten Arbeitsmöglichkeiten. Das bescheinigen uns die Mitarbeiter. Bis zum Jahr 2000 wollen wir ein noch besseres Unternehmen werden: Wir wollen in Sachen Qualität nicht nur besser sein als die Konkurrenz – das sind wir schon heute -, sondern 10000mal besser. Und dies werden nicht wir, sondern unsere Kunden zu beurteilen haben.[1]

Motorola hat zehn Jahre gebraucht, um *Six Sigma* zu erreichen. Welch hofft, es in fünf Jahren zu schaffen. Ist es zu schaffen?

Für den *GE*-Vorsitzenden ist dieses Ziel realistisch. Schließlich hatte *Motorola* die Pionierarbeit für das Programm zu leisten und mußte erst das notwendige Instrumentarium entwickeln. *GE* hat den Vorteil, erst später hinzugestoßen zu sein. Zudem kommt dem Konzern die *Work-Out*-Lernkultur zugute, die den Mitarbeitern zu größerer Aufgeschlossenheit für eine Qualitätsinitiative verhilft. Welch ist zuversichtlich, daß *GE* das leisten kann, wofür andere Unternehmen weitaus länger gebraucht haben: „Auf der ganzen Welt gibt es kein Unternehmen, das je aus einer besseren Ausgangsposition heraus eine derart massive und transformierende Initiative hätte durchführen können. Jeder Wandel, den wir im Lauf der letzten Jahrzehnte in unserer Unternehmenskultur vorgenommen haben, versetzt uns in die Lage, diese spannende, lohnende Herausforderung anzunehmen.“[1]

Die neue Kriegerkaste

Mit dem *Six-Sigma*-Programm hat bei *GE* eine gänzlich neue „Kriegerkaste“ Einzug gehalten, die für die Umsetzung von Qualitätszielen und Qualitätsverfahren zuständig ist. Zu dieser Kriegerkaste zählen

- *Green Belts,*
- *Black Belts* und
- *Master Black Belts.*

Die verschiedenen „Gürtel“ zeichnen Führungskräfte aus, die eine komplexe statistische *Six-Sigma*-Ausbildung absolviert haben.

Am 9. Juli 1997 schickte Welch allen Mitgliedern des *Corporate Executive Council (CEC)* einen handgeschriebenen Brief, in dem er fünf Attribute beschrieb, die seinem Verständnis nach diejenigen Führungskräfte aufweisen müssen, die das Qualitätsprogramm durch alle Unbilden steuern sollen:

1. enorme Energie und leidenschaftliches Engagement, echte Führungsqualitäten, unternehmerisches Denken – keine „Angestelltenmentalität“;
2. Fähigkeit zur Stimulierung, Aktivierung und Mobilisierung der Organisation im Sinne der *Six-Sigma*-Vorzüge – kein Bürokratentum;

3. Verständnis der *Six-Sigma*-Initiative als Möglichkeit sowohl für die Kunden, auf ihren Märkten Erfolg zu haben, als auch für *GE*, unter dem Strich Gewinne zu erzielen;
4. technisches Verständnis für *Six-Sigma*-Berechnungen, das einer soliden finanziellen Ausbildung und Kompetenz entspricht oder durch einen solchen Hintergrund gefördert wird;
5. ausgeprägtes Interesse an bilanzorientierten Resultaten, nicht nur an technischen Lösungen.[2]

Von der Rechnungserstellung bis zur Glühbirnenproduktion

In der Anfangsphase ist *GE* vorrangig bemüht, dem verschwenderischen Umgang mit Zeit- und Arbeitsressourcen ein Ende zu setzen. Davon sind ganz unterschiedliche Abläufe betroffen:

- Erstellung von Kundenrechnungen
- Herstellung des Sockels für Glühbirnen
- Abbuchungsermächtigung für Kreditkarten
- Installation einer Turbine
- Kreditgewährung
- Wartung eines Flugzeugtriebwerks
- Beantwortung von Serviceanforderungen für Haushaltsgeräte
- Unterzeichnung einer Versicherungspolice
- Software-Entwicklung für ein neues CAT-Produkt
- Instandsetzung einer Lokomotive
- Ausstellung von Rechnungen für Industrielieferanten.

Im ersten Jahr war das *Six-Sigma*-Projekt für die Mitarbeiter „wieder so eine Managementmode“; das Programm sprach sich im Unternehmen auch nur langsam herum. Das war nicht ganz im Sinne der *GE*-Organisatoren. Welch beschloß, persönlich für das Programm zu werben – mit der ihm eigenen leidenschaftlichen Nachdrücklichkeit. Er brachte das Gespräch auf *Six Sigma*, wann immer sich in Vorträgen eine Gelegenheit dazu bot, und verfaßte im Frühjahr 1996 sogar eine Broschüre zum Thema *(The Goal and the Journey).*

Beim *GE*-Bereichsleiter-Treffen im Januar 1997 gab der Vorsitzende eine Erklärung ab, die aufhorchen ließ: Er verkündete, die *GE*-Manager müßten in die Qualitätsinitiative „einsteigen"“– oder dürften mit ihrem „Ausstieg“ rechnen!

> Mit einfachen Worten: Qualität muß zum zentralen Anliegen einer jeden hier im Raum anwesenden Person werden. Sie dürfen an dieses Thema nicht zögerlich herangehen. Sie müssen wie die Besessenen nach Qualität streben. Sie müssen Qualität mit absolutem Nachdruck fordern und fördern. Qualität muß bei Ihrer täglichen Arbeit im Mittelpunkt stehen. Bei Ihren Sitzungen. Bei Ihren Reden. Bei Ihren Beurteilungen. Bei Ihren Beförderungen. Bei Ihren Einstellungen. Jeder einzelne von Ihnen ist ein „Champion“ in Sachen Qualität – andernfalls sind Sie hier fehl am Platz.[3]

Welch verglich das Programm mit dem Konzept der Grenzenlosigkeit und bestand darauf, die Mitarbeiter müßten auf allen Unternehmensebenen „*Six Sigma* leben“:

> Mit der Grenzenlosigkeit verhielt es sich nicht anders. Für Leute, die Grenzenlosigkeit im Unternehmen nicht anerkennen wollten, war schon in den 80er Jahren kein Platz mehr bei uns. Erst recht nicht in den 90er Jahren. Wenn Sie sich nicht für Qualität einsetzen wollen, sollten Sie Ihre Fähigkeiten woanders beweisen. Denn in unserem Unternehmen zählt nur noch Qualität. *Six Sigma* muß die verbindliche Sprache unseres Unternehmens werden. Nur Ihre besten Leute können *Black Belts* sein. Und diese *Black Belts* müssen mittendrin im Geschehen wirken – als abgehobene Qualitätsorganisation erreichen die gar nichts. Sie müssen bei allen Unternehmensabläufen vor Ort sein. Sie müssen hobeln, daß die Späne fliegen. ... Es geht um bessere Transaktionen und um bessere Resultate. Für das Jahr 1997 wünsche ich, daß Sie Ihre besten Leute fördern. Zeigen Sie aller Welt, daß wir nur solche Leute als Führungspersönlichkeiten für unser Unternehmen brauchen, die einen Qualitätsrundumschlag zu leisten vermögen.

> Für das nächste Jahrhundert erwarten wir, daß die Führung dieses Unternehmens in den Händen *Black-Belt*-geschulter Leute liegen wird. Und die werden ihrerseits nur *Black-Belt*-geschulte Leute einstellen. Das sind dann Führungspersönlichkeiten, die im Unternehmen nur noch ihresgleichen dulden werden. ... In Sachen Qualität ist die Aufwärmphase eindeutig vorüber. Das Intensitätsniveau muß sich im Vergleich zu heute noch um das Zehnfache steigern. Das muß Ihr zentrales Anliegen sein. Es geht um die Zukunft des Unternehmens. Mit dem Jahr 2000 kommen teuflisch harte Zeiten auf uns zu. Aber wir werden uns der Zukunft stellen mit einer Kraft und Stärke, wie es sie in der Unternehmensgeschichte noch nicht gegeben hat.[3]

Ohne Gürtel keine Beförderung!

In seinem Aktionärsbrief 1996 erinnerte Welch seine Mitarbeiter daran, welche Strafe denjenigen drohe, die sich nicht an seine Anordnung hielten und *Six Sigma* ernst nähmen: „Die *Six-Sigma*-Methoden haben wir von anderen Unternehmen gelernt, aber die kulturelle Besessenheit und das leidenschaftliche Engagement dafür ist unsere *GE*-Eigenart. Führungskräfte, die nicht erkennen, wie entscheidend Qualität für unsere Zukunft ist, sind – wie Führungskräfte, die in den 80er Jahren nicht nach Grenzenlosigkeit streben wollten – bei *GE* fehl am Platz."[4]

Als ob diese Botschaft noch nicht deutlich genug wäre, ließ Welch im März 1997 einen weiteren, nicht eben zartfühlenden Wink folgen: Er schickte seinen *GE*-Managern in aller Welt ein Fax, in dem er die Voraussetzungen für Beförderungen unter Bezugnahme auf *Six-Sigma*-Qualität klärte. In diesem Fax-Brief führte er aus, ab 1. Januar 1998 müsse jeder Manager ein *Green-Belt-* oder *Black-Belt*-Training begonnen haben, um in eine Führungsposition im oberen Mittelmanagement oder gar im Top-Management befördert werden zu können. Und ab 1. Januar 1999 müßten alle *GE*-Akademiker (an die 80000 bis 90000 Mitarbeiter) einschließlich der leitenden Führungskräfte eine *Green-Belt-* oder *Black-Belt*-Ausbildung angetreten haben.

Welchs Botschaft war eine unmißverständliche Drohung: Ohne Gürtel keine Beförderung. „Wir müssen darauf hinweisen, daß es in diesem Unternehmen im nächsten Jahrhundert nur Bereichsleiter geben wird, die eine *Black-Belt*-Ausbildung absolviert haben." Um seiner Drohung Nachdruck zu verleihen, koppelte er bei seinen 120 Vice Presidents einen erstaunlich hohen Prämienanteil von 40 Prozent an die Fortschritte, die in bezug auf Qualitätsresultate erzielt wurden.

So wie grenzenloses Lernen die Verhaltensweisen der *GE*-Mitarbeiter geprägt habe, so würde *Six-Sigma*-Qualität die Arbeitsweisen der *GE*-Teams prägen. In einer Rede anläßlich der *GE*-Jahreshauptversammlung im April 1997 wich Welch keinen Deut von seinem Standpunkt ab: „Im nächsten Jahrhundert werden wir keinen Mitarbeiter mehr einstellen beziehungsweise halten, der nicht eine qualitätsorientierte Arbeitsmentalität, einen Qualitätsfokus, erkennen läßt. Man sagt uns nach, wir seien in diesem Punkt etwas ‚unnachgiebig'. Stimmt. Das sind wir."[5]

Nach mehrfach wiederholten Welch-Warnungen an die *GE*-Mitarbeiter, sich „freiwillig" zu *Six Sigma* zu bekennen, war es nicht weiter erstaunlich, daß die Zahl der Bewerber für entsprechende Ausbildungsprogramme in die Höhe schoß. Auch war bei einem Besuch in verschiedenen *GE*-Einrichtungen im Sommer 1997 deutlich zu spüren, wie das Programm Bewegung in den Unternehmensalltag brachte. Man kam sich vor wie auf einem Truppenübungsplatz, wo es einzig und allein darum ging, die „Truppen" auf das Qualitätsprogramm einzuschwören. Gelinde gesagt: Die *GE*-Mitarbeiter legen ein geradezu besessenes Qualitätsstreben im Sinne des Programms an den Tag. Auf die Frage hin, was es bei *GE* denn außer diesem Qualitätsstreben noch Neues gebe, antwortete Gary Reiner, der das Programm leitet, halb im Scherz: „Qualität ist das einzige, was wir hier machen."

Kriegsdienst leisten?

Welch weiß, daß er mit seiner Qualitätsinitiative ziemlich schwierige *Stretch*-Ziele vorgegeben hat, aber bei ehrgeizigen Zielsetzungen kennt er keine Skrupel. Im Sommer 1997 äußerte ein Journalist Welch gegenüber, ein ehemaliger *GE*-Manager habe den Arbeitseinsatz für Welch mit dem Kriegsdienst verglichen: Viele kommen um, und den Überlebenden steht die nächste Schlacht bevor. Leicht verärgert gab der CEO von *GE* zur Antwort, er halte diesen Kriegsdienstvergleich wirklich für unangebracht.

> Ich kann doch nicht meine Ziele erreichen, wenn ich meinen Leuten sage, ich fände die Qualität großartig und sie sollten genauso denken. Ich muß vielmehr meinen Managern sagen: „Vierzig Prozent Ihrer Prämie hängen davon ab, wie wenig Fehler in Ihren Gruppen gemacht werden.“ Ich muß denen sagen, daß jeder, der hier in zwei Jahren noch arbeiten will, das Training absolvieren muß.[6]

Das Unternehmen hat 3000 zusätzliche Mitarbeiter eingestellt, die der *Six-Sigma*-Initiative zum Durchbruch verhelfen sollen, allein 400 im *GE*-Unternehmensbereich Kunststoffe. In Anbetracht dieser zusätzlichen 3000 Mitarbeiter wurden bei *GE* Bedenken laut, die ganze Initiative könnte einer unerwünschten Bürokratie Vorschub leisten. Dennis Dammerman gibt zu, daß dies nicht ausgeschlossen ist: „Es gibt Leute, die sich fragen, ob es [bei dieser Qualitätsinitiative] eigentlich um eine Disziplin oder um Bürokratie geht. Ich würde sagen, es geht eindeutig um eine Disziplin. Was ich an *Six Sigma* gut finde, ist gerade dies: Wir müssen sehr aufpassen, daß die Initiative nicht in belangloses Bürokratentum abgleitet. Daß sie konkret ist, daß das Erreichte Bestand hat. Daß dies hier nicht wieder eine neue [unnötige] Führungsebene gibt.“[7]

Nur der Kunde zählt!

Bereits im Sommer 1997 hatte Welch den Eindruck, daß *Six Sigma* sich bezahlt machte:

> Qualität schafft Produktivitätsvorteile. ... Mit Qualität vermeidet man Nacharbeit. Die Verkäufer können ihre Zeit deutlich besser nutzen. Sie müssen nicht mehr 30 Prozent ihrer Zeit für Fehler in der Rechnungsstellung aufwenden. All dies führt zu erheblicher Produktivitätssteigerung. Qualität ist eine Art Evolution. In diesem Unternehmen gilt: Man erzielt mehr mit weniger. O.K.? Qualität bedarf ständiger Erneuerung. Qualität ist ein weiterer Schritt im Lernprozeß. Führungsebenen abbauen. Abspecken. Alle Mitarbeiter einbeziehen. Auf diese Weise mehr Ideen erzeugen. Im wesentlichen geht es um die Schaffung einer lernenden Organisation.[8]

Die Qualitätsinitiative, behauptet Welch, sei ein Programm sowohl für „die da oben" als auch für „die da unten". Dieses Programm führe zu Kundenzufriedenheit, Verbesserungen, Erfolg. ... „Es schafft Vorteile für jedermann. Es gewinnt Kunden. Das Streben nach Qualität ist nicht irgendeine *GE*-Masche. Hinter der Qualitätsinitiative steckt einzig das Bestreben, den eigenen Kunden zu größerer Wettbewerbsstärke zu verhelfen. Die Fokussierung auf Qualität zielt darauf ab, dies den eigenen Kunden bewußt zu machen. Es geht um die Qualität des Kunden. Es geht darum, ihn zum Gewinner zu machen."[8]

Bis zu seinem Besuch in Großbritannien Ende Frühjahr 1997 war die Qualitätsinitiative für Jack Welch kaum mehr als ein abstraktes Programm. Theoretisch war ihm durchaus klar, wie eindrucksvoll die *Six-Sigma*-Errungenschaften sein konnten, aber noch hatte er keine praktischen Erfahrungen sammeln oder ein Gefühl dafür entwickeln können, wie sich diese Errungenschaften in das *GE*-Gefüge integrieren ließen.

Dann traf er mit David Curren zusammen, dem Direktor des europäischen Geschäftsbereichs Hypotheken im GE-Unternehmensbereich Finanzdienstleistungen. Er war von mehreren Aspekten dieser Begegnung mit Curren und dessen Vorbereitungen für den CEO-Besuch beeindruckt. Zum einen hatte Curren ein *Black-Belt*-Qualitätstraining absolviert – ein klares Zeichen dafür, daß sich die Bereichsleitung an Welchs Aufruf hielt, beim Qualitätsprogramm mitzumachen. Zum anderen hatte Curren bewußt einige seiner Kunden zur Teilnahme an der Begegnung eingeladen. Die *GE*-Manager hatten also begriffen, worum es beim Qualitätsprogramm ging: Man mußte die Zufriedenheit der Kunden des Unternehmens erhöhen. Für den Vorsitzenden war Currens Präsentation zukunftsweisend. Hier hatte er es mit einem *Black Belt* zu tun, dem Leiter eines *GE*-Bereichs, der Kunden die Teilnahme an *GE*-Geschäftsbesprechungen ermöglichte:

> Das war eine Besprechung völlig anderer Art. Eine *GE*-Sitzung im Jahr 2001 oder 2002. Er hatte Kunden mitgebracht. Und die Kunden erzählten, wie *Six Sigma* ihnen zur Abwicklung von mehr Hypothekenanträgen verholfen hätte, weil sie schneller reagieren konnten, weil *GE* schneller reagiert hatte. Wie positiv sich ihre Ertragslage gestalten ließ. Ich erlebte die Begeisterung eines Kunden über seinen Erfolg. Und dann redete unser Mann in Anwesenheit der Kunden über die Rentabilitätssteigerung in seinem Bereich.[8]

Ein Reporter hat Welch einmal gefragt, was er denn einem *GE*-Fabrikarbeiter auf die Frage antworten würde: „Und welchen Vorteil hat das Qualitätsprogramm für mich?“ Antwort: „Arbeitsplatzsicherheit. Mehr Zufriedenheit. Keine unnötige Nacharbeit. Wachstum.“

Aber ob denn der *GE*-Mitarbeiter nicht auch ohne ein solches Qualitätsprogramm seine acht Stunden in der Fabrik arbeiten würde?

Sicher, gab Welch unverzüglich zurück, aber ohne *Six Sigma* hätte der Mitarbeiter vielleicht keinen Arbeitsplatz auf Dauer. Doch mit Six Sigma, mit einem Qualitätsprogramm, das auf die Ermittlung der Kundenwünsche abzielt, hat der Mitarbeiter eine größere Chance, daß sein Arbeitsplatz auch in Zukunft gebraucht wird. „In unseren Sitzungen wird nur noch über Daten und nicht mehr über irgendwelche Geschichten diskutiert“, fügt Welch hinzu. „Früher pflegte man einem Kunden eine generelle Zusage zu machen, aber es war nicht unbedingt das, was der wirklich wollte. Heute geht es darum, ob Sie einem Kunden die speziell von ihm gewünschte Ware rechtzeitig liefern. Und dabei spielen Ihre eigenen Vorstellungen überhaupt keine Rolle. Nur der Kunde zählt. Der Kunde managt Ihre Fabrik."[8]

Wäre es nach Welch gegangen, hätte *Six Sigma* wie ein Blitz bei *GE* einschlagen müssen – Produkte und Prozesse hätten gewissermaßen über Nacht ihre Verbesserung erfahren! Doch dafür war *GE* viel zu groß; und es gab zu viele Leute, die zu viele Jahre an ihren Arbeitstrott gewohnt waren, als daß sie derart grundlegende Veränderungen so schnell hätten bewältigen können. Doch Welch ist kein Geduldsmensch. Er hält Schnelligkeit und Selbstvertrauen nach wie vor für effektive Unternehmensstrategien und will erreichen, daß eine selbstbewußte *GE*-Mitarbeiterschaft *Six Sigma* schnell ins Alltagsleben übernimmt. Bereits im April 1997, so stellte Welch in einer Rede fest, also noch vor Ablauf der ersten beiden Jahre seit Einführung des Programms, „erweist sich Six Sigma, ein zunächst fremd anmutendes Konzept voller komplexer Berechnungen und ungewohnter Begriffe, als eine das gesamte Unternehmen mitreißende Passion."[9] Das mag so sein – aber noch bleibt abzuwarten, ob auch die Resultate unter dem Strich das bringen, was *GE* für das Jahr 2000 anstrebt.

1. Auszug aus einer Rede von Jack Welch anläßlich der *GE*-Jahreshauptversammlung am 24. April 1996 in Charlottesville, Virginia.
2. Auszug aus einem Brief, den Jack Welch am 19. Juli 1997 an alle Mitglieder des *Corporate Executive Council* geschickt hat.
3. Auszug aus einer Rede von Jack Welch anläßlich des *GE*-Bereichsleiter-Treffens, Boca Raton Resort and Club, Boca Raton, Florida, 5. bis 7. Januar 1997.
4. Auszug aus dem Aktionärsbrief von Jack Welch im *GE*-Jahresbericht 1996.
5. Auszug aus einer Rede von Jack Welch anläßlich der *GE*-Jahreshauptversammlung am 23. April 1997 in Charlotte, North Carolina.

6. Interview mit Jack Welch in: *Der Spiegel*, 14. Juli 1997.
7. Interview mit Dennis Dammerman vom 28. Juli 1997.
8. Interview mit Jack Welch vom 22. Juli 1997.
9. Auszug aus einer Rede von Jack Welch anläßlich der *GE*-Jahreshauptversammlung am 23. April 1997 in Charlotte, North Carolina.

Qualität erzielen: Messen, analysieren, verbessern und kontrollieren

„Qualität schafft Produktivitätsvorteile."

Der *Six-Sigma*-Ansatz zur Qualitätsverbesserung von Unternehmensabläufen umfaßt die Bildung von Projektteams, deren Aufgabe es ist, das *Six-Sigma*-Präzisionsniveau mit Hilfe eines vier Arbeitsschritte umfassenden Prozesses zu erzielen:

- Messen.
- Analysieren.
- Verbessern.
- Kontrollieren.

Im wesentlichen dienen diese Schritte des Sondierens, Messens und Analysierens zur Ermittlung der Grundursachen für ein Problem, um eine Lösung herbeizuführen und dafür zu sorgen, daß dieses Problem nicht wieder auftritt. Die Phase des Kontrollierens ist von entscheidender Bedeutung. Auch früher wurden bei *GE* Probleme gelöst, nur war diese Lösung oft von kurzer Dauer, weil zuwenig nachgeprüft wurde. Der *Six-Sigma*-Ansatz schafft hier erstmalig Abhilfe. Bei *GE* wird nun sorgfältig darauf geachtet, daß Projekte im Rahmen der Qualitätsinitiative sechs bis zwölf Monate lang überprüft werden, um ein gleichbleibend hohes Qualitätsniveau zu gewährleisten. Danach erfolgt alle sechs Monate eine Überprüfung des Projekts.

Six Sigma als GE-Prozeß

Im folgenden soll beschrieben werden, wie der *Six-Sigma*-Prozeß bei *General Electric* abläuft. Zunächst wird ein Projekt ermittelt. Dann werden die qualitätsentscheidenden Kriterien definiert – die *„critical-to-quality characteristics"*, bei *GE* kurz als *CTQs* bezeichnet. Erst dann beginnt der eigentliche *Six-Sigma*-Prozeß: *Ein Master Black Belt* betreut in seiner Eigenschaft als Mentor *Black Belts* bei der Abwicklung der vier *Six-Sigma*-Arbeitsschritte.

1. *Messen*: Beim ersten Schritt geht es darum, den für die erfolgsentscheidenden Kriterien (EEK) wichtigsten internen Prozeß zu ermitteln und die bei diesem Prozeß anfallenden Defekte zu messen. Defekte werden definiert als Zustände, die außerhalb der EEK-Toleranzgrenzen liegen. Die Meßphase ist abgeschlossen, wenn ein *Black Belt* die Defekte, die bei einem EEK-relevanten Prozeß entstehen, zutreffend messen kann.
2. *Analysieren*: Die Analysephase soll erste Einblicke verschaffen, warum es zu Defekten kommt. Unter anderem werden Brainstorming und statistische Instrumente eingesetzt, um die defektverursachenden Schlüsselvariablen zu ermitteln. Als Resultat dieser Phase liegt eine Erläuterung der Variablen vor, die aller Wahrscheinlichkeit nach die größten Prozeßabweichungen bewirken.
3. *Verbessern*: Ziel ist zunächst die Bestätigung der Schlüsselvariablen. Alsdann geht es um die Quantifizierung der Wirkung dieser Variablen auf die EEKs und um die Ermittlung maximal akzeptabler Grenzbereiche für die Schlüsselvariablen. Weiterhin muß gewährleistet sein, daß die Meßsysteme Abweichungen bei den Schlüsselvariablen tatsächlich messen können. Zuletzt gilt es den Prozeß in einer Weise zu modifizieren, daß die Toleranzgrenzen eingehalten werden.
4. *Kontrollieren*: In der Schlußphase soll sichergestellt werden, daß der modifizierte Prozeß die Einhaltung der für die Schlüsselvariablen ermittelten Toleranzgrenzen zuläßt. Zu diesem Zweck

werden Instrumente wie die statistische Prozeßkontrolle oder auch simple Checklisten eingesetzt.

Jede dieser vier Phasen dauert einen Monat: An den jeweils ersten drei Tagen erfolgt eine Art Grundausbildung, an die sich drei Wochen praktischer Arbeit anschließen; zuletzt nehmen *Master Black Belts* und *Champions* einen Tag lang eine formale Abnahme vor. Wenn ein *Black Belt* sein erstes Projekt unter Betreuung eines *Master Black Belt* abgeschlossen hat, übernimmt er zusätzliche Projekte, die nur von einem *Master Black Belt* überprüft werden. Sowohl *Master Black Belts* als auch *Black Belts* arbeiten in aller Regel mindestens zwei Jahre lang vollzeitig in ihrer *Six-Sigma*-Funktion.

Black Belts und Green Belts

GE hat den verschiedenen Funktionsträgern bei *Six-Sigma*-Initiativen unterschiedliche Namen gegeben:

1. *Champions*: Hier handelt es sich um Senior-Führungskräfte, die für die Definition der Projekte verantwortlich sind. Diese Senior-Führungskräfte tragen auch insgesamt die Verantwortung für den Erfolg der *Six-Sigma*-Initiative. Sie genehmigen Projekte, sorgen für ihre Finanzierung und kümmern sich um eventuell anstehende Probleme. Einige Bereichsleiter sind selbst *Champions*, doch die meisten *Champions* sind unmittelbar einem Bereichsleiter unterstellt. Gewöhnlich werden sieben bis zehn *Champions* pro *GE*-Bereich tätig. *Champions* müssen nicht vollzeitig am Qualitätsprogramm arbeiten; dennoch wird von ihnen erwartet, daß sie soviel Zeit investieren, wie dies für den Erfolg des Programms erforderlich ist. *Champions* erhalten eine einwöchige Ausbildung. Ende 1977 gab es bei *GE* 200 *Champions*.
2. *Master Black Belts*: Das sind geschulte Vollzeit-Lehrer mit fundiertem statistischem Wissen, Lehrbefähigung und Führungskompetenz. *Master Black Belts* erhalten ein Zertifikat, wenn sie zwei Voraussetzungen erfüllen: Zum einen müssen sie minde-

stens zehn *Black Belts* betreuen, die ihrerseits ein Zertifikat anstreben; und zum anderen müssen sie die Anerkennung des *Champion*-Teams im jeweiligen Bereich genießen. Ihre Aufgabe ist die Beaufsichtigung und Betreuung von *Black Belts*. Die Auswahlkriterien für *Master Black Belts* sind statistische Kenntnisse und die Fähigkeit, andere zu unterrichten und zu betreuen. *Master Black Belts* werden mindestens zwei Wochen lang für ihre Unterrichts- und Mentorenfunktion ausgebildet. Ende 1997 waren 700 *Master Black Belts* tätig.

3. *Black Belts*: Solche Mitarbeiter sind ebenfalls vollzeitig eingesetzte „Qualitätsfunktionäre“: Sie leiten die Teams und konzentrieren sich im wesentlichen auf die Hauptprozesse. Ihre Ergebnisse legen sie den *Champions* vor. Diese Teamleiter sind verantwortlich für das Messen, Analysieren, Verbessern und Kontrollieren der Schlüsselprozesse, die sich am stärksten auf Kundenzufriedenheit und Produktivitätssteigerung auswirken. Sie erhalten ein Zertifikat, wenn sie zwei Projekte mit Erfolg abgeschlossen haben – das erste unter der Betreuung eines *Master Black Belt*, das zweite in größerer Selbständigkeit. Als erfolgreich gilt ein Projekt unter folgenden Bedingungen: Die Zahl der Defekte ist um das Zehnfache reduziert, wenn der Prozeß bei einem Qualitätsniveau unter drei Sigma (66000 Defekte pro Million Abläufe) begann; lag zunächst ein Qualitätsniveau über drei Sigma vor, ist eine Reduzierung der Defektrate um 50 Prozent erforderlich. Voraussetzung für das Zertifikat ist außerdem die Zustimmung des zuständigen *Champion*-Teams. *Black Belts* arbeiten auf Vollzeitbasis. Ende 1997 waren bei *GE* 2600 *Black Belts* beschäftigt.
4. *Green Belts*: *Green Belts* arbeiten an *Black-Belt*-Projekten, sind aber nicht vollzeitig eingesetzt; sie nehmen zugleich andere Aufgaben im Unternehmen wahr. Nach Beendigung des *Black-Belt*-Projekts wird von den Teammitgliedern erwartet, daß sie auch weiterhin *Six-Sigma*-Instrumente bei Ausübung ihrer normalen Tätigkeit anwenden. Ende 1997 gab es bei *GE* 15000 *Green Belts*.

Der Konzern plant darüber hinaus, jeden der insgesamt 20000 *GE*-Ingenieure einem gezielten Qualitätstraining zu unterziehen, so daß alle neuen Produkte von vornherein auf *Six-Sigma*-Qualität ausgelegt werden. Außerdem sollen sämtliche 270000 *GE*-Mitarbeiter eine Einführung in die *Six-Sigma*-Methodik erhalten.

Bis Ende 1998 soll jeder der 80000 bis 90000 *GE*-Akademiker ein *Green-Belt*-Zertifikat besitzen. Die Zahl der *Champions* und *Master Black Belts* wird sich nicht wesentlich erhöhen; ihre Funktion ist aber von entscheidender Bedeutung, zumal sie es sind, die über die besten Kenntnisse und Erfahrungen verfügen.

Mitte 1997 reichte die Zahl der *Master Black Belts* noch nicht aus, um all die *Green Belts* bei ihren Projekten zu betreuen. Um diesem Mangel an *Master Black Belts* abzuhelfen, hat Gary Reiner ein Computersystem mit einem interaktiven Multimedia-Mentorenprogramm eingerichtet. Wenn nun ein *Green Belt* eine Frage zur Meß- oder Analysephase hat, kann der oder die Betreffende die Antwort im interaktiven Dialog mit einem Expertensystem abfragen.

Fortschrittsmessung

GE hat fünf unternehmensweit anzuwendende Meßkategorien aufgestellt, die den Bereichen eine Beurteilung ihrer Fortschritte im Rahmen des *Six-Sigma*-Programms ermöglichen:

1. *Kundenzufriedenheit*: Jeder Bereich führt Kundenumfragen durch, bei denen die Kunden aufgefordert werden, *GE* und seinen jeweils besten Konkurrenten in bezug auf die erfolgsentscheidenden Kriterien einzustufen. Die Einstufungsskala umfaßt 5 Meßpunkte, wobei eine 5 die höchste und eine 1 die schlechteste Bewertung kennzeichnet. Als Defekt gilt, wenn die Bewertung für *GE* entweder schlechter als die für den besten Konkurrenten ausfällt oder aber auf der Skala mit 3 oder weniger Punkten angegeben wird. Wie bei allen Messungen im Projekt wird vierteljährlich über die Resultate berichtet.

2. *Kosten infolge schlechter Qualität*: Hier sind drei Komponenten zu berücksichtigen: eine meistenteils per Inspektion vorgenommene Beurteilung, interne Kosten infolge von Ausschuß und Nacharbeit sowie externe Kosten in Form von Garantieleistungen und Minderkonzessionen. *GE* verbucht den auf diese Weise entstandenen Kostenaufwand als prozentualen Anteil am Vierteljahresumsatz.
3. *Lieferantenqualität*: *GE* registriert die Defektzahl pro Million Kaufeinheiten, wobei eine defekte Lieferung entweder in bezug auf eine oder mehrere EEKs die Toleranzgrenzen überschreitet und infolgedessen zurückgeschickt oder nachgearbeitet werden muß oder aber die Lieferung nicht termingerecht angekommen ist.
4. *Interne Leistung*: *GE* mißt die bei internen Abläufen aufgetretenen Defekte. Meßzahl ist die Summe der Defekte im Verhältnis zur Summe der möglichen Defektquellen (EEKs).
5. *Produktauslegung im Hinblick auf den Fertigungsprozeß: GE* mißt den prozentualen Anteil der auf EEK hin überprüften Entwürfe sowie den prozentualen Anteil der mit *Six Sigma* angesetzten EEK. Die meisten neuentwickelten Produkte werden inzwischen unter Berücksichtigung der relevanten EEK ausgelegt. *GE* erhofft sich damit letztlich die Entwicklung von Produkten und Dienstleistungen mit *Six-Sigma*-Qualität. Diese Meßkategorie ist besonders wichtig, da bereits die Produktauslegung später anfallenden Defekten Vorschub leistet.

Der Schneeball wächst

Seit Einführung der *Six-Sigma*-Initiative im Oktober 1995 sind bei *GE* geradezu umwerfende Resultate erzielt worden – sie übertreffen sogar Welchs hochfliegende Erwartungen.

GE begann seine Qualitätsinitiative Ende 1995 mit 200 Projekten und einer massiven Schulung. 1996 wurden 3000 Projekte zum Abschluß gebracht, die im Durchschnitt jeweils sieben Monate lang dauerten; 30000 Mitarbeiter absolvierten ein Qualitätstraining. Das

Unternehmen investierte 200 Millionen Dollar in die Initiative und erhielt annähernd dieselbe Summe (170 Millionen Dollar) in Form von qualitätsbezogenen Einsparungen zurück.

Welchs derzeitige *Six-Sigma*-Maßnahmen erfordern weitaus mehr Ressourcen als frühere Qualitätsinitiativen. 1997 hat *GE* 300 Millionen Dollar investiert und 600 Millionen Dollar wieder hereingeholt – in diesem einen Jahr wurden also 300 Millionen Dollar netto erwirtschaftet! Zunächst sollten nur 6000 Projekte durchgeführt werden, aber letztlich waren es dann 11000. Im Durchschnitt dauert ein Projekt fünf Monate und bewirkt eine Reduzierung der Defektrate um 80 Prozent – was dem Unternehmen zu Einsparungen in Höhe von 70000 Dollar bis 100000 Dollar verhilft. 1997 erhielten rund 100000 *GE*-Mitarbeiter eine Qualitätsausbildung.

1998 sollten 37000 *Six-Sigma*-Projekte durchgeführt werden; gegenüber dem auf 450 Millionen Dollar veranschlagten Kostenaufwand wurden Erträge in Höhe von 1 Milliarde Dollar erwartet. Für 1999 ist die Investition von 400 bis 450 Millionen Dollar in 47000 Projekte vorgesehen – mit mutmaßlichen Erträgen in Höhe von 1,3 Milliarden Dollar! Welch triumphiert: „Der Schneeball wächst, und bis zum Jahr 2000 wird sich die *Six-Sigma*-Qualität unter dem Strich nicht in Größenordnungen von Hunderttausenden oder Millionen, sondern Milliarden auszahlen.“[1]

Die rasante Entwicklung von *Six Sigma* soll am *GE*-Unternehmensbereich Finanzdienstleistungen verdeutlicht werden. *GE Capital* hatte 1996 mehr als 300000 Stunden *Six-Sigma*-Schulung durchgeführt – in 21 Ländern und 15 Sprachen. Ende des Jahres konnte der Bereich mit 75 qualitätsgeschulten *Champions*, 135 *Master Black Belts* und 550 *Black Belts* aufwarten. 560 Projekte befanden sich in der Durchführung, von denen 57 noch im Lauf des Jahres abgeschlossen werden konnten. 1996 hatte *GE Capital* 88 Millionen Dollar für *Six-Sigma*-Qualität aufgewendet, und für 1997 waren Investitionen in Höhe von 153 Millionen Dollar geplant. Die Investitionen zahlten sich immer mehr aus – in Form von erhöhter Kundentreue, Fehlerreduzierung und Nettoerträgen. Für 1997 rechnete der Bereich mit qualitätsrelevanten Nettoeinsparungen in Höhe von 150 Millionen Dollar.

Six Sigma – unternehmensweit

In anderen *GE*-Bereichen waren die Resultate nicht minder beeindruckend. Zum Beispiel hatte der Unternehmensbereich Lampen in der Rechnungsabteilung mit einem System gearbeitet, das an sich in Ordnung war, aber einen Nachteil aufwies: Es paßte elektronisch nicht so recht zum Einkaufssystem von *Wal-Mart*, einem der besten *GE*-Kunden. Das hatte wiederholt zu Auseinandersetzungen und Zahlungsverzögerungen geführt und bedeutete für *Wal-Mart* obendrein Zeitvergeudung.

Dann nahm sich ein *Black-Belt*-Team von *GE* des Problems an und erarbeitete eine Lösung im Sinne des Kunden. Es setzte *Six-Sigma*-Methoden ein, nutzte die Informationstechnologie und investierte 30000 Dollar: Innerhalb von vier Monaten verringerte sich die Zahl der Defekte um 98 Prozent. *Wal-Mart* erzielte höhere Produktivität und Wettbewerbsstärke, und es gab viel weniger Diskussionen und Verzögerungen.

Im *GE-Capital*-Geschäftsbereich Hypotheken (*Mortgage Corporation*) hatten die Mitarbeiter jährlich rund 300000 Kundenanrufe zu bearbeiten, und wenn jemand mal nicht an seinem Platz war, wurden Anrufbeantworter eingeschaltet, um später zurückzurufen. Für *GE* war das System soweit in Ordnung, zumal alle Anrufe beantwortet wurden, aber ein großes Problem war unverkennbar: Bis letztlich der *GE*-Mitarbeiter bei einem bestimmten Kunden zurückrief, hatte der sich häufig schon an ein anderes Unternehmen gewendet, und das bedeutete den Verlust eines potentiellen Kundenauftrags und damit Umsatzverlust. Wenn das kein Problem war!

Ein *Master-Black-Belt*-Team wurde mit der Lösung dieses ernüchternden Problems beauftragt. Wie das Team feststellte, gab es nur eine der 42 Filialen der *Mortgage Corporation*, die kein solches Problem hatte: Nahezu alle Anrufe wurden gleich im ersten Anlauf bearbeitet. Und was machte man in dieser Filiale anders? Das Team analysierte das System mitsamt Prozeßabläufen, Einrichtungen, Büroausstattungen und Personal, erkannte den entscheidenden Unterschied und übertrug seine Ergebnisse auf die übrigen 41 Filialen. Kunden, die in 24 Prozent aller Fälle keinen Ansprechpartner bei der

Mortgage Corporation hatten erreichen können, hatten nun eine Chance von 99 Prozent, gleich beim ersten Versuch einen *GE*-Mitarbeiter telefonisch zu sprechen. Und da 40 Prozent der Kundenanrufe geschäftliche Transaktionen nach sich zogen, machte *GE* auf diese Weise Zusatzgeschäfte in Millionen-Dollar-Höhe.

Im *GE*-Unternehmensbereich Kunststoffe entsprachen die Polykarbonate den von *GE* vorgegebenen ausgesprochen hohen Reinheitsstandards, wie sie in der Branche mehrheitlich als zufriedenstellend galten. Dennoch vermochte das Kunststoff-Geschäft den Leistungsanforderungen von *Sony* für seine neuen CD-ROMs und Musik-CDs nicht gerecht zu werden. Die Folge war, daß zwei Lieferanten aus Asien den Zuschlag für das ganze *Sony*-Geschäft bekamen. Der *GE*-Bereich Kunststoffe ging leer aus.

Ein *Black-Belt*-Team untersuchte die Situation, wobei nicht die *GE*-Standards, sondern die *Sony*-Anforderungen von Interesse waren. Nachdem feststand, welche Erwartungen *Sony* hatte, ersann das Team eine geeignete Filtermethode für den Produktionsprozeß, so daß ein Polykarbonat produziert wurde, das genau den Erwartungen von *Sony* entsprach. Mit der Zeit gelang es dem Kunststoff-Bereich, den asiatischen Lieferanten das Geschäft ganz abzunehmen.

Die *NBC* startete ihre Qualitätskampagne im Sommer 1997 mit der Ernennung eines „Qualitätsfunktionärs". Die Wahl fiel auf John Eck: Der als *„Troubleshooter"* bekannte *NBC*-Finanzchef für internationale Geschäfte galt im Sender neben den Direktoren der Bereiche Sport, Programmgestaltung und Unterhaltung als Mann mit dem höchstem Entwicklungspotential (als *„High Pot"*, wie es bei *GE* heißt). Wright legte Eck nahe, nicht mit dem Nachrichten-Bereich zu beginnen, sondern Projekte in Angriff zu nehmen, die sich im Hinblick auf *Six-Sigma*-Standards leichter messen ließen. Wright meinte, der Nachrichtensender könnte der Qualitätsinitiative mit Mißtrauen begegnen, und bat Eck, mit den elf eigenen *NBC*-Fernsehstationen zu beginnen und elf unterschiedliche Projekte zu bestimmen. Von jeder Station sollten zwei Leute abgestellt werden: Ihre Aufgabe würde es sein, sich vollzeitig um Qualitätsverbesserungen in bezug auf solche Aspekte zu kümmern, die signifikante wirtschaftliche Auswirkungen auf die Stationen hatten. Letztlich wurde das Ziel verfolgt, eine einheitliche Software für alle Stationen zu erarbeiten.

Beim *GE*-Unternehmensbereich Turbinen- und Kraftwerksbau hatte sich *GE* vorrangig um termingerechte Lieferungen bemüht, anderen kundenseitig definierten Qualitätsstandards aber kaum Aufmerksamkeit gewidmet. Ein *Six-Sigma*-Prozeß ließ erkennen, daß die Kunden die von *GE* mitgelieferten Produktbeschreibungen für viel zu kompliziert, viel zu zeitaufwendig und viel zu kostenintensiv hielten. Dabei waren die Kunden auf diese Dokumente angewiesen, um die Bestimmungen der Aufsichtsbehörden einhalten zu können. Ein *Black-Belt*-Team prüfte die Situation, vereinfachte die Dokumente und ermöglichte den *GE*-Großkunden Einsparungen in Höhe von über 1 Million Dollar im Jahr. Auch *GE* sparte auf diese Weise Hunderttausende.

In all diesen Fällen ging es nicht so sehr um die Höhe der Einsparungen (zwischen einigen Hunderttausend Dollar bis zu einer Million Dollar). Wichtig war vielmehr, daß die Qualitätsinitiative unternehmensweit aufgegriffen wurde – in unzähligen weiteren Beispielen.

Gary Reiner als der für das Qualitätsprogramm verantwortliche Mann bei *GE* beschreibt ein das gesamte Unternehmen betreffendes Problem: das Ausfüllen von Bestellformularen seitens der *GE*-Kunden. Dieser Prozeß war der Erzielung von Qualität bei *GE* in ganz besonderem Maße abträglich. Die Bestellformulare waren für Kunden wie auch für *GE*-Mitarbeiter vielfach verwirrend. Beide Seiten hatten Schwierigkeiten, Übereinkunft darüber zu erzielen, was der Kunde eigentlich wollte. Reiner räumt ein, die Bestellformulare wären allenfalls von Ein-Sigma-Qualität: „Wir verstehen die Aufträge zur einen Hälfte richtig und zur anderen falsch.“[2]

Die Lösung bestand in der Entwicklung neuer Software (sogenannter Konfiguratoren), mit der Formulare erstellt werden konnten, die für beide Seiten viel leichter verständlich waren. „Die Software vermittelt einen genauen Überblick über das, was man bestellt hat“, sagt Reiner, „und man bekommt ein Feedback, denn eine Kopie von der Kundenbestellung wird dem Kunden sofort zugeschickt. Auf diese Weise können keine Fehler entstehen. Viele unserer Bereiche, in denen komplexe Produkte und Dienstleistungen bereitgestellt werden, gehen mittlerweile so vor.“[2]

Qualitätsprobleme gab es auch in der Rechnungsabteilung. Gary Wendt nennt ein Beispiel aus dem Kreditkarten-Geschäft des *GE*-

Unternehmensbereichs Finanzdienstleistungen: „Wir wurden produktiver und schneller, und unser Kostenaufwand pro Kreditkarte verringerte sich nach Einführung der Qualitätsinitiative. Alle Messungen ergaben niedrigere Werte, nur die Zahl der Fehler in den Kundenrechnungen blieb gleich. Wir dachten, es wäre wichtig, dem Kunden die Karte schneller als je zuvor zukommen zu lassen; aber wir haben den Kunden nie gefragt, was ihm wichtig war. Wie sich dann herausstellte, meinte der Kunde, Schnelligkeit sei schon wichtig, aber eine korrekte Rechnungsstellung sei auch sehr wichtig. Denn wenn die Rechnung falsch war, mußte der Kunde bei *GE* anrufen und um Korrektur bitten. Dann erst ging ein Mitarbeiter bei *GE* der Sache nach. Wir stellten fest, daß wir für solche Nachprüfungen eine Menge Geld ausgaben. Inzwischen erstellen wir Rechnungen mit weitaus höherem Qualitätsniveau.“[3]

GE-Unternehmensbereich Kunststoffe: Vom „Cocktail-Engagement“ zu Six Sigma

Das Qualitätsprogramm begann im *GE*-Unternehmensbereich Kunststoffe im August 1995. Mit der Zeit entwickelte sich die Initiative zu einem Paradebeispiel im *Six-Sigma*-Programm von *General Electric*. Gary J. Powell als der im *GE*-Bereich Kunststoffe für Qualität verantwortliche Projektleiter erinnert sich, welche Einstellung zur Qualität im Kunststoff-Bereich früher herrschte: „Die Bemerkung, jeder Mitarbeiter sei zu Qualität verpflichtet, war schon Routine. Der *GE*-Bereich Kunststoffe hatte Anfang der 70er Jahre bereits zwei Qualitätsinitiativen durchgemacht. Wir wurden jedesmal klüger, aber das war‘s dann auch. Wir hatten nicht die Philosophie der kontinuierlichen Verbesserung, wie sie bei Qualität meistenteils angestrebt wird. Das Niveau unserer geschäftlichen oder kundenspezifischen Transaktionen reichte nicht aus, um uns von der Konkurrenz absetzen zu können.“[4]

Powell hatte *GE* eine Zeitlang den Rücken gekehrt und war selbst Kunde des Kunststoff-Bereichs gewesen. Er hatte auch bei der Konkurrenz gekauft. Aus eigener Erfahrung wußte er, daß *GE* zwar als

Qualitätsunternehmen galt, aber keine Weltklasse-Qualität aufzuweisen hatte. *General Electric* hatte noch nicht erkannt, daß Qualität als Wettbewerbsvorteil genutzt werden konnte. Powell bezeichnete die Einstellung der *GE*-Leute zur Qualität als „Cocktail-Engagement“[4]. Mit anderen Worten: Sie „vertraten beim Cocktail die richtige Meinung, aber die Bereichsleitung ließ kein konkretes Engagement in bezug auf Qualitätsverbesserung und Veränderung unserer Arbeitsweisen erkennen“.[4]

Im Kunststoff-Bereich hatten einige schlechte Gewohnheiten überhand genommen. So forderten die Mitarbeiter Kunden zur Annahme von Lieferungen auf, die diese gar nicht haben wollten. Die Produkte wurden zwar getestet, aber die Testergebnisse sagten nicht immer etwas darüber aus, wie sich das Produkt bei Anwendung durch den Kunden bewähren würde. Dazu Powell: „Wir haben nie ein positives Resultat hinterfragt.“[4]
In früheren Zeiten hatte es der Kunststoff-Bereich mit vergleichsweise einfachen Anwendungen zu tun, so daß kein größerer Druck zur Erzielung hoher Qualität bestand. Mit dem *Work-Out*-Programm sollte das Wissen derjenigen, die der Arbeit am nächsten standen, ausgeschöpft werden. Und Angriffe gegen Bürokratismus kamen geradezu in Mode. Doch in vielen Fällen hatte die Bürokratie eine Disziplin aufrechterhalten, die für Qualität von Produkten und Prozessen sorgte. Allzu häufig hatten nun die Angriffe auf die Bürokratie zur Folge, daß ein Teil dieser Disziplin verlorenging.

Wie die Führungskräfte des *GE*-Unternehmensbereichs Kunststoffe erkannten, hatte Welchs Strategie des Abbaus von Führungsebenen den Vorteil, daß die bürokratischen Strukturen reduziert wurden. Aber je weniger Führungsebenen vorhanden waren, desto leichter konnte man argumentieren, Qualität sei jedermanns Aufgabe, dafür seien nicht nur die Senior-Führungskräfte zuständig. Und so war es auch: Im Zuge des Abbaus von Führungsebenen gab der Kunststoff-Bereich seine gesamte Qualitätsorganisation auf – woraufhin ein Teil der disziplinierenden Kontrollmaßnahmen unterblieb.

Auch Welchs nachdrücklich vertretene Aufforderung zu größerer Schnelligkeit hatte unbeabsichtigte negative Auswirkungen auf die *GE*-Qualität. Dazu ein Beispiel: Einige Produkttests nahmen 24 Stunden in Anspruch. Als nun mehr Schnelligkeit bei *GE* verlangt wurde, begannen sich die Mitarbeiter zu fragen, ob solche 24-Stunden-Tests wirklich erforderlich wären. Könnte man nicht einen anderen Test finden, der nicht so lange dauerte? Also wurden kürzere Tests durchgeführt, aber auf diese Weise kam es zu zeitaufwendiger Nacharbeit. Als die *GE*-Mitarbeiter das erkannten, wurden sie bei den Senior-Führungskräften vorstellig: Irgend etwas mußte geschehen.

Bitte nicht mit mir!

Fest entschlossen, die Qualitätsinitiative im Oktober 1995 voranzutreiben, trug Gary L. Rogers, President und CEO des *GE*-Unternehmensbereichs Kunststoffe, Gary Powell seinen Wunsch vor, letzterer möge die Leitung der Qualitätsinitiative im Kunststoff-Bereich übernehmen. Bis dahin war Powell bei *GE* mit Umweltschutz- und Sicherheitsfragen befaßt gewesen. Powells Reaktion war typisch: „Bitte nicht mit mir. Alles, aber bitte keinen Funktionärsjob im Qualitätsbereich!“[4] (Powell räumte später ein, dies sei die anspruchsvollste und lohnendste Chance in seiner ganzen Laufbahn gewesen.)

Rogers forderte Powell als erstes auf, 30 Leute aus dem Kunststoff-Bereich auszuwählen, die in Crotonville zu *Master Black Belts* ausgebildet werden sollten. Der Kursus sollte am 4. Dezember beginnen. Als Kursleiter wurde Mikel Harry von der *Six Sigma* Academy nach Crotonville geholt. Die Ausbildung war für zwei Wochen geplant – die erste Ausbildungswoche sollte im Dezember und die andere im Februar stattfinden.

Powell suchte sich Kursteilnehmer aus, aber deren Reaktion lautete häufig: „Warum soll ich das machen? Ich bin mit meiner Karriere zufrieden. Ich will doch gar nicht ins Qualitätsgeschäft einsteigen.“ Powell ließ sich durch solche Gleichgültigkeit nicht entmutigen; er wußte, daß er den Auftrag hatte, die allerbesten Führungskräfte für den Kursus auszuwählen. Schließlich hatte Welch verlangt, die dynamischsten Akteure und Macher in jedem Bereich einzubeziehen. Punktum! Die 30 Kursteilnehmer wurden von Harry zu den ersten *Master Black Belts* im Kunststoff-Bereich ausgebildet. Außerdem blieb Welch in engem Kontakt mit den Senior-Führungskräften, die im Bereich Kunststoffe für das Qualitätsprogramm verantwortlich waren.

An einem Donnerstag im März 1996 wandte sich der Vorsitzende an alle *GE*-Bereichsleiter und Senior-Führungskräfte mit der Bitte, sie möchten ihm schriftliche Unterlagen als Entscheidungshilfe bei der Bemessung ihrer Prämien zur Verfügung stellen. Im Klartext hieß das: Welch forderte seine Führungsmannschaft auf, ihre Prämien durch Fortschrittsberichte im Rahmen des Qualitätsprogramms zu rechtfertigen. Welch ließ die Manager wissen, daß 40 Prozent ihrer Prämien an ihre Leistungen in Sachen Qualität geknüpft würden.

Der Vorsitzende gab ihnen bis Montag Zeit, um ihre Unterlagen einzureichen. Alle Berichte lagen termingerecht vor, aber Welch war enttäuscht von den Resultaten. So hatten Führungskräfte aus dem Kunststoff-Bereich den Fehler begangen, nur vage anzugeben, man plane, so viele *Black Belts* wie möglich auszubilden. Welch wollte es genau wissen: *Wie viele?* Vage wurde auch die Erwartung geäußert, man wolle aus dem Qualitätsprogramm Profit ziehen. Wieder mißfiel dem Vorsitzenden der Mangel an Genauigkeit*: Wie groß würde der Profit sein?*

Schon am Dienstag schoß ein erzürnter Welch unmißverständlich zurück: Das sei nicht annähernd das, was er sich vorgestellt habe! Er verlange von seinen Führungskräften aggressiveren Einsatz! Die scharfe Reaktion ließ die Führungskräfte aufhorchen. „Das Führungsteam geriet in Panik“, erinnerte sich Gary Powell. „Kaum einer verstand das Ausmaß des Wandels, den der CEO ihnen abverlangte. Und erst recht wurde unterschätzt, mit welcher Macht der *Six-Sigma*-Prozeß unsere Arbeitsweise verändern würde. Aber sie waren sehr bemüht und konnten dann auch akzeptable Antworten vorlegen.“[4]
Viele Leute im Bereich Kunststoffe fragten sich, ob die Qualitätsinitiative überhaupt Erfolg haben würde. Von Welch angestachelt, setzten die Qualitätsverantwortlichen recht aggressive Ziele: 20 Millionen Dollar Einsparungen im ersten Jahr 1996. (Erzielt wurden letztlich 20,5 Millionen Dollar!) Außerdem hatten sie sich verpflichtet, bis Ende 1996 300 weitere Mitarbeiter in das Programm zu integrieren.

Der *GE*-Unternehmensbereich Kunststoffe hatte „nur" 13000 Mitarbeiter. In so kurzer Zeit 300 Leute zu finden, war schon ein schwieriges Unterfangen. Und weil Welch nur die besten Mitarbeiter bei diesen 300 Leuten haben wollte, gab es auch Reibereien in den eigenen Reihen. Zudem waren einige Vice Presidents nicht bereit, ihre besten Leute „abzustellen" und Qualitätsverantwortung übernehmen zu lassen. Doch der CEO setzte Gary Powell und anderen mächtig zu. Powell erinnert sich: „Bis dahin hatten wir nie die volle Unterstützung der Bereichsleitung; wir hatten allenfalls ein Cocktail-Engagement. Und wir hatten noch nie konkrete Ressourcen für eine Qualitätsinitiative eingesetzt. Jetzt hatten wir die Chance, alles richtig zu machen und auf Resultate zu pochen. Ein schneller Start war angesagt."[4]

Six Sigma bis zum Jahr 2000

Im August 1996 trommelte der *GE*-Bereich Kunststoffe 260 Führungskräfte aus allen Teilen der Welt in Florida zusammen, um die bisherige Entwicklung des Qualitätsprogramms kritisch zu beurteilen. Man hatte sich in einem derart rasanten Tempo um Ausbildung und Integration der Leute in das Programm bemüht, daß hier und dort der Eindruck entstanden war, es sei an der Zeit, die Marschrichtung des Programms zu überprüfen. Diese „globale Auszeit" wurde Vorbild für weitere *GE*-Zusammenkünfte mit ähnlicher Zielsetzung.

Der Kunststoff-Bereich entwickelte eine derartige Begeisterung für die Initiative, daß im Mai 1997 ein *Six-Sigma*-Turnier veranstaltet wurde, bei dem zehn Teams aus der Asien/Pazifik-Region des *GE*-Bereichs Kunststoffe gegeneinander antraten, um das beste Qualitätsprojekt zu küren.

Sieger wurde das Team aus Singapur. Dort hatte man im Juli 1996 mit der Qualitätsmessung begonnen und ein Projekt unter der Bezeichnung *„Color for Money"* gestartet: Das Team hatte erreicht, daß kleinere Farbunterschiede bei Kunststoffprodukten weitgehend vermieden werden konnten. Solche Farbabweichungen bei den Produkteinheiten galten als Minderqualität. Das „Farbprojekt“ erhöhte die Qualität von 2 Sigma auf 4,9 Sigma, dauerte vier Monate und brachte *GE* Einsparungen in Höhe von jährlich 400000 Dollar pro Anlage. Zudem erleichterten die Maßnahmen des Teams den Kunden die Anwendung von Kunststoffteilen bei ihrer eigenen Produktion. Das Team aus Singapur hofft, die Farben bei seinen Produkten bis zum Jahr 2000 auf *Six-Sigma*-Standards zu bringen. Nachdem das Team vor geladenen *GE*-Gästen als Sieger ausgerufen worden war, berichteten die Teammitglieder voller Begeisterung, wie sich das Projekt entwickelt hatte – um zum Schluß in ausgelassenem Enthusiasmus den Schlachtruf erklingen zu lassen: *„Six Sigma! Year 2000!“*

Für 1997 erwartete der *GE*-Unternehmensbereich Kunststoffe Nettoeinsparungen in Höhe von 70 Millionen Dollar und mehr. Bis zum Jahr 2000 sollen insgesamt bis zu 1,4 Milliarden Dollar eingehen!

Beifall selbst von Kritikern

Und wie sieht die Reaktion der Öffentlichkeit auf das *Six-Sigma*-Programm von *GE* aus?

Im Februar 1997 gaben Analysten von *Morgan Stanley, Dean Witter, Discover & Co.* die Ergebnisse einer Untersuchung zur Qualitätsinitiative bei *General Electric* bekannt. In dem Bericht hieß es, *GE* habe ein Qualitätsniveau erreicht, das niemand für ein Unternehmen für möglich gehalten hätte.

Der folgende Auszug ist einem aktualisierten Unternehmensbericht von Jennifer Pokrzywinski, einer Finanzanalystin von *Morgan Stanley*, entnommen:

> Woran erkennt man den Unterschied zwischen *Six Sigma* und der schlichten alten *GE*-„Produktivität“? Zugegebenermaßen gibt es eine große Grauzone – wenn ein Produktionsproblem auftaucht, ist gewöhnlich auch einer da, der damit umgehen kann. *GE* hätte mit den vorhandenen Mitteln nur keine so kompetente Lösung gefunden. Der wesentliche Unterschied bei *Six Sigma* ist nämlich, daß ein Projekt erst dann als Erfolg gilt, wenn

> der zuständige *Black Belt* feststellt, daß das Problem auch weiterhin gelöst bleibt. In der Vergangenheit ist es oft so gewesen, daß *GE* eine Lösung für ein Problem hatte, aber mit der Zeit tauchte es dann wieder auf, so daß die „Produktivität“ des laufenden Jahres die neueste Lösung derselben Probleme repräsentierte, die *GE* bereits vor zwei Jahren „gelöst“ hatte. Oder *GE* beschloß, das Problem in Form einer verstärkten Überprüfung zu bewältigen, was dann hohe Kosten verursachte. Außerdem zählen *Six-Sigma*-Einsparungen erst dann, wenn ein Finanzbuchhalter sie bestätigt; auf diese Weise soll erreicht werden, daß die *Black Belts* ehrlich bleiben und das System so objektiv wie möglich arbeitet.[5]

Im Frühjahr nahm Welch an einem Analysten-Treffen teil und beglückwünschte Jennifer Pokrzywinski zu ihrem Februar-Bericht – sie hätte weiter in die Zukunft geschaut als er selbst:

> Ich habe mich über Ihren schönen Bericht gefreut. Ich muß Sie bitten, einmal aufzustehen. Denn als Sie mich im Januar [1997) auf unsere großartigen Resultate in Sachen Qualität ansprachen, weil Sie sich auch bei anderen Unternehmen umgesehen hatten, sagte ich, ich freute mich auf den schönen Bericht, aber ich war noch nicht sicher, daß wir das auch alles erreichen würden, was Sie ansprachen. Ich wußte es einfach nicht. ... Tatsache ist nun: Ich kenne kein anderes Programm, bei dem die Kunden gewinnen und die Mitarbeiter zu zufriedenem Arbeitseinsatz motiviert werden. Auch die Aktionäre werden zufrieden sein. Jeder, der damit zu tun hat.

Jennifer Pokrzywinski erläuterte, warum sie ein so großer Fan des *GE*-Programms geworden ist: „Alle haben ihre Kostensenkungsprogramme. Ich war fest überzeugt, daß es fundierte nüchterne Gründe für die Andersartigkeit des *Six-Sigma*-Ansatzes gab. Und daß dies ein anspruchsvoller Ansatz war. Aus unternehmenskulturellen Erwägungen heraus ist nicht jedes Unternehmen zu einem solchen Vorgehen bereit. Wer aber die Macht von *Six Sigma* begriff und *GE* – mit seiner aggressiven, selbstbewußten und offenen Unternehmenskultur – kannte, mußte von dieser Kombination überzeugt sein.“[6]

Welch war sichtlich begeistert. „Unsere Manager lassen ausnahmslos eine unglaubliche Hingabe an das Programm erkennen. Dieses Programm breitet sich aus wie ein Lauffeuer."[7] Und im Sommer 1997 ergänzte Welch, *Six Sigma* sei noch „siebentausend Millionen mal größer und schneller, besser als meine kühnsten Träume".[8]

Dem Konzern wurde auch von anderen Analysten Lob zuteil. So schrieben die Finanzanalysten Jeanne G. Terrile und Carol Sabbagha von *Merrill Lynch* im Mai 1997, die *Six-Sigma*-Initiative von *GE* habe

> das Potential, jährlich Hunderte Millionen Dollar-Erträge durch bessere Nutzung von Kapazität, Arbeitskraft und Material zu erwirtschaften. ... Uns erscheint *Six Sigma* deshalb so interessant ..., weil es über die Effizienz in der Produktionshalle hinausgeht. Das *GE*-Management hat in aller Öffentlichkeit darauf hingewiesen, man habe bisher den Fehler begangen, sich an der Konkurrenz zu messen, zumal viele der Konkurrenten so schlechte Gewinnspannen aufwiesen. (In der Haushaltsgeräte-Branche beispielsweise waren die *GE*-Spannen bereits vor *Six Sigma* zweimal so hoch wie bei der Konkurrenz.) Wir sehen in der Tat einen weiteren Wert des *Six-Sigma*-Prozesses darin, daß er Leistung an absoluten Maßstäben und nicht an relativen Wettbewerbskriterien mißt. Auch zwingt dieser Prozeß zu einer stärkeren Fokussierung auf die Kundenerfordernisse, was *GE* bei der Erweiterung seiner Servicebereiche zustatten kommen dürfte.[9]

Einige Leute bei *GE* geben zu, anfangs ihre Zweifel in bezug auf *Six Sigma* gehabt zu haben. Zu ihnen gehört auch Dennis Dammerman, oberster Finanzchef bei *GE*: „Zuerst war das Konzept ein bißchen unheimlich wegen seiner statistischen Methoden, aber [die Initiative] hatte das Zeug, über die ganze Statistik hinauszuwachsen. Wir haben uns schnell an den Kontrollschritt gewöhnt und darauf geachtet, daß ein Problem auch auf Dauer gelöst wurde. Daß hier die Fakten im Vordergrund stehen, ist das, was dieses Programm von seinen Vorgängern wirklich unterscheidet."[10]

Früher hatten die *GE*-Mitarbeiter gemeint, sie wüßten, was ihren Kunden wichtig wäre. Aber dann ließ *Six Sigma* deutlich werden, daß man bei *GE* eben doch nicht richtig gewußt hatte, was die Kunden wollten. Das beeindruckte auch Dennis Dammerman.

Die Tatsache, daß *GE* engere Kundenkontakte aufbauen mußte, ist ein großes Plus der Qualitätsinitiative. Gary Wendt berichtete, wie einer seiner Geschäftsbereiche (Unternehmensfinanzierung) seine Kundenbeziehungen durch *Six Sigma* verbessern konnte. Den Mitarbeitern war aufgefallen, daß ein bestimmter Kunde im Jahr 1995 zahlreiche Geschäfte mit ihnen abgewickelt hatte, während 1996 keine einzige Transaktion erfolgt war. Wie kam das? Der betreffenden Kundengruppe wurde ein Fragebogen zugeschickt mit der Bitte, anzugeben, was *GE* falsch gemacht habe. Als Antwort kam zurück: *GE* hätte nichts falsch gemacht.

Warum es denn keine weiteren Geschäfte gegeben hätte? Weil man sie nicht dazu aufgefordert habe, lautete die Antwort des Kunden. Bei *GE* hatte man verstanden. Wendt kommentierte: „Sie müssen bei Ihren Kunden immer wieder vorstellig werden und dafür sorgen, daß Sie für solche Besuche genügend Vertreter haben."[11]

Zur Zeit ist das Qualitätsprogramm nahezu ausschließlich auf die Verbesserung von Unternehmensabläufen ausgerichtet, um den Kunden auf diese Weise zu größerer Produktivität zu verhelfen. Welch erhofft sich ein Vorgehen, das zu 75 Prozent prozeßorientiert und zu den restlichen 25 Prozent entwicklungsorientiert ist. (In einigen *GE*-Bereichen könnte der Anteil, der auf das *„Design for Six Sigma"* – kurz *DFSS* – entfällt, auch höher als 25 Prozent sein.) Mit zunehmender Verbesserung der Abläufe möchte Welch den *DFSS*-Prozentsatz in jedem Fall erhöhen: Er möchte erreichen, daß neue Produkte im Rahmen der Produktentwicklung von Anfang an unter Berücksichtigung von *Six-Sigma*-Kriterien ausgelegt werden. *GE* kann bei den derzeit hergestellten Produkten keine *Six-Sigma*-Instrumente anwenden, weil sich die vorhandenen Produkte nicht so weit umkonstruieren lassen, daß *Six-Sigma*-Standards erreicht würden. Das geht nur, wenn bei der Entwicklung neuer Produkte von vornherein *Six-Sigma*-Instrumente zum Einsatz kommen.

Jack Welch hat große Hoffnungen, Träume und Pläne für das Qualitätsprogramm. Er weiß die bisherige Entwicklung durchaus zu schätzen, aber er weiß auch, daß noch viel zu tun bleibt. Bisher hat sich *GE* auf die Verbesserung von Unternehmensabläufen konzentriert – mit großartigen Ergebnissen. Derzeit gelten Welchs Bemühungen – und der Einsatz umfangreicher *GE*-Ressourcen – zunehmend der Qualitätsverbesserung bei den *GE*-Produkten. Welchs nächstes Ziel aber ist die Integration von *Six-Sigma*-Denkweisen und *Six-Sigma*-Standards in jedes neue *GE*-Produkt. Er weiß: Der Konzern spart auf diese Weise Zeit, Geld und Arbeit. *GE* hat in den ersten beiden Jahren beachtliche Fortschritte erzielt, aber für Welch steckt das *Six-Sigma*-Programm noch in den Kinderschuhen.

1. Auszug aus einer Rede von Jack Welch anläßlich der *GE*-Jahreshauptversammlung am 23. April 1997 in Charlotte, North Carolina.
2. Interview mit Gary Reiner vom 30. Juli 1997.
3. Interview mit Gary C. Wendt vom 31. Juli 1997.
4. Interview mit Gary Powell vom 6. August 1997.
5. Auszug aus einem Bericht von Jennifer Pokrzywinski vom 3. April 1997: „*General Electric:* Beating Six Sigma Targets ..."
6. Interview mit Jennifer Pokrzywinski vom 20. August 1997.
7. Interview mit Jack Welch in: *L'Expansion*, „The Secrets of the Finest Company in the World", 10.-24. Juli 1997, 26-39.
8. Interview mit Jack Welch vom 22. Juli 1997.
9. Auszug aus einem Bericht von Jeanne G. Terrile und Carol Sabbagha vom 15. Mai 1997: „Are you Worried about *GE's* Multiple?"
10. Interview mit Dennis Dammerman vom 28. Juli 1997.
11. Interview mit Gary Wendt vom 31. Juli 1997.

VII. Ein rabiater Boß – meistbewunderter Manager in ganz Amerika

„Ich mische mich in Preiskalkulationen nicht ein. Ich verstehe mich mehr als Coach."

Jack Welch: Integrität wahren

„Wir haben keine Polizei, keine Gefängnisse. Zu unserer Verteidigung verlassen wir uns im wesentlichen auf die Integrität unserer Leute."

Es ist kein Zufall, daß *Integrität* als eines der ersten Wörter in der offiziellen Version der Unternehmenswerte bei *General Electric* erscheint. Um so trauriger sieht die Bilanz für Jack Welch und *GE* aus: Sittlich-moralische Verfehlungen seitens der Mitarbeiter zählen zu den kompliziertesten und schwierigsten Herausforderungen, mit denen sich der Vorsitzende auseinanderzusetzen hat.

Welch ist sich nur allzu deutlich bewußt, daß es sehr häufig zu Verstößen kommt und – wie er einräumt – wohl auch künftig kommen wird. Trotz der großartigen Erfolge von *GE* (einige würden behaupten, gerade *wegen* dieser Erfolge) gibt es nur wenige andere Großunternehmen in Amerika, die in solchem Ausmaß gegen sittlich-moralische Vergehen anzukämpfen haben.

Keine Entschuldigung

Doch Welch hat solche Vergehen nie zu verteidigen oder zu entschuldigen versucht, wenngleich er darauf hinweist, daß Pflichtverletzungen in einer Gemeinschaft von der Größenordnung des *GE*-Konzerns nicht zu vermeiden sind. Schließlich würde in allen Gemeinschaften von *GE*-Ausmaßen Polizei eingesetzt, weil dies einfach notwendig sei. Und bisher sei noch niemandem die Erleuchtung gekommen, wie Kriminalität vollends aus der Welt zu schaffen wäre.

Eingedenk all der Skandale bei *GE* kann man sich nur fragen, wie es Jack Welch gelungen ist, so ungeschoren davonzukommen. Wie erklärt sich, daß all die Kontroversen und Schlagzeilen auf den Titelseiten zahlloser Zeitungen (darunter auch *The Wall Street Journal*) dem Ansehen Welchs als meistbewunderter CEO der Nation nichts anhaben konnten?

Mittlerweile sollte die Antwort niemanden mehr überraschen. Sobald ein Skandal auftaucht, stellt Welch seinen erlesenen Führungsstil unter Beweis: Er klärt das Problem auf – schonungslos und unverzüglich. Welchs Reaktion läuft stets nach einem bestimmten Muster ab. Als erstes sorgt er dafür, daß *GE* die Übeltäter schleunigst loswird. Als zweites macht er den Mitarbeitern unmißverständlich klar, daß künftige Übeltäter automatisch entlassen werden. Und als drittes stellt er sicher, daß jedermann weiß: Welch persönlich hat mit der fraglichen Integritätsverletzung nicht das geringste zu tun.

Käme es bei anderen Unternehmen zu solchen moralisch-sittlichen Vergehen, würde die Lage für den CEO sicher brenzlig. Vermutlich müßte er sogar damit rechnen, seinen Posten zu verlieren. Doch im Fall von Jack Welch hat niemand auch nur andeutungsweise gefordert, Welch solle wegen eines *GE*-Skandals von seinem Amt zurücktreten. Es ist seinem unternehmerischen Scharfsinn (und wohl auch seinem Kommunikationsstab) zu verdanken, daß er sich stets aus Schlammschlachten heraushalten konnte: Sein Goldjungen-Image blieb all die Zeit unangefochten. Es mag sich dem üblichen Management-Paradigma nicht so sauber einfügen wie „Sich der Realität stellen“ oder „Sanieren, schließen oder verkaufen“, aber Welch besitzt die unschlagbare Begabung, stets über den moralisch-sittlichen Problemen des Unternehmens zu stehen. Dies ist kein Erfolgsgeheimnis von Jack Welch, das man stolz in alle Welt hinausposaunen möchte, macht aber dennoch einen Teil seiner unternehmerischen Intelligenz aus. Und aus der Art, wie der *GE*-Vorsitzende mit den Integritätsproblemen in seinem Unternehmen umgeht, kann man wertvolle Erkenntnisse ableiten. Wenden wir uns daher einigen dieser unschönen Vorkommnisse zu, um zu sehen, wie Jack Welch damit fertiggeworden ist.

Probleme mit Lohn- und Gehaltsabrechnungen

Am 26. März 1985, fast vier Jahre nach seiner Amtsübernahme als Vorsitzender und CEO von *General Electric*, traf den Konzern ein besonders harter Schlag. An jenem verhängnisvollen Tag mußte sich *GE* in zwei Anklagefällen vor einem Schwurgericht verantworten: Im einen Fall wurde *GE* zur Last gelegt, im Luft- und Raumfahrtgeschäft auf den Lohnkarten der Mitarbeiter unberechtigt 800000 Dollar Kosten verbucht zu haben; im anderen Fall lautete die Anklage, *GE* habe die Regierung in bezug auf die Durchführung von Arbeiten an einem nuklearen Sprengkopfsystem getäuscht. Die *GE*-Arbeiten an diesem nuklearen Sprengkopfsystem waren infolge eines 40,9-Millionen-Dollar-Vertrages zu leisten, die der Konzern mit der *U.S. Air Force* zwecks Überholung der Zündvorrichtungen bei Interkontinentalraketen abgeschlossen hatte.

Drei Tage nach Eröffnung des Verfahrens schrieb Welch einen Brief, der an jeden einzelnen Mitarbeiter von *General Electric* ging – in der Hoffnung, den Skandal auf den Titelblättern einigermaßen zurechtbiegen zu können. Welch wies darauf hin, daß sich 100 der 108 Anklagepunkte auf 100 Lohnkarten bezogen, die doch einen vergleichsweise kleinen Anteil der in dieser Periode insgesamt abgerechneten 100000 Lohnkarten ausmachten. „Es ist durchaus möglich", schrieb er, „daß bei der Ableistung von Verträgen im Wert von Multimillionen Dollar solche Buchungsfehler vorgekommen sind, aber es handelt sich in keinem Fall um kriminelles Fehlverhalten seitens des Unternehmens oder seiner Mitarbeiter. Das Unternehmen ist keiner strafbaren Handlung überführt worden."[1] Wenn in späteren Jahren andere Vergehen bekannt wurden, setzte der CEO mit Erfolg dasselbe Argument ein: Schuld seien einige wenige verdorbene Früchtchen – das Unternehmen als solches habe damit nichts zu tun.

Und bezüglich der Anschuldigungen im Luft- und Raumfahrtbereich bemerkte Welch: „In jeder großen Organisation – und *GE* ist mit seinen insgesamt 330000 Mitarbeitern eine sehr große Organisation – können den Leuten Fehleinschätzungen passieren. Das muß man in Relation zu dem ausgesprochen guten Ruf unseres Unternehmens und seiner Belegschaft sehen."[1] Nachdem ein Mitarbeiter auf nachgeordneter Führungsebene ein Geständnis ablegte, bekannte sich *GE* in den diesbezüglichen Anklagepunkten für schuldig und mußte eine Geldstrafe in Höhe von 1,04 Millionen Dollar zahlen.

Weitere Rechtswidrigkeiten folgten:

- 1989 mußte *GE* vier Zivilklagen durchstehen: Der Konzern war beschuldigt worden, den Staat in Millionen-Dollar-Höhe durch Ausgabe inkorrekter Lohnkarten betrogen zu haben. *GE* zahlte 3,5 Millionen Dollar.
- 1990 wurde *GE* Betrug gegenüber dem Verteidigungsministerium nachgewiesen: Der Konzern hatte überhöhte Preise für ein bei Kampfhandlungen einsetzbares Computersystem berechnet. *GE* zahlte 30 Millionen Dollar Strafe für diesen Fall und weitere Fälle überhöhter Preiskalkulationen im Rahmen von Verteidigungsaufträgen.
- 1992 bekannte sich *GE* schuldig, das Pentagon um mehr als 30 Millionen Dollar beim Verkauf von Triebwerken für Militärmaschinen an Israel übervorteilt zu haben; ein Mitarbeiter hatte Bestechungsgelder angenommen. *GE* zahlte 69 Millionen Dollar Strafe.
- 1993 zeigte der *GE*-Nachrichtensender *NBC News* in einer Sendung einen mißverständlichen simulierten Crash-Test – was zur Folge hatte, daß sich der Sender vor dem Fernsehpublikum bei *General Motors* entschuldigen mußte. Darüber hinaus willigte *NBC* ein, *GM* schätzungsweise 1 Million Dollar für Rechts- und Untersuchungskosten zu zahlen.
- 1994 kam es zu einem besonders peinlichen und ausführlich publizierten Skandal: Der T-Bond-Börsenmakler Joseph Jett vom *GE*-Börsengeschäft *Kidder Peabody* hatte über einen Zeitraum von 29 Monaten mit 350 Millionen Dollar Phantomgewinnen spekuliert, bevor er im April 1994 geschaßt wurde. Dieser

Flop hat das Unternehmen im ersten Quartal 1994 210 Millionen Dollar an Reingewinn gekostet.

- Die US-amerikanische Aufsichtsbehörde *SEC* sollte sich im Frühjahr 1998 mit dem Fall Jett befassen. 1994 verkaufte *GE* die Aktiva von *Kidder Peabody* mehrheitlich an *PaineWebber*.

Die von der Presse – und vielleicht auch von Hinz und Kunz – landesweit gestellte einschlägige Frage lautete: Ist Welch für diese Vorkommnisse persönlich verantwortlich? Zumindest war man beim *Fortune*-Magazin der Ansicht: „Am meisten beunruhigt an den Verfehlungen von [Joseph] Jett, wenn sie denn wahr sind, daß dies kein Einzelfall bei *GE* ist. Wenn man den *Kidder*-Skandal und andere Rechtswidrigkeiten, die den Ruf von *GE* im vergangenen Jahrzehnt überschattet haben, aufsummiert ... muß man doch den Eindruck gewinnen, daß irgendwo in der so erfolgreichen und hochgelobten *GE*-Kultur irgend etwas nicht stimmt."[2] Im Klartext bedeutet der *Fortune*-Kommentar: Welch setzt seine Manager unter derart hohen Leistungsdruck, daß sich diese veranlaßt sehen, eigene Interessen auf Kosten der Unternehmensloyalität zu verfolgen. Anders gesagt: Wer eine „Gewinnen ist alles"-Mentalität schürt, sollte nicht „Vogel-Strauß"-Politik betreiben oder Deckung suchen, wenn etwas danebengeht.

Was soll man denn machen?

Zu seinem Leidwesen mußte Welch feststellen, daß es außer hartem Vorgehen gegen Übeltäter herzlich wenig gibt, was ein CEO tun kann, um solchen Integritätsverfehlungen *vorzubeugen*. In diesem Sinne verfaßte er 1987 eine 80seitige Broschüre (*Integrity: The Spirit and the Letter of Our Commitment*) mit einer Aufstellung unternehmensweiter Richtlinien für *General Electric*. Jeder neue Mitarbeiter wurde aufgefordert, diese Broschüre zu lesen und eine darin enthaltene Karte zu unterschreiben (oder per E-Mail zu bestätigen), daß er sie gelesen hat. Alle übrigen Mitarbeiter mußten selbiges einmal im Jahr tun. In dieser Broschüre legte Welch zum Thema *Integrität* dar:

> Integrität ist der Fels, auf dem wir unseren Geschäftserfolg – und unsere Qualitätsprodukte und Qualitätsdienste, unsere aufrichtigen Beziehungen zu Kunden und Lieferanten und letztlich unsere Wettbewerbsstärke – aufbauen. Das Streben von *GE* nach vorzüglicher Wettbewerbsstärke steht und fällt mit sittlich-moralischem Wohlverhalten.[3]

Und dann forderte er alle *GE*-Mitarbeiter nachdrücklich zu persönlichem Engagement auf, den *GE*-Verhaltenskodex zu befolgen, einschlägige Gesetze und Vorschriften einzuhalten, alle Interessenkonflikte zu vermeiden sowie ehrlich, fair und zuverlässig zu sein.

Zur Jack-Welch-Verteidigung

Am 29. Juli 1992 mußte Welch vor einem Untersuchungsausschuß *(Subcommittee on Oversight and Investigations, House Committee on Energy and Commerce)* in Washington, D.C., als Zeuge aussagen. Er zeigte sich nicht bereit, Entschuldigungen für *GE*-Verfehlungen vorzutragen: „Der Diebstahl eines Dollars ist Diebstahl, und Betrug ist Betrug", sagte er vor dem Ausschuß. Auch wies er weit von sich, sein aggressiver Führungsstil könnte zu den Integritätsverletzungen geführt haben:

> Da scheint sich eine Sichtweise wie die folgende anzubahnen: Eine Atmosphäre, in der stets vorzügliches Leistungsverhalten gefordert wird, ist eine Atmosphäre, die Regelverstöße fördert. Bei den Olympischen Spielen ist von Steroiden und Verdächtigungen die Rede. Und in bezug auf uns wird gemunkelt, ob wohl der Wettbewerbsdruck die Leute zum Betrügen veranlaßt. Solche Einzelfälle von Rechtsverletzung überschatten die wirklichen Champions.
>
> Wie aber sieht die Lösung aus? Soll man den Athleten sagen, sie sollten langsamer laufen oder nicht so hoch springen, damit sie über jeden Verdacht erhaben sind? Um beim Bild zu bleiben: Wir meinen, man muß so schnell laufen, wie man kann, so hoch

springen, wie man kann – aber wenn man sich nicht an die Regeln hält, sind die Medaillen weg, und man wird für alle Zeit gesperrt. Das ist unsere Sichtweise von Wettbewerb und Integrität, und jede Führungspersönlichkeit in unserem Unternehmen ist bemüht, diese Botschaft an den Mann zu bringen. Wettbewerbsresultate sind nur gültig, wenn sie auf der Tafel der Integrität geschrieben stehen. Unsere Wettbewerbsstärke ist mit Integrität nicht nur vereinbar. Sie gründet auf Integrität.

Kann denn jemand im Ernst behaupten, Höchstleistung und Wettbewerbsstärke seien unvereinbar mit Ehrlichkeit und Integrität?[4]

Welch wies im weiteren darauf hin, es gebe keine zweite Chance für Leute, die den sittlich-moralischen Verhaltenskodex verletzt hätten:

Niemand bei *GE* verliert seinen Job, weil er sein Quartalsziel ... oder sein Jahresziel nicht erreicht ... oder einen Fehler gemacht hat. Das ist Unsinn, und jeder weiß das. Eine solche Atmosphäre würde jedes Unternehmen lähmen. Die Leute erhalten eine zweite Chance. Viele bekommen sogar dritte und vierte Chancen mit Fortbildung, Unterstützung und vielleicht auch einem anderen Arbeitsplatz geboten. Es gibt nur ein einziges Fehlverhalten, das keine zweite Chance mehr zuläßt. Und das ist eine eindeutige Integritätsverletzung. Wer sich einer solchen schuldig macht, muß gehen. ...

Wir haben eine Mitarbeiterpopulation, die der Bevölkerung einer amerikanischen Stadt wie St. Paul oder Tampa entspricht. Wir haben keine Polizei, keine Gefängnisse. Zu unserer Verteidigung verlassen wir uns im wesentlichen auf die Integrität unserer Leute, abgesehen von den – nach Meinung vieler Kritiker – vergleichsweise äußerst rigorosen Standards und Richtlinien bezüglich der Kontrolle unserer Geschäftsbeziehungen zur Regierung: Hotlines, Ombudsmänner, Richtlinien zur freiwilligen Preisgabe von Informationen und ständige Hervorhebung von Führungsverantwortung.

Wir sind nicht so arrogant zu meinen, unser Prozedere im Personalwesen sei so selektiv, so perfekt, daß man jeden Virus im Blutkreislauf unseres Unternehmens erkennen könnte. Den gelegentlichen Verrat eines einzelnen an unserem Unternehmen kann es immer wieder geben – trotz unseres leidenschaftlichen Bemühens, es nicht dazu kommen zu lassen.

Aber ich bin sehr stolz, daß sich unsere 275000 Mitarbeiter zu 99 Prozent überall in der Welt jeden Tag von neuem mit großem Engagement und absoluter Integrität der Konkurrenz stellen. Sie brauchen keinen Polizisten, keinen Richter. Sie brauchen nur ihr Gewissen, so wie sie jeden Morgen in den Spiegel schauen.

Sie sehen keinen Konflikt darin, tagtäglich auf dem ganzen Globus mit den Weltbesten zu wetteifern – zu konkurrieren und zu gewinnen und zu wachsen – und gleichzeitig ein instinktives und unerschütterliches Streben nach absoluter Integrität in all unserem Tun und Lassen zu bewahren.[4]

Jede Integritätsverletzung ist zuviel

Im Dezember 1997 äußerte sich Welch in einem Interview ausführlich zu der Frage des Autors, wie er mit dem Integritätsproblem bei *GE* umgehe. Zunächst erinnerte er sich an ein internes *GE*-Meeting, an dem er kürzlich teilgenommen hatte. Dort hatte ihn ein *NBC*-Mitarbeiter gefragt, ob er garantieren könne, daß es bei *GE* niemals zu einer „*Texaco*-Affäre" kommen würde. (Die Frage des Mitarbeiters bezog sich auf einen Vorfall aus dem Jahr 1966: Damals waren rassistische Bemerkungen von *Texaco*-Angestellten auf Band festgehalten worden; die Betreffenden mußten 115 Millionen Dollar Wiedergutmachung zahlen.) Welch verneinte – eine felsenfeste Garantie könne er nicht abgeben:

Ich kann niemandem hier im Raum garantieren, daß Sie nicht ein Dieb sind. Daß Sie nie etwas gestohlen haben. Oder heute morgen jemanden überfallen haben. Alles, was ich weiß, ist:

> Wenn ich das wüßte, stünden Sie nicht mehr auf unserer Gehaltsliste. Wir haben hier einen Verhaltenskodex, demzufolge jeder, der irgend etwas anstellt, keine Stunde länger zu unserer Belegschaft gehört, sobald wir davon Kenntnis erhalten.[5]

Auf die Frage hin, wie es ihm denn gelungen sei, mit den Skandalen bei *GE* umzugehen und ungeschoren davonzukommen, erwiderte er:

> Also, das wäre wohl die vermessenste Überschätzung schlechthin, zu behaupten, ich wüßte genau, wie ich damit umzugehen hätte. Ich weiß nur eines: Ich weiß, daß ich persönlich kein perfektes Verhalten in dieser Organisation nach Art der Polizei durchsetzen kann. Aber ich kann Werte vorgeben. Integrität. Wir reden bei jedem Meeting darüber. Eine einzige Integritätsverletzung – da gibt es nichts mehr zu diskutieren: Sie *müssen* gehen. Und wir erleben ein Beispiel nach dem anderen, wo Leute sofort vor die Tür gesetzt werden.[5]

Sofort?

> Sofort. Die können sich noch einmal äußern. Aber gehen müssen sie. Es gibt keine Ausnahmen – das gibt es einfach nicht, daß mal ein Auge zugedrückt würde. Nicht bei solchem Fehlverhalten.[5]

Ist das nicht eine der schwierigsten Managementaufgaben?

> Nein, das finde ich überhaupt nicht. Die Sache ist doch wirklich vollkommen eindeutig. Keine schwierige Angelegenheit. Wir werden das wettbewerbsstärkste – und das moralisch einwandfreiste – Unternehmen der Welt sein, und wenn wir das nicht sind, werden wir herausfinden, warum nicht, wer etwas angestellt hat und wie es dazu gekommen ist, und dann werden wir entsprechende Maßnahmen ergreifen.[5]

Aber, wird Welch gefragt – meint er nicht doch, daß er seine Manager zu stark unter Druck setzt, so daß sie sich vielleicht gezwungen sehen, Rechtswidrigkeiten in Kauf zu nehmen, um Leistungen zu erbringen? Er antwortet mit einem Beispiel aus dem Universitätsbereich. Manche Studenten würden für ihre Leistungen mit der Note A ausgezeichnet, andere nur mit der Note C. Wer betrügt wohl mehr: die „A"-Studenten oder die „C"-Studenten? Welch gibt gleich selbst die Antwort:

> Ich glaube nicht, daß unter den „A"-Studenten ein höherer Prozentsatz von Leuten ist, die stehlen, betrügen und andere Dinge in den Hörsälen anstellen, als unter den „C"-Studenten. Ich glaube nicht, daß den zehn Schlechtesten ein besseres Moralzeugnis auszustellen ist als den zehn Besten. Das kann mir keiner weismachen.[5]

Daß Welch all die Jahre unversehrt überstanden hat, ist letztlich wohl im Zusammenhang mit einem Thema zu sehen, über das der CEO nur ungern spricht: Finanzdaten. Die *GE*-Zahlen – die Umsätze und Gewinne des Konzerns – sind in der Tat äußerst bemerkenswert und von den Skandalen kaum in Mitleidenschaft gezogen worden. Da das Unternehmen keinen Schaden genommen hat, sah sich auch kaum einer veranlaßt, dem Vorsitzenden die Hölle heiß zu machen. Außerdem hat Welch jedermann – zu Recht – davon überzeugt, daß er über alle Zweifel erhaben ist, daß er mit keiner der sittlich-moralischen Entgleisungen bei *GE* persönlich etwas zu tun hat.

Die eigentliche Schlußfolgerung aus all dem ist wohl: Als Leiter eines Unternehmens, eines großen zumal, müssen Sie mit dem einen oder anderen sittlich-moralischen Fehlverhalten rechnen. Damit dann die Situation nicht außer Kontrolle gerät, tun Sie gut daran, das Problem frontal anzugehen: Sie setzen den Übeltäter unverzüglich vor die Tür, geben anderen zu verstehen, daß ähnliches Fehlverhalten in derselben Weise geahndet wird, und wenn Sie persönlich nicht involviert sind, lassen Sie dies alle Welt so schnell wie möglich wissen. So jedenfalls hält es Jack Welch: Integrität wahren. Für ihn persönlich wie auch für *GE* hat sich diese Devise als ausgesprochen effektive Methode zur Bewältigung von unschönen Vorkommnissen und Skandalen bewährt.

1. Zitat aus dem Brief, den Jack Welch am 29. März 1995 an die *GE*-Mitarbeiter geschrieben hat.
2. Auszug aus „Jack Welch's Nightmare on Wall Street", *Fortune*, September 5, 1994, 50-55.
3. Welch-Aussage in seiner Integritätserklärung in der 1987 von *GE* publizierten Broschüre *Integrity: The Spirit & Letter of Our Commitment.*
4. Stellungnahme von Welch vor dem Untersuchungsausschuß *(Subcommittee on Oversight and Investigations, House Committee on Energy and Commerce)* in Washington, D.C., 29. Juli 1992.
5. Interview mit Jack Welch vom 12. Dezember 1997.

Jack Welch: Die nächste Generation anlernen

„Auf die Fähigkeit, andere zu mobilisieren, kommt es an."

Im *Fortune*-Magazin wird das *GE*-Managementinstitut in Crotonville als „das Harvard der amerikanischen Unternehmenswelt"[1] bezeichnet. Zu Recht: Dies ist der Ort, an dem die Junior- und Senior-Führungskräfte des Konzerns den berühmten Führungsstil und die Managementtechniken von *General Electric* diskutieren, debattieren, kreieren und modifizieren. Das rund 20 Hektar umfassende, ins Hudson Valley im Staat New York eingebettete Institutsgelände dient den Senior-Führungskräften von *GE* als Brainstorming-Zentrum und den Junior-Führungskräften als Fortbildungsstätte. Als erste unternehmenseigene Managementschule der Welt hinterläßt Crotonville in gewisser Weise den Eindruck einer gespaltenen Persönlichkeit: Auf einen Außenstehenden wirkt das Institut einerseits wie ein Hochschul-Campus ohne studentischen Korpsgeist und andererseits wie ein superluxuriöses Militärausbildungszentrum.

Ein Ausbildungslager für Führungskräfte

General Electric hat die Immobilie – zunächst Farmbetrieb und später Künstlerkolonie – in den 50er Jahren erworben. Für die Mitarbeiter von *General Electric* ist Crotonville weitaus mehr als irgendein obskurer Ort auf der Landkarte im Staat New York. Mit seiner Offenheit und dem allgegenwärtigen Meinungsaustausch in seinen Hörsälen und Seminarräumen steht Crotonville als Metapher für das Unternehmen schlechthin: ein vielseitiges Ausbildungslager für *GE*-Führungskräfte, die ständig über etwas diskutieren – von guten Managementtechniken bis hin zum kontinuierlichen Wandel der globalen Wettbewerbsarena. *GE*-Führungskräfte behaupten, Crotonville sei einmalig. Zwar rufen die meisten Unternehmen routinemäßig ihre Spitzenführungskräfte aus den Vereinigten Staaten – und aus aller Welt – zu ähnlichen Seminaren und Veranstaltungen wie in Crotonville zusammen, doch weitaus weniger Unternehmen fordern ihre Nachwuchsführungskräfte zu so umfassender Kursarbeit auf; und noch viel weniger Unternehmen sorgen für so ausgedehnte und regelmäßige Begegnungen mit Vorgesetzten und Vertretern des Senior-Managements.

Crotonville bietet Kurse an, aber nicht nach Art des üblichen Frontalunterrichts alten Stils, wo die Studenten artig auf ihrem Platz sitzen und eifrig mitschreiben, was ein in sich versunkener Referent in zweistündigen Monologen von sich gibt. Schlüsselwort bei Crotonville ist vielmehr „Konfrontation". Crotonville ist getragen von der Vorstellung einer offenen, freimütigen Interaktion zwischen und unter *GE*-Mitarbeitern. Senior-Führungskräfte, die in Crotonville auftauchen, rechnen damit, daß sie sich einer gründlichen „Vernehmung" stellen müssen. Die Junior-Führungskräfte haben dann nämlich die Gelegenheit, ihre Vorgesetzten mit allen möglichen Vorschlägen zur Unternehmensverbesserung herauszufordern – es wird sogar von ihnen erwartet, denn dazu gehört auch ein wenig Mut. Deshalb ist in Crotonville nichts von steifer Formalität zu spüren. Jack Welch möchte den Institutsalltag so grenzenlos wie möglich halten, damit die Mitarbeiter aller Hierarchieebenen zusammenkommen und zwanglos miteinander reden, Gedanken austauschen und letztlich voneinander lernen können.

Crotonville ist keineswegs auf *GE*-Mitarbeiter amerikanischer Nationalität beschränkt – es ist durchaus nichts Ungewöhnliches, auch Führungskräfte aus Asien, Europa und vielen anderen Ländern in einem Crotonville-Kursus anzutreffen. Für Mitarbeiter nicht-amerikanischer Nationalität ist der für Crotonville typische informelle Konfrontationsstil besonders schwierig, weil die meisten von ihnen aus Kulturen stammen, in denen Nachwuchsführungskräfte im Unternehmen nicht daran gewöhnt sind, ihre Meinung frei zu äußern: Man hat ihnen beigebracht, emsig zu arbeiten, die Befehle der Vorgesetzten entgegenzunehmen und den Mund zu halten. Das ist ein himmelweiter Unterschied zum *GE*-Trainingszentrum, wo die Mitarbeiter nicht nur die Möglichkeit haben, sondern sogar aufgefordert werden, herkömmliche Schulweisheiten und damit auch ihre Bosse in Frage zu stellen. Doch schon nach kurzer Zeit haben auch sie begriffen, worum es in Crotonville geht, um dann mit eigenen Meinungen zur intellektuellen Auseinandersetzung beizutragen.

Jack Welch ist gern in Crotonville. Er liebt alles dort: die offene Atmosphäre, den Konfrontationsstil beim Debattieren und vor allem die Einblicke, die er in die tatsächlichen Unternehmensabläufe gewinnt. Crotonville bietet Welch das perfekte Forum, um ganzen Scharen von Mitarbeitern seine Unternehmenseinsichten vermitteln zu können. Deshalb überrascht nicht, daß der Vorsitzende des Konzerns mit dem weltweit höchsten Unternehmenswert sein Trainingszentrum an die zwölfmal im Jahr aufsucht. Bei seinen monatlichen Auftritten spricht er mit den Mitarbeitern sowohl während der Lehrveranstaltungen als auch hinterher, wobei ihm die informelleren Begegnungen nach Unterrichtsschluß am liebsten sind: Dann hat er die Chance, mit den Mitarbeitern persönlich ins Gespräch zu kommen.

In Crotonville fühlt Welch sich mehr zu Hause als an jedem anderen *GE*-Standort – sein eigenes Büro in der Fairfield-Zentrale eingeschlossen. Der Vorsitzende ist stets um Kontakte zum *GE*-Personal und vor allem um Vermittlung seiner unternehmensstrategischen und -philosophischen Vorstellungen bemüht: Die Begegnungsstätte in Crotonville ist wie geschaffen für Welchs Intentionen. Die traditionelleren Bürogebäude von *GE* sind nicht annähernd so geeignet, seinen offenen, schrankenlosen Ansatz zu fördern.

Da Welch Konfrontation und Debatte begrüßt, kann er auch kaum daran Anstoß nehmen, wenn ein Mitarbeiter ihm eine unangenehme Frage an den Kopf wirft. Schließlich ist er es, der alle aufgefordert hat, sich der Realität zu stellen; also macht es ihm auch nichts aus, wenn er mal im Eifer des Gefechts mit einer besonders heiklen oder peinlichen Frage konfrontiert wird. Der *GE*-Vorsitzende weiß sehr wohl zu kontern; er freut sich regelrecht auf den Schlagabtausch mit seinen Gefolgsleuten, wenn er Crotonville besucht und dort Vorträge hält.

Aber er geht nicht nur nach Crotonville, um dort Vorlesungen zu halten und über seine Unternehmensphilosophien zu reden. Gewiß verbringt er damit einen Großteil seiner Zeit in Crotonville. Aber er will dort auch lernen. Walter Wriston, langjähriges Mitglied im *GE*-Verwaltungsrat, hat Welch einmal etwas gesagt, was dieser nie vergessen hat: Als Vorsitzender und CEO würde Welch immer erst als letzter erfahren, wenn etwas im Unternehmen los sei. Welch hält Crotonville für genau den Ort, der Wriston das Gegenteil beweisen soll.

Ein Familiengeheimnis

Bei all den offenen Gesprächen und freizügigen Dialogen in Crotonville möchte Welch sein Trainingszentrum wie eine Art Familiengeheimnis hüten. Er ist durchaus bereit, darüber zu reden, und gibt manchmal sogar lange Kommentare am Stück – aber mehr auch nicht. Er schirmt das Institut ab und verbietet Außenseitern wie Journalisten und Autoren, die geheiligten Hallen zu betreten – aus gutem Grund. Er möchte sicherstellen, daß sich die *GE*-Mitarbeiter in Crotonville in keiner Weise bedrängt fühlen. Er möchte sie in dem Vertrauen stärken, daß ihre unverblümten Äußerungen nicht am nächsten Tag in den Zeitungen nachzulesen sind.

So wurde Journalisten und Autoren Zugang zu den meisten anderen *GE*-Standorten gewährt, aber Crotonville ist davon weitgehend ausgenommen. Welch hat 1991 eine große Ausnahme gemacht, als er dem Autor des vorliegenden Buches gestattete, ihn zu einer seiner Lehrveranstaltungen zu begleiten. Eine zweite Ausnahme machte er, als er denselben Autor zu seinem Crotonville-Besuch im Herbst 1997 mitnahm. Für den ersten wie für diesen zweiten Besuch galten dieselben strengen Auflagen: kein Kassettenrecorder und kein Laptop. Denn sonst hätten die Kursteilnehmer gemerkt, daß da einer unter ihnen war, der zur schreibenden Zunft gehörte. Handschriftliche Notizen waren erlaubt.

An diesem 24. September sollte Welch drei Stunden lang mit einer Gruppe von 70 hochrangigen Führungskräften reden, die bei *GE* als *„High Pots"* galten – als Kandidaten mit hohem Potential für noch höhere *GE*-Positionen.

Es handelte sich um die Teilnehmer eines dreiwöchigen Managementkurses, der all die Fertigkeiten vermitteln sollte, die sie zur Leitung von *GE*-Geschäftsbereichen benötigten. Im Lehrplan war die Veranstaltung mit folgender Zielsetzung angekündigt: „Die Teilnehmer entwickeln Führungskompetenz zur Bewältigung unternehmerischer Herausforderungen wie Strategieentwicklung, globaler Wettbewerb, Diversität und Globalisierung, Teamleitung und Herbeiführung von Wandel sowie Erhöhung der Kundenzufriedenheit."

Der Besuch in Crotonville beginnt in der Eingangshalle des *GE*-Hauptgebäudes in der Fairfield-Zentrale auf die Minute genau um 13.40 Uhr. Joyce Hergenhan, Vice President für Public Relations bei *GE*, sollte Welch und den Autor auf dem Hubschrauber-Flug nach Crotonville begleiten. Während wir in der Eingangshalle auf Welch warten, fügt sie der zuvor verkündeten Liste grundlegender Verhaltensmaßnahmen noch etwas hinzu: In meinem Buch dürfen keine Länder oder *GE*-Kunden namentlich genannt werden, auf die Welch bei seiner Präsentation Bezug nimmt.

Um Punkt 13.45 Uhr erscheint Welch in der Eingangshalle. Er trägt einen kleinen Aktenkoffer mit Dias bei sich, die er für sein Unterrichtspensum vorgesehen hat. Die Bemerkung, er käme gerade aus verschiedenen Sitzungen, klingt fast wie eine Entschuldigung für seinen formalen Auftritt mit Jackett und Krawatte. Nach freundschaftlicher Begrüßung steigt er rasch in das wartende Auto. Wir steigen ebenfalls ein und erreichen Minuten später einen anderen Teil der *GE*-Zentrale – den unternehmenseigenen Hubschrauber-Landeplatz.

Um genau 13.50 Uhr hebt der Hubschrauber ab. Auf dem Sitz Welch gegenüber liegen die üblichen Beutel mit Bordverpflegung. Welch nimmt alles vom Sitz und bittet mich, dort Platz zu nehmen. Der ganze Flug dauert nicht länger als eine Viertelstunde (mit dem

Auto würde man etwas mehr als eine Stunde brauchen); wir genießen von oben den Weitblick auf eine herrliche Herbstlandschaft.

Welch scheint sich auf den bevorstehenden Besuch richtig zu freuen. Zu Beginn seiner Amtszeit als CEO hätte er Crotonville zumachen können. Er hätte das Institut als belangloses und lediglich Kosten verursachendes Relikt aus vergangenen Zeiten abtun können. Aber wie seine Vorgänger begriff auch Welch, daß Crotonville tatsächlich dazu angetan war, die eigene Botschaft zu vermitteln. Selbst als er Anfang der 80er Jahre Downsizing-Maßnahmen im Unternehmen ergriff, investierte er noch beträchtliche Summen in das Trainingszentrum. (*GE* wendet nach wie vor 800 Millionen Dollar im Jahr für seine diversen Aus- und Weiterbildungsprogramme in Crotonville und andernorts auf.)

Ich versuche, den Lärm des Hubschraubermotors zu überschreien, und frage Welch, ob es nicht besser gewesen wäre, wenn Crotonville dichter bei Fairfield läge – wo doch das Ausbildungszentrum für Führungskräfte so wichtig für *GE* sei. „Nein", sagte er, ohne zu zögern. „ich finde es gut, daß eine gewisse Entfernung dazwischenliegt. Das ist viel besser so." Er wollte sich nicht näher dazu äußern, aber vermutlich meinte er so etwas wie: In Fairfield betreiben wir Unternehmensführung. Das möchte ich nicht vermischt sehen mit unseren Überlegungen und Gedanken zu einer möglichst effektiven Unternehmensführung.

Der Vorsitzende bombardiert mich mit Fragen. Wen ich bei *GE* bisher kennengelernt hätte. Inwieweit mir das Unternehmen heute anders vorkäme als vor sechs Jahren. Er hört meinen Antworten gespannt zu – aber ich fasse mich absichtlich kurz: Schließlich will ich *ihn* interviewen!

Im „Pit"

Der Hubschrauber landet um 14.05 Uhr. Ein Wagen wartet bereits; wir werden die paar Hundert Meter zu dem Gebäude gefahren, in dem der *GE*-Vorsitzende seine Lehrveranstaltung abhalten wird. Joyce Hergenhan flüstert mir ins Ohr: „Er ist heute Professor Welch.

Dr. Welch. Nicht Chairman Welch.“ (Welch ist tatsächlich „Dr.“: Er hat an der *University of Massachusetts* Verfahrenstechnik studiert und sein Studium an der *University of Illinois* mit einem Master-Titel und der Promotion abgeschlossen.)

Fröhlich begrüßt Welch den Mann, der für Crotonville zuständig ist: Steve Kerr. Welch ist persönlich stolz darauf, Kerr für diese Aufgabe gewonnen zu haben: Für ihn ist der ehemalige Rektor der *USC Business School* der perfekte Leiter des Management-Trainingszentrums in Crotonville.

Die Begrüßung dauert nur eine Minute. Welch geht behenden Schrittes in den Großen Hörsaal, der von Eingeweihten als *„Pit“* – als „die Grube“ – bezeichnet wird. Mit den fünf nach oben ansteigenden, hufeisenförmig angeordneten Sitzreihen soll die sorgfältige *„Pit“*-Architektur eine ganz bestimmte Atmosphäre schaffen. Man könnte meinen, der *„Pit“* gleiche Tausenden anderer Hörsäle – von den Konfrontationen, die ständig in diesem Saal stattfinden, keine Spur. Aber die *GE*-Mitarbeiter haben dem Saal die Bezeichnung *„The Pit“* verpaßt, um darauf hinzuweisen, daß jeder, der hier vorträgt, mit unbequemen Fragen rechnen muß. Auch Jack Welch?

Während Welch im *„Pit“* nach unten zum Podium geht, wo ein Rednerpult und eine weiße Leinwand aufgestellt worden sind, suche ich mir einen Sitzplatz hinten im Saal. Man hatte mir angetragen, mich leger – ohne Jackett und Krawatte – zu kleiden und mich unter das Volk zu mischen.

Der Saal wirkt ziemlich karg. Keine protzigen *GE*-Logos. Keine Großaufnahmen vom Vorsitzenden Welch an den Wänden. Keinerlei Persönlichkeitskult – nicht einmal ein Porträt von Edison. Nur an der hinteren Wand eine Uhr, und an einer anderen eine Weltkarte.

Im Zuhörerraum wird es ruhig. Man spürt förmlich die Anspannung unter den Teilnehmern. Schließlich ist dies der Tag, an dem der Boß auftaucht – der Mann, der die Beförderungen vornimmt und die Gehaltsschecks abzeichnet. Auge in Auge mit Jack Welch. Einige sind sichtlich nervös; andere versuchen, ihre Aufregung zu verbergen. Was wird der Tag bringen? Wird der CEO Granaten in die Menge schleudern – oder wird er sanft sein wie ein Lamm? Solche Fragen beschäftigen die 70 Leute, die jetzt auf das Erscheinen von

Welch warten. Er mag hier in Crotonville den Professor spielen, aber jeder weiß es: Er ist der Vorsitzende!

Vor jedem Teilnehmer stehen zwei Dinge: eine Flasche Mineralwasser und eine große weiße Karte, auf der sein Vorname in großen Lettern geschrieben steht (der Nachname ist kleiner gedruckt). Nur die Namen. Keine Titel. Kein Hinweis darauf, ob Jim oder Jane aus dem Unternehmensbereich Kunststoffe oder aus dem Unternehmensbereich Medizinische Systeme kommen. Welch wird ihre Zugehörigkeit schnell feststellen.

Die Zuhörer – Führungskräfte der mittleren Führungsebene mit rund zehn Jahren *GE*-Zugehörigkeit, ein Viertel Frauen, fast die Hälfte nicht-amerikanischer Nationalität – sind eine wichtige Zielgruppe für Welch. Den Senior-Führungskräften seine Botschaft zu vermitteln, war eine weitaus leichtere Aufgabe gewesen, als die Junior-Führungskräfte anzusprechen. Vor seinen Bereichsleitern hält er keine dreistündigen Vorlesungen. Jedenfalls nicht mehr. Aber er kommt bis zu zwölfmal im Jahr nach Crotonville, um tieferen Einblick in das Unternehmen zu gewinnen.

Zum Kennenlernen

Welch legt das Jackett ab, behält aber den Schlips an. In der zweiten Reihe rechts außen nimmt er Platz. Er verkündet, er wolle jeden einzelnen Teilnehmer kennenlernen – wenn er jemanden anspreche, werde er nach seinem Namen und dem Bereich fragen, aus dem der Betreffende kommt.

Der erste so Angesprochene nennt Namen und Arbeitsplatz. Welch stellt eine Frage zum Bereich. Ein zweiter Teilnehmer stellt sich vor. Diesmal sagt Welch nur: „Meinen Glückwunsch." Ein offensichtlicher Hinweis, wie gut der Bereich, aus dem der Teilnehmer kommt, im vergangenen Jahr abgeschnitten hat.

Dann kommt ein dritter Teilnehmer, eine Frau. Welch fragt, ob sie den Soundso kenne, der auf einer höheren hierarchischen Ebene in ihrem Bereich Führungskraft ist. Ja, sagt sie, und lächelt ein bißchen verlegen ob der Erwähnung ihres Vorgesetzten.

Ein vierter Teilnehmer nennt von sich aus Name und Bereich. Welch verändert unbehaglich die Sitzhaltung. Er scheint zu zögern, ob er etwas sagen soll. Schließlich meint er: „Sie haben ein paar davon ausgeliefert?“[2] Die Bemerkung bezieht sich auf irgendein Produkt, das in dem Bereich hergestellt wird. „Nicht so viele, wie wir gern gewollt hätten.“ Zumindest begegnet ihm der Mann in aller Offenheit. Eine weitere Frau stellt sich vor. Welchs Augen leuchten auf. Er sagt, in einigen Wochen würde er nach Asien zu einer seiner dreiwöchigen Spritztouren in verschiedene Länder aufbrechen und dabei auch einen ganz bestimmten Manager aufsuchen, mit dem *GE* Geschäfte abwickelt.

Welch fragt die Teilnehmerin, was der [Manager] wohl mit ihm besprechen wolle – welche Fragen er Welch stellen würde.

Im anschließenden kurzen Gespräch erläutert die Frau, welche Themen der Manager vermutlich mit dem Vorsitzenden diskutieren will.

Welch ist mit der Entwicklung seiner ersten Kontaktaufnahme zufrieden.

Zuweilen löst ein Kommentar von Welch großes Gelächter unter den Zuhörern aus. Ein leicht nervöses Gelächter – Ausdruck einer gewissen Erleichterung ob der Feststellung, daß der Boß doch nicht beißt!

Einer unter den Zuhörern, der im Einkauf bei *GE*-Kunststoffe arbeitet, wird kalt erwischt, als ihn der Vorsitzende fragt: „Ist Benzol gestiegen?“ Welch will wissen, ob sich der Preis für dieses im Kunststoff-Bereich verwendete Rohmaterial in letzter Zeit erhöht hat. „Das weiß ich nicht.“ Wieder eine offene Antwort. „Sie sind halt schon zu lange hier.“

Welch liebt es, offene Antworten mit schlagfertigen Bemerkungen zu würzen.

Der Vorsitzende fordert die Teilnehmer nachdrücklich auf, sich ihm gegenüber so offen wie möglich zu verhalten. Er sagt ihnen, wenn sie in den nächsten drei Stunden nicht ehrlich mit ihm redeten, könnte er gleich nach Hause gehen. Und es scheint ihm damit ernst zu sein. Mehrfach an dem Nachmittag sagt er: „Ich hoffe, ich trete niemandem hier zu nahe. Wir sind hier um offene Diskussion bemüht.“

Einer der Teilnehmer stellt sich vor als Mitarbeiter der Öffentlichkeitsarbeit in einem bestimmten *GE*-Bereich.

Welch wird ungeduldig. „Wir brauchen keine Öffentlichkeitsarbeit, wir brauchen Umsatz.“ „Amen“, sagt der PR-Mann. „Sie predigen dem Kirchenchor.“

Die Leute lachen. Wäre Welchs Bemerkung von einem anderen Unternehmensführer gekommen, hätte sie vielleicht abweisend und brutal geklungen. So ist sie nur ... offen.

Ein weiterer Teilnehmer stellt sich vor mit den Worten, er sei maßgeblich an der neuen *GE*-Qualitätsinitiative beteiligt.

Welch zeigt großes Interesse an dem Mann und bombardiert ihn mit Fragen. Welche Fortschritte erzielt würden. Welche Einsparungen mit dem Programm erwirtschaftet würden. Welchs Eifer grenzt an Besessenheit, wenn es um die derzeitige Qualitätsinitiative geht.

Der Reihe nach spricht der CEO von *General Electric* mit den Zuhörern. Niemals von oben herab. Niemals herablassend. Er zeigt bei jedem einzelnen große Geduld. Keiner unter den Zuhörern scheint sich von ihm eingeschüchtert zu fühlen. Sie begegnen ihm mit Hochachtung, aber nicht mit Ehrfurcht oder dienstbeflissener Ehrerbietung. Es gelingt Welch, eine informelle Atmosphäre zu schaffen, und die Zuhörer haben das schnell erkannt. Sie reden ihn mit Jack an, nicht mit Mr. Welch.

Er scheint echtes Interesse an dem Äußerungen der Teilnehmer zu haben, und darauf reagieren diese positiv. Aber sie begreifen auch, daß er nicht gekommen ist, um langen Vorträgen zuzuhören. Ihre Kommentare sind kurz und gezielt.

Wenn Welch ihnen bohrende Fragen zu ihren Bereichen stellt, antworten sie in aller Offenheit. „Das Geschäft läuft gut.“ – „Das Geschäft läuft nicht gut.“ Einmal hat Welch eine seiner wohlbekannten Unternehmensstrategien erwähnt und bekommt eine Antwort, die noch offener ist, als er sie erwartet hätte: Ein Teilnehmer erläutert, warum die fragliche Strategie in seinem Bereich nicht funktioniert. Welch reagiert nicht defensiv oder kontert mit einer vorgefaßten Meinung. Vielmehr hört er dem Betreffenden aufmerksam zu. Er ist nicht gekommen, um zu streiten. Er ist gekommen, um seine Meinungen und Überlegungen zu erläutern. Das ist schon in Ordnung, wenn einer anderer Ansicht ist.

Bekommt er gute Neuigkeiten zu hören, ist er sichtlich stolz. Bei schlechten Nachrichten ist er bemüht, den Eindruck zu vermitteln, daß er schlechte Neuigkeiten genauso akzeptiert wie die guten. So ist es nun einmal, wenn man sich der Realität stellt. Er darf den Zuhörern nicht das Gefühl geben, schlechte Nachrichten wolle er nicht hören.

Er will ermutigen.

Eine Frau stellt sich vor, und Welch fragt: „Haben Sie den Job von Herrn Soundso [er nennt den Namen des Betreffenden] übernommen?“ „Ja“, antwortet die Mitarbeiterin und staunt, daß Welch ihren Vorgänger kennt. „Meinen Glückwunsch. Das ist ein schwieriger Job. Bekommen Sie gute Unterstützung?“ „Ja.“

Als von einem bestimmten *GE*-Bereich die Rede ist, spricht Welch über die neuen Führungskräfte, die in den Bereich kommen sollen. „Sie werden sehen – der [einer der neuen Manager] ist ausgesprochen nett und ein verdammt kluger Kopf“, sagt er. Einem anderen Anwärter bekundet er offen seine Sympathie: „Jetzt muß er sich bewähren. Mal sehen, wie der sich entwickelt.“

Schließlich beendet Welch die „Aufwärmphase“ – den Auftakt zu seiner Veranstaltung. Er ist nun eine halbe Stunde da und hat mit seiner eigentlichen Präsentation nicht einmal begonnen. Aber er hat jeden Teilnehmer kennengelernt und sich mit fast jedem von ihnen kurz unterhalten. Er hat sein umfassendes Arbeitswissen in bezug auf die vielen Unternehmensbereiche unter Beweis gestellt und zugleich deutlich gemacht, daß er von den Zuhörern mehr über *GE* erfahren möchte. Sein Umgangston ist gleichbleibend freundlich – er scheint offensichtlich Gefallen an diesem direkten, persönlichen Kontakt zu den *GE*-Mitarbeitern zu haben.

Die Stimmung im Hörsaal hat sich gewandelt: weniger Nervosität, mehr Selbstbewußtsein und hier und da sogar ein Lachen.

Wer hätte das gedacht?

Anleitung zur GE-Führungspersönlichkeit

Welch geht hinüber zum Diaprojektor, legt das erste Dia ein, wirft einen Blick auf die weiße Leinwand hinter sich und lacht. „Dasselbe Diagramm hätte ich schon vor 17 Jahren zeigen können.“ Der Saal bricht in Gelächter aus.

Er ist gekommen, um den Zuhörern begreiflich zu machen, worum es bei der Unternehmensführung geht. Kein anderes Thema liegt Welch so sehr am Herzen wie dieses. Er denkt über das Konzept der Unternehmensführung seit Jahrzehnten nach. Während der vergangenen 16 Jahre hat er nun die Chance gehabt, so manche seiner Vorstellungen von Unternehmensführung auszuprobieren – mit insgesamt beachtlichen Erfolgen. Die Öffentlichkeit hat auf Welch und seinen Führungsstil außergewöhnlich aufmerksam reagiert. Immer wieder wird er als einer der mächtigsten und eindrucksvollsten Führungspersönlichkeiten des Landes dargestellt. Deshalb meint der *GE*-Vorsitzende zu Recht, daß er Bedeutungsvolles darüber zu sagen hat, was einen guten Unternehmensführer ausmacht – und was nicht.

Er berichtet dem Publikum, er habe kürzlich dieselbe Präsentation sowohl vor dem *GE*-Verwaltungsrat als auch vor einer Gruppe von Finanzanalysten gehalten. Er ist stolz darauf, stolz auf die Tatsache, daß er immer nur dieselbe Botschaft verkündet, wer immer auch die Zuhörer sind. Welch hält sich nicht gern mit Finanzdaten auf; er spricht lieber über Werte. Wenn ein Unternehmen die richtigen Werte habe, würden auch die Zahlen stimmen. Obgleich er es nicht sonderlich mit solchen Zahlen hat – seine Vorliebe für Diagramme ist jedoch unverkennbar. Er weiß, daß er auch Daten ansprechen muß, und Diagramme tragen zur Vereinfachung der Zusammenhänge bei. Seine Diagramme zeigen, wie unglaublich gute Erfolge *GE* erzielt. Kein Wunder, daß Welch Diagramme liebt!

Jetzt geht Welch zur eigentlichen Vorlesung über. Von Anfang an wird deutlich, daß er *Cheerleader* und *Coach* spielen will: Er sieht seine Aufgabe nicht darin, Unternehmensführung zu lehren, sondern seine Zuhörer zu besseren *GE*-Führungspersönlichkeiten zu machen.

Im Verlauf der Einführungsphase hatten einige Teilnehmer Probleme in ihren jeweiligen Bereichen angesprochen; Welch hatte offenbar Sorge, die Stimmung sei zu düster geworden. „Sie mögen hier und da Probleme haben“, sagt er nun zu seinen Zuhörern, „aber insgesamt arbeiten Sie in einem verdammt guten Team. Der Ball rollt!“ Er hält einen Bleistift in der Hand, nippt gelegentlich an einem Glas Wasser. „Das Wachstum sollen Sie nicht nur in Ihren Köpfen haben. Als Unternehmen entwickeln wir verdammt gutes Wachstum. Und darüber [über dieses Wachstum] sollen Sie reden können, selbst wenn Sie in Ihrer eigenen Welt zu kämpfen haben.“ Mit anderen Worten: Ich will, daß Sie als *Cheerleader* für unser Unternehmen auftreten, wenn Sie wieder zu Hause sind.

Er leitet eine Diskussion ein über die Art und Weise, wie *GE* wächst. Mit Stolz stellt er fest, *GE* habe kürzlich die irische Firma *Woodchester Investments* für 862 Millionen Dollar erworben – das sei die größte Unternehmensfusion in der Geschichte Irlands. *Woodchester* ist einer der größten Finanzdienstleister in Irland, spezialisiert auf das Leasing von Autos und Anlagen, Finanzierungskredite und andere Finanzdienstleistungen in Irland und Großbritannien. Die Akquisition bringt *GE* zusätzliche 862 Millionen Dollar Umsatz ein, aber Welch will den Zuhörern nicht den Eindruck vermitteln, der Konzern könne sein Unternehmenswachstum ausschließlich auf Akquisitionen gründen. Vielmehr sei es Aufgabe der *GE*-Bereiche, die eigenen Unternehmen besser zu führen, anstatt ihre Umsätze nur mit Akquisitionen zu erhöhen. Trotzdem könnten Akquisitionen eine wichtige Rolle im *GE*-Wachstumskonzept spielen.

Während des Vortrags ist kein Laut im Zuhörerraum zu hören. Alle Augen sind auf den Vortragenden gerichtet. Niemand rutscht unruhig hin und her. Niemand schaut zur Uhr. Schließlich ist es der Vorsitzende, der hier spricht!

Welch kommt auf die Tatsache zu sprechen, daß sich *GE* zunehmend zu einem dienstleistungsorientierten Unternehmen entwickelt. Aber zugleich warnt er nachdrücklich: „Wir steigen nicht aus der Produktion aus. Wenn wir keine guten Produkte haben, können wir auch keinen guten Service bieten.“

Da diese Veranstaltung die Entwicklung effektiver Unternehmensführung zum Thema hat, haben die Teilnehmer einige Fragen für „ihren Unternehmensführer“ vorbereitet. Offenbar handelt es sich um schwierige Fragen, mit denen sich die Teilnehmer hatten auseinandersetzen müssen, ohne eine Lösung zu finden.

Einer der Teilnehmer macht mit seiner Frage den Anfang: Wie können wir die Notwendigkeit der Mitarbeitermobilität mit langfristigen Kundenbeziehungen in Einklang bringen? Mit anderen Worten (so habe ich es still für mich formuliert): Wie können wir die Zufriedenheit unserer Kunden gewährleisten, wenn ihre *GE*-Kontaktpersonen ständig zu anderen Unternehmensteilen wechseln?

Welch mag die Frage nicht besonders, und von den Vorstellungen des Fragestellers hält er noch weniger. Er ist nicht der Meinung, man müsse unbedingt enge Beziehungen zu den Kunden aufbauen, um diese auf Dauer halten zu können.

Was die Mitarbeitermobilität betrifft, so ist er eindeutig dafür: „Möchten Sie denn ewig ein und denselben Job haben?"

Ein deutliches *Nein* dröhnt ihm entgegen.

„Die Frage an sich ist paradox", sagt Welch. „Das Problem hat man sein Leben lang. Ich habe keine Lösung. Kennt einer von Ihnen eine Lösung?"

Zum Erstaunen aller hebt einer die Hand: „Sie sind ein gutes Beispiel", sagt er zu Welch. „Wie lange machen Sie diesen Job jetzt?"

16 Jahre. Aber das weiß natürlich jeder hier im Saal.

„Ich habe den Gipfel schon früh erklommen", gibt Welch zurück. Großes Gelächter. Die Frage hat er zwar nicht beantwortet, wohl aber die Stimmung gehoben.

Dann wird Welch wieder ernst und faßt zusammen: „Wenn Leute 15 Jahre lang denselben Job machen, werden sie saft- und kraftlos. Sie wissen das nur nicht." Bei den letzten Worten wird Welchs Stimme lauter.

Weitere Fragen an Welch folgen. Ist *GE* im Zuge seiner Globalisierung um die Optimierung spezifischer grenzüberschreitender Landeskenntnisse bemüht? Wie könnte man die Übergangsphase beim Jobwechsel erleichtern?

Auf die erste Frage antwortet Welch mit einigen Anregungen. Bezüglich der zweiten gibt er zu verstehen, es läge in seiner Verantwortung, sich um Übergänge an der Unternehmensspitze zu kümmern. „Aber Ihre Aufgabe ist es, die Übergangsphasen auf Ihrer Führungsebene zu regeln. Ich kann da überhaupt nichts ausrichten."

Dann wird seine eigene Nachfolge – in etwa drei Jahren – angesprochen. Offensichtlich will er sich mit dem Thema nicht lange aufhalten und meint lediglich: „Wenn wir es richtig anstellen, merken Sie so gut wie nichts davon."
Welch nutzt die restliche Zeit, um den Zuhörern zu verdeutlichen, was eine Führungspersönlichkeit ausmacht. Erstens muß ein guter Unternehmensführer in der Lage sein, fundierte Personalbeurteilungen vorzunehmen. „Mein ganzer Job", sagt Welch zu den Zuhörern, „sind die Leute. Ich kann kein Triebwerk bauen. Ich muß mich auf die Leute verlassen. Ich bin nicht wie Andy Grove von *Intel.* Er weiß, wie man Chips herstellt. Ich weiß, daß ich einem Kühlgerät aber auch nichts hinzufügen könnte. Die CEOs von Automobilunternehmen kommen aus der Autobranche und können ihre Produkte beurteilen. ... Ich mische mich nicht ein in Preiskalkulationen für Haushaltsgeräte, Kunststoffe. Ich verstehe mich mehr als Coach. Ich kümmere mich um Akquisitionen und um Leute. Vermutlich mische ich bei der *NBC* schon mehr mit, als ich sollte." Diese letzte Bemerkung über *NBC* fällt nur nebenbei, aber auf entsprechende Nachfragen würde Welch vermutlich entgegnen, seine „Einmischung" sei notwendig gewesen: *NBC* mußte Kosten einsparen und in andere Bereiche expandieren, und deshalb hatte Welch in die Angelegenheiten des Senders eingegriffen.

Als nächstes spricht Welch das Thema *Aktienoptionen* an. Er ist stolz darauf, daß so viele Leute im Unternehmen (27000 bei der letzten Zählung) Aktienoptionen haben: Ein *GE*-Manager, der Aktionoptionen besitzt, wird sich mit größerer Wahrscheinlichkeit um das Unternehmen als Ganzes kümmern, da seine finanzielle Zukunft unmittelbar an der finanziellen Zukunft des Unternehmens hängt.
Er gibt unumwunden zu, Aktionoptionen seien eine seiner stärksten „Waffen": Indem er ausgewählte Manager und Unternehmensführer mit Aktienoptionen bedenkt, kann er davon ausgehen, daß seine Vorstellungen auch umgesetzt werden. Allerdings hält er nicht viel davon, Optionen wie Weihnachtskekse auszuteilen. Vielmehr sollen sie solchen Leuten zuteil werden, die ihn bei seiner bevorzugten Managementinitiative unterstützen – und derzeit ist das unternehmensweite Qualitätsprogramm angesagt.

Die „A's" halten, „B's" fördern und „C's" entlassen

Die nächste halbe Stunde erarbeitet Welch mit den Teilnehmern die Attribute, die einen großen Unternehmensführer auszeichnen.

„Ihre wichtigste Aufgabe besteht darin, Ihre Mitarbeiter in ihrer Entwicklung zu unterstützen und ihnen die Möglichkeit zu geben, ihre Träume zu realisieren. Ihr Problem ist, daß Sie bei Ihren Entscheidungen nicht davon ausgehen können, stets nur ‚A'-Spieler um sich zu haben." Welch unterscheidet drei Kategorien von Führungskräften: Die „A's" will er halten; die „B's" will er fördern; die „C's" will er loswerden.

Welch sagt, eine Führungskraft müsse eine Vision haben und die Fähigkeit besitzen, diese Vision anderen zu vermitteln und ihre Umsetzung in der gesamten Organisation zu bewirken. Und eine Vision kann nur vermitteln, wer Energie aufbringt: „Sie können Ihre Vision gar nicht oft genug wiederholen. Sie müssen sich den Mund fusselig reden." Viele Manager täten zwar alles mögliche, kümmerten sich aber nicht um die Umsetzung. „Sie müssen etwas bewegen. Und dabei gilt es Entscheidungen zu treffen. Sie können eine großartige Vision haben, aber Sie müssen auch den Mut aufbringen, etwas zu bewegen."

„Wenn Leute die richtigen Werte vertreten, gibt man ihnen eine zweite Chance. Wir haben hier eine Zahlenkultur. Die prägt den Stempel der Genehmigung auf. Da schaut man nochmal hin. Wir haben hier eine leistungsorientierte Kultur. Der große Unternehmensführer gerät in Schwierigkeiten, wenn er nicht auch über Managementfähigkeiten verfügt. Und da ist ständiges Wiederholen angesagt. Es gibt nichts Schlimmeres als einen Manager, der auf seinem Hintern sitzt, seine Kröten zählt und seinen Leuten nur auf die Finger klopft."

„Sie sollen nicht sagen: ‚Ich hoffe, das zu erreichen.' Sie erreichen es! Sie sorgen dafür! Es besteht kein Zweifel: Auf die Fähigkeit, andere zu mobilisieren, kommt es an."

Es ist inzwischen 17 Uhr geworden, und Welch kommt mit seiner Präsentation zum Ende. Er hat große Ausdauer gezeigt und zugleich viele eigene Erkenntnisse unter das Volk gebracht. Er scheint mit seinem Auftritt zufrieden zu sein. Niemals läßt er irgendwelche Ermüdungserscheinungen erkennen, trotz der Herzoperation, der er sich vor zweieinhalb Jahren hatte unterziehen müssen. Nach Beendigung seines dreistündigen Gesprächs verkündet er, er wolle noch bleiben und mit den Teilnehmern zu Abend essen: Professor Welch mag sein Tagewerk vollbracht haben, aber Chairman Welch will noch weiterreden. Die 70 Zuhörer versammeln sich mit Welch zu einem Empfang im Foyer direkt vor dem *„Pit"*. Welch macht den Organisationsleiter ausfindig und sagt, er möchte die Getränke lieber draußen serviert haben. Die Gruppe bewegt sich in Richtung Terrasse, und Joyce Hergenhan munkelt, Welch werde wohl nie zum Abendessen kommen. Jeder wolle mal fünf Minuten mit dem Vorsitzenden unter vier Augen sprechen, und deshalb würde der Empfang wohl so weitergehen.

Und was können wir von diesem Tag mit Professor Welch lernen? Fest steht, daß er eine ehrliche, offene und sogar konfrontationsorientierte Debatte als wesentliches Merkmal einer guten Organisation ansieht. Und er ist überzeugt, daß die Leute, die dem Geschäft – und damit den Kunden – am nächsten stehen, dem Unternehmensleiter eine Menge Geschäftsinformationen vermitteln können. Eines ist jedenfalls offenkundig: Jack Welch und *GE* legen sehr viel Wert auf die Aus- und Weiterbildung und bringen ihr Engagement durch hohe Investitionen in diese lebenswichtige Funktion zum Ausdruck. Die Veranstaltung, bei der ich zugegen sein durfte, war Teil eines dreiwöchigen Lehrgangs; die teilnehmenden Führungskräfte konnten also fast einen Monat lang nicht in ihren Bereichen sein. Das will schon etwas heißen – und ist doch nur die Spitze des Eisbergs.

Sind Sie, lieber Leser, Führungskraft in einem Unternehmen? Wann hat Ihr Unternehmen Sie oder einen Kollegen wohl das letzte Mal für volle drei Wochen zu einer Ausbildungsmaßnahme geschickt? Und wenn Sie Unternehmensführer sind, sollten Sie darüber nachdenken, was Ihr Unternehmen tun kann, um die Aus- und Weiterbildung zu verbessern und den Mitarbeitern die Unternehmenswerte hautnah zu vermitteln. Es brauchen nicht gleich verschwenderische drei Wochen zu sein, und Sie brauchen nicht mal einen Hubschrauber, um einen Hauch von *„GE Way"* in Ihr Unternehmen zu bringen ... Vielleicht fangen Sie viel kleiner und schlichter an – mit einem offenen Dialog auf Ehre und Gewissen.

1. Auszug aus dem Artikel „How Jack Welch Keeps the Ideas Coming at *GE*", im *Fortune*-Magazin vom 12. August 1991.
2. Die Frage steht wie alle weiteren Jack-Welch-Zitate dieses Kapitels im Zusammenhang mit Welchs Präsentation in Crotonville am 24. September 1997.

VIII. Jack-Welch-Vision für das Jahr 2000 und danach

„Die Komplexität der Unternehmensführung wird überschätzt. Das ist keine Raketenwissenschaft."

General Electric ausbauen

„GE soll den Organismus eines Großunternehmens mit der Seele eines Kleinunternehmens entwickeln."

Während der vergangenen 17 Jahre hat ein Mann den Kurs bei *General Electric* vorgegeben und unauslöschliche Spuren an Edisons Gründerwerk hinterlassen. Jack Welch ist *General Electric* – ein Großteil dessen, was das Unternehmen heute ausmacht, ist ihm zu verdanken. Was aber wird aus *GE* werden, wenn Jack Welch in zwei Jahren von seinem Amt zurücktritt? Welche Ziele und Werte wird das Unternehmen in fünf oder zehn Jahren verfolgen?

Keiner hatte voraussagen können, wie sehr sich *GE* nach der Amtsübernahme durch Welch im Jahr 1981 ändern würde. Demgegenüber ist heute schon abzusehen, daß *General Electric* in der „Post-Welch"-Ära dem heutigen Konzern in vieler Hinsicht sehr ähnlich sein wird. Zum einen wird der Vorsitzende vermutlich einen Nachfolger wählen, der seine Vision teilt und sich denselben Unternehmenswerten verpflichtet fühlt. Für die meisten *GE*-Beobachter ist dies keine Überraschung, denn der CEO hat sein Wertesystem zur Pflichtlektüre für seine Bereichsleiter erklärt.

Ist demnach davon auszugehen, daß der neue Chairman und CEO ein Jack-Welch-Klon sein wird? In gewisser Weise wird dies so sein: Der neue *GE*-Chef wird wie der jetzige CEO ein offenes, ehrliches, grenzenloses Unternehmen anstreben, in dem eine Kultur des Lernens gefördert wird. Aber vieles wird auch anders sein. Welch selbst verweist darauf, der neue Vorsitzende werde mit Sicherheit Maßnahmen ergreifen, die er nicht durchgeführt hätte. Wie Welch wird der Nachfolger allerdings überzeugt sein, daß *GE* niemals in seiner Entwicklung stehenbleiben darf:

> Die letzten 16 Jahre Umsatz- und Gewinnwachstum sind bereits Historie. Wir haben kein Interesse an dem, was schon Vergangenheit ist. Ein Unternehmen kann einfach nicht stagnieren. Vielmehr erfährt es entweder eine Expansion oder eine rückläufige Entwicklung. Wir investieren unsere Managementressourcen in Bereiche, in denen wir Wachstum erwarten können; wir wollen das Unternehmen weiter ausbauen. Wachstum ist der Motor der Zukunft.[1]

Welch hat den Unternehmenswert von *GE* um mehr als 200 Milliarden Dollar erhöht. Ist es überhaupt möglich, einen solchen Erfolg im nächsten Jahrzehnt noch einmal zu erzielen? „Unbedingt“, sagt er, „und noch viel größeren Erfolg. Unsere Wachstumsrate steigt laufend. Sehen Sie sich nur die Daten für *GE*-Kunststoffe in Europa an: durchschnittlich 27 Prozent Jahreswachstum seit 1993, und das auf dem Höhepunkt der Rezession in Europa! Jetzt stellen Sie sich doch mal vor: Wenn die Regierungen noch Geld zuschießen, um die Volkswirtschaft anzukurbeln, wird sich der Trend noch verstärken.“[2]

Wachstum ohne Grenzen?

Hat das Wachstum für *GE* denn keine Grenzen? Diese Frage wird von Welch nachdrücklich verneint: „Schon in den 80er Jahren sagten mir die Leute andauernd, ich hätte die Zitrone endgültig ausgequetscht. Sehen Sie sich an, wo wir heute sind. Meine Leute wachsen mit ihren Aufgaben, Jack Welch wächst jeden Tag, die ganze Firma wächst, weil wir eine so fruchtbare Atmosphäre haben. Produktivität kennt keine Grenzen, uns werden die Ideen nie ausgehen.“[3]

Wird *GE* möglicherweise in neue Geschäftsbereiche einsteigen und derzeitige Bereiche aufgeben, noch während Welch die Zügel in der Hand hält? Zeitungsartikel sagten Anfang 1998 voraus, Welch plane eine 2-Milliarden-Dollar-Umstrukturierungsmaßnahme im Laufe des Jahres, aber der *GE*-Vorsitzende ließ diesbezüglich nichts verlauten.

Doch ein *GE*-Zukunftsaspekt stand für ihn fest, und er scheute sich nicht, offen darüber zu reden: Er würde das Unternehmen auf keinen Fall ins Telekommunikationsgeschäft bringen, selbst wenn diese Branche zu den heißesten Empfehlungen der 90er Jahre zählt. Dazu Welch: „Denken Sie daran, daß wir nicht nur 12 Unternehmensbereiche organisieren müssen. Allein der *GE*-Unternehmensbereich Finanzdienstleistungen zählt 27 verschiedene Geschäftsbereiche. Insgesamt leiten wir über 50 solcher Geschäftsbereiche. Außerdem wird dadurch der Jahresbericht leichter, schließlich muß das alles auch organisiert werden. Und Telekommunikation, das ist nichts für mich. Da mischen schon viel zu viele Großakteure mit. Die Branche ist schon zu sehr überlaufen.“[4]

Welche Richtung das neue *GE* auch einschlagen wird – Welch besteht darauf: Der Konzern muß unversehrt bleiben. Die Ausgliederung von Bereichen kommt nicht in Frage. Im Jahresbericht 1995 hatte Welch erwähnt, der „heißeste Geschäftstrend“ des Jahres sei der Vorstoß gewesen, „Multi-Business“-Konzerne aufzulösen und die verschiedenen Komponenten auszugliedern – gemäß der Theorie, daß die Größe (und Vielfalt) eines Megakonzerns seine Wettbewerbsfähigkeit mindere. Da *GE* das weltweit größte „Multi-Business“-Unternehmen war, lag die Frage nah, wann denn wohl *GE* mit der Ausgliederung von Bereichen beginnen würde. Der CEO reagierte scharf und präzise: „Die kurze Antwort ist, daß wir es nicht tun werden. Wir haben mehr als zehn Jahre damit verbracht, größer, schneller und wettbewerbsfähiger zu werden, und wir beabsichtigen, dieses Ziel auch weiterhin zu verfolgen. Eine Teilung mag für einige Großunternehmen die richtige Antwort sein. Für uns ist es die falsche Antwort.“[5]

Der *GE*-Entwicklung Ende der 90er Jahre nach zu urteilen wird der Konzern im neuen Jahrtausend wahrscheinlich mehr einem Dienstleister als einem Fertigungsunternehmen ähneln. Zu Beginn der 90er Jahre wurden die Gewinne und Umsätze des Unternehmens großenteils mit dem Verkauf von Hardware (Turbinen, Transformatoren, Kunststoffprodukte, Flugzeugtriebwerke usw.) erwirtschaftet.

Bis zum Jahr 2000 dürften 80 Prozent der Gewinne und 70 Prozent der Umsätze aus dem Servicegeschäft kommen. Mit Sicherheit wird der *GE*-Unternehmensbereich Finanzdienstleistungen die führende Rolle bei der Umstellung zur dienstleistungsorientierten Organisation übernehmen, aber auch alle übrigen Bereiche werden ihren Beitrag leisten.

Aller Wahrscheinlichkeit nach wird der *GE*-Unternehmensbereich Finanzdienstleistungen weiterhin einen hohen Prozentsatz zu den Gesamtgewinnen beitragen. Das Wachstumspotential des Bereichs ist enorm: Gegenüber einem 38prozentigen Gewinnbeitrag im Jahr 1996 könnte *GE Capital* bis zum Jahr 2000 mehr als die Hälfte der Konzerngewinne insgesamt erwirtschaften.

Des weiteren wird die Globalisierung Einfluß auf das Unternehmen haben. Selbst wenn die *GE*-Geschäftsbereiche im Ausland nicht an das Volumen anderer amerikanischer Großunternehmen wie *Coca-Cola* und *IBM* heranreichen – das Auslandsgeschäft könnte schon bald die Hälfte des *GE*-Umsatzes bestreiten – gegenüber gerade 23 Prozent im Sommer 1987.

Nach Möglichkeit alles vereinfachen

Die noch verbleibende Zeit im Amt als CEO will Welch nutzen, um die Unternehmensabläufe in den *GE*-Bereichen zu vereinfachen. Dazu erläutert er:

> In den nächsten paar Jahren werden wir vorrangig um Vereinfachung bemüht sein. Wir wollen mehr Einfachheit bei unserer Kommunikation. Bei Präsentationen. Bei Produkten. Wir werden uns auf Produkte mit weniger Komponenten und einfacherem Design konzentrieren. Die Unternehmen tendieren dazu, alles zu verkomplizieren – auch im Leben schlechthin wird vieles verkompliziert. Deshalb wollen wir unsere drei Werte – *Grenzenlosigkeit, Schnelligkeit* und *Stretching* – unter dem Druck und der Herausforderung zum Vereinfachen realisieren. Unserer Meinung nach ist Vereinfachung als nächstes Ziel bei der Umsetzung unserer Revolution anzustreben.[6]

Welch nannte dazu einige Beispiele. Im Jahr 1993 bestand der *Toshiba*-Camcorder noch aus 1000 Teilen – 1995 war die Komponentenzahl auf die Hälfte reduziert. Die derzeitigen *GE*-Waschmaschinen haben 60 Prozent weniger Teile als frühere Modelle; die Vereinfachung solcher Produkte bedeutete geringeren Wartungsaufwand und die Möglichkeit, verstärkt Standardteile einzusetzen.

Welch will auch erreichen, daß Unternehmenspräsentationen einfacher werden:

> Die sind oft viel zu kompliziert. Jeder will möglichst alles, was ihm einfällt, auf einer Seite unterbringen. Meine Vorstellung geht in Richtung Vereinfachung: Sorgen Sie für eine gehaltvollere Sprache – darauf kommt es an, nicht auf das Papier. Bezüglich des Informationsgehalts gibt es keine Abstriche, nicht für mich, aber mit den Informationsdetails kann ich nichts anfangen. Und den meisten Leuten auf der nächsten Ebene helfen all die Daten auch nicht weiter. Was die wissen müssen, ist: Welche strategischen Fragen muß ich beantworten? Welche Variablen sind zu berücksichtigen?[6]

Zudem möchte Welch sicherstellen, daß *GE* weiterhin um starke Einbeziehung der Mitarbeiter bemüht ist:

> Ich möchte, daß *GE* ein Unternehmen ist, in dem jeder einzelne einbezogen wird. Wir leben heute in einer zunehmend und nachhaltig globalisierten Welt. Gewinnen kann nur eine Unternehmung, die alle Mitarbeiter einbezieht. Die große Managementherausforderung unserer Zeit besteht darin, dafür zu sorgen, daß niemand seinen Arbeitstag gleichgültig und energielos beginnt.
>
> Ich sehe meine Herausforderung darin, *GE* zu einer höchst anregenden Arbeitsstätte zu machen, um die sich die Kandidaten reißen, wo die Mitarbeiter so lange wie möglich bleiben wollen und die motivierende und inspirierende Arbeit zu bieten hat. So daß jeder Universitätsabsolvent zu uns kommen möchte. So daß eine Atmosphäre herrscht, in der Vetternwirtschaft einfach nicht

funktioniert; wo nur die Besten aufgrund ihrer Verdienste weiterkommen.[6]

Wie Welch es 1994 formuliert hat: Er will erreichen, daß *GE* „den Organismus eines Großunternehmens mit der Seele eines Kleinunternehmens"[7] entwickelt. *GE* soll die finanzielle Muskelkraft und die Schnelligkeit besitzen, es mit dem globalen Wettbewerb aufzunehmen.

GE im Jahr 2020

Auf die Frage hin, ob *GE* auch in 20 oder 30 Jahren noch so aussehen würde wie heute, sagte Welch: „Das bezweifle ich. Ich hoffe, daß es [unser Unternehmen] die größte Lerninstitution der Welt sein wird. Ich hoffe, daß es immer den Blick für die Vorgänge draußen behält. Ich möchte, daß es neugierig bleibt. Ich möchte, daß es von einer Seele getragen wird. Das halte ich für wichtig. Im wesentlichen geht es darum, daß es die Seele einer informierten Organisation hat, die überall, jeden Tag, nach besseren Ideen sucht. Dann erst kann man Qualität einbringen und Serviceleistungen hinzufügen. Die Seele vom Ganzen ist die Idee: Leute, die tagtäglich nach besseren Ideen suchen und darin bestärkt und unterstützt werden – und dafür ihren Lohn erhalten."[8]

Paolo Fresco glaubt, Welchs größtes Vermächtnis werde wohl die Offenheit und Grenzenlosigkeit sein, die *GE* auch die kommenden Jahre weiter durchdringen werde. „Was wir als die Fähigkeit bezeichnen, den Geist von Kleinunternehmen in einen Riesenkoloß einzubringen. Jack hat zwei Dinge vollbracht: Er hat die Fähigkeit besessen, die Jugendlichkeit, die Kreativität, die intellektuellen Reize zu erhalten, die für unternehmerisch-dynamische Organisationen charakteristisch sind. Und er hat die Fähigkeit besessen, durch Nutzung von *Best Practices* das Beste aus dem ‚Großsein' herauszuholen. Diese Kombination ist nach wie vor das beste Modell für große Unternehmen mit vielen Geschäftsbereichen."[9]

Fraglos wird das Streben nach Qualität auch die nächsten fünf bis zehn Jahre bei *GE* als wichtigste strategische Initiative gelten. Das ist

Welch zu verdanken. Wie er in seiner Rede vor seinen Bereichsleitern im Januar 1997 bemerkte, erwartet er, daß die gesamte *GE*-Führungsmannschaft bis zum Jahr 2000 ein *Black-Belt*-Training absolviert hat. Und es sei vorgesehen, künftig nur noch *Black-Belt*-geschulte Mitarbeiter einzustellen. Welch beschrieb das Qualitätsprogramm als zentrale Aktivität – als Zukunft – von *GE*.

Ende der 90er Jahre stockt *GE* seine Belegschaft wieder auf. Diese Entwicklung steht in krassem Gegensatz zu Welchs ersten Amtsjahren, als der Vorsitzende im Zuge seiner Rundum-Neustrukturierung 100000 Mitarbeiter entließ. Auch viele Jahre danach zeigt Welch kein Bedauern. 1994 sagte er zu einem Journalisten:

> Die Entlassung von Mitarbeitern ist der unangenehmste Teil meines Jobs. Ich war Anfang der 80er Jahre als „Neutronen-Jack" verschrien, wie die Bombe, die Menschen vernichtet, Gebäude aber funktionsfähig erhält, weil ich eben der erste war, der das so machte. Und heute entläßt *IBM* an die 150000 Leute und erntet dafür Beifall.
>
> Tagtäglich liest man in der Zeitung, daß einer 6000, 8000 oder 10000 Leute entläßt. Das haben wir vor zehn Jahren getan. Was wir heute hier haben, sind zum größten Teil die Überlebenden einer schweren Schlacht. Würde ich mit den Leuten reden, die damals gehen mußten, bekäme ich sicher etwas anderes zu hören. Aber gesunde Unternehmen sind gut für die Gesellschaft. Fette, träge Institutionen dienen der Gesellschaft in keiner Weise. Wachstum, Vermeidung von Verschwendung, ständiges Streben nach Verbesserung – *das* ist gut für ein Land.[10]

Der Journalist wies darauf hin, japanische Führungskräfte äußerten häufig die Meinung, *GE* verfolge seinen Stil, und sie verfolgten ihren Stil, weil sie eben anders seien. „Ich meine nicht, daß wir so anders sind", entgegnete Welch, „aber manche Führungskräfte betrachten ihre alten Unternehmen immer noch als Heiligtümer. Ich meine damit, daß ein Unternehmen vielleicht die Nummer 5 oder 6 auf dem Markt ist und so vor sich hindümpelt, und einige Führungskräfte halten immer noch an ihrem Heiligtum fest. Das ist eine Gefahr für die japanische Fertigungsindustrie. Was meinen Sie: Wie kommen sich wohl die Mitarbeiter in einem Betrieb vor, der auf dem Markt die Nummer 6 ist? Die sind bestimmt nicht begeistert. Festhalten an Nummer 6 ist nichts anderes als Festhalten an der Vergangenheit.“[10]

Im Juli 1997 bemerkte ein deutscher Journalist im Gespräch mit Welch, während sich die *GE*-Mitarbeiterzahl halbiert habe, hätte sich der Aktienkurs bei *GE* fast verzwanzigfacht. In diesem Zusammenhang stellte er dem Vorsitzenden die Frage, ob ihm die Portemonnaies der Aktionäre wichtiger gewesen seien als die Familien sciner früheren Angstellten.

„Als wir anfingen, *General Electric* umzubauen, war es leicht für jeden, neue Arbeit zu finden. Hätten wir gewartet, wäre es für alle schlimmer geworden. Sie können in einer globalen Wirtschaft ein Unternehmen nicht paternalistisch führen, nur weil es sich besser anfühlt. Wenn Sie Ihren Laden nicht rechtzeitig in Ordnung bringen, wird er Ihnen irgendwann um die Ohren fliegen. Dann müssen Sie brutal werden und grausam. ... Und weil wir rechtzeitig angefangen haben, sind wir nie in die roten Zahlen gerutscht. Heute stellen wir wieder Leute ein, in den letzten zwei Jahren waren es schon 30000.“[11]

Qualität und Service

Je näher die Jahrtausendwende heranrückt, desto größere Bedeutung nehmen Qualität und Service bei *General Electric* ein. Und den Finanzanalysten gefällt es, daß ein Unternehmen von *GE*-Ausmaßen den Versuch einer Selbsterneuerung unternimmt. So schrieb Robert T. Cornell, Analyst bei *Lehman Brothers*, Ende 1997:

> Was *GE*-Beobachter wirklich verblüfft, ist die Schnelligkeit, mit der *GE* ein so tiefgreifendes System wie *Six Sigma* einführen kann. Aus unserer Sicht ist die Tatsache, daß *GE* dies zuwege bringt, genauso eine Erfolgsstory wie *Six Sigma* selbst. Das Erschreckende für die Konkurrenz ist die Tatsache, daß die Unternehmenskultur von *GE* immer noch zu großen Veränderungen fähig ist. Das ist ein Hauptgrund, warum wir zu der Überzeugung gelangt sind, daß Aktienkurssteigerungen von 14 bis 15

> Prozent jährlich im Bereich des Möglichen liegen. Und außerdem wirkt sich die derzeitige Globalisierungsinitiative kulturverändernd aus. Hinzu kommt die Serviceinitiative, die unserer Ansicht nach der *GE*-Motor für Spitzenwachstum über das Jahr 2000 hinaus sein wird. Für den Bereich Stromerzeugung beispielsweise gibt *GE* an, der vom Unternehmen betreute Kundenmarkt habe eine Expansion von 19 Milliarden Dollar auf 700 Milliarden Dollar erfahren, wobei die Markterweiterung zum größten Teil durch wertsteigernde Serviceleistungen realisiert worden sei. In Anbetracht einer zunehmend wettbewerbsorientierten Welt verweist *GE* darauf, der globale wertsteigernde Dienstleistungsmarkt sei nicht nur riesig; vielmehr sei ein mit Serviceleistungen erzielter Wettbewerbsvorteil von größerer Dauer.[12]

Auch andere Analysten äußerten sich anerkennend über das Wachstumspotential von GE. Nicholas P. Heymann von *NatWest Securities* schrieb in einem Bericht Mitte 1997:

> Wir sind weiterhin fest davon überzeugt, daß *GE* auch für die nächsten Jahre zu den leistungsstärksten großen Kapitalisierungsgesellschaften zählt und daß es sich empfiehlt, zumindest marktanteilig *GE*-Aktien zu halten. Wir haben bei kaum einer Gesellschaft – gleich welcher Größe – eine solche Schwungkraft erlebt, wie sie derzeit die Entwicklung bei *GE* ankurbelt.
>
> Die dynamischen Triebkräfte für beschleunigtes Wachstum bei *GE* sind heute deutlich zu erkennen: *Six Sigma*, eine zügige Umstellung auf Kundenservice und Stützleistungen mit höherer Gewinnspanne und höherem Wachstumspotential, Beschleunigung des internationalen Wachstums sowie ein heißer Endspurt aller *GE*-Bereichsleiter bis zum Jahr 2000, nächster Vorsitzender des Konzerns zu werden.[13]

Und nun zur 64000-Dollar-Frage ...

Das Thema der Welch-Nachfolge ist kaum zu vermeiden. Bei *GE* weiß man um das Wettrennen: In wenigen Jahren könnte das Unternehmen ganz anders aussehen, und sei es nur deshalb, weil dann der CEO nicht mehr am Ruder ist!

Welch wird bei der Wahl seines Nachfolgers seinen Einfluß geltend machen. Die Chancen, daß er über den November 2000 hinaus im Amt bleiben wird, sind in weite Ferne gerückt. Der *GE*-Verwaltungsrat hätte vielleicht guten Grund, den Vorsitzenden zum Bleiben aufzufordern, aber sowohl der Verwaltungsrat als auch Welch scheinen entschlossen zu sein, sich an die *GE*-Praxis zu halten: Ein Vorsitzender und CEO tritt mit 65 ab. Doch hin und wieder läßt Welch eine gewisse Ambivalenz bezüglich der Frage seines Ausscheidens aus dem Amt erkennen. So erklärte er 1995 in einem Interview mit Business Today: „Eigentlich sollte das Alter kein Grund für mich sein, aus dem Amt auszuscheiden. Ich habe soviel Energie wie jeder andere. Die Tatsache, daß jemand sein Amt aufgibt, sollte darin begründet sein, daß ihm die Ideen ausgegangen sind. Ich werde in den nächsten fünf Jahren gehen, das schon, aber dann habe ich immer noch neue Ideen. An dem Tag, an dem ich abtrete, werde ich mich ganz zurückziehen, und dann wird der Neue im Amt seinen Stil verwirklichen.“[14]

Der Kommentar ist hochinteressant und zeigt ein wenig von der Faszination, die Welch für seinen Job empfindet. Ganz offensichtlich freut sich der Vorsitzende nicht gerade auf seinen Rücktritt. Solche Kommentare sind aufschlußreich, aber sie sind im Getriebe verlorengegangen – vielleicht, weil der Artikel so fern der Heimat veröffentlicht wurde. Vielleicht auch, weil keiner daran glaubt, der Vorsitzende könnte tatsächlich auch nach 2000 noch da sein.

Auf die Frage, nach welchem Nachfolger er suche, antwortete Welch, er könne zwar nicht im voraus sagen, wen er wählen würde, wisse aber sehr wohl, *welche Art von Persönlichkeit* er wählen wird:

> Ich stelle mir jemanden vor, der unglaublich viel Energie hat und andere damit motiviert und ihre Visionen ausrichtet, der Wandel begrüßt und nicht davor zurückschreckt. Ich stelle mir

jemanden vor, der sich in Delhi genauso wohlfühlt wie in Denver. Jemanden, der wirklich mit Menschen umgehen und reden kann. Ich weiß nicht, wie sich die Welt entwickeln wird; sie wird sicher mal ganz anders aussehen als heute. Sie wird sich noch schneller drehen; überall wird es um Informationen gehen. Ich sehe das an unseren Jobs – mein Job ist im Vergleich zu früher dreimal schneller geworden.[15]

Die Obsession

Welch gibt zu, daß ihn die Frage seiner Nachfolge ständig beschäftigt:

Das ist fast wie eine Obsession. Ich rede ständig darüber mit Paolo Fresco, auch wenn wir uns nur so zum Drink treffen. Wie der Soundso ist, ob er die Dinge ausgewogen beurteilt und inwieweit er neue Ideen einbringt. Ich denke immerzu daran – den richtigen Nachfolger zu finden ist das Wichtigste, was ich zur Zeit für meine Leute tun kann.[15]

Hat er seine Wahl schon getroffen?

Das verrate ich Ihnen nicht. ... Nein, natürlich nicht. Aber es ist auch nicht nur meine Entscheidung. Ich werde nur eine Empfehlung aussprechen. Jedenfalls kommt eine externe Lösung nicht in Frage. Sie sehen ja all die talentierten Kandidaten, die ich zur Hand habe. Warum sollte ich mich woanders umschauen?[15]

Macht er sich Sorgen, daß *GE* auseinanderbrechen könnte?

Wenn mein Nachfolger das Unternehmen aufteilt, habe ich einen Schurken ausgesucht. Soviel steht fest! Dann habe ich einen Riesenfehler gemacht. Sicher, der Unternehmensbereich Finanzdienstleistungen könnte auch auf eigenen Füßen stehen, so wie der Kunststoff-Bereich und andere Bereiche auch. Aber wenn einer das täte, dann wüßte er nicht zu schätzen, welche enormen Vorteile die Konzerngruppe bietet. Wir haben ein Riesenlabor. Ich weiß, daß dies nicht der Trend in den Vereinigten Staaten ist, aber manche dieser Gruppenauflösungen sind wirklich dumm und unsinnig. Das ungeheure Potential an Talenten, das man in einer Gruppe wie der unsrigen entwickeln kann, ist umwerfend. Alle halten mir die Nachteile von Konglomeraten vor, aber wann begreifen die endlich, daß die Stärke unserer Organisation in der gegenseitigen Entwicklung liegt?

Ich habe gerade eine Woche lang meinen Managern in Europa zugehört. Und nächste Woche werden wir vier Tage damit verbringen, die besten Ideen an sämtliche Sparten weiterzuleiten. Das kann aber nur funktionieren, wenn man die Grenzen niederreißt. Und ich kann Ihnen eines sagen: Das ist in den meisten großen Firmen nicht der Fall. Ich versichere Ihnen, daß mein Nachfolger etwas noch viel Größeres und Besseres aufbauen wird.[15]

Die Wahl eines Nachfolgers ist deshalb so schwierig, weil Welch sicherstellen muß, daß es nicht zu einem „Massen-Exodus" bei den nicht gewählten Kandidaten kommt. Er spricht sich zuversichtlich aus, daß sie alle dem Konzern die Treue halten:

Es sind durchweg recht gute Freunde. Wir haben hier eine wirklich kollegiale Atmosphäre. Die Leute helfen sich gegenseitig. Ich hoffe, daß meine Entscheidung daran nichts ändern wird. Ich hoffe, die Leute haben genug Vertrauen, daß die Entscheidung nur aus besten Absichten heraus getroffen wird. Ich habe so viele wirklich hervorragende Leute in diesem Unternehmen, die ich alle gern mag. Ich habe ein einmaliges Team wunderbarer Leute.[16]

Als sein Vorgänger Reg Jones seine Entscheidung fällte, waren die enttäuschten Kandidaten so verbittert über ihre Wahlniederlage, daß sie das Unternehmen verließen. Da die Bonusse zur damaligen Zeit nicht an die Gesamtleistung des Konzerns geknüpft waren, sahen sie kaum einen Anreiz, das Konzernergebnis unter dem Strich zu erhöhen. Ohne Aktionenoptionen und angesichts der bei *GE* herrschenden Aktienträgheit waren die damaligen Bereichsleiter nur an ihrer eigenen Performance interessiert. Demgegenüber sagt Welch:

> Ich habe jetzt Leute hier, die es gewohnt sind, gut miteinander auszukommen, die es gewohnt sind, einander zu achten, die es gewohnt sind, sich gegenseitig zu unterstützen. Die es gewohnt sind, sich gegenseitig zu helfen. Das bedeutet nicht, daß sie keinen persönlichen Ehrgeiz haben. Reg hatte Parteien, die sich bekämpften, weil das System so angelegt war, daß kämpfende Parteien Unterstützung fanden. Generell gab es keine Unterstützung. Es gab keine Motivation, das Ganze zu unterstützen. Der Konzern wurde als dezentralisiertes Unternehmen geleitet. Man brauchte nichts weiter zu tun, als sich um die eigenen Zahlen zu kümmern.[16]

Was wissen wir nun über ein *General Electric* der „Post-Welch"-Ära? Wir wissen, daß der Mann an der Spitze ein *GE*-Veteran sein wird; Welch ist fest entschlossen, keinen Kandidaten von draußen zu holen.

Wir wissen, daß der neue CEO viele Qualitäten von Jack Welch besitzen wird, aber er wird auch anders sein. Zum einen wird er jünger sein (ganz richtig, es wird sich um einen Mann handeln), und er wird weniger Erfahrung haben. Aber er wird sehr darauf bedacht sein, den Beweis zu erbringen, daß er in die Fußstapfen von John Francis Welch paßt!

Wir wissen, daß der neue CEO zu Anfang vorsichtig sein wird – so wie Jack Welch, als dieser 1981 das Amt übernahm. Und mit gutem Grund. Wurde Jack Welch seinerzeit der Vorwurf gemacht, an „einer guten Sache" herumzudoktern, so wird man seinen Nachfolger in der Luft zerreißen, wenn er zu stark an dem von Welch errichteten Bauwerk bastelt.

Aber wir können ziemlich sicher sein – wenn der neue CEO erst einmal Selbstvertrauen gewonnen hat, wird er sich seinerseits die Frage stellen: Was kann ich hier anders machen? Was spielt sich eigentlich da draußen im Unternehmensumfeld ab? Vermutlich wird er nicht fragen: Was würde Jack wohl tun? Er weiß, eine solche Frage wäre unsinnig. Keiner könnte sagen, was Jack tun würde. Vielmehr wird der neue CEO fragen: Was müssen wir tun, um zu erreichen, daß dieses Unternehmen das wettbewerbsstärkste Unternehmen der Welt bleibt?

1. Interview mit Jack Welch in *Nikkei Business*, 18. November 1996.
2. Interview mit Jack Welch in: *L'Expansion*, „The Secrets of the Finest Company in the World", 10.-24. Juli 1997, 26-39.
3. Interview mit Jack Welch in: *Der Spiegel*, 14. Juli 1997.
4. Interview mit Jack Welch in: *L'Expansion*, „The Secrets of the Finest Company in the World", 10.-24. Juli 1997, 26-39.
5. Auszug aus dem Aktionärsbrief von Jack Welch im *GE*-Jahresbericht 1995.
6. Interview mit Jack Welch in *Business Today*, 7.-21. Februar 1995.
7. Jack-Welch-Zitat aus *Washington Post*, 27. Februar 1994.
8. Interview mit Jack Welch vom 22. Juli 1997.
9. Interview mit Paolo Fresco vom 22. Juli 1997.
10. Interview mit Jack Welch in *Nikkei Business*, 7.-21. Februar 1995.
11. Interview mit Jack Welch in: *Der Spiegel*, 14. Juli 1997.
12. Bericht von Robert T. Cornell vom 3. November 1997.
13. Bericht von Nicholas P. Heymann vom 12. Mai 1997.
14. Interview mit Jack Welch in: *Business Today*, 7.-21. Februar 1995.
15. Interview mit Jack Welch in: *L'Expansion*, „The Secrets of the Finest Company in the World", 10.-24. Juli 1997, 26-39.
16. Interview mit Jack Welch vom 12. Dezember 1997.

Was Jack Welch anderen Unternehmen rät

„Standig um Innovation bemüht sein.
Mehr für weniger produzieren –
durch Nutzung des intellektuellen Kapitals."

Die Leute hoffen natürlich, daß Jack Welch ihnen eine Route aufzeigt, die Amerikas Wirtschaft in die Zukunft führt. Schließlich ist er der Mann, der die Wegweiser der Wettbewerbsszene besser als jeder andere zu deuten vermag. Er ist der CEO, der richtig erkannte, wie sich die japanischen Gewitterwolken am Horizont Amerikas zusammenbrauten. Und als einziger erkannte er, wie lebenswichtig die Neuausrichtung seines Unternehmens war, als alle anderen am damaligen Status quo festhalten wollten. Jack Welch ist eine Autorität, die eine Menge zu sagen hat – und das dürfte jedes Unternehmen etwas angehen!

Er stellt sich nie vor die Leute hin und sagt es geradewegs heraus, aber Jack Welch scheint doch zu meinen, andere Unternehmen wären gut beraten, wenn sie seinem Führungsstil und seinen Unternehmensstrategien nacheifern.

Die Ratschläge, die er anderen Unternehmen gibt, dürften daher größtenteils bekannt sein.

So wie er bei *GE* für Produktivitätssteigerung eintritt, so hält er es auch bei anderen Unternehmen für richtig, wenn sie sich auf ihre

Produktivität konzentrieren. Welch vertritt die Ansicht, der Schlüssel für wirtschaftliches Überleben sei auch bei anderen Unternehmen ihre Fähigkeit, die eigene Produktivität über die bisherigen traditionellen Grenzen hinaus zu verstärken. Jährliche Produktivitätssteigerungen von 6 Prozent reichen nicht aus. Um sich im Wettbewerb behaupten zu können, müssen die Unternehmen schon eine 8- bis 9prozentige Produktivitätssteigerung im Jahr erzielen. *(GE* verzeichnete Ende der 80er Jahre ein Produktivitätswachstum von 6 Prozent; 1997 lag es knapp über 14 Prozent.)

Auch überrascht nicht, daß Jack Welch überzeugt ist, andere Unternehmen könnten erheblich profitieren, wenn sie ihre Unternehmensabläufe beschleunigen. Ende 1996 sagte er:

> In unserer heutigen Zeit führen Mittelmaß und Festhalten an der Vergangenheit zu massiven Verlusten. Die Ungeduld der Amerikaner, schnelle Ergebnisse erzielen zu wollen, war in den 70er Jahren ein Nachteil, ist heute aber ein Plus.
>
> Die Welt wird immer informationsintensiver, wobei Entscheidungsfindung und schnelles Reagieren unverzichtbare Waffen sind. Im 21. Jahrhundert wird sich Wandel noch schneller vollziehen. Die früher mit Geduld, Fürsorgepflicht des Arbeitgebers und Achtung vor Tradition verbundenen Vorteile geraten zu Hindernissen in einer sich rasch wandelnden Welt. ...
>
> Es gibt keine Anzeichen für Inflation in den Vereinigten Staaten, auch wenn wir in den vergangenen fünf Jahren weiterhin Wachstum erzielt haben. Es sind neue Arbeitsplätze mit hohem Lohnpotential entstanden, so daß die Arbeitslosenrate auf einen historischen Tiefstand gesunken ist. Dennoch fordere ich nachdrücklich ein noch größeres Wachstum. Nur Wachstum vermag Probleme aller Art zu lösen.
>
> Die Vereinigten Staaten befinden sich mitten in einer intensiven Informationsrevolution. Eine Reihe alter Jobs mögen dabei verschwinden. Deshalb brauchen wir ein noch größeres Wachstum, nicht nur 2 Prozent oder 2,5 Prozent.[1]

Amerika und die Welt

Ende 1997 hatte ich Gelegenheit, fast zwei volle Stunden mit Jack Welch zu reden. Dieses Gespräch war der Abschluß einer Serie von Interviews, die ich mit ihm für das vorliegende Buch führen durfte. Welchs Arbeitstag hatte in Crotonville begonnen, wo er einen Vortrag vor *GE*-Managern hielt. Ursprünglich hatte er den Hubschrauber nehmen wollen, um rechtzeitig zu unserem Gespräch in seinem Büro in Fairfield zu sein, aber aufgrund ungünstiger Wetterbedingungen mußte er die Fahrt von Crotonville mit dem Auto machen, so daß unser Termin um eine Stunde verschoben wurde. Nach einer Stunde Interview entschuldigte sich Welch – er mußte zu einem vorweihnachtlichen Empfang mit Mitgliedern der Geschäftsführung. Wir setzten das Gespräch dann am Nachmittag rund eine Stunde lang fort. Unter anderem fragte ich Welch, welchen Rat er anderen Unternehmen geben würde, um auch in künftigen Jahrzehnten noch wettbewerbsfähig zu bleiben.

Ich muß gestehen, daß mich seine Ausführungen überraschten. Er nannte nämlich nicht die üblichen „Welch-Slogans" wie „Einfachheit anstreben" oder „Zum Quantensprung ansetzen". Nein – Welch beantwortete meine Frage mit einem umfassenden Kommentar zur internationalen Wirtschaftslage. Insbesondere diskutierte er die Auswirkungen von Wechselkursverschiebungen auf den derzeitigen Status quo der Weltwirtschaft. Das war etwas völlig anderes als „Keinen Zahlenkult treiben" – und da saß ich nun und hoffte inbrünstig, die Kassette in meinem Aufnahmegerät möge noch durchhalten.

Dabei wurde ich wieder einmal an etwas erinnert, was im Gespräch mit Jack Welch leicht in Vergessenheit gerät: Dieser Mann führt den Konzern mit dem weltweit höchsten Unternehmenswert – einen 90-Milliarden-Dollar-Koloß, dessen Jahresabsatz höher ist als das Bruttosozialprodukt vieler Nationen! *GE* betreibt Unternehmen in Dutzenden von Ländern, und Währungsschwankungen könnten in der Tat den Erfolg des einen oder anderen *GE*-Bereichs maßgeblich beeinflussen. Doch Welch schätzt die Bedeutung von Währungen noch höher ein, wenn es um die gesamtwirtschaftliche Situation geht:

Ich glaube, daß sich solche Entwicklungen in Wellen vollziehen, und Währungen wirken da als Ausgleich. Beispielsweise war die Erholung der amerikanischen Wirtschaft in den 80er und frühen 90er Jahren zu einem großen Teil währungsabhängig. Auch strukturbedingte Faktoren wie kreditfinanzierte Unternehmenskäufe und abspeckende Transaktionen auf den Finanzmärkten wirkten sich aus, und die Unternehmen wurden deutlich produktiver und besser. Aber die Währung hat eine enorme Rolle gespielt.

Man darf auch nicht vergessen, daß die Deutsche Mark von 2,60 auf 1,40 fiel. Der japanische Yen fiel von 300 auf 290 und zuletzt auf 90. Währungen haben eine wichtige Ausgleichsfunktion. Schauen Sie sich Europa heute an. Noch vor einem Jahr sprach man von Europa wie von den USA in den 80er Jahren. Erinnern Sie sich noch an die 80er Jahre? Damals drehte sich alles nur um Deutschland und Japan – in Amerika lief nichts mehr. Das waren die 80er.

In den 90ern sind es nur die Amerikaner. Und die Deutschen sind tot. Jeder da drüben ist tot. Heute morgen ist die Deutschmark von 1,40 auf 1,81 gestiegen. Wissen Sie, was das bedeutet? Das bedeutet 30 Prozent weniger Lohnkosten und Materialkosten als vor neun Monaten.[2]

Dann war das also Glückssache?

Nachdem er mir seine Gedanken zu den Auswirkungen von Wechselkursschwankungen mitgeteilt hatte, wandte sich Welch vertrauterem Territorium zu. Ganz offensichtlich ist Chairman Welch (oder vielleicht in diesem Fall Dr. Welch) fest vom Wert einer guten Bildung und Ausbildung überzeugt:

Man muß ständig um Innovation bemüht sein. Und auf die Konkurrenz achtgeben. Man muß ständig mehr für weniger produzieren – durch Nutzung des intellektuellen Kapitals. Ich habe mit unseren Gewerkschaftsmitgliedern, den *United Auto Workers* in Evandale, Ohio, zusammengesessen. Und ich habe mit ihnen bei meinen Besuchen vor Ort am Konferenztisch gesessen. Und da schaut mich einer der Männer an und sagt: „Jack, ich mache mir fürchterliche Sorgen wegen meines Sohnes. Wird mein Sohn meinen Arbeitsplatz bekommen?“ Und ich sagte: „Ich weiß doch nicht, ob es Ihren Arbeitsplatz dann noch gibt.“ Darauf er: „Und was soll ich meinem Sohn sagen?“ Ich zu ihm: „Sie müssen ihm eine verdammt gute Ausbildung mit auf den Weg geben. Wenn ich an Ihrer Stelle wäre, würde ich ihn etwas Informationstechnologisches lernen lassen. Und ich würde dafür sorgen, daß er ein College besucht. Ich würde dafür sorgen, daß er gute Noten nach Haus bringt. Ich würde nicht darauf spekulieren, daß er eines Tages Ihren Job bekommt – vielleicht gibt es den später noch, vielleicht aber auch nicht. Aber wenn Ihr Nachwuchs das intellektuelle Kapital besitzt, um in dieser sich wandelnden Welt mitzuspielen – und eines steht fest, es wird immer schneller immer mehr Informationen geben – [dann hat er gute Chancen].“

Mein Job ist heute zehnmal so schnell wie vor fünf Jahren. Hundertmal so schnell. Das Tempo ist wegen der Technologie um ein Vielfaches schneller geworden. Deshalb muß sich jeder von uns an ein schnelleres Tempo gewöhnen, an mehr Wettbewerbsdruck, an mehr intellektuelles Kapital. So sind nun mal die Spielregeln.

Und Voraussetzung ist in jedem Fall mehr Bildung. Mehr Informationswissen, schnelleres Tempo, mehr Technologie in allen Bereichen. Das sind die Voraussetzungen. Aber Europa wird nicht untergehen. Die Vereinigten Staaten werden nicht untergehen. Asien wird nicht untergehen.[2]

Mehr Computer, bitte!

Die amerikanischen Unternehmen, so glaubt Welch, sollten auch ihre Investitionen in die Informationstechnologie erhöhen:

Während der 60er und 70er Jahre war die Informationsfunktion häufig Abstellgleis für gescheiterte Finanzmanager und führte in der Finanzorganisation ein trauriges Dasein. ... In den 80er Jahren war es dann schon etwas besser. ... Heute gilt die Informationstechnik als Wettbewerbsvoraussetzung, die zur Lösung interner organisatorischer Probleme ebenso notwendig ist wie das Reagieren auf die Wettbewerbsbedingungen am Markt.

In unserem – und vermutlich auch in Ihrem – Unternehmen steht das Informationsmanagement heute im Mittelpunkt aller Aktivitäten! ... Mit unseren fortschrittlichen Informationssystemen und flachen Organisationsstrukturen hat jeder gleichzeitig Zugang zu denselben Informationen; jeder kann dabeisein. Wenn man sich auf dem heutigen globalen Markt behaupten will, ist unserer Meinung nach nichts wichtiger, als jeden Mitarbeiter einzubeziehen und das gesamte intellektuelle Potential in der Organisation zu nutzen.[3]

Ob die Vereinigten Staaten wohl ein wenig von ihrer Fertigungsorientierung aufgeben sollten, wurde Welch gefragt. Nein, sagte er. Oder wäre mehr Dienstleistungsorientierung angebracht? Wieder war die Antwort negativ:

Es muß eine sinnvolle Kombination von beidem erreicht werden. Andy Grove [CEO von *Intel*] kreiert tagtäglich Wissen bei *Intel* mit schnelleren Chips. Und er produziert Hardware mit massivem intellektuellem Kapital. Bill Gates schafft Tag für Tag intellektuelles Kapital mit Software. Nennen Sie das eine Service. Sie können auch in *beiden* Fällen von Service reden. Doch letztlich ist das, was Andy Grove macht, Fertigung. Er stellt Chips her. Er steckt Milliarden Dollar in Wafer-Fabriken. Aber diese ganze Fertigung basiert nur auf intellektuellem Kapital. Wenn wir ein neues Triebwerk an einem Flugzeug warten und während des Fluges von Vancouver nach New York überprüfen, so handelt es sich um Serviceleistungen. Aber wenn wir nicht das Triebwerk und die fortschrittlichen Diagnoseinstrumente und all das herstellten, könnten wir auch den Service nicht machen.

Die Leute sollten nicht fragen: „Wollen Sie aus der Fertigung aussteigen und ins Dienstleistungsgeschäft einsteigen?" Wenn Sie das tun, sind Sie tot. Wenn Sie nur noch Dienstleistungen und gar keine Fertigung mehr betreiben wollen, sind Sie tot. Wenn Bill Gates keine Kooperation mit *Intel* hätte, könnte sein

System nicht mit deren Chips funktionieren. Das ist ein integriertes Spiel.[4]

Ein Wort zu Japan

Welch äußerte in bezug auf Japan, die Japaner seien wirtschaftlich sehr erfolgreich:

Kein anderes Land der Welt könnte eine Währungsstrafe hinnehmen, wie sie Japan für seinen Erfolg hat zahlen müssen, und dann noch überleben. Ich spreche bewußt von Währungsstrafe. Und die leben immer noch. Japan ist erstaunlich gut. Man könnte eine Menge zu Japans Problemen sagen, aber die Konkurrenz aus anderen Ländern würde sich über Nacht in Luft auflösen, wenn man den Yen auf einen Dollarkurs von 360 festlegen würde. Die Vorstellung, die amerikanischen Unternehmen würden wettbewerbsstärker und die japanischen Unternehmen wettbewerbsschwächer, ist einfach falsch. Wollte man den Wechselkurs ändern, würde sich die Situation über Nacht ändern. Aufgrund seines Erfolgs sieht sich Japan genötigt, immer besser zu werden.[5]

Aber so leicht würden sich die Wechselkurse doch gar nicht ändern, wird Welch entgegengehalten:

Doch, doch. Wenn man seine Probleme nicht lösen kann, wird die Währung geschwächt. Ein starker Yen-Kurs bedeutet, daß man nachweislich Waren exportieren kann und über ein sehr positives Währungskonto verfügt. Der Yen wird fallen, wenn nicht mehr exportiert werden kann.

Die Währung ist ein wichtiger Ausgleichsfaktor. In vielen Zeitungsartikeln heißt es, die amerikanischen Unternehmen und Hersteller wären heute wettbewerbsfähiger. Ja, wir sind sicher viel besser als früher, aber die Währungen haben uns ganz erheblich dabei geholfen. Wir haben noch viel Spielraum für Verbesserungen.[5]

Und dann erläutert Welch, warum Deutschland seiner Meinung nach eine glänzende wirtschaftliche Zukunft hat:

> Warten Sie nur ab. Die deutsche Industrie ist auf dem besten Wege, wieder unglaublich wettbewerbsstark zu werden. Europa sieht für mich heute aus wie die Vereinigten Staaten Mitte der 80er Jahre. Damals waren die Zeitungen voll mit Geschichten, die Amerika ein düsteres Ende prophezeiten und Japan wie Europa eine goldene Zukunft. Einige Jahre noch, so hieß es, dann ist es in den USA aus, vorbei. Ich sage Ihnen, in fünf, sieben oder zehn Jahren werden Sie Geschichten darüber schreiben, wie stark Europa ist. Sie können doch schon heute sehen, wie die Mark schwächer wird, die Exporte wachsen, die Firmen wieder profitabel werden. ... Europa hat massenhaft gut ausgebildete, intelligente Leute. Es hat einen Überlebensinstinkt, der die Menschen über Jahrhunderte vorangetrieben hat. Und es ist soviel älter als Amerika. Die Europäer haben alle möglichen Kriege und Revolutionen durchgemacht, und sie werden auch diese Krise überleben. Wir haben unseren Umsatz in Europa in den letzten fünf Jahren verdoppelt, mitten in der Rezession. Wir haben unseren Gewinn verdreifacht. Was wollen Sie mehr?[6]

Sind die Sozialisten ein Problem?

Stören Welch die neuen Sozialisten, Tony Blair in England und Lionel Jospin in Frankreich? Welch erwidert:

> Politiker kommen, und sie gehen auch wieder. Damit muß eine flexible Firma wie *General Electric* klarkommen. Für uns ist entscheidend, wie es in einem Land in einigen Jahrzehnten aussieht. Und da ist es ziemlich egal, ob der Premier 1997 John Major oder Tony Blair war.[6]

Aber könnten die erstarkten Sozialdemokraten *GE* das Leben nicht schwermachen, etwa durch die Forderung höherer Mindestlöhne?

Natürlich hat es in Europa einen Linksrutsch gegeben, und dieser Trend wird sich fortsetzen. Aber wir haben nirgendwo eine unternehmerfeindliche Regierung. Romano Prodi in Italien etwa macht einen hervorragenden Job. Und sehen Sie sich doch an, wie die französische Börse nach der Wahl reagiert hat. Die Kurse sind nach oben gegangen.[6]

Und wieder klagt Welch, Deutschland sei überreguliert und inflexibel. Warum er denn dann ein deutsches Unternehmen nach dem anderen kaufe? Hat sich seine Meinung über Deutschland geändert?

Deutschland verändert sich. Überall bauen die Unternehmen um, wie wir es vor einigen Jahren getan haben. Da gibt es viele gute Gelegenheiten für uns, etwas einzukaufen.[6]

Ob denn all die Diskussionen über eine neue gemeinsame Währung in Europa Welch verunsichere?

Ich weiß nicht, ob etwas daraus wird oder nicht. Der Euro würde uns das Leben natürlich erleichtern, weil wir uns nicht mehr ständig gegen alle möglichen Wechselkursrisiken absichern müßten. Aber eigentlich ist es uns egal: Wir haben sehr gut verdient ohne Euro, und ich denke, wir werden auch mit ihm sehr gut verdienen.[6]

Und wie erklärt Welch die gesunde Wirtschaftssituation der Amerikaner?

Dies ist ein Phänomen, das zehn Jahre zurückreicht. Es gibt zwei Gründe: zum einen die Schwäche des Dollars, die uns erheblich geholfen hat; und zum anderen die Umstrukturierung der Industrie hin zu mehr Produktivität und weniger Bürokratie. Frankreich und Deutschland kommen vermutlich noch in den Genuß derselben Vorteile. Dank ihrer Währungen sind sie in der Lage, ihre Exporte zu steigern. Jedenfalls bedeutet der Euro keine Gefahr für die Vereinigten Staaten. Auf Konzernebene wird der Euro die Transaktionen vor Ort vereinfachen. Aber das gehört ohnehin zu unserer Strategie. Wir haben unsere Aktivitäten nie auf die nationalen Märkte fokussiert. Wir haben Europa immer als einheitlichen Markt aufgefaßt.[7]

Jack Welchs Bemerkungen zur amerikanischen Wirtschaft und zur Weltwirtschaftslage waren ausgesprochen vorsichtig formuliert. Stets war er bemüht, keinen zu großen Optimismus bezüglich der Zukunft aufkommen zu lassen; dennoch gab er in keiner Weise Untergangsstimmung zu erkennen. Um wirkliche Verbesserungen und Rentabilitätssteigerungen zu erzielen, müßten die amerikanischen Unternehmen produktiver werden und gegebenenfalls Umstrukturierungen vornehmen. Das war Welchs Botschaft – auf einen kurzen Nenner gebracht. Allerdings muß darauf hingewiesen werden, daß Welch seine Kommentare vor dem Hintergrund einer günstigen amerikanischen Wirtschaftssituation abgab. Infolgedessen zeigte sich Welch nicht sonderlich beunruhigt. Doch bald schon sollte er andere Töne anschlagen. Bald schon sollte er in Anbetracht einer unheilvollen internationalen Wirtschaftslage erklären, *General Electric* stünde wie die übrige amerikanische Wirtschaft vor einer riesigen neuen Herausforderung, die das Wachstum durchaus verzögern könnte. Was hatte sich denn so plötzlich und so nachdrücklich verändert? Was veranlaßte Jack Welch zu solchen Warnungen?

1. Interview mit Jack Welch in: *Nikkei Business*, 18. November 1996.
2. Interview mit Jack Welch vom 22. Juli 1997.
3. Auszug aus einer Rede von Jack Welch vor *dem World Economic Forum* in Davos, Schweiz, am 30. Januar 1997.
4. Interview mit Jack Welch vom 22. Juli 1997.
5. Interview mit Jack Welch in: *Nikkei Business*, 21. Februar 1994.
6. Interview mit Jack Welch in: *Der Spiegel*, 14. Juli 1997.
7. Interview mit Jack Welch in: *L'Expansion*, „The Secrets of the Finest Company in the World", 10.-24. Juli 1997, 26-39.

Epilog

„Wer wollte schon ein Super-Bowl-Team aufstellen, in dem nicht die besten Athleten sind.“

Es war Anfang Januar 1998. Die 500 Senior-Führungskräfte von *General Electric* hatten sich zu ihrer alljährlichen zweitägigen Konferenz in Boca Raton, Florida, eingefunden. Als Höhepunkt der Konferenz gilt seit jeher Jack Welchs Beurteilung der Unternehmenssituation und seine Einschätzung der Herausforderungen am *GE*-Horizont. Der Vorsitzende nutzt die Konferenz als Plattform für die Einführung neuer Ideen, betrachtet das Treffen aber auch als Gelegenheit, seine Mannschaft zu mobilisieren, auf den richtigen Weg zu bringen und mit neuen wirtschaftsrelevanten Realitäten vertraut zu machen. Während all der Wachstumsjahre, wie es sie vor seiner Amtszeit bei *GE* niemals gegeben hatte, klangen Welchs Kommentare gewöhnlich heiter – mit dem Vorjahr zufrieden und voller Optimismus für das nächste Jahr. Nicht so in diesem Jahr. Diesmal hatte der Vorsitzende seinen Managern schlechte Nachrichten zu verkünden: nicht in bezug auf die Finanzleistung des Konzerns, denn die war – wie gewöhnlich – hervorragend gewesen. 1977 hatten die Umsätze, Gewinne und Aktienerträge mit zweistelligen Steigerungsraten alle Rekorde gebrochen. Die *GE*-Aktien waren 1997 um phänomenale 48 Prozent in die Höhe geschnellt; damit war im dritten Jahr in Folge eine Steigerung von über 40 Prozent erzielt worden.

Welchs Nachricht betraf eine neue Wirtschaftsrealität, die ohne größere Vorankündigung eingetreten war. Die letzten Monate über hatte der Vorsitzende die drohenden Warnsignale dieser unausweichlichen neuen Realität wohl wahrgenommen: den großen Preiseinbruch bei Rohstoffen (zum Beispiel Kupfer), die sinkenden Zinssätze bei festverzinslichen Obligationen und vor allem die sich ausbreitende Krise, die den Zentralbankpräsidenten Alan Greenspan aufhorchen ließ.

Ende 1997 war dem *GE*-Vorsitzenden klargeworden, daß die internationale Wirtschaft in Schwierigkeiten geraten war. Was sich da anbahnte, war eine Periode der Deflation mit Überkapazitäten und sinkenden Preisen.

Seit Anfang der 80er Jahre, als Welch mit Recht vor der aufziehenden Gefahr ausländischer Konkurrenz warnte, hatte der CEO die Wirtschaftslage nicht so düster gesehen. Aber er war bereit, das Problem unverzüglich in Angriff zu nehmen: Er verließ sich auf seine Erfahrung und seinen unternehmerischen Spürsinn – beides hatte ihm mehr als 17 Jahre lang gute Dienste geleistet.

Welch erkannte, daß sich die Deflation im Jahr 1998 zu einem erheblichen wirtschaftlichen Problem für *GE* entwickeln würde. Welch verordnete sich seine Hausmedizin und stellte sich der Realität. In Anbetracht des veränderten Unternehmensumfelds war Welch überzeugt, daß die drohende Krise nur mit drastischen Maßnahmen in den Griff zu bekommen war. Doch trotz der ernsten Lage geriet Welch keineswegs in Panik. Er begrüßte den Wandel, wohlwissend, daß ein solcher Wandel manchmal sogar notwendig war, wenn *GE* seinen Problemen stets einen Schritt voraus sein wollte. Nachdem Welch die neue Wirtschaftsrealität erkannt hatte, war er auch bereit, entschieden zu handeln.

So zuversichtlich Jack Welch die Wirtschaftsaussichten in Amerika und Europa bisher auch eingeschätzt hatte – jetzt war er überzeugt, daß ein Zusammentreffen der neuen Deflationsperiode in den Vereinigten Staaten und der Wirtschaftszusammenbruch 1997 in Asien in der Tat eine unglückliche Situation heraufbeschwor. Wie gewöhnlich scheute Welch nicht davor zurück, seinen Managern die neue Realität zu verdeutlichen: Er bezeichnete die Wirtschaftslage als „das schwierigste Szenario, mit dem die meisten von uns je konfrontiert worden sind“.

Es gab viele Theorien für den Zusammenbruch der Volkswirtschaften in Asien; Welch hielt die 1994 erfolgte Abwertung der chinesischen Währung für den signifikantesten Katalysator dieser Entwicklung, die, wie er sagte, die internationale Wettbewerbsszene veränderte. Der größte Teil der Nachricht war bedrückend, aber ein kleiner Vorteil für *GE* war doch dabei: So konnte der Konzern seine in China produzierten Glühbirnen preiswerter exportieren.

Was immer den Zusammenbruch tatsächlich verursacht haben mag – die Auswirkungen für *GE* und die amerikanische Wirtschaft waren eindeutig: Überschußkapazität. „So gut wie alle produzieren mehr, als verbraucht wird“, erklärte er seinen Managern, „das ist keine gute Situation.“[1] Im Zuge des Zusammenbruchs der asiatischen Volkswirtschaften verloren auch die Währungen in Europa und Japan an Wert. Das würde für die Weltwirtschaft bedeuten, so erläuterte Welch seinen Managern, daß der Dollar gegenüber den Industrieländern Asiens an Stärke gewinnen würde. Deutschland und Japan würden als globale Exporteure größere Beachtung finden; und in Anbetracht der Überkapazitäten würden die Verkaufspreise zunehmend unter Druck geraten. Daraus würden sich, so lautete Welchs Prognose, niedrige Inflationsraten und ein verlangsamtes Wachstum für die amerikanische Wirtschaft ergeben. Und da sich Amerika zum attraktivsten Markt für die zunehmend wettbewerbsfähigen Niedrigwährung-Länder entwickeln würde, könnten die Vereinigten Staaten unter erheblichem Importdruck stehen. Für die Wirtschaft – und insbesondere für *GE* – würde das folgendes bedeuten:

> Nie zuvor ist das Management von Preisen und Marktanteilen so wichtig gewesen. Niemals. Es kommt entscheidend auf die Produktivität an, um dem enormen Preisdruck entgegenzuwirken. Die Aktiva werden im Wert eher fallen als steigen. Deshalb müssen Anlagenrentabilität, Lagerumschlag und Forderungsumschlag unbedingt verbessert werden. Die Ausgaben für Anlagen und Ausrüstungen müssen effizienter gehandhabt werden. ... Und wir müssen globale Nischen wie Europa weiter ausbauen, Märkte, auf denen wir gewinnen können.

In Anbetracht der steigenden Importe in den Vereinigten Staaten würden alle bei *GE* unter stärkeren Druck geraten, sagte Welch voraus. Die Zeiten stünden nicht günstig, um zusätzlich neue Kostenverpflichtungen einzugehen. Er forderte seine Manager nachdrücklich auf, ihre neuen Akquisitionen schnell zu konsolidieren.

Unter Hinweis auf die schwerwiegenden weltweiten Konsequenzen des Zusammenbruchs in Asien verlangte Welch von seinen Managern, daß sie ihre erst drei Monate zuvor erstellten Budgets unter Berücksichtigung der neuen deflationären Entwicklung abänderten. Welchs Anordnung zeigte, wie schnell *GE* auf externe Bedingungen reagieren konnte – und auch tatsächlich reagierte. Er bat um eine zusätzliche Seite („Wir brauchen kein Buch.") bis Ende Januar. Die Nettoerträge sollten unverändert bleiben, aber er wollte eine „andere Geographie", wie die Manager ihre Zahlen zu erreichen gedachten – eine „Geographie mit Plänen, die der Realität von heute Rechnung tragen. Nicht der Realität von vor drei Monaten, als Sie die Budgets zusammenstellten. Wir wollen uns nicht daran messen lassen, daß wir das Deflationsproblem Monate früher als alle anderen erkannt haben. ... Entscheidend ist, wie schnell wir etwas dagegen unternehmen. Dies ist keine wirtschaftstheoretische Übungsaufgabe. Es geht darum, daß wir die Fakten als solche nehmen, losrennen und uns freispielen."

GE würde sich in unbekannte Gewässer wagen und dem härtesten Wirtschaftsklima der letzten zehn Jahre trotzen müssen. Welch forderte seine Manager daher mit allem Nachdruck auf, noch härter zu kämpfen, um ihren finanziellen Verpflichtungen nachzukommen:

> *Ein* Kommentar wird 1998 von keinem *GE*-Manager akzeptiert werden: „Da die Preise niedriger waren, als wir gedacht hatten, konnten wir die Kosten nicht schnell genug wieder ausgleichen, um unseren Verpflichtungen nachzukommen." Ein solches Verhalten ist völlig inakzeptabel – weil die Preise mit Sicherheit niedriger sein werden, als Sie geplant haben; deshalb tun Sie gut daran, gleich diese Woche aktiv zu werden! Vieles kommt uns auch entgegen. Unsere Stärke in Europa wird uns 1998 eine große Hilfe sein. Unsere Serviceleistungen und Akquisitionen werden uns 1998 zu realem Wachstum verhelfen, und mit *Six-*

> *Sigma*-Qualität werden wir auch einen Teil des Drucks abfangen können. *Six Sigma* muß alles prägen, was wir tun. So wie wir Anfang der 90er Jahre keinen eingestellt haben, von dem wir wußten, daß er sich nicht an die Grenzenlosigkeit halten würde, und uns von Leuten getrennt haben, die kein grenzenloses Verhalten zeigten, so wird es künftig auch mit der Qualität sein. Wer nicht voll und ganz hinter *Six Sigma* steht und sich der Qualität nicht zutiefst verpflichtet fühlt, wird zu Beginn des neuen Jahrhunderts nicht mehr hier sein.

Die Krise in Asien war nicht der einzige Punkt, der an jenem Tag in Boca Raton auf der Tagesordnung des Vorsitzenden stand. Welch hatte sich vorgenommen, auch das Thema *Integrität* anzusprechen. Je weniger über die Integritätsprobleme des Unternehmens gesagt oder geschrieben wurde, desto besser war es für Welch und andere offizielle *GE*-Repräsentanten. Um so bedeutsamer war die Tatsache, daß der Vorsitzende eine Diskussion über die Integritätsfrage einleitete und seine Manager wieder einmal eindringlich aufforderte, sie möchten für ehrliches Verhalten seitens aller Mitarbeiter sorgen.

> Mit unserem weltweiten Ansehen als Nummer 1 sind wir [*GE*] ein perfektes Angriffsziel. Wir haben in letzter Zeit zahlreiche Akquisitionen getätigt. Wir haben Zehntausende neuer Mitarbeiter in unserer Belegschaft. Und die kommen alle aus unterschiedlichen Bereichen und Kulturen. Sie müssen Vorbild sein. Mit all diesen neuen Akquisitionen und den vielen Leuten stehen Sie vor einer neuen Herausforderung. Es gibt kein Pardon. Kein Wegschauen. Sie müssen raus an die Front. Wir haben es mit neuen Wettbewerbsbedingungen zu tun, die uns den Alltag erschweren. In allen Branchen haben wir Überschußkapazität, folglich ist der Wettbewerbsdruck stärker, und wir haben neue Mitarbeiter – alles Umstände, die uns Probleme bereiten können. Und diejenigen unter Ihnen, die mit all diesen neuen Mitarbeitern zu tun haben, müssen sich noch einmal mehr anstrengen.

Ausgelöst wurden Welchs Kommentare zur Integrität teilweise durch die Tatsache, daß die Juristen wieder verstärkt mit „Verbraucherschutz"-Gesetzen befaßt waren, bei denen es um alle möglichen Transaktionen zwischen Unternehmen und Kunden einschließlich Werbeversprechen, Produktgarantien und glaubwürdigen Richtlinien zur Kreditvergabe geht. In letzter Zeit häuften sich die Prozesse, die Juristen gegen Unternehmen wie *GE* aufgrund von Verstößen gegen solche Gesetze angestrengt hatten. Deshalb wollte Welch nachdrücklich darauf hinweisen, *GE* müsse sich in allen Bereichen und Betrieben peinlich genau an Buchstabe und Geist dieser Gesetze halten. Er wollte all die negativen Auswirkungen vermeiden, die sich zwangsläufig einstellen, wenn *GE*-Mitarbeiter bei irgendwelchen Unlauterkeiten ertappt werden:

> Die Presse ist dafür. Die Staatsanwaltschaft ist dafür. Was als Norm und als Standard gilt, trifft Sie wie der Blitz, eine brutale Erschütterung des Systems, angesichts all der Zerstörung, die von scheinbar unschuldigen Leuten verursacht wird. Im Grunde sind die wirklich unschuldig, aber sie haben die Entwicklungen nicht mehr im Griff. Und zusehen müssen, wie Betriebe potentiell ausgehöhlt, Karrieren zerschlagen, Familien verletzt und Ruf und Ansehen geschädigt werden. Das können Sie einfach nicht zulassen, und diese Welle des Verbraucherschutzes, die sich da draußen derzeit bildet, dieser enorme Druck wird sich auf jeden Bereich und jeden Betrieb auswirken. Wir sind nicht dazu angetreten, nach Polizistenart zu kontrollieren. Wir sind angetreten, direkt an Ihre zentralen Werte zu appellieren – um sicherzustellen, daß keiner von Ihnen seinem Nachbarn neben sich Schaden zufügt, weil Ihnen letztlich eine Integritätsverletzung nachgewiesen wird.

Welch schloß die beiden Konferenztage in Florida mit eindringlichen Worten zur Kunst der Unternehmensführung ab. In früheren Jahren hätte er sich bei solchen Vorträgen die Zeit genommen, seine Definition von einem effektiven Führungsstil ausführlich zu erläutern: Weniger Management ist mehr Management; eine Vision schaffen und im ganzen Unternehmen verbreiten – Bürokratismus vermeiden; grenzenlos werden; die Mitarbeiter ermächtigen – und so weiter. Aber Welch schien den Eindruck zu haben, daß seine Manager darüber längst hinaus waren und keiner weiteren Standpauke über allgemeine Managementprinzipien mehr bedurften. Statt dessen beschloß Welch, einen spezifischeren Führungsaspekt anzusprechen.

Es handelte sich um ein Thema, an dem ihm sehr viel lag und das ihm für die Zukunft von *GE* lebenswichtig erschien. Interessanterweise wollte Welch in Anbetracht der ernsten Krisensituation nicht eine seiner erlesenen Strategien wie „Sanieren, schließen oder verkaufen" diskutieren, sondern wählte ein Thema, dessen Bedeutung für *GE* offensichtlich noch entscheidender war: die Qualität der *GE*-Mitarbeiter. Wenn es hart auf hart ging, wollte Welch sichergestellt haben, daß seine Manager den Mut (und die Bereitschaft) aufbrachten, nur die besten Leistungsträger einzustellen und zu halten – motivierte Leute, die Tag für Tag in ihrem Job Super-Bowl-Resultate zu erbringen vermochten.

Der Vorsitzende wußte, daß er diese entscheidende Botschaft vor dem richtigen Publikum verkündete. Vor ihm saßen die Männer und Frauen, die das Schicksal Tausender und Abertausender von *GE*-Mitarbeitern in der Hand hatten. Sie besaßen die Macht, Karrieren zu schmieden und Karrieren zu zerschlagen. Welch wollte, daß sie vor solcher Macht und Verantwortung nicht zurückschreckten, sondern umsichtig und effektiv davon Gebrauch machten. Er wollte, daß sie sich von allen Mitarbeitern trennten, deren Leistung den von ihm vorgegebenen hohen Unternehmensstandards nicht gerecht wurde.

Seit Wochen hatte die Wirtschaftspresse spekuliert, bei *GE* würde noch eine „Bombe platzen": Der große Meister hole mal wieder zu einem Rundumschlag aus – weitere Downsizing-Maßnahmen stünden ins Haus. Doch bis zum Tag der Welch-Rede vor seinen 500 Senior-Managern in Boca Raton war unklar, ob an den Presseberichten etwas dran war beziehungsweise was hinter der jüngsten Welch-Initiative stecken könnte. Und jetzt, nachdem die neue Wirtschaftsrealität offenkundig war, hatte der CEO das deutliche Gefühl, mit der Aufforderung an seine Manager, die Budgets noch einmal zu überarbeiten, sei es wohl nicht getan.

Die Realität der Situation war zu erschreckend, und wenn *GE* seine Wettbewerbsvorteile halten wollte, würde der Konzern die allerbesten Leute aufbieten müssen, um in dieser neuen, turbulenten Wirtschaft effektiv konkurrieren zu können. Welch forderte daher alle seine Manager eindringlich auf, sicherzustellen, daß *GE* nur die besten Leistungsträger in den eigenen Reihen duldete und künftig auf die Mitarbeit aller, die hinter Welchs Standards zurückblieben, verzichtete.

Der Jack Welch, der an jenem sonnigen Januar-Vormittag in Boca Raton sprach, war nicht der Mann, der sein Unternehmen das ganze Jahr 1997 hindurch nur beobachtet hatte. Es war, als hätte er einen „Neujahrsentschluß" gefaßt: Ich muß härter durchgreifen. Das Klima draußen ist lausig kalt geworden, und so wird es noch für geraume Zeit bleiben. Ich muß dieses Unternehmen unter neuem Aspekt sehen. Ich muß dafür sorgen, daß mein Team so gut wie nur eben möglich ist.

Also beschwor er seine Manager, sie sollten ihre Mitarbeiter nüchtern und eingehend prüfen und dann nüchterne, eindeutige Entscheidungen treffen:

> Ich möchte Sie daran erinnern, worauf es bei Unternehmensführung meiner Überzeugung nach ankommt. Es kommt auf die Leute an. Es kommt darauf an, daß man die Allerbesten bekommt. Wer wollte schon eine Gymnastik-Mannschaft, ein Volleyball-Team oder ein Super-Bowl-Team einsetzen, in dem nicht die besten Athleten sind. Dasselbe gilt für die Teams in Unternehmen. Der Markt belohnt Sie wie die Super-Bowl-Sieger oder die Goldmedaillen-Gewinner bei den Olympischen Spielen. Ich weiß, daß solche Athleten für mich arbeiten. Ich habe keine „C"-Leute mehr. Früher hatte ich mal welche. Heute nicht mehr. Können Sie alle dasselbe von sich behaupten? Können Sie Ihr Team gegen mein Team antreten lassen? Sind Sie stolz auf jeden Ihrer Mitarbeiter? Wenn nicht, können Sie nicht gewinnen. Sie können das Spiel nicht gewinnen. Sie können als Manager des Bereichs Engineering nicht gewinnen, wenn „B"- und „C"-Ingenieure für Sie arbeiten, die sich nicht ständig weiterbilden und nicht auf dem neuesten Stand der Technik sind. Sie können auch als Vertriebsmanager so nicht gewinnen. ... Ebensowenig können Sie als Produktionsmanager überleben mit „B"- und „C"-Spielern, die nicht imstande sind, die Anlagenrentabilität zu erhöhen, *Six Sigma* nutzbringend anzuwenden und ihr intellektuelles Kapital ins Unternehmen einzubringen. Jeder einzelne von Ihnen muß hier von Boca weggehen mit dem Vorsatz, nur noch

> die besten Athleten im Team zu haben – nur noch „A"-Leute, allenfalls ein paar „B"-Leute, aber keine „C"-Leute mehr.

Zu Tausenden hätten *GE*-Mitarbeiter festgestellt, daß die Konzernleitung mit „Grenzfällen" nicht schnell genug verfahren sei, sagte Welch:

> Wir wollen dafür sorgen, daß dieser Vorsatz eingehalten wird. Gehen Sie Risiken ein. Geben Sie Ihren Leuten die Chance, über sich hinauszuwachsen. Vertrauen Sie *Black-Belt*-Trägern verantwortungsvolle Jobs an. Die Welt, mit der wir konfrontiert sind, verlangt von jedem einzelnen, daß Sie das Leistungsniveau immer höher ansetzen. Sie mögen sich von heutigen „C"-Leuten trennen, aber es wird wieder neue „C"-Leute geben, weil noch höhere Leistungen gefordert werden. Und Sie *müssen* ständig höhere Leistungen fordern. Viele der „B"-Leute von heute sind die „C"-Leute von morgen. Wenn Sie die Meßlatte höher hängen, kommen die nicht mehr mit. Sie müssen jeden dazu auffordern, nur noch solche energiegeladenen und hochintelligenten Höchstleistungssportler ausfindig zu machen. ... [Sie müssen] den Mut haben, sich von mittelmäßigen und freundlichen, aber eben nicht zu den Besten zählenden Zeitgenossen zu trennen. Sie müssen den Mut haben, nur noch die Besten und Gescheitesten einzustellen und Risiken in bezug auf Leute mit hohem Entwicklungspotential einzugehen.

Schon bald nach dem Januar-Treffen mit seinen Senior-Führungskräften war Welch zurück in der *GE*-Zentrale, um eine Strategie zu erarbeiten: Wie konnte man dem rauhen Wirtschaftsklima begegnen, das er in Boca Raton so sorgfältig geschildert und analysiert hatte? Ende Januar bis Anfang Februar verfaßte Welch in mühseliger Kleinarbeit verschiedene Entwürfe zu seinem so ungemein wichtigen Aktionärsbrief 1997. Er wußte: Nur wenige Dokumente wurden so gründlich gelesen wie sein Brief. Und er wußte auch, daß Wirtschaftsexperten und die Massenblätter die Veröffentlichung dieses Briefes schon ungeduldig erwarteten – in der Hoffnung, weitere Informationen über den Konzern zu erfahren. Da Welch das Jahr über gewöhnlich nicht sehr mitteilungsfreudig ist, bietet dieser

Brief der Außenwelt die wohl beste Gelegenheit, einen kostbaren kurzen Einblick in die Unternehmensabläufe und auch in die Gedankengänge des erfolgreichsten CEO der Nation zu nehmen.

Als schließlich die Endversion des Briefes vorlag, zeigte sich, daß der *GE*-Vorsitzende die Chancen des Konzerns, mit der ostasiatischen Wirtschaftskrise fertigzuwerden, doch nicht ganz so düster beurteilte. Welch schrieb in dem März 1998 veröffentlichten Brief:

> Die derzeit vielerorts spürbare Unsicherheit, die aus der Wirtschaftskrise in Asien resultiert, bedeutet für uns nicht nur eine große Herausforderung, sondern eröffnet uns zugleich auch neue Chancen. Ca. 9 Prozent unseres Umsatzes erwirtschaften wir in Asien (ungefähr die Hälfte davon in Japan) – ein Volumen, das auf keinen Fall unbedeutend ist, aber durchaus kalkulierbar – und wir sind sicher, daß wir den Einfluß der Krise auf unser Geschäftsergebnis so gering wie möglich halten können.
>
> Wir haben immer wieder die Erfahrung gemacht, daß sich durch wirtschaftliche Turbulenzen neue Möglichkeiten für unser Geschäft ergeben. Asien wird hier keine Ausnahme bilden. Sicherlich werden sich auch dieses Mal konkrete Ansätze für richtungweisende strategische Schritte ergeben, mit denen wir unsere Präsenz und unsere Aktivitäten in diesem für das 21. Jahrhundert zukunftsträchtigen Markt gezielt ausweiten können.[2]

Im Gegensatz zu seinen üblichen Gepflogenheiten nahm Welch also Bezug auf die Vergangenheit, um seine Prognosen für die Zukunft zu rechtfertigen. Er wollte damit eine Art Beweis liefern, daß *GE* bezüglich der Asienkrise auf dem richtigen Weg war. In seinem Brief deutete er an, die mit der Asienkrise verbundene Herausforderung für *GE* erinnere an eine andere Herausforderung, die das Unternehmen Anfang der 80er Jahre zu bewältigen hatte – die Rezession in Amerika. Zu der Zeit hatten all die klugen Experten ihre Zweifel geäußert, daß die amerikanischen Hersteller, *GE* eingeschlossen, ungeschoren davonkommen würden. Doch *GE*, so schrieb Welch, hatte Mittel und Wege gefunden, die Zweifler zu widerlegen: Der Konzern investierte damals in umfassende Umstrukturierungsmaßnahmen und in neue

Bereiche und konnte auf diese Weise seine Wettbewerbsfähigkeit und seine Produktivität erhöhen.

Der Umgang mit Krisensituationen ist also nichts Neues für *GE*. Das Unternehmen brachte dieselbe kühne Strategie zur Anwendung, als Europa Anfang der 90er Jahre einen Konjunkturabschwung erlebte. Viele Experten meinten zu der Zeit, Europa abschreiben zu können, aber *GE* investierte große Summen in die Akquisition europäischer Unternehmen und in den Ausbau seiner europäischen Präsenz. Als sich Europa wieder erholte, erzielte *GE Europe*, wie Welch mit Stolz berichtete, ein zweistelliges Wachstum und entwickelte sich zu einem ansehnlichen 20,6-Milliarden-Dollar-Geschäft. Die Umsätze hatten sich zwischen 1994 und 1997 mehr als verdoppelt, der Nettogewinn hatte sich auf über 1,5 Milliarden Dollar verdreifacht. Auch in Mexiko wartete *GE* nicht auf bessere wirtschaftliche Zeiten, sondern setzte dieselben aggressiven Techniken ein, als es Mitte der 90er Jahre dort zu wirtschaftspolitischen Turbulenzen kam: *GE* übernahm 10 Unternehmen und investierte über 1 Milliarde Dollar in bestehende und neue Geschäftsbereiche. Das Ergebnis: 1996 Umsatzwachstum von 60 Prozent und eine Gewinnverdoppelung im Jahr 1997. *General Electric*, so verkündete Welch, sei entschlossen, das Asienproblem genauso anzugehen wie seinerzeit die Krisen in den USA, Europa und Mexiko. „Globalisierung", schrieb Welch in seinem Aktionärsbrief 1997, „ist ein zentraler Motor für das Wachstum von *GE* – heute und im nächsten Jahrhundert. Auf unserem Erfolgskurs in allen wichtigen Weltmärkten werden wir zwar immer wieder mit Hindernissen und Verzögerungen rechnen müssen, aber wir können es uns keinesfalls leisten, eine Region, die sich in Schwierigkeiten befindet, einfach abzuschreiben. ... Unser Erfolg in Asien ist vorprogrammiert – und wir werden dort sein."

Nicht alle Neuigkeiten im Aktionärsbrief 1997 waren so ernüchternd wie die Situation in Asien, und Welch drängte in seinem Optimismus darauf, all die guten Leistungen von *GE* vorstellen zu können. Besonders stolz war Welch auf die *GE*-Erfolge im Dienstleistungsbereich. So verkündete er die frohe Botschaft, daß der Konzern 1997 mit seinen produktbezogenen Serviceleistungen zum zweiten Mal in Folge ein zweistelliges Umsatzwachstum erwirtschaftet und damit die Gewinnspanne weiterhin erhöht habe. Seinen

Erwartungen nach würde *GE* im Jahr 1998 mehr als zwei Drittel des Konzernumsatzes mit der Bereitstellung von Finanz-, Informations- und Produktdienstleistungen erzielen. Und er stellte die Prognose auf, das *GE*-Wachstumspotential im weitgehend informationstechnologisch orientierten Dienstleistungsbereich könnte dem Konzern 1998 zu einer Umsatzsteigerung im Bereich des Produktservice um mehr als 30 Prozent auf 13 Milliarden Dollar verhelfen.

Sicher wird Welch immer wieder auf Themen wie Globalisierung und Dienstleistungen zurückkommen, aber eine Thematik ganz anderer Art liegt dem Vorsitzenden besonders am Herzen. Welch hat die Diskussion dieser beiden Themen eher kurz gehalten, um endlich den Löwenanteil seines Briefes seinem Lieblingsthema widmen zu können: der *Six-Sigma*-Qualitätsinitiative. Fast alles in diesem Aktionärsbrief 1997 dreht sich um die *Six-Sigma*-Initiative – „den Mittelpunkt unserer Träume und Aspirationen für dieses großartige Unternehmen". Welch führte die Tatsache, daß *GE* sein Qualitätsprogramm so schnell und problemlos umsetzen konnte, auf die Aufgeschlossenheit des Unternehmens für Wandel und auf sein nachhaltiges Streben nach neuen Ideen und ihrer Umsetzung zurück. „Den besten Weg, die beste Idee verfolgen, unabhängig davon, von wem sie stammt", sei zentrales Anliegen des Unternehmens geworden.

Welch zeigte geradezu überschwengliche Begeisterung. *GE* hatte *Six Sigma* nicht nur schneller als ursprünglich angenommen integrieren können – die Auswirkungen der Qualitätsinitiative „unter dem Strich" übertrafen sogar Welchs grandiose Erwartungen:

> Die Gewinnspanne, ein wesentliches Instrument zur Messung der Leistungsfähigkeit und Rentabilität eines Unternehmens, bewegte sich bei *GE* jahrzehntelang im Bereich der 10-Prozent-Marke. Mit der zunehmenden Integration von *Six Sigma* in unsere Geschäftsaktivitäten konnte *GE* 1997 sogar mit beinahe 16 Prozent die „unmögliche" 15-Prozent-Marke überschreiten – und was weitere Verbesserungen anbelangt, sind wir sehr optimistisch.

Welch berichtete, *Six Sigma* habe 1997 mehr als 300 Millionen Dollar zum Betriebsergebnis beigetragen, und das sei nur die Spitze des

Eisbergs. Für 1998 rechne er sogar mit einer Verdoppelung dieses beeindruckenden Betrags. In Anbetracht solcher Resultate konnte es nicht weiter überraschen, daß die meistgesuchten Kandidaten für Senior-Führungspositionen die *Black Belts* und *Master Black Belts* waren, die mit Erfolg ihre *Six-Sigma*-Projekte abgeschlossen hatten. Sie waren die neuen Führungsvorbilder bei *GE*:

> Anfang der 90er Jahre – als wir uns endgültig als grenzenloses Unternehmen definiert hatten, mit einem unaufhörlichen Drang, zu lernen und zu teilen – war es für uns *undenkbar*, Tyrannen, Autokraten, Angeber und alle Kollegen, die absichtlich Wissen zurückhalten, zu tolerieren – geschweige denn anzustellen oder zu befördern. ... Es ist einfach zu wichtig für unsere Zukunft. ... Realität ist, daß wir es uns einfach nicht leisten können, ein Team aufzustellen, das nicht ausschließlich aus „A"-Spielern besteht.

Die *Six-Sigma*-Qualitätsinitiative, so Welch, führe *GE* näher heran an das, was immer schon Ziel des Unternehmens war: „Ein weltweit operierendes Hundert-Milliarden-Dollar-Unternehmen zu sein, beweglich, kundenorientiert, mit dem Feuer eines Kleinunternehmens im Blut."

Wie schon unzählige Male in der Vergangenheit nutzte Welch auch in seinem Aktionärsbrief 1997 die Gelegenheit, die Qualitäten von Führungskräften zu definieren, die er sich für die *GE*-Unternehmensführung vorstellte – er nannte sie „A"-Spieler:

> Auf Führungskräfte bezogen, sind „A"-Spieler Männer und Frauen, die eine Vision haben und die Fähigkeit besitzen, diese Vision ihrem Team so lebendig und überzeugend zu vermitteln, daß sie auch dessen Vision wird.

> Eine „A"-Führungskraft ist voller Energie und hat darüber hinaus die Fähigkeit, andere zu Höchstleistungen zu motivieren, in der Regel auf weltweiter Basis.

> Eine „A"-Führungskraft verfügt aber auch über einen ausgeprägten Instinkt und die notwendige Courage, um schwierige

Entscheidungen zu treffen – entschlossen, aber fair und in uneingeschränkter Integrität.

In Zukunft, so versicherte Welch, würde es in allen Führungspositionen bei *GE* nur noch „A's" geben:

Sie werden zu den Besten der Welt gehören, und es wird ihre Aufgabe sein, nur Teams mit „A"-Spielern aufzustellen. Die besten Führungskräfte – die „A's" – sind echte Trainer. Denn welcher Trainer mit einem ausgeprägten Gewinnerinstinkt würde nicht ein olympisches Schwimm- oder Gymnastikteam oder ein Super-Bowl-Team aufstellen, das nur aus den Besten bestünde? Und welche Führungskraft, die ihren Titel wirklich verdient, würde jemals darüber nachdenken, ein Team aufzustellen, das nicht aus den besten „A"-Spielern bestünde?

Und was kennzeichnet „A"-Spieler?

Im Finanzbereich sind dies zum Beispiel Mitarbeiter, deren Fähigkeiten über die traditionellen Controllingaufgaben hinausgehen. Sie übernehmen vielmehr die Verantwortung, um das Geschäft anzukurbeln und unsere Führungsposition weiter auszubauen – eine Aufgabe, die weit über den gräßlichen Budget-Drill und die klassische Erbsenzählerei hinausgeht, auf die dieser Job einst beschränkt war.

Führungskräfte im Bereich Engineering sind

diejenigen, die die Design-Methodik aus *Six Sigma* anwenden. „A"-Ingenieure können den Gedanken, alles im Labor „bis ins letzte Detail" auszutesten, nicht ausstehen. Vielmehr finden sie Gefallen an schnellen technologischen Veränderungen und bilden sich ständig weiter, um immer *„up to date"* zu sein.

Und im Produktionsbereich werden „A"-Mitarbeiter sein, die gemäß der *Six-Sigma*-Philosophie

> Lagerbestände als peinlich empfinden, besonders, wenn der Preisverfall in der Luft schwebt – Mitarbeiter, die wissen, wie sie den Warenumschlag fördern, die Lagerbestände reduzieren und gleichzeitig schneller auf Kundenanforderungen reagieren können.

Im Vertrieb schließlich werden „A"-Spieler die enormen Werte, die *Six Sigma* den Kunden bieten kann, effizient einsetzen, um *GE* von der Konkurrenz abzuheben, neue Kunden zu gewinnen und die bestehenden Kundenkontakte weiter auszubauen. Sie sind das Gegenteil von „C"-Spielern,

> die ihre Tage damit verbringen, bei Freunden auf dem Rückweg vom Kundenbesuch vorbeizuschauen.

Welch schloß diesen Abschnitt seines Briefes ab mit dem Hinweis, *GE* werde dafür sorgen, daß den *GE*-Kunden weltweit „A"-Produkte und „A"-Serviceleistungen von „A"-Spielern bereitgestellt würden.

Als Welchs Brief gerade in den Medien erschien, erfuhr *General Electric* einen weiteren unerhörten Aufschwung: Erstmalig wurde der Konzern vom *Fortune*-Magazin zum „meistbewunderten Unternehmen in ganz Amerika" gekürt. Diese Ehre wurde *GE* in erster Linie aufgrund der Unternehmensführung an der Konzernspitze zuteil. Dazu lautet der tiefsinnige Kommentar von Superinvestor Warren Buffett: „Man stimmt für den Maler, nicht für das Gemälde."[3] Im *Fortune*-Artikel heißt es weiter, *GE* habe die diesjährige Auszeichnung erhalten aufgrund der allgemeinen Bewunderung für Welch, der maßgeblich Theorie und Praxis der Unternehmensführung geprägt und zugleich den Riesenkonzern *GE* agil und ungemein profitabel gehalten habe. „Welch und *GE* erhalten die Auszeichnung nicht nur für das, was sie in den fast 17 Jahren seiner Amtszeit geleistet haben, sondern auch für das, was sie in dieser Zeit verhindern konnten.

Seit 1981 ist so gut wie jeder andere Unternehmenskoloß – *AT&T, Exxon, Ford, GM, Sears, IBM, Philip Morris, Prudential* – in ernste Schwierigkeiten geraten: Der einstige Erzrivale *Westinghouse* ist demontiert worden und hat ein Funk- und Fernseh-Outfit angenommen. *GE* hingegen ist seinem Wirtschaftskurs treu geblieben und wird immer besser.“ Noch einmal wird Buffett zitiert mit den Worten: „Die Leute bewundern Jack für sein Werk bei *GE* in höherem Maße, als sie es getan hätten, wenn er bei *IBM* gewesen wäre und das Unternehmen lediglich in seiner Führungsposition hätte halten können. Vor Jacks Zeit war *GE* für uns ein großes und gutes, nicht aber ein großartiges Unternehmen.“[3]

Im Frühjahr 1998 wurde Welch immer von neuem Anerkennung gezollt: *GE* war nicht nur das mächtigste Unternehmen, sondern auch das meistbewunderte Unternehmen. Im Kampf gegen das gerade aufgetauchte schwierige Deflationsproblem wie auch in seinem Bemühen, das *GE*-Ansehen bei den Kunden durch Verbesserung der Qualität von Produkten und Prozessen zu stärken, war es denn auch kein Zufall, daß er wieder einmal auf sein Arsenal an Erfolgsgeheimnissen zurückgriff. Dem Deflationsproblem stellte er die Devise entgegen: „Keine Angst vor Wandel!“ Und zur Verbesserung der Kundenbeziehungen verstärkte er seine Qualitätsinitiative, um wieder einmal die Fähigkeit von *GE* unter Beweis zu stellen, neue Ideen zu übernehmen und zu integrieren. Welch läßt nicht locker – er will *GE* unbedingt zu einer lernorientierten Unternehmenskultur verhelfen.

Niemand weiß, was die Zukunft bringen wird. Doch Jack Welch macht sich keine Sorgen. Seine Führungsgeheimnisse haben ihm fast zwei Jahrzehnte lang gute Dienste geleistet; er zeigt sich zuversichtlich, daß dies auch in Zukunft so sein wird. Unternehmensführung ist doch ganz einfach: *Business is simple*. Oder, wie Jack Welch es formulieren würde: Die Komplexität der Unternehmensführung wird immer überschätzt. Das ist keine Raketenwissenschaft.

1. Auszug aus einer Rede von Jack Welch anläßlich des *GE*-Bereichsleiter-Treffens in Boca Raton, Florida, 5.-6. Januar 1998. Sämtliche Jack-Welch-Zitate bis Seite 383 beziehen sich auf diese Konferenz.
2. Auszug aus dem Aktionärsbrief von Jack Welch im *GE*-Jahresbericht 1997. Alle weiteren Zitate bis Seite 389 beziehen sich auf diesen Jahresbericht.
3. Kommentar von Warren Buffett, zitiert in: „America's Most Admired Companies", *Fortune*-Magazin, 2. März 1998, 70-87.

Danksagung

Als ich im Juni 1991 zum ersten Mal bei *General Electric* vorsprach und meine Absicht bekundete, ein Buch über Jack Welch, den *GE*-Chairman und Chief Executive Officer, zu schreiben, wurde mir zweierlei mitgeteilt: (1) Welch würde es vorziehen, wenn keiner ein Buch über ihn schriebe. (2) Wenn ich aber darauf bestünde, dieses Projekt durchzuziehen, wäre er zur Zusammenarbeit bereit. In der Tat ist es Welchs Kooperationsbereitschaft zu verdanken, daß ich ein so gründliches Profil seines ersten Jahrzehnts an der *GE*-Spitze (1981 – 1991) erstellen konnte: *The New GE: How Jack Welch Revived an American Institution* (Business One Irwin, 1992). Ich verbrachte viele Stunden beim *GE*-Vorsitzenden und hatte Zugang zu allen *GE*-Mitarbeitern. Und ich war der erste Außenstehende, der das Managementtraining-Zentrum in Crotonville besuchen durfte.

The New GE beschreibt, wie der erfolgreichste CEO der Nation sein Unternehmen zu einem potenten Kraftwerk umbaute. Als sich dann herausstellte, daß die Leute einfach mehr über Jack Welchs Managementtechniken erfahren wollten, verfaßte ich ein zweites Buch – diesmal mit dem Titel*: Get Better or Get Beaten! 31 Leadership Secrets from GE's Jack Welch* (Irwin Professional Publishing, 1994). [Anm. d. Übers.: Die deutsche Übersetzung des Buches (1996) ist im verlag moderne industrie bereits in 3. Auflage erschienen*: Business is simple: Die 31 Erfolgsgeheimnisse von Jack Welch.*]

Als man bei *McGraw-Hill* anregte, ich sollte ein drittes Buch über Welch schreiben, zeigte sich dieser zuvorkommend und kooperativ wie bisher – er stellte sich für zwei lange Interviews zur Verfügung und lud mich erneut ein, in Crotonville zu Gast zu sein. Da ich mit meinem neuen Werk eine Aktualisierung des zweiten Buches über Welch beabsichtigte, sprach ich auch mit vielen seiner Senior-Kollegen, unter anderem mit den meisten Senior-Managern der zwölf *GE*-Unternehmensbereiche. Ihnen allen – Jack Welch und meinen übrigen Informanten bei *GE* – danke ich für ihre Gesprächsbereitschaft.

Das Jahr für die Recherchen zu diesem Buch (Frühjahr 1997 bis Frühjahr 1998) war für *GE* wieder einmal ein Jahr der finanziellen Rekorde. Aber es war auch ein Jahr, in dem sich spannende neue Entwicklungen im Unternehmen anbahnten. Welchs seit zwei Jahren verfolgte Qualitätsinitiative – überall bei *GE* als *Six Sigma* bekannt – schlug 1997 voll durch. Welchs Programm, den Dienstleistungsbereich des Unternehmens auszubauen, ließ erste große Auswirkungen „unter dem Strich" erkennen. Und der Vorsitzende selbst schien sich von seiner Bypassoperation 1995 vollends erholt zu haben. Aber Welch soll im November 2000 von seinem Amt zurücktreten, und die *GE*-Mitarbeiter zeigten sich durchaus bereit (außerhalb des Protokolls natürlich), über die derzeit brisanteste und zugleich interessanteste Frage bei *GE* schlechthin zu diskutieren: Wer wird Jack Welchs Nachfolger?

Bei meinen diversen *GE*-Besuchen konnte ich miterleben, wie sich in diesem Unternehmen einschneidende Veränderungen vollzogen. In anderen Unternehmen wären derartige Umwälzungen ein unheilverkündendes Omen gewesen. Nicht so bei Jack Welchs *General Electric*: Welch begrüßt Wandel und ist überzeugt, daß Wandel für ein Unternehmen lebenswichtig ist, wenn es nicht stagnieren soll. Bei so vielen Neuentwicklungen machte ein drittes Buch über Jack Welch und *General Electric* durchaus Sinn. Die meisten traditionelleren „Welchismen" sind überall im Unternehmen noch sehr präsent. Wichtigstes Anliegen dieses dritten Buches ist, die Entwicklung seiner Erfolgsgeheimnisse über all die Jahre hinweg zu verfolgen und herauszufinden, ob seine Unternehmensphilosophien unverändert geblieben sind beziehungsweise inwieweit Welch sie neuen Realitäten angepaßt hat.

Bei meinen Buch-Recherchen war mir Joyce Hergenhan, Leiterin der *GE*-Öffentlichkeitsarbeit, eine starke Stütze. Wie schon bei meinen ersten *GE*-Erkundungen 1991 war Joyce stets zuvorkommend und hilfsbereit und verstand es, meine zahlreichen Nachfragen mit unglaublicher Effizienz zu beantworten. Dieses dritte Buchprojekt wurde – wie die beiden anderen *GE*-Bücher – in keinerlei Abhängigkeit durchgeführt, und so legte ich auch *keinem GE*-Mitarbeiter vor der Buchveröffentlichung eine Manuskriptversion vor.

Noch ein Wort des Dankes an meinen Verleger Jeffrey Krames. Wir beide haben in den vergangenen 14 Jahren immer mal wieder zusammengearbeitet. Stets hat er mir das Beste angedeihen lassen, was ein Verleger einem Autor bieten kann – seine bedingungslose Begeisterung für das Projekt. Er hat sich außerordentlich bemüht, aus diesem Buch das beste Werk zu machen, das wir gemeinschaftlich zuwege bringen konnten. Ich habe in allen Phasen von seiner Klugheit und Umsicht profitiert.

Danken möchte ich auch einigen leitenden Mitarbeitern bei *McGraw-Hill*, darunter Philip Ruppel, Herausgeber von *Business McGraw-Hill*, Lynda Uppino und Claudia Riemer-Boutote. Weiterhin gilt mein Dank meinem Agenten Chris Calhoun bei *Sterling Lord Literistic* sowie Jean Max.

Dank sei auch den Mitgliedern meiner Familie gesagt, die mich und meine Buchprojekte großmütig unterstützten und mich stets freundlich willkommen hießen, wenn ich auf meinen Rundreisen durch die Vereinigten Staaten gelegentliche Zwischenstopps bei ihnen einlegte. Besonders danken möchte ich Roslyn und Judd Winick, Jack und Bea Slater, Michael und Bobi Winick, Judith Resnik sowie Dennis Curtis.

Schließlich ist mir einmal mehr bewußt geworden, wie wichtig die Unterstützung meiner engsten Familie bei der Umsetzung eines solchen Buchprojekts bis hin zur Veröffentlichung ist. So bedanke ich mich vor allem für die aufmunternde, liebevolle Anteilnahme meiner Frau Elinor, meiner Kinder Miriam, Shimi, Adam und Rachel sowie meiner Enkel Edo und Maya.

Stichwortverzeichnis

O

P

Q

R

S

X

Z